JN414621

# 마태복음 강해 Ⅲ

# A COMMENTARY ON THE GOSPEL OF MATTHEW Ⅲ

BY

DR. YONGGI CHO

Printed in Republic of Korea
Seoul Logos Co., Inc.

# 마태복음 강해 Ⅲ

조용기 목사 지음

서울말씀사

# 마태복음 강해 Ⅲ

조용기 목사 지음

초판 1쇄 발행 2008년 5월 2일
초판 6쇄 발행 2018년 9월 20일

편 집 인 김상길
발 행 처 서울말씀사

출판등록 제2016-000172호
주 소 서울시 영등포구 은행로 55, 나동 9층
전 화 02-846-9222
팩 스 02-846-9225

본서의 저작권과 판권은
서울말씀사 소유이며 무단 전재, 복제를 금합니다.

# 머리말

Foreword

예수님이 이 땅에서 사역하신 3년 반의 공생애 기간은 제자들과 함께하신 시간이기도 했습니다. 제자들은 예수님과 함께하면서 예수님이 누구신지, 예수님이 하시는 일이 무엇인지, 또 자신들이 해야 할 일들이 무엇인지를 배웠습니다. 그러나 예수님의 십자가 죽음과 부활, 승천 사건을 목격하고 예수님의 약속대로 성령을 받기 전까지는 예수님에 대해서도, 자신들에 대해서도 확신이 없었습니다.

예수님의 약속대로 성령을 받은 이후 비로소 제자들은 큰 능력과 확신을 가지고 예수님의 복음을 전하는 증인들이 되었습니다. 복음은 예루살렘에서부터 시작하여 유대로, 사마리아로, 땅 끝으로 전파되었고, 복음이 전파되는 곳마다 교회가 섰습니다. 두셋이 모이면 기도하고 복음을 전하여 예수님을 구주로 고백하는 자들의 공동체인 교회가 계속 생겨났습니다.

제자들은 예수님의 말씀과 생애의 일차 증인이었기 때문에 교회로부터 사도로서 신뢰와 존경을 받았습니다. 무서운 박해의 시기에 교회는 이들이 전하는 예수님의 이야기를 듣고 큰 용기와 확신을 가지고 신앙을 지켜나갈 수 있었습니다. 그러나 제자들은 이 땅에서 영원히 살 수 없으며, 사람의 기억력에도 한계가 있습니다. 또 말은 전달되는 과정에서 변질될 가능성이 있습니다. 그래서 마태, 마가, 누가, 요한은 예수님의 생애와 사역을 글로 적어 놓기로 하였습니다. 이들은 예수님에 대해 각자 자신들이 체험한 것을 기반으로 복음서를 썼습니다. 이것이 사복음서입니다. 사복음서는 모두 다 예수님의 생애와 사역과 죽음과 부활, 승천에 대하여 쓰고 있지만 각 복음서마다 독특한 면에서 예수님을 소개하고 있습니다.

우리는 마태복음에 기록된, 제자들에게 주신 예수님의 가르침과 교훈을 통해 예수님이 어떤 분이신지, 또 예수 믿는 제자들이 어떻게 살아야 할 것인지를 배울 수 있습니다. 또한 교회의 권위와 질서 그리고 성도의 사명에 대한 예수님의 말씀을 들을 수 있습니다.

저는 수요 예배 때마다 성경을 강해하는데, 본 강해서는 1997년 8월부터 1999년 10월까지 약 2년 2개월간 강해한 마태복음을 4권으로 편집한 것입니다. 본 강해서는 딱딱한 신학적 주해의 글이 아닙니다. 하나님이신 예수님이 성육신하시어 제자들의 삶 속에 들어와 함께하시며 구원과 치료와 천국을 주신 사실을 한 절 한 절 말씀을 상고하고 깨달음으로써 예수님의 가르침을 오늘날 우리의 삶 가운데 적용하고자 하였습니다.

그러므로 여러분, 본 강해서를 읽으시되 그 옛날 제자들이 예수님과 함께 모닥불 앞에 앉아 식사를 하며 이야기를 들었듯이, 갈릴리 해변을 거닐며 이야기를 들었듯이, 나병 환자가 낫고 맹인이 눈을 뜨고 죽은 자가 무덤에서 살아 나오는 기적의 현장에 있었던 것과 같은 현장감을 가지고 읽으시기를 바랍니다.

2008. 5.

여의도순복음교회

당회장 목사 조용기

# 목 차

*Contents*

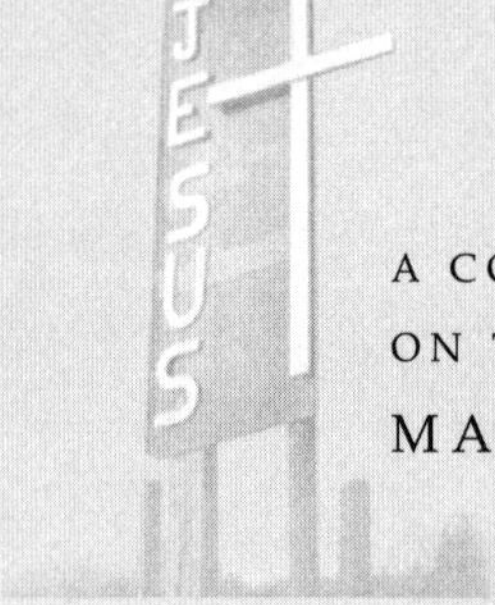


A COMMENTARY
ON THE GOSPEL OF
MATTHEW Ⅲ

## 18 가장 큰 사람



## 19 천국 시민의 삶



## 20 천국에 관한 교훈



## 21 포도원의 일꾼들

# 서론

Preface

## 1. 기록 목적과 주제

### 1) 기록 목적

초대 교회 당시 유대교로부터 개종했던 수많은 기독교인들과 복음이 이방 세계로 전파되면서 개종한 이방인들이 예수 그리스도의 복음과 구약의 율법 사이에서 여러모로 혼란을 경험하고 있었습니다. 본 서는 이러한 혼란을 불식시키고, 구약의 모든 메시지가 예수 그리스도를 증거하고 있음을 그들에게 확실히 알려 주기 위해 기록된 것입니다. 그리고 이 책의 저자는 예수님의 공생애 기간 동안의 사건이 우리에게 주는 의미와 초대 교회가 직면한 다음의 세 가지 주요 문제에 대한 답을 제시해 주기 위해 본 서를 기록했습니다.

① 구약의 율법만 주장하는 유대인과 유대교 출신의 개종자(改宗者), 즉 유대계 기독교인이 예수님의 복음과 구약의 관계성에 대하여 제시하는 문제

② 이방 출신의 기독교인들이 그들에게 주셨던 유대인의 율법을 자신들의 믿음과 어떻게 조화시킬 것인가 하는 문제

③ 구약 시대 유대인들의 삶의 기준이 율법이라면, 새 시대를 주장하는 교회와 기독교인들의 삶의 기준은 무엇인가에 대한 문제

이와 같이 본 서는 유대교 출신의 개종자들에게는 구약과 신약의 관계성을 보여 주고, 이방 출신의 개종자들에게는 그들의 믿음과 구약의 율법과의 관계를 보여 줍니다. 또한 예수님은 율법의 파괴자가 아니라 완성자이고, 구약에서 예언된 메시아임을 강조함과 동시에 철저하게 유대인들의 불신앙을 책망하면서 회개를 촉구하고 있습니다. 따라서 본 서는 일차적으로는 유대인들을 대상으로 하지만 궁극적으로는 모든 인류를 향한 메시지임을 알 수 있습니다.

### 2) 주제

본 서는 왕으로 오신 예수 그리스도에 대하여 기록하고 있습니다. 또한 본 서는 앞서 기록 목적에서 밝혔던 많은 문제에 직면한 초대 교회를 위해 몇 가지 주요 주제들을 제시하면서 구약과 신약의 과도기에서 혼란을 겪고 있는 교회 공동체와 기독교인들에게 바른 진리와 확실한 가르침을 제시하고 있습니다.

첫째, 본 서는 유대인들이 대망했던 메시아가 예수님이라는 사실을 특별히 강조하고 있습니다. 예수님은 참으로 메시아적인 왕이라는 사실을 깨닫

지 못하고 있는 유대인들에게 구약에서 예언한 약속들을 예수님께서 완성하셨음을 보여 주기 위하여 복음서 가운데 가장 많이(93회) 구약의 본문을 인용하고 있습니다.

둘째, 본 서는 예수님의 말씀이 교회 공동체를 위한 새로운 율법임을 강조하고 있습니다. 저자는 예수님을 율법의 수여자로 묘사함으로써 예수님이 모세보다도 더욱 위대하신 분임을 강조하였고, 예수님의 말씀은 율법의 문자적인 의미를 넘어서 하나님이 그러하시듯 내면의 순수함과 참된 사랑을 우리들에게 요구하고 있음을 설명하고 있습니다. 그러므로 본 서는 '율법에 대하여 여전히 복종해야 하는 것인가?' 에 대한 문제로 고민하고 있던 유대인들에게 예수님의 말씀을 순종하면 결과적으로 구약의 율법도 온전히 순종하는 것임을 가르치고 있습니다.

셋째, 본 서에서 기록된 예수님의 교훈을 볼 때, 천국은 이미(already) 주님과 함께 실체로 왔으나 아직(not yet) 완성된 것은 아니라고 말하고 있습니다. 주의 나라가 완전히 성취되는 것은 미래에 이루어질 일이며, 오직 예수 그리스도께서 마지막 날에 다시 오실 때에야 비로소 온전히 실현되는 것입니다.

이 밖에도 본 서에서는 새로운 신앙 공동체로서 교회의 존재 이유를 언급하면서(16:17-19) 교회의 올바른 역할에 대한 가르침을 제시하고 있습니다(18:15-20). 그러나 본 서 전체의 중심이 되는 것은 교회 자체가 아니라, 교회의 주인이 예수 그리스도라는 사실입니다. 따라서 마태복음을 처음으로 읽은 초대 교회의 신자들은 '그리스도인은 교회를 중심으로 주님께 순종하는 가운데 살아가야 한다.' 는 귀중한 교훈을 얻을 수 있었던 것입니다.

## 2. 기록자 및 수신자

### 1) 기록자

본 서는 기록자에 대해서 직접 언급하지 않고 있습니다. 그럼에도 불구하고 초대 교회의 대부분의 기록들은 이 책을 예수님의 열두 제자 중 한 사람이었던 알패오의 아들 마태가 집필하였다고 밝히고 있습니다. 공관복음은 한목소리로 그가 가버나움에 있었던 세리였으며, 그가 유대인들로부터 죄인으로 낙인찍힌 소외 계층의 일원이었다는 사실을 밝혀 줍니다. 한편 그의 이름은 본 서에서만 마태로 기록되어 있고, 다른 복음서에서는 레위로 기록되어 있습니다(막 2:14; 눅 5:27).

마태는 신약에 기록된 예수님의 열두 제자 가운데 특별히 뛰어난 인물은 아니었습니다. 그는 탁월한 사도로서의 카리스마가 있어서가 아니라, 유대인으로부터 소외받던 자를 부르셔서 제자로 삼으시는 예수님의 지극한 은혜로 소명을 받았습니다. 그 결과 유대인들로부터 가장 멸시받던 세리 마태가 오히려 그 유대인들을 향하여 구원의 메시지를 선포하게 되었습니다.

2) **수신자**

본 서의 수신자는 예수님을 메시아로 인정하지 않는 유대계 기독교인들입니다. 기록 목적에서도 언급하였듯이 본 서의 기록자는 예수님의 메시아 되심을 부인하는 유대인들에게 예수님께서 구약의 예언대로 메시아적 직무를 완수하셨음을 보여 주기 위하여 본 서를 기록하였습니다. 또한 본 서를 통해 구약의 율법만 주장하는 유대인들을 향하여 예수님을 율법의 수여자로 묘사함으로써 예수님의 교훈에 순종하면 구약의 율법에도 온전히 순종하는 것임을 깨닫게 해 주고, 교회는 구약을 계승하며 이방인까지 포함된 새로운 신앙 공동체라는 것을 가르쳐 주고 있습니다.

## 3. 기록 연대

본 서의 기록 연대는 다른 복음서와 마찬가지로 확정하기 어렵습니다. 그러나 사도 시대 이후부터 성경은 다른 관계 문헌에 빈번하게 언급되고 있어서 상대적인 저작 연대를 객관적으로 추정할 수 있고, 본문 자체가 언급하고 있는 역사적 사건을 통해서도 그 연대를 추정할 수 있습니다.

본 서는 이미 주후 1세기 말에 기록된 열두 사도의 교훈집인 「디다케」(*διδαχή*)에 언급되어 있는 것으로 보아 그 이전에 기록된 것이 분명합니다. 마태복음에는 예루살렘 멸망(주후 70년)에 대하여 예언의 형태로만 기록되어 있으므로 이 책의 기록 연대를 주후 70년 이전으로 보는 주장도 있습니다.

그러나 그것은 예수님께서 말씀하실 때의 시제(時制)를 저자가 그대로 기록했을 뿐, 기록할 당시 예루살렘이 멸망했는지의 여부에 대해서는 정확히 알 수 없습니다.

그러므로 본 서의 직접적 집필 동기가 구약 문화에 젖어 있던 유대계 기독교인들과 이방의 개종자들에게 구약과 예수 그리스도와의 관계성에 대해 강조하기 위함이었다는 사실을 고려해 볼 때, 본 서는 주후 70년 전후에 기록된 것으로 추정됩니다.

## 4. 특징

본 서는 유대인이었던 마태가 유대인들을 위하여 유대인 중 한 사람이었던 예수님에 대해 기록한 것으로, 지극히 유대적 성향이 강한 복음서입니다. 본 서는 예수님의 복음과 구약의 계시가 서로 연속성을 가진 진리임을 강조하고 있으며, 이로 인하여 파생된 특징들이 있는데 그것은 다음과 같습니다.

먼저, 마태복음은 왕으로 오신 메시아에 대한 강조와 구약 성경의 잦은 인용으로 인해 구약의 색채가 짙게 묻어나 있습니다. 즉, 예수님을 유대인의 왕으로 묘사하며, 왕으로 오신 예수님의 지위를 강조하고 있는 것입니다. 마태복음은 신약 성경 중에서 가장 먼저 기록된 책이 아닙니다. 그럼에도 신약 성경의 맨 첫머리에 놓인 것은 본 서가 예수님을 구약에 약속된 메시아로 강조하여 구약과 신약을 가장 잘 연결하고 있기 때문입니다.

따라서 본 서는 구약에서 예언한 말씀의 성취를 보여 주는 신약의 도입부 역할을 하고 있는 것입니다. 또 그러한 특징 때문에 본 서는 신약 성경 중에서 히브리서와 함께 가장 구약적인 책으로 분류됩니다. 특히 마태복음은 구약의 선지자들에 의해 계시되어 온 메시아, 즉 그리스도(기름 부음을 받은 자)를 갈망하는 유대인들을 대상으로 기록한 것일 뿐만 아니라, 구약과 가장 밀접하게 연관되어 구약의 인용을 가장 많이 하고 있기 때문에 가장 유대적인 책으로 평가되고 있습니다.

마지막으로, 본 서는 구조와 내용면에 있어서도 조직적, 체계적으로 구성되어 있고 신학적인 내용(교회론, 종말론)을 다루고 있으며 교훈적이며 질서 정연한 문장 구조를 가진 것이 특징이라 할 수 있습니다.

제 *14* 장

# 흥왕하는 메시아 사역

A COMMENTARY
ON THE GOSPEL OF
MATTHEW Ⅲ

**본 장은** 침례 요한의 죽음에 관한 내용으로 시작되고 있습니다. '주의 길을 곧게 하라고 광야에서 외치는 자의 소리'(요 1:23)로서 사명을 다한 침례 요한은 헤롯의 경솔한 맹세와 헤로디아의 간계에 의해 참수되어 순교하였습니다.

침례 요한의 참수 소식을 들으신 예수님은 헤롯을 피해 벳새다 광야로 가셨습니다. 그러나 예수님의 소문은 입에서 입으로 계속 퍼져

나가 예수님이 가시는 곳마다 수많은 무리들이 몰려들었는데, 벳새다 광야에서도 큰 무리가 예수님께 나아오자 예수님은 그들 중에 있는 병자들을 고쳐 주시고 떡 다섯 개와 물고기 두 마리로 여자와 어린이 외에 오천 명을 먹이는 기적을 행하셨습니다. 그 후 예수님은 바다 위를 걷는 초자연적 이적을 행하심으로써 하나님의 아들이심을 나타내셨습니다.

# 1. 침례 요한의 죽음(14:1-12)

1. 그때에 분봉 왕 헤롯이 예수의 소문을 듣고 2. 그 신하들에게 이르
되 이는 침례 요한이라 그가 죽은 자 가운데서 살아났으니 그러므로
이런 능력이 그 속에서 역사하는도다 하더라 3. 전에 헤롯이 그 동생
빌립의 아내 헤로디아의 일로 요한을 잡아 결박하여 옥에 가두었으
니 4. 이는 요한이 헤롯에게 말하되 당신이 그 여자를 차지한 것이
옳지 않다 하였음이라 5. 헤롯이 요한을 죽이려 하되 무리가 그를 선
지자로 여기므로 그들을 두려워하더니 6. 마침 헤롯의 생일이 되어
헤로디아의 딸이 연석 가운데서 춤을 추어 헤롯을 기쁘게 하니 7. 헤
롯이 맹세로 그에게 무엇이든지 달라는 대로 주겠다고 약속하거늘
8. 그가 제 어머니의 시킴을 듣고 이르되 침례 요한의 머리를 소반에
얹어 여기서 내게 주소서 하니 9. 왕이 근심하나 자기가 맹세한 것과
그 함께 앉은 사람들 때문에 주라 명하고 10. 사람을 보내어 옥에서
요한의 목을 베어 11. 그 머리를 소반에 얹어서 그 소녀에게 주니 그
가 자기 어머니에게로 가져가니라 12. 요한의 제자들이 와서 시체를
가져다가 장사하고 가서 예수께 아뢰니라

**1-2절** 그때에 분봉 왕 헤롯이 예수의 소문을 듣고 그 신하들에게 이르되 이는 침례 요한이라 그가 죽은 자 가운데서 살아났으니 그러므로 이런 능력이 그 속에서 역사하는도다 하더라

헤롯은 예수님 당시 유대의 갈릴리와 베레아 지역을 다스린 분봉 왕이었습니다. 분봉 왕은 로마 황제의 임명을 받아 식민지를 다스리는 통치자를 가리킵니다. 헤롯은 침례 요한이 자신의 잘못을 맹렬히 책망한 일로 인하여 그를 옥에 가두었다가 목 베어 죽이고 난 다음 양심의 가책을 받아 상당히 괴로워하고 있었습니다. 그런데 그때 예수님이 나타나서 많은 기사와 이적을 행한다는 소문이 들리자, 헤롯은 '보통 사람으로서는 이렇게 할 수 없다. 아무래도 내가 목 베어 죽인 침례 요한이 살아난 것이 틀림없다. 그래서 그와 같은 초인적인 능력이 나오는 것이다.' 라고 생각했습니다. 그는 부활을 믿는 사람이었습니다. 그렇기 때문에 침례 요한이 부활해서 예수라는 이름으로 기적을 행하고 다닌다고 생각한 것입니다. 이와 같이 헤롯은 예수님에 대하여 상당한 호기심과 공포심을 가지고 있었습니다.

그렇다면 왜 헤롯이 침례 요한을 죽이게 되었을까요? 3절 이하에 보면 그 답이 나와 있습니다.

**3-5절** 전에 헤롯이 그 동생 빌립의 아내 헤로디아의 일로 요한을 잡아 결박하여 옥에 가두었으니 이는 요한이 헤롯에게 말하되 당신이 그 여자를 차지한 것이 옳지 않다 하였음이라 헤롯이 요한을 죽이려 하되 무리가 그를 선지자로 여기므로 그들을 두려워하더니

헤롯은 그의 동생 빌립의 아내 헤로디아와 정분이 났습니다. 그래서 헤로디아가 빌립을 버리고 시아주버니인 헤롯과 불법으로 결혼을 하였습니다. 이것은 명백히 율법에 어긋나는 범죄요, 불륜입니다. 더욱이 헤로디아는 헤롯의 조카였으므로 이들의 결혼은 근친상간이었습니다.

성경은 "누구든지 그의 형제의 아내를 데리고 살면 더러운 일이라 그가 그의 형제의 하체를 범함이니 그들에게 자식이 없으리라"(레 20:21)고 말씀하고 있습니다. 또한 "누구든지 버림받은 여자에게 장가드는 자도 간음함이니라"(5:32)고 했으며, "또 아내가 남편을 버리고 다른 데로 시집가면 간음을 행함이니라"(막 10:12)고 말씀하였습니다. 따라서 헤롯이 헤로디아를 아내로 취한 것은 명백한 범죄인 것입니다. 그래서 침례 요한은 헤롯에게 "당신이 그 여자를 차지한 것이 옳지 않다"(4절)고 책망하고 하나님의 심판을 면할 수 없다고 혹독하게 꾸짖은 것입니다.

헤롯은 침례 요한의 책망을 듣고 양심의 가책을 느꼈습니다. 그는 침례 요한의 말이 다 옳다는 것을 인정했습니다. 그러므로 마음이 굉장히 괴롭고 고통스러웠습니다. 그러나 그는 회개할 주실 몰랐습니다. 그렇기 때문에 침례 요한을 제거하여 자기를 찌르는 말을 그치게 해야겠다고 결심했습니다. 그러나 온 백성이 침례 요한을 하나님의 선지자로 인정하고 있었기 때문에 죽였다가는 민란이 일어날까 싶어 죽이지 못하고 옥에 가두었습니다.

하나님의 뜻을 거역하면 양심의 가책이 느껴집니다. 그런데 사람들은 하나님께서 성령을 통해 말씀하실 때 양심의 가책이 되는 것이 있으면 회개하기보다는 일단 도망부터 칩니다. 하나님을 피하여 도망치든지, 술을 마시고 그 말씀을 잊어 보려고 애씁니다. 그러나 하나님의 말씀은 우리가 아무리 마음속으로 누르고 또 눌러도 사라지지 않습니다. 처음에는 하나님의 말씀이 고요하고 잔잔하게 양심에 들려오다가 그 양심의 음성을 짓누르면 사람들을 통해서 말씀하십니다. 그리고 그 말씀하시는 음성에 귀를 막으면 나중에는 큰 풍랑으로 다가오는 것입니다.

요나가 경험한 것이 바로 그것입니다. 요나에게 "너는 니느웨에 가서 회개의 복음을 전하라."는 하나님의 음성이 들려왔습니다. 그러나 요나는 그 음성에 귀를 막고 니느웨와 정반대인 다시스로 향하는 배를 탔습니다. 그런데도 하나님의 음성이 들려오자 요나는 하나님을 피해 배 밑창으로 들어가 숨었습니다. 하지만 하나님의 음성은 여전히 들려왔습니다. 그럼에도 불구하고 요나는 귀를 막고 잠을 청했습니다. 그래서 결국은 하나님께서 거대한 폭풍우를 보내시지 않았습니까? 요나는 그 풍랑 속에서도 하나님의 음성을 들을 수 있었습니다. 그렇기 때문에 사공들이 요나에게 "우리가 어떻게 하여야겠느냐?"고 물었을 때, 요나는 자신 때문에 이 큰 풍랑이 다가왔으므로 자기를 바닷물에 던지라고 한 것입니다.

이와 같이 하나님께서는 우리에게 먼저 고요하고 잔잔한 음성으로 말씀하시다가 우리가 듣지 않으면 다른 사람들을 통해 귀에 들리는 음성으로 말씀하십니다. 그럼에도 우리가 귀를 막으면 폭풍우 심판을 통해서 말씀하십니다. 하나님께서 말씀하실 때 아무리 도망을 치고 발버둥 쳐도 피할 수 없습니다. 온 우주 어느 한 구석도 하나님을 피해 숨을 곳이 없습니다. 하나님께서 말씀을 통하여 우리의 양심에 죄를 깨닫게 하실 때 그 자리에서 회개하고 돌아서든지, 그렇지 않으면 심판을 받든지 둘 중의 하나밖에 없습니다. 그러므로 하나님께서 우리의 양심에 잔잔한 음성으로 말씀하실 때 빨리 돌이키고 회개하는 것이 가장 좋습니다.

**6-9절** 마침 헤롯의 생일이 되어 헤로디아의 딸이 연석 가운데서 춤을 추어 헤롯을 기쁘게 하니 헤롯이 맹세로 그에게 무엇이든지 달라는 대로 주겠다고 약속하거늘 그가 제 어머니의 시킴을 듣고 이르되 침례 요한의 머리를 소반에 얹어 여기서 내게 주소서 하니 왕이 근심하나 자기가 맹세한 것과 그 함께 앉은 사람들 때문에 주라 명하고

헤롯의 생일이 되어 많은 축하객들을 불러 생일잔치를 했는데, 이날 헤롯에게 기회가 왔습니다. 전남편 빌립과의 사이에서 헤로디아가 낳은 딸 살로메가 연석한 많은 사람들 앞에서 헤롯을 위해 굉장히 멋지게 춤을 추었습니다. 헤롯도 기뻐하고 모든 사람이 다 박수갈채를 보냈습니다. 헤롯은 너무 기분이 좋아서 어린 살로메에게 "네가 원하는 것은 무엇이든지 주겠다."고 했습니다. 마가복음 6장 23절을 보면 "무엇이든지 네가 내게 구하면 내 나라의 절반까지라도 주리라"고 맹세했다고 기록되어 있습니다. 이 얼마나 기가 막힌 약속입니까? 살로메는 이 말을 듣자마자 어머니 헤로디아에게 뛰어가 의논하였습니다.

"엄마, 무슨 선물을 달라고 할까요?"

그러자 헤로디아는 기다렸다는 듯이 딸에게 이렇게 말하였습니다.

"침례 요한의 머리를 소반에 얹어서 달라고 하여라."

헤로디아가 딸에게 이렇게 시킨 것은 침례 요한이 눈엣가시처럼 미웠기 때문입니다. 그녀는 남편 빌립을 버리고 시아주버니와 결혼한 것이 사람들에게 비난거리가 되었으므로 꺼림칙했었습니다. 그런데 침례 요

한이 "간음한 자여! 간음한 자여!" 라고 책망했으니 얼마나 괴로웠겠습니까?

헤로디아의 말을 들은 살로메가 헤롯에게 돌아왔습니다. 살로메가 "침례 요한의 머리를 소반에 얹어 주소서." 라고 소원을 아뢰자 헤롯은 깜짝 놀랐습니다. 많은 사람 앞에서 왕으로서 한 맹세를 지키지 않으면 자신의 체면이 깎일 것 같아 헤롯은 근심이 되었습니다. 그렇다고 침례 요한을 죽이자니 백성들이 민란을 일으킬까 봐 걱정이 되었습니다. 더욱이 침례 요한이 자기와 아내 헤로디아에 대하여 거짓말을 한 것도 아니고 참말을 한 것인데 죽여서야 되겠는가 하는 양심의 가책도 들었습니다. 그러나 결국 그는 자기의 체면을 살리기 위해 별도리 없이 "옥에 있는 요한의 목을 베어 소반에 얹어 오라!" 고 명령하였습니다.

**10-12절** 사람을 보내어 옥에서 요한의 목을 베어 그 머리를 소반에 얹어서 그 소녀에게 주니 그가 자기 어머니에게로 가져가니라 요한의 제자들이 와서 시체를 가져다가 장사하고 가서 예수께 아뢰니라

헤롯의 명을 받은 군사는 침례 요한의 목을 베어 피가 철철 흐르는 그 머리를 소반에 얹어서 살로메에게 주었습니다. 그러자 살로메는 그 소반을 헤로디아에게로 가져갔습니다. 헤로디아가 소반에 담긴 침례 요한의 머리를 보며 얼마나 회심의 미소를 지었겠습니까? '그러면 그렇지! 나를 그렇게 비난하고 괴롭히더니……. 이 꼴을 보니 너무너무 고소하다! 원수를 갚으니까 속이 시원하네!' 라며 기뻐했을 것입니다.

그러나 한번 생각해 보십시오. 지금 헤로디아는 어디에 있겠습니까?

여인의 후손으로 태어난 자 중에 가장 큰 자라고 주님이 인정하신 선지자 침례 요한의 목을 베어 죽였으니 그녀는 지금 지옥의 맨 아랫목에 있을 것입니다. 그러면 침례 요한은 어디에 있겠습니까? 비록 육신은 죽었으나 그 영혼은 지금 천국에 들어가 한없는 평화와 안식을 누리고 있을 것입니다.

그러므로 여러분, 이 땅에서 사는 삶이 인생의 전부라고 생각해서는 안 됩니다. 이 땅에서의 삶은 저 영원한 세계에 들어갈 준비 과정에 불과합니다. 어린아이가 어머니의 배 속에 있을 때에는 그곳이 전부인 줄 알지만 실상 그곳은 장차 이 땅에 태어날 준비를 하는 곳에 불과한 것과 같은 이치입니다. 우리는 지금 '지구' 라는 어머니의 배 속에 들어 있습니다. 이 지구라는 세상에서 우리가 자랄 만큼 다 자라면 이곳을 벗어나야 됩니다. 지구에서 벗어나는 것이 바로 죽음입니다. 이때 불합격품인 쭉정이는 영원한 지옥으로 떨어지고, 합격품인 알곡은 영원한 천국으로 가는 것입니다. 그러니 이 땅에서 사는 동안 우리가 하나님의 길을 저버린다는 것은 무시무시한 일이요, 너무나 큰 손실입니다.

그런데 여기서 우리는 침례 요한의 죽음에 대하여 한번 생각해 볼 필요가 있습니다. 우리는 '왜 하나님은 서른 살 젊디젊은 나이에 침례 요한이 목 베여 죽는 것을 그냥 내버려 두셨는가?' 라고 생각할 수 있습니다. 이것을 이해하기 위해 우리가 알아야 할 것이 있습니다. 침례 요한은 예수님을 세상에 소개하기 위해서 온 중매자입니다. 침례 요한은 구약의 마지막 선지자로서 회개의 메시지를 선포하고 메시아의 길을 예비하였습니다. 요단 강에서 예수님에게 침례를 주고 메시아로 선포함으로써 침례 요한의 사명은 끝났습니다. 그러므로 더 이상 침례 요한이 이 땅에 남아 있으면 예수님에게 걸림돌이 될 뿐입니다. 이제는 모든 관심이 하나님의 아들 예수님에게 집중되어야지 침례 요한에게 집중되면 안 됩니다. "그는 흥하여야 하겠고 나는 쇠하여야 하리라"(요 3:30)던 그의 말대로 예수님이 흥하기 위해서 그는 이 땅에 남아 있으면 안 되는 것입니다. 그래서 하나님은 사명이 끝난 그를 헤롯이라는 악한 자를 이용해서 데려가신 것입니다.

여러분, 콩을 보십시오. 콩을 심으면 줄기가 자라나고 잎이 나고 꽃이 피고 푸른 콩꼬투리에 콩이 주렁주렁 열립니다. 그런데 콩을 딸 때 보면 꼬투리는 누렇게 죽어 있습니다. 콩꼬투리의 사명이 끝났기 때문입니다. 인생도 한가지입니다. 사명이 끝나지 않으면 죽지 않습니다. 그러나 사명이 끝나면 떠나야 하는 것입니다.

나도 그렇습니다. 나는 평생 몸이 약했습니다. 얼마나 정신적으로도 약하고 온몸이 허약했던지, 불광동에서 목회를 시작하여 서대문에서 한창 교회가 성장되기까지 나는 결코 내일을 기약할 수 없었습니다. '내가 내일은 못 살지!' 싶어 늘 아내에게 유언을 해 놓고 살았습니다. 강단에서 있을 때에도 설교를 끝마치고 살아 있으리라고 장담할 수 없었습니다. 그렇기 때문에 '에라, 될 대로 돼라. 살면 하나님 사업이고, 죽으면 천국이다!' 라는 마음으로 목회를 했습니다.

'어차피 죽을 것! 비행기 안에서 죽으나 외국 강단에서 죽으나 죽기는 마찬가지니, 그래 이판사판이다.' 하고 해외 선교도 몸을 사리지 않고 나갔습니다. 그러다 보니 동경에 선교하러 나갔다가 공항에서 기절하여 비행기를 놓친 적도 있고, 해외에 선교하러 나갔다가 너무 아파서 호텔에서 밤새도록 몸부림친 적도 있습니다.

그래도 그때 내가 한 가지 알게 된 것은 '하나님께서 주신 나의 사명이 끝나지 않은 이상 절대로 죽지 않는다!' 는 것입니다. 나를 보십시오. '내일이면 죽지 않을까, 내일이면 죽지 않을까' 했는데, 나는 지금도 청년 못지않게 열정을 품고 목회하고 있습니다. 더구나 지금은 30대 시절보다도 훨씬 건강해졌습니다.

하나님께서 왜 그렇게 오랜 세월 동안 나를 괴롭게 하셨는지, 이제는 그 이유를 압니다. 하나님께서는 나의 연약함을 통하여 '인생은 내일 일을 기약할 수 없다' 는 것을 깨닫게 하여 교만하거나 오만하지 않도록 하셨습니다. 그런 다음에야 비로소 나에게 세계 최대의 교회를 맡겨 주셨습니다.

나는 너무 오랜 세월 동안 영육 간에 고통을 당하고 시험과 환난을 당했기 때문에 명예나 지위나 권세나 돈에 대한 탐욕이 다 없어졌습니다. 그저 주님만 섬기고 하나님의 뜻대로만 살면 됐지, 다른 욕심이 없습니다. 이것은 내가 인격적으로 성숙해져서 그런 것이 아니라, 수많은 고통과 시련을 겪다 보니 나의 사고까지도 새로워진 것입니다.

하나님께서는 우리에게 어떤 중대한 일을 맡기시기 전에 먼저 우리를 굉장한 고통 속으로 몰아넣으십니다. 우리는 사망의 음침한 골짜기 같은 무시무시한 고통과 괴로움을 통하여야 자기를 벗어 버리게 됩니다. 그런 후에야 하나님의 그릇으로 쓰임받게 되는 것입니다. 이러므로 주의 종의 길은 너무나 험난합니다. 주의 종은 고통의 길에 들어서서 얼마나 깨어지는가에 따라서 하나님께 얼마만큼 쓰임받는가가 결정됩니다. 깨어지지 않은 사람은 하나님이 쓰시지 않습니다.

여러분, 아브라함과 이삭과 야곱과 요셉 같은 사람들을 보십시오. 하나같이 하나님께서 깨뜨리신 다음에 사용하시지 않았습니까? 하나님은 시련과 환난을 통하여 깨어지지 않은 그릇은 사용하시지 않습니다. 아담과 하와 이후로 인간은 너무나 철저하게 타락하였기 때문에 그대로는 하나님이 신뢰하고 쓰실 수 있는 그릇이 되지 못합니다. 깨어져야 하나님께서 사용하시는 것입니다.

공부나 도덕 수양으로는 깨어지지 않습니다. 충격을 받아야 깨집니다. 호두를 먹으려면 어떻게 합니까? 호두는 망치로 때려야 깨어지지, 손으로 만지작거리면 반질반질해지기만 합니다. 그저 학교에서 공부하고 기도원에 가서 금식 기도하는 것은 호두를 손으로 만지작거려서 반질반질하게 만드는 것과 같습니다. 하나님께서 고난의 망치로 딱딱 때려주셔야 바싹 깨어져서 안에 있는 부드러운 알맹이가 나오는 것입니다.

나는 주의 종이 되는 사람들을 불쌍히 여기는데 그 이유는 이와 같이 바싹 깨어지는 과정을 거쳐야 비로소 주의 종으로서 쓰임받기 때문입니다. 주의 종의 사명을 받아 뜨거운 열정을 가지고 신학교를 졸업했다고 해서 다 주의 종이 되는 것이 아닙니다. 그것은 그저 때문은 인생을 씻어서 반질반질하게 만드는 것일 따름입니다. 그다음에는 하나님의 고난의 망치에 얻어맞는 일이 기다리고 있습니다. '작은 망치로 얻어맞을 것이냐, 큰 망치로 얻어맞을 것이냐' 는 하나님이 결정하십니다. 작은 망치로 얻어맞으면 작게 쓰임받고, 큰 망치로 얻어맞으면 크게 쓰임받습니다.

고난의 망치에 얻어맞으면 얼마나 아픈지 모릅니다. 그래서 나는 큰 망치로 얻어맞고 크게 쓰임받기보다는 작은 망치로 얻어맞고 작게 쓰임받는 것이 오히려 좋다고 생각합니다.

나는 참으로 오랜 세월 동안 얻어맞으면서 살아왔습니다. 내가 지금까지 살아온 인생을 돌아보면, 얼마나 정신없이 살았던지 과거에 대해서 기억나는 것이 거의 없습니다. 하나님 사업하랴, 육신의 질병과 고통을 견뎌 내랴, 주위 환경에서 다가오는 고통을 이겨 내랴……, 그것은 사는 것이 아니었습니다. 하나님께서 그렇게 극심한 고난의 망치로 나를 깨뜨리시고 난 다음에야 비로소 깨어진 나를 사용하여 사업을 크게 이루셨으니, 그저 나는 하나님께 감사드릴 뿐입니다.

그러나 오늘이라도 나의 사명이 끝나면 하나님께서 나를 데려가실 것입니다. 나만 그런 것이 아닙니다. 어느 누구라도 이 세상에서의 사명이 끝나면 떠나게 됩니다. 그러므로 우리 예수 믿는 사람들이 이 땅에 살다가 젊은 나이에라도 먼저 가면 사명이 끝났다는 것을 알아야 합니다.

꽃도 그렇지 않습니까? 나팔꽃은 아침에 이슬을 머금고 찬란하게 피었다가 저녁이 되면 그 사명을 다하고 시들어 버립니다. 그런가 하면 백일홍이나 무궁화처럼 끈질기게 오래오래 피어 있는 꽃도 있습니다. 우리도 그렇습니다. 우리는 모두 사명을 가지고 태어나서 살다가 사명이 끝나면 죽습니다.

우리가 이 땅에서 살고 있는 이유는 아직 우리의 사명이 끝나지 않았기 때문입니다. 우리의 생사화복을 주장하시는 주권자는 하나님 한 분밖에 없습니다. 그러므로 우리 예수 믿는 사람들은 젊어서 가나 늙어서 가나 주님의 뜻에 맡기고, 살든지 죽든지 하나님께 예배하고 찬미하며 감사드려야 하는 것입니다.

## 2. 오병이어의 기적(14:13-21)

13. 예수께서 들으시고 배를 타고 떠나사 따로 빈 들에 가시니 무리
가 듣고 여러 고을로부터 걸어서 따라간지라 14. 예수께서 나오사
큰 무리를 보시고 불쌍히 여기사 그중에 있는 병자를 고쳐 주시니라
15. 저녁이 되매 제자들이 나아와 이르되 이곳은 빈 들이요 때도 이미
저물었으니 무리를 보내어 마을에 들어가 먹을 것을 사 먹게 하소서
16. 예수께서 이르시되 갈 것 없다 너희가 먹을 것을 주라 17. 제자들
이 이르되 여기 우리에게 있는 것은 떡 다섯 개와 물고기 두 마리뿐이
니이다 18. 이르시되 그것을 내게 가져오라 하시고 19. 무리를 명하
여 잔디 위에 앉히시고 떡 다섯 개와 물고기 두 마리를 가지사 하늘을
우러러 축사하시고 떡을 떼어 제자들에게 주시매 제자들이 무리에게
주니 20. 다 배불리 먹고 남은 조각을 열두 바구니에 차게 거두었으
며 21. 먹은 사람은 여자와 어린이 외에 오천 명이나 되었더라

**13-14절** 예수께서 들으시고 배를 타고 떠나사 따로 빈 들에 가시니 무리가 듣고 여러 고을로부터 걸어서 따라간지라 예수께서 나오사 큰 무리를 보시고 불쌍히 여기사 그중에 있는 병자를 고쳐 주시니라

침례 요한의 제자들은 스승의 시체를 가져다가 장사한 후 예수님을 찾아와서 충격적인 소식을 전하였습니다(12절). 그것은 헤롯이 예수님을 부활한 침례 요한으로 알고 있으며 예수님에 대하여 지대한 관심을 가지

고 만나 보기를 기대하고 있다는 것이었습니다.

예수님은 이 소식을 듣고 헤롯을 피해 배를 타고 떠나 한적한 빈 들로 가셨습니다. 그곳에서 예수님은 마음에 안정을 취하려고 하셨으나, 사람들은 예수님이 혼자 쉴 수 있도록 기다려 주지 않았습니다. 예수님만 나타나셨다 하면 사람들이 온 천지에서 구름 떼같이 모여들지 않습니까? 이번에도 이 마을 저 마을에서 많은 무리가 예수님을 따라왔습니다. 예수님이 배에서 내려서 보니 이미 그곳엔 많은 무리가 인산인해(人山人海)를 이루고 있었습니다.

예수님은 그곳에 모여 있는 무리를 보시고 불쌍히 여기사 그 가운데 있는 병자들을 고쳐 주셨습니다. 여기서도 볼 수 있듯이 예수님과 병 고침은 분리되지 않습니다. 그런데 여기서 우리가 분명히 알아야 할 것이 한 가지 있습니다. 그것은 예수님이 병든 자를 불쌍히 여기셔서 고쳐 주셨다는 사실입니다. 예수님은 자신이 하나님의 아들임을 증명하기 위해서 병을 고치시지 않았습니다. 그저 병든 자를 불쌍히 여기셔서 고쳐 주셨습니다.

오늘날도 주님은 우리에게 기사와 이적을 보여 주기 위해 병을 고치시지 않습니다. 우리를 불쌍히 여기셔서 고쳐 주십니다. 주님은 우리를 불쌍히 여기셔서 친히 우리의 병을 담당하시고 우리의 연약한 것을 짊어지셨고, 그로 인하여 우리가 치료를 받아 누리게 된 것입니다.

어린아이가 아프면 그 부모는 '저 아이 대신 내가 앓았으면 좋겠다.'라고 간절히 원합니다. 하지만 아무리 부모라도 자식 대신 앓을 수 없습니다. 사람은 병을 대신 짊어질 수 없습니다. 병을 대신 짊어질 수 있는 분은 오직 예수 그리스도 한 분밖에 없습니다. 예수님은 우리 대신 십자가에 못 박혀 몸만 찢기신 것이 아니라 우리의 병도 그 몸에 다 짊어지셨습니다. 그러므로 그리스도의 십자가 고난의 높이와 깊이는 인간이 도저히 측량할 수 없습니다.

주님은 지금도 병든 자를 불쌍히 여기시고 고쳐 주십니다. 그러므로 예수님이 우리 가운데 계시는데 병 고침의 역사가 일어나지 않을 리가 없는 것입니다. 예수님은 언제나 복음을 선포하시고 말씀을 가르치시고 병을 고치셨습니다. 이러므로 예수 그리스도와 병 고침을 분리해서는 안 됩니다. 예수 그리스도는 어제나 오늘이나 영원토록 동일하신 분입니다(히 13:8). 예수님은 "두세 사람이 내 이름으로 모인 곳에는 나도 그들 중에 있느니라"(18:20)고 말씀하셨습니다. 그리스도의 몸 된 교회에는 예수님의 영, 곧 성령께서 와 계십니다. 따라서 병 고침의 역사가 교회 안에서 일어나는 것은 당연한 일입니다.

오늘날은 성령님이 주의 종들을 통해 전도하고 가르치십니다. 뿐만 아니라 주의 종의 안수와 기도를 통해서 주님이 병을 고쳐 주십니다. 그런데 주의 종들이 주님의 뜻에 따르지 아니하고 "나는 전도와 가르치는 일만 하지 병은 고치지 않겠다."고 한다면 우리 주님이 얼마나 슬퍼하시겠습니까?

우리는 우리 가운데 내주하시는 성령의 인도를 따라 전도하고 가르치고 병을 고쳐야 합니다. 목사와 전도사만 사명이 있는 것이 아닙니다. 오늘날 우리는 다 왕 같은 제사장입니다. 그러므로 우리는 각자의 분량대로 전도하고 가르치고 병을 고쳐야 합니다.

구역장은 성직(聖職)은 받지 않았지만 평신도 사역자입니다. 예수님에게는 열두 제자 외에 칠십 인의 제자가 있지 않습니까? 목사와 전도사가 열두 제자와 같다면, 평신도 사역자들은 칠십 인의 제자의 부류에 있는 사람들입니다. 그렇기 때문에 평신도 사역자로 부름받은 구역장 여러분은 열심을 가지고 전도하고 가르치며 병자들을 위해 기도해야 합니다.

하나님은 우리의 전도를 통해서 사람들을 구원하시고, 우리의 가르침을 통해서 사람들을 깨우치시며, 우리의 기도를 통해서 병든 자들을 고치십니다. 그렇기 때문에 우리는 하나님의 말씀과 성령의 인도를 통해 이 중대한 일을 반드시 시행해야 합니다. 하나님은 우리를 제쳐 놓고 일하시지 않습니다. 하나님은 주의 종들과 평신도 사역자들을 복음의 도구로 사용하여 교회를 세우시고 하나님의 나라를 부흥시키십니다. 그러므로 우리는 하나님과 함께 일하는 자가 된 것을 기뻐하고 감사해야 합니다.

**15-17절** 저녁이 되매 제자들이 나아와 이르되 이곳은 빈 들이요 때도 이미 저물었으니 무리를 보내어 마을에 들어가 먹을 것을 사 먹게 하소서 예수께서 이르시되 갈 것 없다 너희가 먹을 것을 주라 제자들이 이르되 여기 우리에게 있는 것은 떡 다섯 개와 물고기 두 마리뿐이니이다

예수님이 가신 빈 들은 벳새다 광야였습니다(눅 9:10). 이때 예수님을 좇아 광야에 온 무리는 여자와 어린아이들 외에 남자만 5천 명이었습니다(21절). 그러니 여자와 어린아이들까지 합하면 최소한 2만 명의 군중이 그곳에 모였을 것입니다. 그들이 예수님의 말씀을 듣고 병을 치료받다 보니 어느새 저녁이 되었습니다. 그들은 먼 길을 걸어온 데다가 종일 굶었기 때문에 지쳐 있었습니다. 그러므로 이제 다시 그 먼 길을 걸어서 집

으로 돌아갈 일이 아득했습니다.

이때 예수님이 빌립에게 이렇게 말씀하셨습니다.

"우리가 어디서 떡을 사서 이 사람들을 먹이겠느냐"(요 6:5).

예수님이 이렇게 말씀하신 것은 빌립을 시험해 보기 위해서였습니다.

주님은 언제, 어떠한 상황에서도 문제를 해결하실 수 있습니다. 홍해수도 가르시고, 요단 강물도 가르시고, 여리고도 무너뜨리시고, 만나도 내려 주신 주님이 해결하시지 못할 일이 어디 있겠습니까? 우리 주님은 모든 문제의 해답을 다 아시고 문제를 해결할 수 있는 능력도 가지고 계시지만 우리의 믿음을 시험해 보시는 것입니다. 만약 우리가 주님이 주시는 시험에서 떨어진다면 주님은 그 해답을 알고 계시면서도 역사하시지 않습니다. 그러므로 우리는 주님이 주시는 시험에 반드시 합격해야 합니다.

예수님의 질문에 빌립은 이렇게 대답하였습니다.

"주님, 이곳은 빈 들이라서 떡 살 곳도 없는데, 갑자기 이 많은 사람들에게 먹일 떡을 어디서 구합니까? 더구나 해도 저물었으니 어디 가서 떡을 사 올 수도 없고, 떡을 살 돈도 없습니다. 그러니 그냥 돌려보내어 마을에 들어가 먹을 것을 사 먹게 하소서."

사람의 생각에는 이 말이 맞습니다. 빈 들이고 떡 살 곳도 없고 시간도 늦었고 돈도 없으니, 흩어져서 각자 문제를 해결하도록 하는 것이 순리입니다. 그러나 예수님은 많은 무리를 굶긴 채로 돌려보내기를 원하지 않으셨습니다. 먹을 것을 주기를 원하셨습니다. 그래서 "갈 것 없다 너희가 먹을 것을 주라"(16절)고 말씀하신 것입니다.

제자들은 여간 난처하지 않았습니다. 자신들도 먹을 것이 없는데 이 많은 사람들에게 먹을 것을 주라고 하시니 어떻게 합니까? 제자들은 어찌할 바를 몰랐습니다.

그러나 안드레는 달랐습니다. 그는 "주님, 여기에 보리떡 다섯 개와 물고기 두 마리가 있나이다."라며 예수님께 들고 나왔습니다(요 6:9). 그런데 이 말을 한 사람에 대해 본문에는 '제자들' 이라고 기록되어 있지만, 요한복음에는 '안드레' 라고 꼭 찍어 밝히고 있습니다(요 6:8).

떡 다섯 개와 물고기 두 마리는 한 어린아이의 도시락에 불과한 것이었습니다. 그러나 안드레는 그것을 믿음으로 주님께 드렸습니다. 그는 예수님은 무엇이든지 할 수 있는 분이라고 믿었기 때문에 떡 다섯 개와 물고기 두 마리를 구해 온 것입니다. 주님이 오병이어의 기적을 베푸실 수 있었던 것은 바로 이 때문입니다.

이처럼 똑같은 예수님의 제자들이라도 어려움을 당할 때 대처하는 태도가 다릅니다. 빌립은 빈 광야와 늦은 시간과 돈이 없다는 현실만 보았습니다. 그러나 안드레는 그 가운데 함께 계시는 예수님을 바라보았습니다.

우리는 빌립과 안드레를 통하여 우리가 어떻게 살아야 하는가를 생각해 보아야 합니다. 벳새다 광야 같은 어려움이 우리의 생활 가운데 다가올 때 빌립같이 현실만을 바라보면 부정적인 생각에 잡혀 절망할 수밖에 없습니다. 그러나 안드레같이 나와 함께 계신 주님을 바라보면 그 광야 같은 어려움은 기적의 잔칫상이 되고 맙니다. 이러므로 우리 예수 믿는 사람들은 모든 문제에 예수님을 보태야 합니다. 예수님을 빼 버리면 빌립처럼 되고 맙니다.

하나님은 안드레같이 예수님을 바라보는 믿음의 사람, 믿음의 교회를 통해서 기적을 베푸십니다. 그러므로 우리는 어떤 상황 가운데 있을지라도 예수님을 바라보고, 예수님이 우리의 모든 문제와 어려움을 해결해 주실 것을 믿고, 주님만 의지해야 하는 것입니다.

**18-21절** 이르시되 그것을 내게 가져오라 하시고 무리를 명하여 잔디 위에 앉히시고 떡 다섯 개와 물고기 두 마리를 가지사 하늘을 우러러 축사하시고 떡을 떼어 제자들에게 주시매 제자들이 무리에게 주니 다 배불리 먹고 남은 조각을 열두 바구니에 차게 거두었으며 먹은 사람은 여자와 어린이 외에 오천 명이나 되었더라

안드레가 떡 다섯 개와 물고기 두 마리를 가져오자, 주님은 그것을 받아서 하늘을 우러러 축사하신 후 떼어 제자들에게 주셨습니다. 예수님이 주신 떡과 물고기를 제자들이 무리에게 주는데, 그 많은 사람들에게 주어도 부족하지 않았습니다. 떼어 주니 자라나고 또 떼어 주니 또 자라났습니다.

보통 농사는 봄에 씨앗을 심어서 가을에 거둡니다. 그러나 주님의 손에 심으면 심자마자 막 자라나서 바로 거두는 역사가 일어납니다. 그것이 바로 하나님의 기적입니다. 하나님께서 하시는 일에는 시간이 필요 없습니다. 그러나 심지 않으면 절대로 자라지 않습니다.

안드레에게 있어서 벳세다 광야는 텃밭이었습니다. 그 텃밭에 오병이어를 심고 나니 2만 명의 사람이 배불리 먹고도 남아 안드레와 그 어린아이에게 열두 바구니가 돌아왔습니다. 이처럼 우리 주님은 차고도 넘치도록 풍성하게 주셔서 우리로 하여금 "내 잔이 넘치나이다!"라고 고백

하게 하시는 분입니다.

그런데 주님은 아무에게나 텃밭을 주시지 않습니다. 우리에게 복을 주려고 할 때에만 텃밭을 주시는데, 그때 우리는 그 텃밭에 믿음의 씨앗을 심어야 합니다. 심으면 바로 자라납니다. 곧장 구원으로 자라고, 치료로 자라고, 축복으로 자라고, 문제 해결로 자라고, 하나님의 능력으로 자랍니다. 그렇기 때문에 우리는 예수님을 모시고 사는 한 아무것도 걱정할 것이 없습니다. 어떠한 위기와 환난이 다가와도 예수님이 나와 같이 계시기 때문에 "내가 사망의 음침한 골짜기로 다닐지라도 해를 두려워하지 않을 것은 주께서 나와 함께하심이라 주의 지팡이와 막대기가 나를 안위하시나이다"(시 23:4)라고 고백할 수 있습니다.

오병이어의 기적! 이 사건을 통하여 주님은 우리에게 다음과 같은 중요한 깨우침을 주십니다.

"아무리 너희의 삶이 광야와 같을지라도 광야만 바라보지 말고 광야 가운데 있는 나를 반드시 계산에 넣어라. 또 아무리 어려움에 처해도 네 속에 있는 나를 계산에 넣어라. 그리고 내게 나와서 그냥 '주여, 주여' 라고 외치지만 말고 반드시 내가 주는 텃밭에 믿음의 씨앗을 심어라. 심지 않고 거두는 법이 없고, 심지 않은 곳에 자랄 리가 없다. 그러므로 반드시 네가 가지고 있는 것으로 심어라. 그러면 내가 자라게 해서 문제를 해결하겠다."

바로 이러한 교훈을 우리에게 주시는 것입니다.

예수 그리스도는 오늘도 광야 같은 삶을 살고 있는 우리 가운데 와 계십니다. 그러므로 우리는 광야 같은 삶의 현실만을 바라보지 말고 그 가운데 함께 계신 주님을 계산에 넣어야 합니다. 항상 주님만을 바라보고,

주님이 주시는 텃밭에 우리가 가진 것을 심어야 합니다. 주님이 "내게로 가지고 오라." 고 하셨으므로 우리는 주님의 손에 심어야 합니다. 우리가 주님만을 바라보며 우리와 함께 계신 주님을 계산에 넣고 주님이 주신 텃밭에 믿음의 씨앗을 심고 기도하면, 우리의 삶 가운데 놀라운 오병이어의 기적이 일어나게 되는 것입니다.

## 3. 밤 사경에 오신 예수님(14:22-36)

22. 예수께서 즉시 제자들을 재촉하사 자기가 무리를 보내는 동안에
배를 타고 앞서 건너편으로 가게 하시고 23. 무리를 보내신 후에 기
도하러 따로 산에 올라가시니라 저물매 거기 혼자 계시더니 24. 배
가 이미 육지에서 수 리나 떠나서 바람이 거스르므로 물결로 말미암
아 고난을 당하더라 25. 밤 사경에 예수께서 바다 위로 걸어서 제자
들에게 오시니 26. 제자들이 그가 바다 위로 걸어오심을 보고 놀라
유령이라 하며 무서워하여 소리 지르거늘 27. 예수께서 즉시 이르
시되 안심하라 나니 두려워하지 말라 28. 베드로가 대답하여 이르
되 주여 만일 주님이시거든 나를 명하사 물 위로 오라 하소서 하니
29. 오라 하시니 베드로가 배에서 내려 물 위로 걸어서 예수께로 가
되 30. 바람을 보고 무서워 빠져 가는지라 소리 질러 이르되 주여
나를 구원하소서 하니 31. 예수께서 즉시 손을 내밀어 그를 붙잡으
시며 이르시되 믿음이 작은 자여 왜 의심하였느냐 하시고 32. 배에

**함께 오르매 바람이 그치는지라 33. 배에 있는 사람들이 예수께 절하며 이르되 진실로 하나님의 아들이로소이다 하더라 34. 그들이 건너가 게네사렛 땅에 이르니 35. 그곳 사람들이 예수이신 줄을 알고 그 근방에 두루 통지하여 모든 병든 자를 예수께 데리고 와서 36. 다만 예수의 옷자락에라도 손을 대게 하시기를 간구하니 손을 대는 자는 다 나음을 얻으니라**

**22-23절** 예수께서 즉시 제자들을 재촉하사 자기가 무리를 보내는 동안에 배를 타고 앞서 건너편으로 가게 하시고 무리를 보내신 후에 기도하러 따로 산에 올라가시니라 저물매 거기 혼자 계시더니

예수님은 항상 제자들과 함께 계셨습니다. 그런데 이번에는 평소와 달리 제자들을 먼저 갈릴리 바다 건너편 게네사렛으로 보내셨습니다. 주님의 특별한 계획이 있었기 때문입니다.

예수님은 친히 무리를 다 흩어 보내신 후에 홀로 한적한 곳으로 기도하러 가셨습니다. 예수님은 하나님의 친아들이시요, 또한 하나님이십니다. 그런데도 예수님은 언제나 기도를 하셨습니다. 성경을 보면 예수님은 늘 아침 일찍 일어나서 한적한 곳에서 기도하시거나 밤새도록 철야 기도를 하셨습니다. 본문에서도 예수님은 그 많은 사람들을 먹여 보내시고 난 후에 홀로 한적한 곳으로 기도하러 가셨다고 말씀하고 있습니다. 왜 그러셨을까요? 재충전하기 위해서입니다. 예수님은 많은 사람들에게 복음을 증거하고 병을 고치고 먹이는 일을 하셨기 때문에 온몸에 힘이 다 빠져 버렸습니다. 그렇기 때문에 한적한 곳에서 하나님과 대화하고 기도

하며 휴식해서 재충전하려고 하신 것입니다.

나는 주일 2부, 3부 예배 설교를 하고 사무실에 내려가면 속이 허전합니다. 산모가 열 달 동안 아이를 배 속에 가지고 있다가 출산하고 나면 속이 허전해진다고 하는데, 나의 경우 이런 현상이 매주일 되풀이됩니다.

나는 설교를 위해 말씀을 일주일 내내 품고 삽니다. 월요일부터 늘 묵상하고 기도하고, 묵상하고 기도해서 하나님의 말씀을 받습니다. 그리고 그 말씀을 어린아이를 잉태하는 것처럼 내 마음속에 품었다가 주일에 강단에서 설교를 통해 낳습니다. 그렇기 때문에 설교를 다 마치고 나면 마음속이 얼마나 허전한지 말로 다 표현할 수 없습니다. 마음에 큰 구덩이가 생긴 것같이 허전합니다. 내가 이런 말을 하면 어떤 사람은 "무슨 주의 종이 말씀을 전하고 난 다음에 마음이 허전해집니까?" 라고 하는데, 그것은 모르는 소리입니다. 속에 있는 것을 다 내어 놓고 나면 울고 싶을 정도로 마음이 허전해지는 것입니다. 그럴 때는 마음이 텅 비어서 아무도 만나고 싶지 않습니다.

이러므로 주의 종은 하나님께 기도하며 휴식해서 재충전하는 시간이 필요합니다. 그렇지 않으면 마치 촛불이 다 타면 없어지듯이 영적으로 완전히 탈진됩니다. 그래서 결국 쓸모없게 될 수 있습니다. 자기 관리를 잘못해서 자꾸 주고 또 주기만 하면 나중에는 영혼이 바싹 말라서 무용지물같이 되고 마는 것입니다. 우리는 엘리야를 통해서 주의 종들의 영적인 자기 관리가 얼마나 중요한지 알 수 있습니다.

엘리야는 참으로 위대한 종이었습니다. 그가 기도하니 3년 반 동안 비가 오지 않았습니다. 또한 그는 갈멜 산에서 450명의 바알 선지자들과 대결해서 완전히 승리했으며, 그가 바알 선지자들을 다 죽이고 기도하자 3

년 반 만에 비가 내리기 시작하였습니다. 이때 그는 성령의 능력으로 아합 왕의 마차 앞에서 뛰어서 이스르엘까지 왔습니다.

이처럼 엘리야는 어마어마한 능력과 기적을 보인 하나님의 선지자였지만, 그 역시 큰 사역을 감당하고 난 다음에는 완전히 지쳐 버렸습니다. 마음이 텅 비었습니다. 그런데 그때 이세벨이 "너를 내일 죽이겠다."고 하자, 그에게 두려움이 엄습했습니다. 그래서 그는 유대 광야로 도망쳤습니다. 그는 곤하고 낙심하여 로뎀나무 밑에 드러누워 자신의 목숨을 거두어 달라고 하나님께 기도했습니다. 엘리야처럼 위대한 종이 왜 이런 행동을 했을까요? 그의 허전해진 마음을 틈타 마귀가 공격했기 때문입니다.

아무리 능력 있는 주의 종이라도 사역을 하다가 탈진하여 마음이 허전해지면 마귀의 공격을 받을 위험이 있습니다. 그렇기 때문에 주의 종들은 영적 사후(事後) 관리를 잘해야 합니다. 하나님의 말씀을 증거하고 마음이 완전히 비어 있을 때에는 사람들을 만나지 말고 한적한 곳에 가서 하나님께 기도해야 합니다. 말씀을 읽고 기도해서 마음의 허전함을 다 채워야 합니다. 예수님도 큰일을 하신 다음에는 홀로 조용한 곳으로 가서 기도하며 쉬셨습니다. 하나님의 아들 예수님도 그러한데 하물며 우리 같은 인생이야 말할 나위가 없는 것입니다.

**24-27절** 배가 이미 육지에서 수 리나 떠나서 바람이 거스르므로 물결로 말미암아 고난을 당하더라 밤 사경에 예수께서 바다 위로 걸어서 제자들에게 오시니 제자들이 그가 바다 위로 걸어오심을 보고 놀라 유령이라 하며 무서워하여 소리 지르거늘 예수께

서 즉시 이르시되 안심하라 나니 두려워하지 말라

제자들은 배를 타고 갈릴리 바다를 건너가고 있었습니다. 그런데 육지에서 수 리나 떨어진 바다 한가운데 이르렀을 때 갑자기 폭풍이 휘몰아쳤습니다. 거센 바람이 불고 파도가 쳐서 아무리 노를 저어도 배가 앞으로 가지 않았습니다. 앞으로 가면 파도에 밀려 다시 뒤로 오고, 또 앞으로 가면 뒤로 밀려오니 어찌할 도리가 없었습니다.

더구나 그때는 밤 사경이었습니다. '밤 사경' 은 요즘 시간으로 새벽 3시부터 6시 사이를 말합니다. 이때는 몸이 가장 고달픈 때입니다. 환자가 가장 고통스러운 때도 이때입니다. 병원에서 환자가 가장 많이 죽는 때도 바로 이 시간대라고 합니다. 밤을 새우는 사람들이 졸지 않기 위해 가장 애를 쓰고 괴로워하는 때도 이때입니다. 도둑도 이 시간에 가장 많이 들어옵니다.

제자들은 밤 사경에 거친 파도와 싸우며 노를 젓느라고 몸과 마음이 지칠 대로 지쳐 있었습니다. 눈꺼풀도 자꾸 내려앉고 배도 고프고 불안하고 초조하고 너무나 괴로웠습니다. 그런데 바로 그때 예수님이 물 위로 걸어 그들에게 오셨습니다.

우리 인생에서도 마찬가지입니다. 우리가 가장 외롭고 괴롭다고 느끼는 인생의 사경에 주님이 우리를 찾아오십니다. 주님이 부활, 승천하신 오늘날에는 우리에게 성령으로 오시기 때문에 어떤 장애물도 예수님을 막을 수 없습니다. 그러므로 우리는 가장 힘들고 어렵고 고통스러울 때에도 절대로 버림받았다거나 희망이 없다고 생각하지 말아야 합니다.

제자들은 누군가가 바다 위로 걸어오는 것을 보았습니다. 일렁이는 파도 위를 올라갔다 내려갔다 하면서 걸어오는 모습이 영락없이 유령으로 보였습니다. 뱃사람들은 바다에서 유령을 보면 배가 가라앉는다고 믿습니다. 그러니 제자들이 얼마나 놀랐겠습니까?

"아이고, 우리는 꼼짝없이 죽었네. 이제 배가 가라앉겠구나."

배 위는 난장판이 되었습니다. 사람 살리라고 고함치고 야단이 났습니다. 유령이 나타났다고 생각하니 제자들은 정신이 없었습니다.

오늘날도 예수님은 밤 사경에 우리를 찾아오십니다. 그때 우리는 예수님을 보고 놀라서 고함을 치면 안 됩니다. 우리 주님은 여러 형태로 우리를 찾아오시기 때문입니다. 예수님의 모습으로만 오시지 않고 우리의 아버지를 통해서, 어머니를 통해서, 형제를 통해서, 이웃을 통해서, 돕는 사람을 통해서 예수님은 우리를 찾아오십니다.

예수님이 오시면 평안과 기쁨이 있습니다. 예수 그리스도의 임재는 사랑과 평안을 동반하기 때문입니다. 그러므로 마음에 사랑과 평안이 꽉 들어찰 때는 예수님이 오신 것입니다. 그러나 귀신이 지나가면 머리끝이 쭈뼛 서고 몸에 소름이 쫙 끼칩니다. 그럴 때는 단호히 "귀신아, 나사렛 예수 이름으로 명하노니 물러갈지어다!"라고 명령해야 합니다.

나도 그럴 때가 많습니다. 혼자 기도하고 있을 때 갑자기 악한 영이 앞으로 지나가면 머리끝이 쭈뼛 서고 소름이 쫙 끼칩니다. 그럴 때 나는 단호하게 명령합니다.

"나사렛 예수 이름으로 명하노니 너 원수 귀신아, 묶임을 받을지어다! 예수 이름으로 명하노니 물러가라!"

그러면 즉시로 사라집니다. 절대로 그냥 내버려 두면 안 됩니다. 내버려 두면 그 귀신이 우리 주변을 빙글빙글 돌아다닙니다.

이처럼 우리는 느낌을 통해서도 주님이 오셨는지 아니면 귀신이 왔는지를 분별할 수 있습니다. 예수님이 오시면 사랑과 평안과 기쁨이 밀려들어 마음이 따뜻해지고 기분이 굉장히 좋습니다. 마치 평안하게 어머니의 품에 안겨 있는 것 같은 기분입니다. 귀신은 우리에게 두려움을 주지만, 예수님이 오시면 우리를 안심시키고 두려움에서 해방시켜 주시는 것입니다.

**28-33절** 베드로가 대답하여 이르되 주여 만일 주님이시거든 나를 명하사 물 위로 오라 하소서 하니 오라 하시니 베드로가 배에서 내려 물 위로 걸어서 예수께로 가되 바람을 보고 무서워 빠져 가는지라 소리 질러 이르되 주여 나를 구원하소서 하니 예수께서 즉시 손을 내밀어 그를 붙잡으시며 이르시되 믿음이 작은 자여 왜 의심하였느냐 하시고 배에 함께 오르매 바람이 그치는지라 배에 있는 사람들이 예수께 절하며 이르되 진실로 하나님의 아들이로소이다 하더라

성경은 "믿음은 들음에서 나며 들음은 그리스도의 말씀으로 말미암았느니라"(롬 10:17)고 말씀하고 있습니다. 말씀이 없는 믿음은 믿음이 아닙니다. 그것은 만용(蠻勇)에 불과합니다. 믿음은 옷을 거는 것과 같습니다. 벽에 옷걸이가 있으면 옷이 걸리지만, 옷걸이가 없으면 옷을 걸려고 해도 자꾸 떨어집니다. 이처럼 믿음은 말씀이라는 옷걸이가 있어야 걸립니다. 하나님의 약속의 말씀도 없이 그저 "믿습니다. 믿습니다." 하는 것은 감정이지 믿음이 아닙니다.

예전에 내가 독일 칼스부르그 부흥회를 가려고 준비할 때 있었던 일입

니다. 다음 주 월요일에 떠날 예정으로 준비하고 있는데, 느닷없이 지방에서 천막 교회를 개척한 장로님과 권사님들이 몰려와서 대뜸 이러는 것이었습니다.

"우리가 개척한 천막 교회에서 부흥회를 하는데 목사님을 강사로 모시기로 결정했습니다. 철야하고 금식하고 왔으니 월요일에 같이 내려가십시다."

나는 월요일에 독일 칼스부르그에 가기로 약속해 놓았고 비행기 표까지 이미 샀기 때문에 함께 갈 수 없다고 이야기했지만, 그들은 막무가내였습니다.

"목사님이 독일로 가든 말든 우리와는 상관이 없습니다. 우리는 '믿습니다'로 왔으니, 목사님이 월요일에 우리와 함께 내려가실 줄 믿습니다. 성경에 '네 믿은 대로 될지어다'라고 했으므로 우리는 믿습니다."라며 버티는 것이었습니다.

그래서 나는 그들에게 단호하게 말하였습니다.

"당신들이 밤새도록 믿어도 소용이 없습니다. 내가 당신들의 천막 교회에 가기로 약속을 했으면 당연히 가겠지만, 나는 그곳에 가겠다고 약속한 적이 없습니다. 나는 독일 칼스부르그에 가겠다고 약속을 했으니 그곳에 가야 합니다. 그러므로 당신들이 아무리 '믿습니다' 해도 소용이 없습니다."

그런데도 그들은 끄떡도 안 했습니다. 오히려 그들은 한술 더 떠서 내 사무실에서 철야 기도를 하겠다고 했습니다. 내가 "아무리 그래도 소용없습니다."라고 말려도 그들은 듣지 않았습니다. 오히려 "성경에 믿은 대로 된다고 했는데, 왜 안 된다는 겁니까?"라며 나에게 따졌습니다.

우리가 믿는 것은 하나님의 말씀입니다. 그렇기 때문에 말씀 없이 믿는다는 것은 믿음이 아니라 감정일 뿐입니다. 오늘날 많은 사람이 믿음과 감정을 혼동합니다. 믿음은 성령이 깨닫게 해 주시는 하나님의 말씀을 믿고 그 말씀에 서는 것입니다. 하나님의 약속의 말씀도 전혀 모르고 말씀에 서 있지도 않으면서 자신의 감정대로 행하는 것은 믿음이 아닙니다.

몇 년 전에 나는 국민일보에 아프리카의 목사님 열한 분이 호수에서 익사한 사건이 보도된 것을 읽은 적이 있습니다. 그분들은 기도회를 하다가 "베드로가 물 위로 걸었다면 우리도 걸을 수 있다. 베드로의 하나님은 곧 우리의 하나님인데 우리가 베드로보다 믿음이 없겠느냐?" 며 배를 타고 호수에 들어가 물에 뛰어들었다가 전부 익사하고 말았습니다. 왜 그 목사님들은 물 위를 걷지 못하고 가라앉았습니까? 말씀이 없었기 때문입니다. 베드로가 그냥 물 위를 걸은 것이 아닙니다. 그에게는 물 위로 오라는 주님의 말씀이 있었고, 그는 그 말씀을 믿고 걸었습니다. 그러나 이 아프리카의 목사님들은 물 위로 걸어오라는 예수님의 말씀을 받지 않았습니다. 말씀 없이 물에 들어갔기 때문에 빠져 죽은 것입니다.

이 사건을 통해서 알 수 있듯이, 하나님이 주시는 말씀 없이 섣불리 움직이는 것은 매우 위험합니다. 그러므로 우리는 반드시 하나님의 말씀을 연구하고 기도해서 성령의 감동으로 우리에게 주시는 말씀을 받아야 합니다.

예수님이 물 위로 걸어오실 때 배에는 예수님의 열두 제자가 타고 있었습니다. 그러나 말씀을 구한 사람은 베드로밖에 없었기 때문에 베드로에게만 주님의 말씀이 주어졌습니다. 주님은 구하지 않는 자에게는 주시지 않기 때문입니다.

주님은 구하는 자에게 개인적으로 말씀을 주십니다. 그러므로 우리는 주님께 말씀을 간절히 구하여야 합니다. 성경에 있는 약속의 말씀이라도 내가 간절히 기도하고 구해서 그 말씀을 내 마음속에 받아들여야 합니다. 말씀이 못처럼 우리 마음속에 콱 박혀야 합니다. 그러면 그 말씀은 나의 것이 됩니다. 설교를 들을 때, 말씀을 읽을 때, 기도할 때, 마음속에 콱 박히는 말씀이 바로 주님이 주시는 말씀입니다.

예수님은 베드로에게 "오라"(29절)고 말씀하셨습니다. 이 말씀은 인간의 말이 아닙니다. 하늘과 땅을 지으신 창조주 하나님의 말씀입니다. 온 우주와 천지 만물을 창조한 바로 그 능력의 말씀입니다. 베드로는 그 말씀을 붙잡았습니다. 그 말씀을 믿고 주님을 바라보고 걸어가니 물 위로 걸을 수 있었습니다. 그는 물을 보지 않았습니다. 바람도 보지 않았습니다. 오직 예수님만 보며 그 말씀을 의지하고 걸은 것입니다.

그런데 베드로는 끝까지 말씀을 의지하지 않았습니다. 바람 소리가 들리자 바람을 바라보았습니다. 그 순간 그는 바다에 빠지고 말았습니다.

우리도 한가지입니다. 우리는 세상의 바람 소리에 귀를 기울이지 말아야 합니다. 환경의 소리, 부정적인 소리를 들으면 물에 빠져 가라앉고 맙니다. 그러므로 우리는 파도가 치든 바람이 불든 상관하지 않고 끝까지 예수님만 바라보고 가야 하는 것입니다.

우리 예수 믿는 사람들은 떡으로만 사는 사람들이 아닙니다. 하나님으로부터 나오는 모든 말씀으로 사는 사람들입니다. 우리는 하늘을 쳐다보고 살지, 땅을 보고 살지 않습니다. 그러므로 땅에서 어떤 일이 일어나든지 상관하지 않고 하나님의 말씀을 바라보고 살아야 합니다. 눈에는 아무 증거 안 보이고, 귀에는 아무 소리 안 들리고, 손에는 잡히는 것 없어도 우리가 말씀을 의지하여 오직 '믿습니다!' 로 나가면 물 위로 걸어갈 수 있습니다. 그러나 우리가 주님을 바라보던 눈을 돌려 바람을 바라보고 환경을 바라보고 두려워하면 물속에 빠지고 마는 것입니다.

신령한 사람은 예수님을 바라보고 말씀을 믿습니다. 그러나 신령하지 못한 사람은 감각적으로 살기 때문에 눈으로 보고 귀로 듣고 냄새 맡고 맛보고 만져지는 것들을 바라봅니다. 그러므로 바람 소리가 들리고 물보라가 치면 그것을 바라보고 두려워해서 물속으로 빠져 들어가고 맙니다.

오늘날 우리 주변을 보면 예수님을 믿는 사람들 중에 많은 사람들이 믿음으로 출발했다가 물속에 빠지는 것을 발견할 수 있습니다. 왜 그렇습니까? 영의 사람으로 출발했다가 혼의 사람이 되어서 감각을 의지하기 때문에 빠지는 것입니다.

그러므로 우리는 끝까지 하나님의 말씀 위에 서서 주님을 바라보아야 합니다. 그러기 위해서 우리는 끊임없이 기도해야 합니다. 기도로 늘 주님과 깊이 교제하면 바람 소리가 들리지 않습니다. 끊임없이 기도함으로써 하나님과 교통하면 신령한 사람으로 살게 되는 것입니다. 그러나 기도를 등한히 하면 우리는 곧장 혼의 사람이 되어서 바람 소리를 듣게 됩니다. 그러므로 우리는 환경을 바라보고 두려움이 들어오기 시작하면 기도가 부족하다는 것을 깨닫고 더욱 기도에 힘써야 합니다.

베드로는 물에 빠지자 예수님께 살려 달라고 소리쳤습니다. 예수님은 그 소리를 들으시고 즉시 손을 내밀어 그를 건져 주셨습니다. 그래서 베드로는 주님과 나란히 물 위를 걸어 배에 오를 수 있었습니다.

우리는 종종 베드로가 물 위를 걸어간 것만을 기적으로 생각합니다. 그러나 그보다 더 큰 기적은 베드로가 예수님과 손을 잡고 물 위로 걸어서 배까지 온 것입니다. 베드로가 말씀을 믿고 주님을 바라볼 때에는 혼자 걸었지만, 넘어지고 난 다음에 회개하고 주님을 의지하니까 주님이 베드로와 함께하셨습니다.

우리가 인생길을 가는 것도 이와 같습니다. 우리는 인생길을 가다가 실패할 때가 있습니다. 그럴 때 '내가 할 수 없다' 는 것을 깨닫고 예수님을 의지하면 베드로처럼 예수님과 함께 인생길을 걸어갈 수 있습니다. 그러므로 우리가 당하는 시험과 환난과 실패가 다 나쁜 것만은 아닙니다. 실패를 통해 회개하고 더욱 주님을 의지하면 주님이 우리의 손을 잡고 동행해 주시기 때문입니다.

우리의 인생이 때로는 광야 같고 파도치는 바다 같을지라도 인생의 그 모든 문제의 해답이 주님께 있습니다. 그러므로 우리는 예수님을 붙잡아야 합니다. 우리가 주님께 회개하고 우리의 고집을 다 버리고 예수님을 붙잡으면, 예수님이 우리의 모든 문제를 해결해 주십니다.

예수님이 배에 오르시자 바람이 그쳤습니다. 파도도 잠잠해졌습니다. 제자들은 이 모든 광경을 보고 예수님께 절하며 "당신은 진실로 하나님의 아들이십니다!" 라고 고백했습니다. 그들은 전에도 예수님이 하나님의 아들이라는 것을 알았습니다. 불과 몇 시간 전에 오병이어로 약 2만 명이나 되는 사람들을 먹이셨을 때에도 그들은 예수님이 하나님의 아들이심을 알고 감탄했습니다. 그러나 물 위로 걸어오시는 예수님을 보고 더 깊이 깨달은 것입니다.

우리도 예수님을 체험하면 체험할수록 예수님이 하나님의 아들이심을 더 깊이 깨닫게 됩니다. 더 깊이 흠모하고 예배드리게 됩니다. 그렇기 때문에 우리의 신앙은 체험이 필요한 것입니다.

우리가 말씀을 믿고 그 말씀에 상응하는 체험을 할 때 주님의 은혜에 대한 깊은 계시가 우리 마음속에 들어옵니다. 그러므로 우리가 신앙생활을 하면서 체험만 찾아서도 안 되겠지만, 말씀을 믿었으면 말씀에 준하는 체험을 주님께 구해야 합니다. 성령 침례 받는 체험도 해야 하고, 병 고침받는 체험도 해야 합니다. 귀신을 쫓아내는 체험도 해야 하고, 기적적인 응답을 받는 체험도 해야 합니다. 이렇게 체험을 해야 주님에 대한 믿음이 깊어지고 신뢰가 더 깊어지게 되는 것입니다.

**34-36절** 그들이 건너가 게네사렛 땅에 이르니 그곳 사람들이 예수이신 줄을 알고 그 근방에 두루 통지하여 모든 병든 자를 예수께 데리고 와서 다만 예수의 옷자락에라도 손을 대게 하시기를 간구하니 손을 대는 자는 다 나음을 얻으니라

예수님은 제자들과 함께 갈릴리 바다 건너 게네사렛 땅으로 가셨습니다. 그러자 그곳 사람들이 그 근방에 소문을 내어 수많은 사람이 병자들을 데리고 예수님을 찾아왔습니다. 예수님이 온갖 병을 고치고 귀신을 쫓아낸다는 소문이 얼마나 널리 퍼졌던지, 예수님이 가시는 곳은 어디든지 병자들이 모여들었습니다.

예수님은 공생애 3년 반 동안 치료자로서 사람들의 마음속에 깊은 인상을 남기셨습니다. 예수님은 가시는 곳마다 치료하시지 않은 적이 없습니다. 예수님이 계시면 반드시 치료가 임하였습니다. 그러므로 예수님께서 오시면 반드시 치료받는다는 것은 상식이었습니다.

그러나 오늘날은 그렇지 않습니다. 사람들이 더 이상 교회를 치료하는 곳으로 믿지 않습니다. 많은 주의 종들이 "기적은 2천 년 전에 이미 지나갔다. 예수님은 더 이상 치료하시지 않는다. 오늘날은 죄를 회개하고 구원만 받을 뿐이지 기적은 일어나지 않는다."라고 말합니다. 심지어는 병 고치러 오는 사람을 꾸짖습니다.

"우리 교회는 병 고치는 곳이 아닙니다. 우리 교회는 병자를 위해 기도하는 곳이 아닙니다."

그러나 이것은 잘못된 말입니다. 예수 그리스도의 심정을 몰라서 하는 말입니다.

예수님은 공생애 사역의 약 3분의 2를 병 고치는 데 보내셨습니다. 겟세마네 동산에서 베드로가 말고의 귀를 칼로 베었을 때에도 주님은 그 귀를 주워 다시 붙여 주셨습니다. 십자가에 못 박히기 위해 잡혀 가시면서도 치료를 베푸신 것입니다.

또한 주님은 친히 우리의 연약한 것을 담당하시고 모든 병을 짊어지셨습니다(8:17). 예수님이 그냥 십자가에 달리신 것이 아닙니다. 십자가 위에서 우리 인생이 당하는 모든 병을 걸머지시고 6시간 동안 그 병을 다 앓으셨습니다. 이렇게 주님이 십자가에서 온갖 질병을 다 담당하시고 "내가 다 이루었다."(요 19:30)고 하셨을 때, 우리 인생들을 괴롭히는 모든 병의 대가가 완전히 청산되어 버린 것입니다.

그러므로 우리는 예수 이름으로 병 고침받기를 소원하고 기도해야 합니다. 예수님이 이미 십자가에서 대가를 지불하셨으므로 병을 고쳐 달라고 담대하게 기도해야 합니다. 병의 뿌리는 마귀에게 있습니다. 그런데 마귀는 쫓겨나면 갈 데가 없기 때문에 필사적으로 병을 붙잡고 늘어집니다. 그러므로 우리는 예수 그리스도의 이름과 십자가 대속의 은총을 의지하고 강하게 마귀를 몰아붙여야 하는 것입니다.

예수님은 "침례 요한의 때부터 지금까지 천국은 침노를 당하나니 침노하는 자는 빼앗느니라"(11:12)고 말씀하셨습니다. '침노하다', '빼앗다' 라는 말은 가로막는 세력을 물리쳐야 함을 암시합니다. 우리는 천국으로 들어오지 못하도록 결사적으로 막는 마귀의 세력을 강한 능력으로 물리치고 침노해 들어가야 합니다. 강력한 기도를 통하여 천국을 침노해야 하는 것입니다.

마귀는 어떻게 하든지 우리가 기도하지 못하도록 막습니다. 낙심을 가져다주고, 시험을 가져다주고, 힘들게 합니다. 그러나 그럴수록 우리는 더 기도해야 합니다. 모여서 힘써 기도하여 밀고 들어가야 합니다.

마귀는 지는 전쟁을 하고 있습니다. 2천 년 전에 이미 예수님이 십자가에서 마귀의 모든 무장을 해제하고 완전히 승리하셨습니다. 그러므로 마귀는 최후의 발버둥을 쳐도 결국은 집니다.

그렇다고 우리가 마귀를 너무 쉽게 생각하면 안 됩니다. 마귀는 정사와 권세를 다 빼앗겼기 때문에 이제는 사력을 다해 지지 않으려고 합니다. 살기 위해서 있는 힘을 다해 발버둥 칩니다. 우리가 이런 마귀를 이길 수 있는 길은 오직 기도뿐입니다. 우리가 기도에 힘쓰고 단호한 믿음을 가지고 나가면 반드시 병 고침을 받을 수 있는 것입니다.

제 15 장

# 가르치시고, 고치시고, 먹이시고

A COMMENTARY
ON THE GOSPEL OF
MATTHEW Ⅲ

**본 장에는** 앞 장(14장)에 이어 예수님이 행하신 이적들이 기록되어 있습니다.

예수님께서 가시는 곳마다 병자들을 고치시고 초자연적인 이적을 행하심에 따라 예수님의 인기도 점점 더 높아지고 예수님을 따르는 무리도 많아졌지만, 그에 비례하여 예수님을 박해하려는 음모도 점점 더 고조되어 갔습니다. 예수님을 모함할 목적으로 예루살렘에서 파견된 바리새인과 서기관들은 예수님의 제자들이 손을 씻지 않고 떡을 먹는 것을 보고 장로들의 전통을 지키지 않는다고 공격했습니다.

이에 예수님께서는 하나님께 드린다는 이유로 부모 공경을 외면해서는 안 된다고 말씀하시면서 바리새인들의 외식을 책망하신 후 참된 정결에 대해서 말씀하셨습니다.

그 후 두로와 시돈 지방으로 가신 예수님께서는 가나안 여자의 믿음을 칭찬하시고 그 여자의 귀신 들린 딸을 고쳐 주셨습니다. 또한 예수님께서는 갈릴리 호숫가에서 많은 병자들을 고치셨으며, 떡 일곱 개와 물고기 두 마리로 남자만 4천 명, 여자와 어린이들을 합하면 만 명이 훨씬 넘는 사람들을 배불리 먹이는 이적을 행하셨습니다.

## 1. 바리새인의 외식(15:1-20)

1. 그때에 바리새인과 서기관들이 예루살렘으로부터 예수께 나아와
이르되 2. 당신의 제자들이 어찌하여 장로들의 전통을 범하나이까
떡 먹을 때에 손을 씻지 아니하나이다 3. 대답하여 이르시되 너희는
어찌하여 너희의 전통으로 하나님의 계명을 범하느냐 4. 하나님이
이르셨으되 네 부모를 공경하라 하시고 또 아버지나 어머니를 비방
하는 자는 반드시 죽임을 당하리라 하셨거늘 5. 너희는 이르되 누구
든지 아버지에게나 어머니에게 말하기를 내가 드려 유익하게 할 것
이 하나님께 드림이 되었다고 하기만 하면 6. 그 부모를 공경할 것이
없다 하여 너희의 전통으로 하나님의 말씀을 폐하는도다 7. 외식하
는 자들아 이사야가 너희에 관하여 잘 예언하였도다 일렀으되 8. 이
백성이 입술로는 나를 공경하되 마음은 내게서 멀도다 9. 사람의 계
명으로 교훈을 삼아 가르치니 나를 헛되이 경배하는도다 하였느니라
하시고 10. 무리를 불러 이르시되 듣고 깨달으라 11. 입으로 들어가
는 것이 사람을 더럽게 하는 것이 아니라 입에서 나오는 그것이 사람
을 더럽게 하는 것이니라 12. 이에 제자들이 나아와 이르되 바리새

인들이 이 말씀을 듣고 걸림이 된 줄 아시나이까 13. 예수께서 대답
하여 이르시되 심은 것마다 내 하늘 아버지께서 심으시지 않은 것은
뽑힐 것이니 14. 그냥 두라 그들은 맹인이 되어 맹인을 인도하는 자
로다 만일 맹인이 맹인을 인도하면 둘이 다 구덩이에 빠지리라 하시
니 15. 베드로가 대답하여 이르되 이 비유를 우리에게 설명하여 주
옵소서 16. 예수께서 이르시되 너희도 아직까지 깨달음이 없느냐
17. 입으로 들어가는 모든 것은 배로 들어가서 뒤로 내버려지는 줄
알지 못하느냐 18. 입에서 나오는 것들은 마음에서 나오나니 이것
이야말로 사람을 더럽게 하느니라 19. 마음에서 나오는 것은 악한
생각과 살인과 간음과 음란과 도둑질과 거짓 증언과 비방이니 20.
이런 것들이 사람을 더럽게 하는 것이요 씻지 않은 손으로 먹는 것은
사람을 더럽게 하지 못하느니라

**1-2절** 그때에 바리새인과 서기관들이 예루살렘으로부터 예수께 나아와 이르되 당신의 제자들이 어찌하여 장로들의 전통을 범하나이까 떡 먹을 때에 손을 씻지 아니하나이다

예수님 당시 유대에는 산헤드린이라는 종교 회의 기관이 있었습니다. 산헤드린은 의장인 대제사장을 비롯하여 바리새인, 사두개인, 교법사, 서기관 등 종교 지도자들로 구성되어 있었으며, 그 산하에 회당이 전국적으로 있었습니다. 유대인들은 비록 정치적으로는 로마에게 주권을 빼앗겼으나, 정신적으로는 유대교의 강력한 영향력 아래 있었습니다. 결혼식에서부터 장례식에 이르기까지 유대 사회의 모든 생활양식과 의식에 있어서 유대교의 영향이 미치지 않은 것이 없었습니다.

이런 상황에서 예수님은 잘못된 유대교의 전통과 관습을 전면적으로

부인하시고 천국을 전파하셨습니다. 그러니 산헤드린 공회원들이 예수님을 곱게 볼 리가 없었습니다. 그들은 예수님을 이단으로 낙인찍고 끊임없이 참소하고 박해했습니다. 중산층이나 상류층 사람들은 아예 예수님이 주변에 얼씬거리지도 못하게 했습니다. 그나마 예수님을 따라다니는 사람들은 대부분 가난하고 헐벗고 병들고 버림받은 하층민들이었습니다. 그러므로 예수님은 참으로 어려운 상황과 환경 가운데서 복음을 증거하신 것입니다.

본문에 보니, 예루살렘의 산헤드린 공회에서 예수님을 감시하기 위해서 바리새인과 서기관들을 파견한 것을 볼 수 있습니다. 예수님의 말씀을 약점 잡고, 정죄하고, 사역을 방해하려는 목적으로 그 감시단을 파견한 것입니다. 그렇기 때문에 그들은 예수님이 십자가에 돌아가실 때까지 예수님을 감시하며 잡아 죽일 기회를 찾고 사사건건 참소했던 것입니다.

예루살렘에서 온 바리새인과 서기관들은 사사건건 예수님을 공격했습니다. 이번에는 예수님과 제자들이 손을 씻지 않고 먹는 것을 보고 장로들의 전통을 지키지 않았다고 공격했습니다. 원래 하나님의 율법에는 밥 먹을 때 반드시 손을 씻어야 한다는 항목이 없습니다. 이것은 유대인의 종교 지도자들이 하나님의 계명을 그들의 편의에 따라 해석하고 발전시키는 가운데 만든 전통의 수많은 항목 가운데 하나입니다.

사실 손을 먼저 깨끗이 씻은 다음에 밥을 먹는 것은 위생상 좋은 습관입니다. 특히 수저나 포크를 사용하지 않고 그냥 손으로 먹는 사람들은 밥 먹기 전에 손을 씻는 것이 좋습니다. 지금도 중동 지역에서는 손으로 밥을 먹습니다. 그렇기 때문에 손을 씻고 밥을 먹는 것이 위생적으로 좋습니다. 그런데 그들이 손을 씻는 것을 보면, 실제로 씻는 것이 아닙니다.

주전자에 손가락을 넣어서 살짝 씻는 시늉만 하고 손에 묻은 물을 탁탁 털어 내고는 씻었다고 합니다. 그러니 병균이 씻겨서 없어지는 것이 아니라 오히려 덕지덕지 더 붙을 것 같습니다. 그래도 그들은 장로들의 전통에 손을 씻으라고 했으므로 형식적으로 씻는 시늉만 하는 것입니다.

밥 먹을 때 먼저 손을 씻는 것은 율법에 정해진 것이 아니라 인간이 만든 도덕적인 전통에 불과한 것입니다. 그런데 바리새인과 서기관들은 예수님과 제자들이 손을 씻지 않고 떡을 먹었으니 장로들의 전통을 범했다며 죄인으로 몰아세웠습니다.

**3-6절** 대답하여 이르시되 너희는 어찌하여 너희의 전통으로 하나님의 계명을 범하느냐 하나님이 이르셨으되 네 부모를 공경하라 하시고 또 아버지나 어머니를 비방하는 자는 반드시 죽임을 당하리라 하셨거늘 너희는 이르되 누구든지 아버지에게나 어머니에게 말하기를 내가 드려 유익하게 할 것이 하나님께 드림이 되었다고 하기만 하면 그 부모를 공경할 것이 없다 하여 너희의 전통으로 하나님의 말씀을 폐하는도다

예수님은 바리새인과 서기관들을 향하여 그들이 신봉하는 장로들의 전통의 잘못을 예리하게 지적하며 책망하셨습니다.

"전통이라는 것은 하나님의 계명을 해석하고 설명하기 위해 인간이 만들어 놓은 법인데, 왜 너희들은 인간의 법을 가지고 하나님의 법을 어기느냐?"

하나님께서는 인간에게 십계명을 주셨습니다. 제1계명부터 제4계명까지는 하나님과 인간의 관계에 대한 계명이고, 제5계명부터 제10계명

까지는 인간과 인간의 관계에 대한 계명입니다. 인간 사이에 지켜야 할 여섯 가지 계명 중에 가장 으뜸이 되는 계명은 제5계명, 즉 '네 부모를 공경하라' 는 것입니다. 그러므로 기독교가 효도를 무시한다고 생각하는 것은 대단한 오해입니다. 인간관계에 있어서 하나님께서 가장 중요하게 여기시는 것은 바로 부모 공경입니다.

하나님께서는 다른 계명들과 달리 유독 부모 공경의 계명에만 장수와 부요의 축복을 약속하셨습니다. 그러므로 효를 잘 실천하는 개인과 사회와 국가는 하나님께서 잘살게 해 주시지만, 불효가 횡행하는 곳에는 하나님의 심판이 임하는 것입니다. 구약 성경은 불효하는 자들에 대하여 이와 같이 엄히 경고하고 있습니다.

"만일 누구든지 자기의 아버지나 어머니를 저주하는 자는 반드시 죽일지니 그가 자기의 아버지나 어머니를 저주하였은즉 그의 피가 자기에게로 돌아가리라"(레 20:9).

"아비를 조롱하며 어미 순종하기를 싫어하는 자의 눈은 골짜기의 까마귀에게 쪼이고 독수리 새끼에게 먹히리라"(잠 30:17).

신약 성경도 다음과 같이 부모 공경을 강조하고 있습니다.

"네 아버지와 어머니를 공경하라 이것은 약속이 있는 첫 계명이니 이로써 네가 잘되고 땅에서 장수하리라"(엡 6:2-3).

우리가 이 땅에서 잘되기 위해서는 부모님을 공경해야 합니다. 물론 때로는 부모님과 마음이 맞지 않거나 의견이 달라서 부딪칠 때도 있습니다. 또한 신앙생활을 하면서 부모님을 부양하는 문제로 갈등할 때도 있습니다. '하나님께 드려야 할 것인가, 부모님에게 드려야 할 것인가?' 라는 문제를 놓고 고민하게 될 때도 있습니다. 이럴 때 우리는 부모님보다 하나님이 우선이기 때문에 부모님에게는 죄송하지만 하나님께 먼저 드려야 합니다.

예를 들어, 십일조를 드리려고 따로 떼어 놓았는데 부모님이 갑자기 돈이 필요하다고 하신다면 어떻게 하겠습니까? 그럴 때는 두말할 필요 없이 하나님께 먼저 드려야 합니다. 하나님을 먼저 섬기고 그다음에 부모님을 섬기는 것이 올바른 순서이기 때문입니다.

주일에 부모님이 교회에 가지 말라고 하실 때도 그렇습니다. 부모님이 집에 있으라고 한다고 해서 교회에 가는 것을 포기할 수는 없습니다. 하나님의 나라와 의를 먼저 구하는 것은 당연히 우리가 최우선으로 해야 할 일이기 때문입니다.

그렇지만 이렇게 특별한 경우를 제외하고는 부모님을 순종하고 공경하여야 합니다. 그래야 기도도 잘 나오고 말씀도 임하고 건강하게 장수하며 축복도 받는 것입니다.

이와 같이 하나님께서는 부모 공경을 중요시하여 강조하셨는데, 유대인들이 지키는 장로들의 전통은 이러한 하나님의 계명을 변질시켰습니다. 장로들의 전통에서는 부모님보다 하나님이 더 크시기 때문에 무엇이든지 '고르반' 이라고 하기만 하면 부모님에게는 아무것도 드리지 않아도 된다고 합니다. '고르반' 은 '하나님께 드림이 되었다' 라는 말입니다(막 7:11). 당시 유대인들은 이러한 전통을 악용하여 부모님을 부양하는 일을 기피하였습니다. 그들은 부모님에게 드리기 싫어서 '고르반' 이라고 했습니다. 하나님께 드리지도 않으면서 부모님을 부양할 의무를 회피하기 위해 장로들의 전통을 이용했던 것입니다.

이처럼 그들이 장로들의 전통을 악용하여 하나님의 계명을 어겼기 때문에, 예수님은 전통의 해악을 지적하시고 그들의 위선을 질책하셨습니다.

“너희가 장로들의 전통에 집착하여, 우리가 손을 씻지 않고 떡을 먹었다는 이유로 우리를 정죄하느냐? 그렇다면 너희가 ‘고르반’ 이라는 말 한 마디로 자식의 도리를 회피하고 부모를 공경하라는 하나님의 계명을 어기는 것은 어떻게 된 것이냐? 그것이야말로 큰 죄 아니냐? 너희의 전통이 하나님의 계명보다 더 크냐? 그런 큰 죄는 감추어 놓고 떡 먹기 전에 손을 씻지 않았다고 비판할 수 있느냐?”

예수님의 날카로운 지적에 그들은 아무런 대꾸도 못 했습니다. 예수님을 정죄하려다가 도리어 자신들의 죄악을 지적받자, 그들은 한 마디도 대답하지 못했습니다.

하나님의 말씀을 변질시키는 것은 어마어마하게 큰 죄입니다. 또 자신의 사리사욕을 채우기 위해 하나님의 말씀을 왜곡하여 사용하는 것도 하나님 앞에 엄청난 죄를 짓는 것입니다.

내가 신학교에 다닐 때 “목사는 십일조를 내지 않아도 된다.” 고 주장하시는 교수님이 있었습니다.

“우리 목사들은 십일조를 내지 않아도 된다. 성경을 봐라. 레위 족속과 제사장들은 백성들로부터 십일조를 받아먹었다. 그렇기 때문에 우리는 십일조를 바칠 필요가 없다.”

나는 그 교수님이 욕심이 생겨서 저런 말씀을 하신다고 생각했습니다. 나중에 그 교수님은 집 한 칸도 없이 세상을 뜨셨습니다. 살아 계실 때는 참으로 유명하고 훌륭한 분이셨는데, 세상을 뜨셨을 때 보니 너무나 가난해서 보기가 안타까울 정도였습니다.

십일조는 하나님의 주권을 인정하고 순종하는 행위로써 예수 그리스도께서 예비하신 '범사에 잘되는 축복' 을 우리 생애 속에 쌓을 수 있는 믿음의 열쇠가 됩니다(말 3:10-12). 하나님의 말씀은 저 하늘이 무너지고 이 땅이 꺼져도 일점일획도 변하지 않는 영원한 말씀이며, 모든 사람에게 똑같이 적용됩니다. 아무도 하나님의 말씀을 폐할 수 없고, 가감할 수 없습니다. 그렇기 때문에 인간이 만든 전통을 가지고 하나님의 말씀을 폐한다는 것은 참으로 엄청난 죄입니다.

**7-11절** 외식하는 자들아 이사야가 너희에 관하여 잘 예언하였도다 일렀으되 이 백성이 입술로는 나를 공경하되 마음은 내게서 멀도다 사람의 계명으로 교훈을 삼아 가르치니 나를 헛되이 경배하는도다 하였느니라 하시고 무리를 불러 이르시되 듣고 깨달으라 입으로 들어가는 것이 사람을 더럽게 하는 것이 아니라 입에서 나오는 그것이 사람을 더럽게 하는 것이니라

예수님은 이사야의 말씀을 인용하여 바리새인과 서기관들의 위선을 책망하셨습니다.

"주께서 이르시되 이 백성이 입으로는 나를 가까이하며 입술로는 나를 공경하나 그들의 마음은 내게서 멀리 떠났나니 그들이 나를 경외함은 사람의 계명으로 가르침을 받았을 뿐이라"(사 29:13).

바리새인과 서기관들은 성전에 나와서는 하나님께 감사하고 찬양하고 영광을 돌렸지만, 실제로는 장로들의 전통을 지킨다는 구실로 하나님의 계명조차 무시하고 짓밟았습니다. 그렇기 때문에 예수님은 그들의 위선을 지적하여 이렇게 말씀하신 것입니다.

오늘날도 세상에는 표리부동한 사람들이 많습니다. 앞에서 "안녕하십니까? 잘 지내십니까? 훌륭합니다. 존경합니다." 그러고는, 돌아서서 "죽일 놈!" 하며 흉악한 욕을 합니다. 앞에서는 아부하고 뒤로 가서 등에 칼을 박는 것입니다. 우리는 이런 아부꾼들을 조심해야 합니다. 면전에서는 칭찬을 하고 박수를 치면서도 뒤로 돌아서서 어마어마하게 비난하고 참소하기 때문입니다.

우리도 그럴 때가 있습니다. 하나님 앞에 나와서 입술로 하나님을 공경하고 예배하고 찬미하면서도 실제 삶에서는 하나님의 뜻에 거스르는 행동을 할 때가 얼마나 많이 있습니까? 성수 주일도 하지 않고 십일조를 떼어먹을 때도 있습니다. 하나님의 뜻을 거역해서 생활할 때도 많습니다. 그렇기 때문에 우리는 언행이 일치되는 신앙생활을 하게 해 달라고 간절히 기도해서 변화를 받아야 합니다.

유대인들의 과오는 사람의 계명 곧 장로들의 전통을 의식적으로 지킬 뿐 하나님을 진정으로 믿고 경배하지 않았다는 것입니다. 그들은 입으로는 하나님을 찬양하고 섬긴다고 했지만, 실상 그들의 신앙은 하나님 중심의 신앙이 아니라 인본주의적인 헛된 신앙이었던 것입니다.

여러분, 사람이 만든 교훈을 따라서 하나님을 섬기는 것은 헛된 것입니다. 인간적인 해석을 따라 성경을 해석하면 큰일 납니다. 오늘날의 이단과 사설들도 다 그렇게 생겨났습니다. 그들은 하나님의 말씀을 인간 중심으로 해석합니다. 그래서 자기가 천부(天父)라고 말하는 사람도 있고, 자기가 재림한 예수라고 말하는 사람도 있습니다. 또 어떤 사람은 자기가 하나님의 특별한 기름 부음을 받은 말세의 종이라고 말합니다. 그러나 이런 자들은 모두 인간이 만든 교훈으로 수많은 사람을 미혹시키 고 다른 사람의 신앙을 망치는 사람들입니다. 이러므로 우리는 하나님의 말씀에 서서 신앙생활을 해야지, 사람의 교훈을 따라가면 안 됩니다. 특별한 계시를 받았다는 사람을 조심해야 하며, 오직 하나님의 말씀을 따라야만 합니다.

**12-14절** 이에 제자들이 나아와 이르되 바리새인들이 이 말씀을 듣고 걸림이 된 줄 아시나이까 예수께서 대답하여 이르시되 심은 것마다 내 하늘 아버지께서 심으시지 않은 것은 뽑힐 것이니 그냥 두라 그들은 맹인이 되어 맹인을 인도하는 자로다 만일 맹인이 맹인을 인도하면 둘이 다 구덩이에 빠지리라 하시니

제자들은 예수님의 말씀을 듣고 걱정이 되었습니다. 바리새인들이 예수님의 말씀에 분노해서 복수하려고 할 것이 뻔했기 때문입니다. 바리새인들은 예수님을 공격하러 왔다가 역으로 예수님께 공격을 받자 분기탱천하였습니다. 그러나 예수님은 태연하셨습니다. 하나님께서 심으시지 않은 것은 종국에 가서는 다 뽑히기 때문입니다.

사람들 중에는 하나님이 심으신 사람과 그렇지 않은 사람이 있습니다. 하나님의 이름을 들고 나오는 사람들 중에도 하나님이 심으신 사람이 있고, 그렇지 않은 사람이 있습니다. 예수 그리스도는 하나님이 직접 심으신 분입니다. 죄를 회개하고 예수 그리스도를 믿는 사람들도 하나님이 심으신 사람들입니다. 그러나 예수님 외에 자칭 동방의 의인, 재림주, 엘리야라고 하는 사람들은 하나님이 심으시지 않은 사람들입니다. 그들은 모두 다 뽑힐 사람들입니다.

하나님께서 심으신 것은 절대로 뽑히지 않습니다. 자라고 또 자랍니

다. 그러나 하나님이 심으시지 않은 것은 다 뽑히고 맙니다. 주의 사업도 마찬가지입니다. 성령님이 시키시는 일을 해야 그것이 번창하지, 인간적인 생각으로 하면 결국 자라지 못하고 뽑히고 마는 것입니다.

지금 예수님을 찾아온 바리새인과 서기관들은 회개할 사람들이 아닙니다. 애초부터 그들은 예수님을 책잡으려고 작정하고 왔기 때문에 아무리 바른말을 해 주어도 회개하지 않습니다. 오히려 적대감만 더 커집니다. 그들은 이미 예수님을 이단이라고 낙인찍었기 때문에 예수님이 어떠한 말씀을 하시더라도 받아들이지 않습니다. 그렇기 때문에 예수님은 "내버려 두어라. 그들은 눈이 있어도 보지 못하는 맹인이다. 저런 맹인이 맹인을 인도하면 둘 다 구덩이에 빠지고 만다."라고 말씀하신 것입니다.

맹인은 앞을 보는 사람의 인도를 받아야 합니다. 맹인이 맹인을 인도하면 둘 다 구덩이에 빠지고 맙니다. 이것은 육신의 눈에만 해당하는 것이 아닙니다. 마음의 눈, 영의 눈도 마찬가지입니다. 영의 눈이 감긴 사람이 인도자가 되어 똑같이 영적 맹인인 사람을 인도하면 둘 다 실족하게 됩니다. 영의 눈이 열린 사람이라야 밝히 보고 올바로 인도할 수 있는 것입니다.

우리의 눈을 열어 줄 분은 오직 예수님밖에 없습니다. 예수님은 "나는 세상의 빛이니 나를 따르는 자는 어둠에 다니지 아니하고 생명의 빛을 얻으리라"(요 8:12)고 말씀하셨습니다. 빛이신 예수님만이 캄캄한 곳을 비추어 주실 수 있습니다. 그리스도만이 우리의 빛이 되십니다. 그러므로 예수님을 구주로 모시면 우리 속에 빛이 비치어 우리가 맹인이 되지 아니하고 눈뜬 자가 됩니다. 그러나 예수님이 계시지 않은 종교는 캄캄할 수밖에 없습니다. 그런 종교를 믿는 사람들은 모두 어둠 속을 헤매는 맹인입니다. 그러므로 영원한 지옥에 떨어질 수밖에 없는 것입니다.

**15-20절** 베드로가 대답하여 이르되 이 비유를 우리에게 설명하여 주옵소서 예수께서 이르시되 너희도 아직까지 깨달음이 없느냐 입으로 들어가는 모든 것은 배로 들어가서 뒤로 내버려지는 줄 알지 못하느냐 입에서 나오는 것들은 마음에서 나오나니 이것이야말로 사람을 더럽게 하느니라 마음에서 나오는 것은 악한 생각과 살인과 간음과 음란과 도둑질과 거짓 증언과 비방이니 이런 것들이 사람을 더럽게 하는 것이요 씻지 않은 손으로 먹는 것은 사람을 더럽게 하지 못하느니라

제자들은 예수님이 말씀하시는 의미를 도무지 알아듣지 못했습니다. 오순절 성령 강림이 있기 전에는 성령님이 임하시지 않았기 때문에 제자들은 예수님의 말씀을 이해하지 못한 것입니다. 그래서 번번이 예수님께 설명해 달라고 부탁했습니다.

예수님의 진리의 말씀은 인간의 지혜로 알 수 없습니다. 하나님의 진리는 인간의 감각적인 지식이 아니라 성령의 계시적인 지식입니다. 그렇기 때문에 성령께서 계시해 주셔야 알 수 있습니다. 그러므로 이 세상에서 공부를 많이 한 박사라 해도 성령의 계시를 받지 않으면 하나님의 말씀을 이해하지 못하고, 따라서 평론할 수도 없습니다.

박사라 해도 앞을 못 보는 맹인은 장미꽃 색깔과 나팔꽃 색깔을 평론할 수 없습니다. 그러나 박사가 아니라도 볼 수 있는 사람은 장미꽃 색깔과 나팔꽃 색깔을 분명하게 설명합니다. 이와 마찬가지로 예수 믿고 성

령을 받지 않은 사람은 아무리 학식이 뛰어나다 할지라도 하늘나라에 대해서 알지 못하므로 평론할 자격이 없습니다. 예수 믿고 성령 받은 사람만이 하늘나라의 계시를 받아들일 수 있는 것입니다.

베드로의 부탁에 예수님은 간단한 이론으로 쉽게 풀어 설명해 주셨습니다. 예수님은 사람을 더럽히는 것은 입으로 들어가는 것이 아니라 입에서 나오는 것이라고 말씀하셨습니다.

"입으로 들어가는 모든 것은 배로 들어가서 뒤로 내버려지는 줄 알지 못하느냐 입에서 나오는 것들은 마음에서 나오나니 이것이야말로 사람을 더럽게 하느니라"(17-18절).

음식은 사람을 더럽히지 못합니다. 입으로 들어가는 것은 손을 씻고 먹든, 씻지 않고 먹든 다 배 속으로 들어가서 몸 밖으로 배출되기 때문입니다.

그러나 사람의 속에서 나오는 말은 사람의 인격을 더럽힙니다. 사람은 그 마음에 가득한 것을 말로 표현합니다. 그러므로 말을 들어 보면 그 사람의 마음에 무엇이 들어 있는지 알 수 있습니다. 마음이 악한 사람은 악한 말을 하고, 마음이 추한 사람은 추한 말을 합니다. 의로운 사람은 그 마음에서 의로운 말이 나오고, 깨끗한 사람은 그 마음에서 깨끗한 말이 나옵니다. 이러므로 마음에서 나오는 것이 우리를 깨끗하게도 하고 더럽게도 하는 것입니다.

본문 19절부터 20절을 보면 사람을 더럽히는 것들이 구체적으로 열거되어 있습니다.

"마음에서 나오는 것은 악한 생각과 살인과 간음과 음란과 도둑질과 거짓 증언과 비방이니 이런 것들이 사람을 더럽게 하는 것이요".

예수 그리스도를 믿지 않는 사람들은 마음이 거듭나지 않았기 때문에 그 마음이 악으로 꽉 들어차 있습니다. 그렇기 때문에 악한 말을 굉장히 많이 합니다. 마음이 악한 사람은 하나님을 대적하고 이웃을 괴롭히는 말을 합니다. 악한 남편은 말로 아내를 괴롭히고, 악한 아내는 말로 남편을 괴롭힙니다. 악한 자식은 부모를 괴롭히고, 악한 이웃은 온 동네 사람들에게 괴로움을 줍니다. 그래서 악한 사람과 같이 있으면 늘 고통스럽습니다.

악한 마음은 근본적으로 하나님을 거스릅니다. 마음이 악한 사람은 하나님을 모독하고 하나님의 뜻을 거스르는 말을 거침없이 하며 하나님을 욕되게 합니다. 여러분, 지금 우리가 살고 있는 세상을 보십시오. 악이 들끓고 있지 않습니까? 악한 생각과 살인과 간음과 음란은 타락한 세상의 조류입니다.

신문이나 뉴스를 보면 살인 사건이 끊이지 않고 있습니다. 심지어는 부모 자식 간에, 부부간에도 죽이는 일이 있습니다. 이처럼 사람의 목숨을 해치는 것은 악한 마음에서 기인하는 것입니다.

또한 악한 마음에서는 간음과 음란이 나옵니다. 악한 마귀는 음악이나 영화, 텔레비전 등 온갖 대중 매체를 통해서 악한 것들을 전파합니다. 요즈음에는 간음과 음란과 방탕이 주제가 되지 않으면 흥행에 성공할 수 없다고 합니다.

도둑질하는 사람과 거짓말하는 사람은 또 얼마나 많은지 모릅니다. 돈이나 출세에 눈먼 사람은 자기의 이익을 위해 태연하게 도둑질하고 거짓 증언을 합니다. 자신에게 걸림이 된다 싶으면 멀쩡한 사람을 눈도 깜짝하지 않고 참소하여 죽입니다.

나는 목회를 하면서 참소하는 편지를 많이 받아 보았습니다. 주로 선교사를 참소하거나 주의 종을 참소하는 편지들인데, 실제로 조사해 보면 전혀 그렇지 않은 경우가 대부분입니다.

예전에 어떤 선교지에서 장로님과 권사님들이 내게 편지를 보내온 적이 있습니다. 그곳의 선교사를 참소하는 편지인데, 그 내용만 보면 그 선교사는 당장 파면감입니다. 내용인즉슨 그 선교사가 교회 공금을 횡령하고 기도도 하지 않고 매일 놀러만 다니고 설교도 못하고 편파적인 행동을 일삼는다는 것입니다. 그래서 만일 그 선교사를 한국으로 당장 불러들이지 않으면 그곳의 교인들이 다 떠날 것이라고 했습니다.

나는 그 편지를 읽고 굉장히 분노했습니다. 어떻게 선교사가 그럴 수 있습니까? 나는 당장 조사단을 보냈습니다. 그런데 조사단이 돌아와서 보고하는 내용을 보니 전혀 사실무근한 모략이라는 것이 드러났습니다. 조사해 보니 그 선교사는 공금에 손댄 적도 없고 기도도 열심히 하고 설교도 잘하는 분이었습니다. 그런데 그곳의 몇몇 장로들이 전도사와 짜고서 자기네 뜻대로 하는 것을 그 선교사가 반대하니까 참소한 것입니다. 만일 내가 편지 내용을 믿고 그들의 요구대로 집행했다면 사역을 잘 감당하고 있는 선교사를 그냥 매장시킬 뻔했습니다.

교회에서도 그런 일이 종종 있습니다. 권사님들이나 지역장, 구역장님들이 교구 목사님을 온갖 말로 참소합니다. 그런 소식을 들으면 나는 반드시 조사합니다. 그런데 조사해 보면 신기하게도 열 번이면 아홉 번은 거짓말로 밝혀집니다.

이와 같이 온갖 더럽고 추악한 것들을 내는 악한 마음은 그 사람을 더럽힙니다. 거듭나지 않은 마음은 그 바탕이 원래 부패하고 썩었기 때문에 그 속에서 악한 것이 끊임없이 나옵니다. 아무리 교육을 받고 지식이 많다 하더라도 그것이 마음을 변화시키지는 못합니다. 오히려 마음이 악하면 그 지식이 모두 악하게 사용됩니다.

그러므로 우리 예수 믿는 사람들은 옛사람의 악한 마음을 완전히 벗어 버려야 합니다. 우리는 마음을 정하게 하고 성령으로 새롭게 되기 위해서 늘 회개하고 기도해야 합니다.

성경은 "모든 지킬 만한 것 중에 더욱 네 마음을 지키라 생명의 근원이 이에서 남이니라"(잠 4:23)고 말씀하고 있습니다. 우리가 마음을 비워 놓으면 순식간에 마귀가 들어와서 마음을 부패하게 만듭니다. 그러므로 우리는 언제나 하나님의 말씀으로 우리의 마음을 채워 놓아야 합니다. 예수 그리스도의 보혈의 은혜와 오중복음과 삼중축복으로 우리의 마음을 채워 놓아야 합니다. 우리가 마음을 하늘나라로 채워 놓고 언제나 하늘나라의 생각을 말하고 행동할 때, 우리는 하나님과 동행할 수 있는 것입니다.

우리가 열심히 교회에 나오고 말씀을 듣고 기도하는 것은 우리의 마음을 하늘나라로 채워 놓기 위함입니다. 조금이라도 등한히 하면 마음을 지킬 수가 없습니다. 일단 마음에 세상의 파도가 마귀와 함께 들어오면 교회에 가기 싫고, 말씀도 읽기 싫고, 주님의 뜻대로 살기 싫고, 예수님을 믿는 것이 어리석게 보입니다. 그래서 주님을 멀리멀리 떠나가고 맙니다. 이 모든 것이 마음에서 일어나는 것입니다. 이러므로 우리는 늘 마음을 지켜야 합니다. 그러기 위해서는 말씀 읽고 기도하는 길밖에는 다른 도리가 없습니다.

우리가 말씀과 기도를 소홀히 하면 마귀가 세상을 가지고 들어옵니다. 그래서 그만 시험에 들고, 온갖 마음의 고통이 들어오고, 신앙을 잃어버릴 위험이 있습니다. 그러나 매일매일 말씀을 읽고 기도하면 하늘나라가 우리의 마음을 점령합니다. 성령님이 우리의 마음을 점령하시고 운행하시는 것입니다. 그러므로 우리는 날마다 말씀을 읽고 열심히 기도해서 우리의 마음을 지키고 하나님의 나라로 우리의 마음을 채워야 하는 것입니다.

## 2. 예수님 감동시키기(15:21-28)

**21. 예수께서 거기서 나가사 두로와 시돈 지방으로 들어가시니 22.
가나안 여자 하나가 그 지경에서 나와서 소리 질러 이르되 주 다윗의
자손이여 나를 불쌍히 여기소서 내 딸이 흉악하게 귀신 들렸나이다
하되 23. 예수는 한 말씀도 대답하지 아니하시니 제자들이 와서 청
하여 말하되 그 여자가 우리 뒤에서 소리를 지르오니 그를 보내소서
24. 예수께서 대답하여 이르시되 나는 이스라엘 집의 잃어버린 양 외
에는 다른 데로 보내심을 받지 아니하였노라 하시니 25. 여자가 와
서 예수께 절하며 이르되 주여 저를 도우소서 26. 대답하여 이르시
되 자녀의 떡을 취하여 개들에게 던짐이 마땅하지 아니하니라 27.
여자가 이르되 주여 옳소이다마는 개들도 제 주인의 상에서 떨어지
는 부스러기를 먹나이다 하니 28. 이에 예수께서 대답하여 이르시되
여자여 네 믿음이 크도다 네 소원대로 되리라 하시니 그때로부터 그**

의 딸이 나으니라

21절 예수께서 거기서 나가사 두로와 시돈 지방으로 들어가시니

예수님은 종종 사람들을 피해 조용한 곳으로 피신하셨습니다. 예수님에 대한 소문이 퍼짐에 따라 주님을 따르는 무리가 점점 많아졌고, 이에 긴장한 바리새인과 사두개인과 서기관 등 종교 지도자들이 예수님을 끊임없이 비난하고 공격하며 괴롭혔습니다. 방금 전만 해도 예수님의 제자들이 손을 씻지 않고 떡을 먹은 일로 바리새인과 서기관들이 예수님을 책잡고 비난하지 않았습니까? 그러니 예수님이 스트레스를 받으시지 않을 도리가 없습니다. 그래서 예수님은 마음의 휴식을 취하기 위해 두로와 시돈 지방으로 가셨습니다.

과도한 스트레스는 심신을 점점 억압해서 결국엔 파괴시킵니다. 우리는 구약의 위대한 선지자였던 엘리야를 통하여 이 사실을 알 수 있습니다. 엘리야는 갈멜 산에서 바알 선지자들과 대결하여 승리했지만, 그 스트레스에 너무 지쳐 있었습니다. 그렇기 때문에 자기를 죽이겠다고 했다는 이세벨의 말 한마디에 엘리야는 너무나 두려워서 광야로 도망쳐 로뎀나무 밑에서 하나님께 자기를 죽여 달라고 호소했습니다. 엘리야같이 위대한 주의 종이 어떻게 그처럼 나약하게 될 수가 있느냐고 생각할 수도 있습니다. 그러나 인간은 과도한 스트레스에 접하게 되면 무너지고 마는 것입니다.

오늘날 목회자들도 마찬가지입니다. 목회자들은 언제나 하나님 앞에 엎드려서 기도하고, 하나님의 사업을 하고, 하나님의 은혜 가운데 있어

야 하기 때문에 과다한 스트레스를 풀지 못하면 무너집니다. 스트레스에 너무 오랫동안 노출되어 있으면 심령이 녹초가 되어서 나중에는 기도도 하기 싫고, 전도도 하기 싫고, 살고 싶지도 않고, 완전히 무기력한 상태가 됩니다. 그래서 목회를 그만둔 목회자들이 굉장히 많습니다. 그렇기 때문에 목회자들은 목회 사역을 하는 틈틈이 마음에 휴식을 취하고 재충전하여 영적, 정신적으로 건강관리를 하는 것이 중요한 것입니다.

오래 전에 내가 군산에서 집회를 할 때 있었던 일입니다. 그때 사람들이 얼마나 많이 모였던지 교회 마룻바닥이 꺼져 버리고 말았습니다. 다행히 그곳이 1층이었기에 망정이지 2층이었으면 큰 사고가 날 뻔했습니다. 그 시절만 해도 나는 예배를 마친 후에 모든 환자들에게 일일이 안수를 했는데, 그러다 보니 밤 12시가 넘어야 집회가 끝났습니다. 나는 몸이 그다지 건강한 편이 아니었지만 안수를 받으러 나오는 병자들을 외면할 수 없어서 계속 안수하였습니다. 감사하게도 그곳에 주님의 치료의 역사가 왕성하게 나타나 많은 병자들이 나았습니다.

그런데 하루는 예배를 마치고 안수를 하는데 너무 힘들어서 더 이상 계속할 수가 없었습니다. 너무 지쳐서 쓰러질 지경이었습니다. 그래서 "오늘은 더 이상 안수를 못 하겠습니다."라고 말했더니, 안수받기를 기다리고 있던 어떤 사람이 대뜸 소리를 지르는 것이었습니다.

"네가 주의 종이냐? 신령한 종이 왜 피곤하냐? 그런 엉터리 신령이 어디 있냐? 주의 종이 왜 피곤하냐?"

나는 그 말을 듣고 숙소에 돌아와서 곰곰이 생각했습니다.

'내가 주의 종이 아닌가? 왜 주의 종이 피곤할까?'

그때 성령께서 내 마음에 하신 말씀이 있습니다.

"이 사람아! 너만 피곤한 게 아니다. 예수님도 피곤하셨다. 예수님도 피곤하셔서 종종 제자들을 데리고 한적한 곳으로 쉬러 가셨다. 심지어 정신적으로 굉장한 스트레스를 받으셨을 때에는 유대를 떠나 이방 지역인 두로와 시돈으로도 피신하시지 않았느냐? 신령해도 피곤한 것은 피곤한 것이다. 그러니 네가 잘못한 것이 아니다. 무리해서 쓰러지면 더 이상 하나님의 종으로 쓰임받을 수 없으니 네 건강은 네 스스로 늘 조심해야 된다."

이 말씀을 듣고 나니 안심이 되었습니다.

우리는 과도한 스트레스를 피하고 주님이 주신 건강의 법칙을 지키며 살아야 합니다. 주님이 주신 건강의 법칙을 어겨서 병들고 난 다음 주님께 고쳐 달라고 하는 것은 무리입니다. 우리는 먼저 주의 법도를 따라서 살고, 그다음에 하나님의 은총과 축복을 구해야 합니다.

**22절** 가나안 여자 하나가 그 지경에서 나와서 소리 질러 이르되 주 다윗의 자손이여 나를 불쌍히 여기소서 내 딸이 흉악하게 귀신 들렸나이다 하되

예수님이 가신 두로와 시돈 지방은 북쪽에 위치한 이방 지역으로서 우상 숭배의 본산이었습니다. 이곳 사람들은 바알과 아세라를 섬겼습니다. 이세벨도 이곳 출신으로 아합 왕의 아내가 되어 자기가 섬기던 우상들을 이스라엘에 끌어들였습니다. 이처럼 오랜 세월 우상을 섬겨 온 이곳 사람들이 예수님에 대해 관심을 가질 이유가 없었습니다. 그러나 이곳에서도 예수님은 쉬실 수 없었습니다. 예수님만 오셨다 하면 금방 소문이 나기 때문입니다.

두로와 시돈 지방에는 한 가나안 여자, 곧 지금으로 말하면 시리아 여자가 살고 있었습니다. 그 여자에게는 귀신 들린 딸이 있었습니다. 그 여자는 딸을 고치기 위해 온갖 수단과 방법을 다 써 보았지만 아무 소용이 없었습니다.

그런데 누군가가 낙심하고 있는 이 여자에게 예수님에 대한 소문을 전해 주었습니다. "유대에 예수라는 분이 있는데, 그분은 가는 곳마다 귀신을 쫓아내고 병을 고친다."는 소문이었습니다. 그 여자는 이 소문을 듣고 예수님을 만나 보기를 간절히 소원하고 있었습니다. 그러던 차에 예수님이 오셨다는 소식이 들리자, 그 여자는 예수님께 뛰어나왔습니다.

이 가나안 여자를 통해서 볼 수 있듯이, 예수님을 만나기를 간절히 원하는 사람이 예수님을 찾습니다. 예수님은 "심령이 가난한 자는 복이 있나니 천국이 그들의 것임이요"(5:3)라고 말씀하셨습니다. 등 따습고 배 부른 사람은 마음이 부요하기 때문에 예수님을 찾지 않고 천국을 사모하지 않습니다. 그러나 마음이 가난한 사람은 예수님을 찾고 가난이 없는 천국을 간절히 사모합니다. 가난한 자에게 복음이 전파되는 이유가 바로 여기에 있습니다. 가난하고 헐벗고 병든 사람들은 도움을 필요로 합니다. 지푸라기라도 잡고 싶은 심정입니다. 그렇기 때문에 그들은 그리스도의 복음을 들으면 붙잡는 것입니다.

지금 배부른 자는 예수님을 찾지 않습니다. 지금 웃는 자는 주님을 찾지 않습니다. 지금 배고픈 자, 우는 자들이 주님을 찾습니다. 마음이 부요하고 사는 데 걱정이 없는 사람은 그리스도의 복음을 좀처럼 받아들이지 않습니다. 그러나 그리스도의 복음에 무관심했던 사람도 생활에 고통과 어려움이 다가오면 하나님의 도움을 찾게 됩니다. 그러므로 마음이나 몸이나 생활이 가난한 사람에게 복음을 증거하는 것이 좋습니다.

귀신 들린 딸을 둔 어머니는 치료자가 필요했습니다. 이 여자는 예수님에 대한 소문을 듣고 예수님을 만나 보기를 간절히 소원하던 차에 예수님이 오셨다는 소식을 듣자 황급히 뛰어나왔습니다. 그리고는 예수님께 간절히 부르짖었습니다.

"다윗의 자손이여, 나를 불쌍히 여기소서! 내 딸이 흉악하게 귀신 들렸나이다."

그러나 안타깝게도 이 여자는 기도를 잘못했습니다. 예수님을 다윗의 자손, 메시아라고 부를 수 있는 권한은 유대인에게만 있습니다. 이방인은 다윗과는 아무런 관계가 없기 때문에 예수님을 다윗의 자손이라고 부를 권한이 없습니다. 그런데 이 여자는 유대인들이 하는 대로 예수님을 '다윗의 자손' 이라고 부른 것입니다.

예수님이 십자가에 달리시기 전까지는 구약 시대였습니다. 모세의 율법 아래 있었습니다. 아직은 이방인의 때가 오지 않았기 때문에 합법적으로 이방인을 구원하고 병을 고쳐 줄 때가 아니었습니다. 이방인의 때는 예수님이 십자가에서 모든 죄를 청산하신 후에야 비로소 열렸습니다. 예수님이 십자가에서 구약의 율법을 완성하신 후 비로소 신약 시대가 열리고 이방인의 때가 시작된 것입니다. 그러므로 예수님은 유대인의 구주로서 공생애 3년 반 동안 이스라엘의 잃어버린 양들만 찾으셨습니다.

가나안 여자는 예수님이 딸에게 들린 귀신을 쫓아내 주시기를 원했습니다. 귀신은 유대인, 이방인을 가리지 않고 어찌하든지 사람 속에 들어오려고 합니다. 귀신은 타락한 천사와는 다른 존재입니다. 타락한 천사는 공중 권세 잡은 자로서, 사람 속에는 들어오지 않습니다. 그러나 귀신은 악착같이 사람 몸에 붙거나 사람 속에 들어오려고 합니다. 그리하지 못하면 짐승에게라도 들어가려고 합니다.

귀신은 사람을 오염시키는 주범입니다. 악한 귀신은 사람을 악하게 만들고, 더러운 귀신은 사람을 더럽게 만들고, 점치는 귀신은 점치게 합니다. 거짓말 귀신은 거짓말하게 만들고, 세속적인 귀신은 세속화시키고, 음란 방탕한 귀신은 음란 방탕하게 만듭니다. 온갖 귀신들이 사람에게 붙어서 사람을 오염시키는 것입니다.

한강 물이 아무리 맑다 하더라도 상류에서 각종 폐수가 흘러 들어오면 별도리 없이 오염되고 맙니다. 이와 마찬가지로 아무리 깨끗하고 정직하게 태어난 사람도 귀신이 붙으면 오염되고 맙니다. 교육을 많이 받고 세련된 사람도 귀신이 붙으면 그 인격이 악하고 모질고 독하고 더럽고 거짓말 잘하고 음란하고 방탕하고 흉포하게 됩니다.

수많은 사람이 예수님을 믿지 않는 것도 귀신이 붙어서 오염된 마음을 가지고 있기 때문입니다. 그렇기 때문에 우리가 복음을 전도할 때 귀신이 쫓겨 나가는 역사가 일어나야 합니다. 사도행전 8장 7절을 보면, 예루살렘 교회의 일곱 집사 중 한 사람인 빌립이 사마리아에 가서 복음을 증거할 때 많은 사람에게 붙었던 귀신들이 크게 소리를 지르며 나갔다고 기록되어 있습니다. 오늘날도 우리가 복음을 증거하면 귀신이 쫓겨 나갑니다.

귀신은 예수님을 믿지 않는 세상 사람들은 물론이고 우리 예수 믿는 사람들에게도 붙어서 오염시킵니다. 이러한 귀신을 물리치기 위해서는 언제나 예수님의 보혈을 의지하고 담대하게 대적하여야 합니다. 귀신은 예수 그리스도의 이름과 그 보혈의 능력을 견디지 못합니다. 그러므로 우리는 매일 기도하고 예수님의 보혈을 주장해야 합니다.

"주님의 보혈로 저를 덮어 주옵소서. 오늘도 주님의 보혈로 저를 붙들어 주시고 보혈의 능력으로 살게 하옵소서."

날마다 이렇게 기도하고 주님의 보혈을 의지하면 귀신이 붙지 못합니다. 그리하지 않으면 귀신이 달라붙어서 오염시킴으로 말미암아 우리 예수 믿는 사람도 낙심과 미움과 퇴폐와 방탕에 빠지고 맙니다. 그러므로 우리는 조금이라도 마음에 이상한 생각이 들면 '아, 이것은 내 생각이 아니라 귀신이 붙어서 속삭이는 것이구나.' 라고 빨리 깨닫고 예수의 이름과 보혈로 물리쳐야 하는 것입니다.

옛말에 오십보백보(五十步百步)란 말이 있습니다. 원수를 피해서 달아나는데 한 사람은 백 보를 달아났고 또 한 사람은 오십 보를 달아났습니다. 그러자 오십 보 달아난 사람이 백 보 달아난 사람을 보고 "저 겁쟁이 봐라. 백 보나 달아났다."고 비난했습니다. 사실 오십 보 도망간 사람이 백 보 도망간 사람을 비난할 자격이 없습니다. 그 사람은 빨리 달리지 못해서 오십 보 갔고 백 보 도망간 사람은 발이 빨라서 많이 간 것뿐이지, 도망친 것은 피장파장입니다.

우리도 정도의 차이는 있지만 모두 오염된 사람들입니다. 전혀 오염되지 않은 분은 오직 예수 그리스도 한 분밖에 없습니다. 그렇기 때문에 우리는 모두 예수 그리스도의 보혈이 필요합니다. 그리스도의 용서와 자비와 보혈 외에는 우리를 깨끗하게 정화시킬 수 있는 것이 없기 때문입니다.

성령의 강한 역사와 예수 그리스도의 보혈의 능력이 개인과 가정과 사회에 넘쳐 날 때 비로소 정화되어 맑아집니다. 그러므로 우리는 항상 회개하고 예수님의 보혈을 의지하고 원수 마귀를 대적해야 합니다.

"예수 이름으로 명하노니, 너희 귀신은 물러가라!"

이와 같이 단호하게 귀신을 물리칠 때, 우리는 귀신에게 오염되지 않고 정결하게 되는 것입니다.

**23-25절** 예수는 한 말씀도 대답하지 아니하시니 제자들이 와서 청하여 말하되 그 여자가 우리 뒤에서 소리를 지르오니 그를 보내소서 예수께서 대답하여 이르시되 나는 이스라엘 집의 잃어버린 양 외에는 다른 데로 보내심을 받지 아니하였노라 하시니 여자가 와서 예수께 절하며 이르되 주여 저를 도우소서

가나안 여자가 간절하게 간구함에도 불구하고 예수님은 한 말씀도 대답하시지 않았습니다. 그 이유는 다음과 같은 두 가지입니다.

첫째 이유는 아직 이방인의 때가 되지 않았다는 것입니다. 그러므로 예수님은 이방인 여자의 간구를 들어주실 의무가 없습니다. 예수님은 아직 모세의 율법 아래 계셔서 이스라엘의 잃어버린 양을 찾고 계십니다. 모세의 계약은 유대인에게만 해당되지 이방인에게는 해당되지 않습니다. 그러므로 예수님이 그들을 치료해 주실 법적 근거가 없는 것입니다.

둘째 이유는 가나안 여자가 예수님을 다윗의 자손이라고 불렀으나 정작 그녀는 다윗과 아무 관계가 없다는 것입니다.

이처럼 아직 때도 이르지 아니하였고 다윗과 아무 연관도 없는 사람이 기도하였기 때문에 예수님은 묵묵부답이셨던 것입니다.

그러나 가나안 여자는 이에 아랑곳하지 않고 계속 예수님의 뒤를 따라

오며 끈질기게 부르짖었습니다. 이 여자가 얼마나 고함을 치는지 시끄러워서 견딜 수가 없었습니다. 그래서 보다 못한 제자들이 예수님께 와서 "주님, 저렇게 부르짖는데 웬만하면 들어주셔서 돌려보내소서."라고 간청했습니다.

제자들이 보기에는 예수님이 귀신을 쫓아내는 것은 식은 죽 먹기보다 쉬워 보였습니다. 예수님은 어느 곳에 가시든지 귀신 들린 유대인을 보시면 그 자리에서 귀신을 쫓아내셨습니다. 게다가 제자들은 귀신이 예수님만 보아도 기겁을 하고 벌벌 떨며 쫓겨 나가는 것을 수없이 보았습니다. 그러므로 제자들은 예수님이 가나안 여자의 딸에게 들린 귀신을 쫓아내 주시기를 간청한 것입니다.

그러나 주님의 태도는 단호했습니다.

"지금은 모세의 율법하에 있는 구약 시대이다. 유대인들만이 모세를 통해 하나님과 언약을 맺은 백성이다. 나는 유대인들 가운데 하나님의 잃어버린 양들을 찾으러 왔지 이방인들을 찾으러 온 것이 아니니, 저 이방 여자의 일은 나와 상관이 없다."

이와 같이 예수님은 아직 이방인의 때가 되지 않았음을 분명히 밝히심으로 제자들의 청을 일축해 버리셨습니다.

그러나 가나안 여자는 그대로 물러날 수 없었습니다. 일생일대의 기회를 절대로 놓칠 수 없었습니다. 그래서 이 여자는 뒤에서 부르짖다가 안 되니까 앞으로 뛰어와 엎드려서 부르짖었습니다.

가나안 여자를 통해서 볼 수 있듯이, 사람들은 치료받을 수만 있다면 결사적으로 매달립니다. 누가 능력이 있다는 것을 알면 이판사판으로 달라붙습니다. 나도 해외 성회를 다니면서 이런 일을 많이 당합니다. 몸은 하나인데 안수해 달라는 사람은 너무나 많아서 참으로 괴로울 때가 많습니다.

내가 독일에서 부흥회를 할 때였습니다. 성회가 끝난 다음에 안수를 받으러 온 사람이 너무 많아서 다 안수해 주지 못하고 호텔 방으로 돌아왔습니다. 그랬더니 그 사람들이 옆방을 전부 다 예약하여 밤새도록 거기서 기도회를 하는 것이었습니다. 호텔 측에서 너무 소란스러워서 다른 손님들의 항의가 빗발치니 조용히 해 달라고 요구하자, 그 사람들은 아예 내 방문 앞 복도에 꿇어앉아서 안수를 받겠다고 버텼습니다. 그러니 어떻게 합니까? 할 수 없이 나가서 다 안수해 주고 달래서 보냈습니다. 그렇지 않으면 그 사람들은 밤새도록 꿇어앉아 기도회를 할 것이고 호텔 측에서는 나가라고 할 것이 뻔하니, 달리 어찌할 도리가 없었습니다.

또 한번은 달라스 텍사스에서 이런 일이 있었습니다. 성회를 마치고 호텔에 와서 목욕을 하고 옷을 갈아입고 잠자리에 누워 있는데, 새벽 1시에 어떤 목사님이 자기 교회 교인들을 버스에 태워 안수를 받으러 왔습니다. 나와 함께 갔던 장로님이 그 목사님을 만나고 내 방으로 뛰어 올라오더니 이렇게 말하는 것이었습니다.

"목사님, 이 일을 어떻게 합니까? 버스를 타고 이 시간에 안수를 받겠다고 왔는데 저는 도저히 어떻게 할 수가 없습니다."

그래서 나는 장로님에게 사정했습니다.

"장로님, 나는 지금 너무 피곤해서 못 내려갑니다. 이제 목욕하고 잠자리에 들었는데 어떻게 다시 옷 입고 내려가서 안수를 합니까? 게다가 지금은 새벽 1시입니다. 나 좀 살게 해 주세요."

그런데 장로님이 이 말을 듣고 내려가서 그 목사님에게 말을 잘못하였습니다. 자기가 죽으면 죽었지 절대로 만나게 할 수 없다고 한 것입니다. 그랬더니 그 목사님이 화가 나서 주머니에서 열쇠 꾸러미를 꺼내 바닥에 던지면서 장로님에게 욕을 하더랍니다.

"야 이 자식아, 너 혼자만 살아라. 우리 교인들은 조 목사님에게 안수받기를 학수고대하고 있는데, 이분들이 안수 못 받으면 나는 쫓겨난다. 너 혼자만 잘 처먹고 잘살아."

그래서 그 장로님이 시험에 들었습니다. 목사가 장로에게 "너 혼자 잘 처먹고 잘살아."라고 폭언을 하다니, 세상에 이런 노릇이 어디 있습니까? 그 후로 그 장로님은 해외 성회에 절대로 따라오지 않습니다. 어쨌든 나는 그날 할 수 없이 다시 옷을 입고 내려가서 로비에 줄 세워 놓고 안수를 해 주고 올라왔습니다. 이처럼 기도를 받으려는 사람은 심정이 절박합니다.

그런데 세계 여러 나라를 돌아다녀 보아도 우리 한국 사람들처럼 막무가내로 기도를 받으려는 사람들이 없습니다. 외국 사람들은 미리 약속하지 않은 한, 내가 안 된다고 하면 그로써 끝입니다. 그러나 우리나라 사람들은 약속도 없이 와서 무조건 안수받으려고 합니다. 이런 행동은 좋은 점도 있지만 좋지 않은 점도 많습니다. 적극적으로 사는 것은 좋지만, 그렇다고 해서 무례하고 무질서하며 남에게 폐를 끼치면 안 됩니다.

사람은 예의범절과 절도를 지키며 살아야 합니다. 나는 유럽에서 '한국 사람 사절' 이라는 글을 써 붙인 호텔을 여럿 보았습니다. 한국 사람들은 호텔에서 마구 떠들고, 변기에 컵라면 찌꺼기를 집어 넣고, 밤새도록 시끄럽게 떠들면서 화투를 치기 때문에 한국 사람이 투숙한 호텔에는 다른 사람들이 들어오지 않는다는 것입니다. 그래서 '한국 사람 사절' 이라고 써 붙이는데, 나는 그것을 보면 너무너무 마음이 아픕니다.

우리는 다른 사람들에게 예의범절과 절도를 지켜야 합니다. 그러나 하나님 앞에 기도할 때에는 끝까지 인내하고, 마귀와 싸울 때에는 끝까지 싸워야 합니다. 본문의 가나안 여자가 바로 그 좋은 본보기입니다. 가나안 여자는 예수님을 다시 만날 수 있다는 보장도 없었고, 따라서 예수님께 다시 간구할 기회도 없었습니다. 그렇기 때문에 그녀는 절박한 심정으로 예수님 앞에 엎드려 절하며 "주여, 저를 도우소서!" 라고 간절히 부르짖은 것입니다.

**26절** 대답하여 이르시되 자녀의 떡을 취하여 개들에게 던짐이 마땅하지 아니하니라

예수님은 엎드려 간구하는 여자에게 "자녀의 떡을 취하여 개들에게 던짐이 마땅하지 않다." 고 말씀하셨습니다. 여기서 '자녀' 는 유대인들을, '개' 는 이방인들을 일컫는 말입니다. 당시 유대인들은 이방인들을 '개' 로 취급했습니다. 자신들은 하나님과 언약을 맺었고 이방인들은 그렇지 않았기 때문에 개로 본 것입니다. 이런 유대인들의 관점을 적용하여, 예수님은 자녀들에게 줄 떡을 개, 곧 이방인인 그 여자에게 줄 수 없다고 말씀하셨습니다.

그러면 지금 이 여자가 예수님에게 절실히 구하는 떡은 무엇입니까? 그것은 바로 귀신 들린 딸이 치료받는 것입니다. 주님의 능력으로 귀신이 쫓겨나고 병이 낫는 것입니다.

병 고치는 것은 하나님이 우리에게 주시는 떡입니다. 떡은 밥이라는 말입니다. 따라서 치료는 특별한 은사가 아니라 일용할 양식입니다. 부모가 자녀에게 매일 아침밥, 점심밥, 저녁밥을 주는 것처럼, 치료는 예수 믿는 자녀에게 하나님이 주시는 밥입니다. 이러므로 오늘날 병 고침받는 것을 굉장히 어렵고 특별한 일로 생각하면 안 됩니다. 치료는 매일같이 받아먹는 떡이므로 우리는 매일같이 고침받아야 합니다. 아침에도 고침받고, 점심에도 고침받고, 저녁에도 고침받아야 합니다.

자녀가 떡을 달라는데 주지 않을 부모가 있겠습니까? 떡이 없으면 몰라도, 떡을 가지고 있으면서 주지 않을 부모는 없을 것입니다. 하나님은 우리의 아버지이시고, 우리는 하나님의 자녀입니다. 그러므로 우리는 어떠한 특별한 형식과 의식 없이도 언제나 하나님 아버지께 기도할 수 있습니다.

집에서 아버지에게 갈 때 머리 빗고 화장하고 좋은 옷 차려입고 가는 사람 있습니까? 잠옷 바람으로도 만나고, 머리를 매만지지 못해 산발한 채라도 "아버지!" 하고 들어가서 만나면 됩니다. 또 아버지는 시장터에서 장사하다가도 부를 수 있고, 부엌에서 밥하다가도 부를 수 있고, 심지어는 자다가 이불 속에서도 부를 수 있습니다. 또 아버지에게는 무슨 말이든지 다 할 수 있습니다. 기쁜 말, 슬픈 말, 비밀까지도 말할 수 있습니다.

요사이는 자식을 책임지지 않고 도리어 이용하는 아버지도 있지만, 그것은 정상적인 아버지가 아닙니다. 정상적인 아버지는 자식을 위해서 기꺼이 희생합니다. 어려운 일이 있으면 자식을 위해서 무거운 짐을 걸머집니다.

부모와 자식의 관계는 천륜으로 맺어진 관계이기 때문에 세상의 어떤 것으로도 끊을 수 없습니다. 부부는 남남끼리 만났기 때문에 언제든지 등만 돌리면 남이 되지만, 부모 자식 간은 그렇지 않습니다. 아무리 서로 미워하고 싸워도 돌아서서 그냥 "아버지" 하고 나오면 그만입니다.

그러므로 하나님이 우리의 아버지라는 것이 얼마나 좋은지 모릅니다. 아버지에게는 모든 것을 다 아뢸 수 있습니다. 게다가 아버지는 모든 권세를 다 가지고 있기 때문에 우리가 구하는 모든 것을 다 들으시고 문제를 해결해 주실 수 있으니, 우리에게 이런 아버지가 있다는 것이 얼마나 마음 든든하고 감사한 일인지 모릅니다.

하나님과 우리는 보통 관계가 아닙니다. 성경은 이에 대해 다음과 같이 말씀하고 있습니다.

"이는 혈통으로나 육정으로나 사람의 뜻으로 나지 아니하고 오직 하나님께로부터 난 자들이니라"(요 1:13).

우리는 예수 그리스도를 믿음으로 말미암아 거듭난 하나님의 친자식입니다. 의붓자식이 아닙니다. 그래서 우리가 하나님을 '아버지' 라고 부르는 것은 큰 의미가 있는 것입니다. 아버지는 언제나 부를 수 있고, 어떤 환경이나 문제 가운데서도 부를 수 있습니다. 우리에게 가장 가깝고 다정하신 아버지가 바로 하늘 아버지이십니다. 하늘 아버지를 모시고 사는 것만큼 이 세상에 좋은 것은 없습니다.

예수님은 이와 같이 말씀하셨습니다.

"그러므로 염려하여 이르기를 무엇을 먹을까 무엇을 마실까 무엇을 입을까 하지 말라 이는 다 이방인들이 구하는 것이라 너희 하늘 아버지께서 이 모든 것이 너희에게 있어야 할 줄을 아시느니라 그런즉 너희는 먼저 그의 나라와 그의 의를 구하라 그리하면 이 모든 것을 너희에게 더하시리라"(6:31-33).

하나님 아버지는 우리 삶에 필요한 모든 것을 아십니다. 그러므로 우리는 하나님의 나라와 그의 의를 먼저 구해야 합니다. 우리가 하늘나라와 하나님의 의인 예수 그리스도를 먼저 구하면, 우리의 삶 가운데 필요한 모든 것은 하나님 아버지께서 더하여 주시는 것입니다.

**27-28절** 여자가 이르되 주여 옳소이다마는 개들도 제 주인의 상에서 떨어지는 부스러기를 먹나이다 하니 이에 예수께서 대답하여 이르시되 여자여 네 믿음이 크도다 네 소원대로 되리라 하시니 그때로부터 그의 딸이 나으니라

여러분, 가나안 여자의 믿음을 보십시오. 보통 믿음이 아닙니다. 시대를 뛰어넘는 믿음입니다. 아직 이방인의 때가 이르지 않았는데도 이 여자는 굳센 믿음을 가지고 예수님의 도우심을 간구했습니다.

예수님이 "자녀의 떡을 취하여 개들에게 줄 수 없다."고 매정하게 말씀하셨지만, 가나안 여자는 단념하기는커녕 오히려 더욱 강한 믿음으로 대답했습니다.

"옳습니다. 그러나 개들도 주인의 상에서 떨어지는 부스러기를 먹습니다."

참으로 옳은 말입니다. 나는 이 말씀을 읽을 때면 옛날에 멍석에서 밥 먹을 때 개들이 와서 꼬리를 흔들던 모습이 생각납니다. 내가 어릴 적에 시골에서는 여름이면 마당에 멍석을 깔아 놓고 밥을 먹었습니다. 부엌에서 밥상을 차려 오면, 어른들은 밥상에서 잡수셨고 아이들은 그냥 멍

석 위에 음식을 내려놓고 먹었습니다. 그때마다 멍석 옆에 개들이 와서 자꾸 꼬리를 살래살래 흔들었습니다. 어떤 때는 불쌍하기도 하고 또 어떤 때는 귀찮기도 해서 먹을 것을 조금씩 던져 주면, 금세 먹고 또 옆에 와서 꼬리를 흔들면서 자꾸 입맛을 다시는 것이었습니다. 그러다가 어머니께 들켜서 여러 번 꾸중을 들었습니다. 그래도 어머니 눈치를 보면서 몰래 먹을 것을 던져 주곤 했습니다.

여기서 우리는 가나안 여자의 말을 통해 한 가지 큰 교훈을 배울 수 있습니다. 그녀는 예수님께 개 취급을 받았음에도 불구하고 화를 내기는커녕 오히려 놀라운 믿음의 말을 하여 예수님의 마음을 감동케 했다는 것입니다.

"옳습니다. 그 말씀이 맞습니다. 어디 감히 개가 아이들이 먹을 떡을 한상에서 먹을 수 있습니까? 그러나 개도 아이들이 먹다가 떨어뜨린 부스러기는 받아먹습니다. 제가 원하는 것은 유대인들이 먹다 떨어뜨린 그 부스러기라도 하나 받아먹는 것입니다. 그것만 먹어도 제 딸은 낫습니다. 그러니 부스러기 하나만 주십시오."

보십시오! 이 얼마나 기발한 발상입니까? 웬만한 사람 같았으면 절대로 이런 말을 할 수 없었을 것입니다. 만일 내가 주님께 간구했는데 "자녀에게 줄 떡을 취하여 개에게 줄 수 없다." 고 하셨다면, 아마도 나는 감정이 상해서 당장 화를 내며 "뭐라고요? 개라고요? 주기 싫으면 그만이지, 저를 어떻게 보고 개 취급합니까? 위대한 하나님의 아들이 어떻게 그런 말을 할 수가 있습니까? 너무나 억울하고 원통합니다." 라고 했을 것입니다.

그런데 이 여자는 "옳습니다, 주님. 그러나 개들도 밥상에서 떨어지는 부스러기를 먹나이다."라고 대답했습니다. 이 여자는 실로 하나님도 감동하실 만한 말을 한 것입니다.

우리 옛말에도 "말 한마디로 천 냥 빚을 갚는다"라는 말이 있습니다. 사람은 말에 묶이고 말에 사로잡힙니다.

"죽고 사는 것이 혀의 힘에 달렸나니 혀를 쓰기 좋아하는 자는 혀의 열매를 먹으리라"(잠 18:21).

이처럼 말은 사람을 죽이기도 하고 살리기도 합니다. 말 한마디 잘못하여 원수가 되기도 하고, 말 한마디 잘하여 은인이 되기도 합니다. 그러므로 우리는 말을 할 때 신중해야 합니다. 친할수록 더욱 말을 조심해야 합니다. 부부간에도 마찬가지입니다. 결혼해서 같이 산다고 해서 예의나 체면을 차리지 않고 말을 함부로 하면 그 가정은 무너지고 맙니다.

사람은 말에 의해서 상처를 받습니다. 이것을 언어폭력이라고 하는데, 사실 사람을 말로 때리는 것이 주먹으로 때리는 것보다 더 아픕니다. 반면에 말로 사람을 살릴 수도 있습니다. 그러므로 우리는 친절한 말, 사랑의 말, 위로의 말, 격려하는 말을 사용해야 하는 것입니다.

이 가나안 여자는 말 한마디 잘해서 결국 시대를 뛰어넘는 은혜를 받았습니다. 구약 시대에 이방인이 받을 수 없는 은혜를 받은 것입니다. 예수님은 여자의 대답에 감동하셔서 "여자여, 네 믿음이 크도다."라고 말씀하셨습니다.

가나안 여자가 보인 믿음은 예수님의 제자들의 믿음과 비교가 됩니다. 제자들은 예수님 앞에서 늘 믿음이 작다고 꾸중을 들었습니다. 수제자인 베드로는 물 위를 걷다 빠져서 예수님께 믿음이 작은 자라고 책망을 받았습니다. 폭풍우가 두려워 예수님을 깨운 제자들도 믿음이 작다고 꾸중을 들었습니다. 그런데 예수님이 이 이방 여자에게는 믿음이 크다고 칭찬하시고 그녀의 소원을 들어주신 것입니다.

여러분, 우리의 말은 믿음과 연결되어 있습니다. 우리가 긍정적인 말을 하면 그것이 믿음에 큰 힘이 되고, 우리가 부정적인 말을 하면 믿음은 파괴되어 버립니다. 말은 우리의 믿음을 표현하는 데 절대적인 역할을 합니다. 그렇기 때문에 아무리 기도를 많이 한다 해도 돌아서서 부인하는 말을 하면 아무 소용이 없습니다.

"하나님이 어디 계시냐? 하나님이 나를 버리셨다. 나는 응답받지 못했다. 나는 안 된다. 나는 못한다. 나는 할 수 없다."

이런 말을 하면 믿음은 휴지 조각이 되고 맙니다. 눈에는 아무 증거 안 보이고 귀에는 아무 소리 안 들리고 손에는 잡히는 것 없어도, "주여, 저는 믿습니다. 살든지 죽든지, 흥하든지 망하든지, 성하든지 쇠하든지 저는 주의 말씀에 굳게 섭니다."라고 고백해야 합니다. 그러면 주님이 그 말을 들으시고 "네 믿음이 크도다. 네 믿음대로 될지어다."라고 말씀하시는 것입니다.

믿음은 주님을 감동시킵니다. 주님이 가나안 여자에게 "자녀의 떡을 취하여 개들에게 던짐이 마땅하지 아니하니라."고 하신 것은 단지 그녀의 믿음을 시험해 보시기 위한 것이 아니었습니다. 아직 이방인의 때가 이르지 않았기 때문에 예수님이 그녀의 믿음을 시험하실 아무 이유가 없었습니다. 시험은 은혜받을 자의 자격 여부를 알아보기 위한 것인데 그녀는 은혜받을 자격조차 없었습니다. 그렇기 때문에 예수님은 그녀에게 대답조차 하지 않으셨고, 나중에는 '개'라는 모욕적인 말씀까지 하셨던 것입니다. 그런데 그녀의 위대한 믿음에 그토록 매정하고 냉정했던 예수님이 감동하셨습니다. 그 결과 그녀의 딸에게서 귀신이 즉시로 떠나가 버리게 된 것입니다. 어머니의 믿음 때문에 그 딸은 귀신에게서 놓여났습니다. 이것이 바로 시대를 초월한 하나님의 역사입니다.

우리의 믿음은 하나님을 기쁘시게 합니다. 성경은 "믿음이 없이는 하나님을 기쁘시게 하지 못하나니 하나님께 나아가는 자는 반드시 그가 계신 것과 또한 그가 자기를 찾는 자들에게 상 주시는 이심을 믿어야 할지니라"(히 11:6)고 말씀하고 있습니다. 하나님을 기쁘시게 하려면 믿어야 합니다. 그리고 그 믿음을 행하여야 합니다.

언젠가 어떤 목사님이 "예수님은 비 오는 수요일 저녁에 오십니다."라고 우스갯소리를 하는 것을 들은 적이 있습니다. 믿음이 없는 사람은 비가 오는 수요일 저녁에는 교회에 오지 않기 때문입니다. 물론 이 말은 그 목사님이 농담으로 한 것이지만, 그만큼 믿음은 실천해야 하는 것입니다.

행함이 없는 믿음을 가지고는 아무리 부르짖어 봤자 소용이 없습니다. 성경은 "영혼 없는 몸이 죽은 것같이 행함이 없는 믿음은 죽은 것이니라"(약 2:26)고 말씀하고 있습니다. 믿음이 아무리 클지라도 그것이 삶 가운데 행함으로 나타나야 참된 믿음이 됩니다. 행함으로 표현되지 않으면 그 믿음은 거짓입니다. 그러므로 우리는 주님 앞에 우리의 믿음을 행함으로 보이고 입으로 고백하는 참된 믿음의 소유자가 되어야겠습니다.

## 3. 약 주시고, 밥 주시고(15:29-39)

29. 예수께서 거기서 떠나사 갈릴리 호숫가에 이르러 산에 올라가 거
기 앉으시니 30. 큰 무리가 다리 저는 사람과 장애인과 맹인과 말 못
하는 사람과 기타 여럿을 데리고 와서 예수의 발 앞에 앉히매 고쳐 주
시니 31. 말 못 하는 사람이 말하고 장애인이 온전하게 되고 다리 저
는 사람이 걸으며 맹인이 보는 것을 무리가 보고 놀랍게 여겨 이스라
엘의 하나님께 영광을 돌리니라 32. 예수께서 제자들을 불러 이르시
되 내가 무리를 불쌍히 여기노라 그들이 나와 함께 있은 지 이미 사흘
이매 먹을 것이 없도다 길에서 기진할까 하여 굶겨 보내지 못하겠노
라 33. 제자들이 이르되 광야에 있어 우리가 어디서 이런 무리가 배
부를 만큼 떡을 얻으리이까 34. 예수께서 이르시되 너희에게 떡이
몇 개나 있느냐 이르되 일곱 개와 작은 생선 두어 마리가 있나이다 하
거늘 35. 예수께서 무리에게 명하사 땅에 앉게 하시고 36. 떡 일곱
개와 그 생선을 가지사 축사하시고 떼어 제자들에게 주시니 제자들
이 무리에게 주매 37. 다 배불리 먹고 남은 조각을 일곱 광주리에 차
게 거두었으며 38. 먹은 자는 여자와 어린이 외에 사천 명이었더라
39. 예수께서 무리를 흩어 보내시고 배에 오르사 마가단 지경으로 가
시니라

**29-31절** 예수께서 거기서 떠나사 갈릴리 호숫가에 이르러 산에 올라가 거기 앉으시니 큰 무리가 다리 저는 사람과 장애인과 맹인과 말 못 하는 사람과 기타 여럿을 데리고 와서 예수의 발 앞

에 앉히매 고쳐 주시니 말 못 하는 사람이 말하고 장애인이 온전하게 되고 다리 저는 사람이 걸으며 맹인이 보는 것을 무리가 보고 놀랍게 여겨 이스라엘의 하나님께 영광을 돌리니라

예수님은 두로와 시돈에서 휴식을 취하시고 다시 갈릴리로 오셨습니다. 앞에서도 말했듯이 주님은 종종 제자들과 한적한 곳으로 가서 휴식을 취하셨습니다.

휴식하는 것은 하나님의 창조 질서입니다. 하나님께서 천지를 창조하실 때 엿새 동안 일하시고 일곱째 날 쉬셨던 것은 피곤했기 때문이 아닙니다. 우리 인생들이 휴식을 취하면서 살아가도록 하기 위함입니다. 그러므로 우리도 일을 하고 난 다음에는 쉬는 시간을 가져야 합니다.

우리는 엿새 동안 일하고 하루 쉬도록 만들어졌습니다. 그러므로 일주일에 하루는 일을 쉬고 하나님을 예배하고 섬기며 휴식하여야 합니다. 그래야 우리의 영, 혼, 육이 건강을 유지할 수 있습니다.

일과 휴식은 서로 조화를 이루어야 합니다. 일만 해도 안 되고 휴식만 취해도 안 됩니다. 열심히 일을 하고 난 후에는 휴식을 취하여 다시 일할 수 있는 힘을 재충전해야 하는 것입니다.

예수님이 갈릴리에 오시니 또 큰 무리가 다리 저는 사람과 장애인과 맹인과 말 못하는 사람과 병자들을 데리고 모여들었습니다. 예수님이 계신 곳에는 늘 병자들이 모입니다. 예수님은 이 땅에 건강한 사람을 찾으러 오시지 않았습니다. 병든 자를 찾아서 구원하기 위해 오셨습니다. 의인을 찾으러 오신 것이 아니라 죄인을 찾아 용서하고 구원하기 위해 오셨습니다. 이 세상에서 고난당하는 자들을 찾아 온전하게 하기 위해

오신 것입니다. 그러므로 예수님 주변에는 자연히 죄인들이 모이고, 병자들이 모이고, 고난받는 자들이 모이는 것입니다.

이러므로 오늘날 예수 그리스도의 몸 된 교회에 다리 저는 사람, 장애인, 맹인, 말 못 하는 사람, 병든 자, 죄인, 고난받는 자들이 모이는 것은 당연한 일입니다. 주님으로부터 치료가 넘쳐 나기 때문입니다. 만일 주님으로부터 아무런 치료도 나오지 않는다면 사람들이 교회에 모일 리가 없습니다.

여러분, 베데스다 연못을 보십시오. 베데스다 연못은 겉보기에는 평범한 연못입니다. 그런데 이상하게도 연못 주변의 행각 다섯에 늘 병자들이 꽉 들어차 있습니다. 그 연못물이 동할 때 가장 먼저 뛰어들면 어떤 병이든지 고침을 받기 때문입니다. 이것이 베데스다 연못이 보통 연못과 다른 점입니다.

교회도 그렇습니다. 겉으로는 교회도 세상의 다른 모임들과 비슷하게 보입니다. 그러나 교회에는 성령님께서 역사하십니다. 그렇기 때문에 교회에 들어오면 죄를 용서받고, 의롭다 함을 얻고, 마음에 평화를 얻고, 병을 고침받고, 귀신을 쫓아내어 해방과 자유를 얻습니다. 사람들이 교회로 구름 떼같이 모여드는 이유가 바로 여기에 있습니다.

예수 그리스도는 어제나 오늘이나 영원토록 동일하십니다. 하나님 아버지께서는 예수님을 통하여 우리의 병을 심판하셨고, 우리의 연약한 것을 심판하셨고, 마귀를 심판하셨습니다. 이미 2천 년 전에 예수님을 통하여 갈보리 십자가에서 우리의 모든 병과 연약함과 마귀의 정사와 권세를 다 멸하시고 우리에게 치료와 건강과 자유와 해방을 은혜로 주시려고 예비해 놓으셨습니다.

그러므로 치료와 건강과 마귀로부터의 해방은 새삼스러운 것이 아니라, 예수님이 우리를 위해 이루어 놓으신 떡입니다. 그 떡이 하나님의 곳간에 차곡차곡 쌓여 있습니다. 그렇기 때문에 우리는 교회에 나올 때 하나님의 은혜를 기대하며 우리의 병을 치료받기 위해서, 건강을 얻기 위해서, 마귀로부터 해방되기 위해서 예수 이름으로 단호하게 기도해야 합니다.

성경은 "구하라 그리하면 너희에게 주실 것이요 찾으라 그리하면 찾아낼 것이요 문을 두드리라 그리하면 너희에게 열릴 것이니"(7:7)라고 말씀하고 있습니다. 우리가 간절한 마음으로 구하고 찾고 두드리며 나아가면 마귀의 진은 무너지고 하나님의 축복이 임합니다. 마귀의 진은 우리의 기도를 막는 담입니다. 그러나 그것은 이미 무너진 담입니다. 얼마 버티지 못합니다. 그러므로 우리가 기도로 밀면 완전히 무너져서 하나님이 예비하신 축복을 누릴 수 있게 되는 것입니다.

예수님은 사람들이 데려온 다리 저는 사람과 장애인과 맹인과 말 못하는 사람과 병자들을 보시고 불쌍히 여기셨습니다. 예수님의 긍휼은 "아! 불쌍하도다. 가련하도다. 내가 동정하노라." 고 말로만 그치는 것이 아닙니다. 주님은 실제로 고쳐 주십니다.

오늘날도 주님은 몸 된 교회를 통하여 실제로 병을 고쳐 주십니다. 그러므로 우리는 병 고침을 받아야 합니다. 우리가 병든다면 하나님께 영광이 되지 않습니다. 건강해야 하나님께 영광이 되는 것입니다.

오늘날 많은 사람들이 '병든 것도 하나님 영광을 위한 것' 이라고 생각하는데, 그것은 아주 잘못된 생각입니다. 나사로가 병들어 죽어서 하나님께 영광을 돌린 것이 아닙니다. 그는 죽어서 무덤에 있은 지 나흘 만에 살아났기 때문에 하나님께 영광을 돌렸습니다.

병든 동안에는 우리가 하나님께 영광을 돌리고 간증할 수 없습니다. 병이 나아야 사람들 앞에 나가 하나님의 능력과 권세를 자랑하고 찬양해서 하나님께 영광을 돌릴 수 있는 것입니다. 이러므로 우리는 병을 치료받고 건강하게 되어서 하나님께 영광을 돌리는 삶을 살아야겠습니다.

**32절** 예수께서 제자들을 불러 이르시되 내가 무리를 불쌍히 여기노라 그들이 나와 함께 있은 지 이미 사흘이매 먹을 것이 없도다 길에서 기진할까 하여 굶겨 보내지 못하겠노라

주님은 전에도 갈릴리 호수 곁에 있는 벳새다 광야에서 남자만 5천 명, 부녀자와 어린아이들까지 합치면 약 2만 명이나 되는 사람들을 먹이셨습니다(14:13-21). 그 사람들은 모두 유대인이었습니다. 유대교를 믿고 따르는 유대인들이 벳새다 광야에서 예수님의 말씀을 듣고 기적을 체험하고 하나님께 영광을 돌렸던 것입니다. 그런데 이번에는 갈릴리 호숫가의 이방 땅 데가볼리에 사는 많은 이방인들에게 하나님의 역사를 베풀어 주셨습니다.

수많은 이방인들이 산에서 주님과 함께 있은 지 사흘이 되었습니다. 그러니 가지고 왔던 음식은 떨어진 지 오래고, 사람들은 먹을 것이 없어 굶주렸습니다. 예수님은 이런 그들을 보시고 불쌍히 여기셨습니다.

예수님은 죄인과 병자뿐 아니라 굶주린 사람도 불쌍히 여기십니다. 이것이 우리에게는 큰 축복입니다. 만일 예수님이 우리를 율법의 잣대로 보신다면 우리는 전부 다 불의하고 추하고 멸망할 인생들입니다. 아무 가치도 없습니다. 그러나 주님은 우리를 불쌍히 보십니다.

주님은 우리를 지으신 부모이기 때문에, 육친의 부모가 자식을 불쌍히 보는 것 이상으로 우리를 불쌍히 보십니다. 부모는 자식을 언제나 불쌍히 봅니다. 아무리 자식이 커도 부모 눈에는 여전히 어리고 불쌍하게 보입니다. 그래서 늘 "밥 잘 먹느냐?", "잠 잘 자느냐?", "건강하냐?", "행복하냐?", "잘 사느냐?"라고 묻는 것입니다. 부모는 자식에게 늘 뭔가를 해 주고 싶어 합니다. 이것은 배우거나 노력해서 되는 것이 아닙니다. 자식을 불쌍히 여기고 도와주는 부모의 사랑은 천래적(天來的)인 본능입니다. 이와 한가지로 주님은 우리를 지으신 아버지이시기 때문에 우리를 불쌍히 보시는 것입니다.

예수님은 "나를 본 자는 아버지를 보았느니라." 고 말씀하셨습니다(요 14:9). 하나님은 영이시므로 우리가 볼 수 없습니다. 그러나 인간으로 오신 예수님은 볼 수 있습니다. 예수님은 바로 아버지의 영광의 광채이시며 본체의 형상이십니다. 아버지와 똑같은 분이십니다. 그러므로 예수님이 우리를 불쌍히 여기신다는 것은, 곧 하나님 아버지께서 예수님을 통해서 우리를 불쌍히 여기신다는 것입니다.

하나님은 우리를 지으신 분입니다. 만일 하나님이 우리를 지으신 분이 아니라면 우리를 불쌍히 보시지 않고 심판하실 것입니다. 그러나 하나님은 우리의 아버지이시므로 언제나 우리를 불쌍히 여기시고 애틋해 하십니다. 우리가 잘못된 길로 갈 때 채찍질하시는 것도 미워서 때리는 것이 아닙니다. 우리를 사랑하셔서 우리로 하여금 회개하고 돌이켜 바른길로 가게 하기 위해 가슴 아파하시면서 징계하시는 것입니다.

예수님과 함께 지낸 사흘 동안 이방인 무리는 주님의 말씀도 듣고 병 고침도 받았습니다. 이런 복이 세상에 어디 있습니까? 그런데도 예수님은 이들에게 먹을 것이 없음을 보시고 불쌍히 여기셨습니다.

"이 사람들을 그냥 보내면 가는 도중에 기진할 것 같구나. 그러니 뭘 좀 먹여서 보내야겠다."

우리를 향한 하나님의 사랑이 바로 이런 것입니다. 이러한 하나님의 사랑을 우리가 받아 누리는 것이 주님의 뜻입니다. 성경은 "사랑하는 자여 네 영혼이 잘됨같이 네가 범사에 잘되고 강건하기를 내가 간구하노라"(요삼 1:2)고 말씀하고 있습니다. 주님은 우리가 하나님의 은혜를 받고 축복을 받아서 우리의 영혼이 잘될 뿐만 아니라 범사에 잘되며 굶주리지 않고 건강하게 잘살기를 원하시는 것입니다.

**33절 제자들이 이르되 광야에 있어 우리가 어디서 이런 무리가 배부를 만큼 떡을 얻으리이까**

세상에는 잊어서 좋은 것이 있고, 그렇지 않은 것이 있습니다. 우리는 요셉을 통해서 우리가 무엇을 잊고 무엇을 기억해야 하는지를 배울 수 있습니다.

요셉은 자신의 형들에 의해 열일곱 살에 노예 상인에게 팔려 갔습니다. 그 후 그는 애굽의 보디발 장군 집에 팔려서 약 10년 동안 종살이를 했습니다. 그것도 모자라 이번에는 보디발의 아내의 참소로 억울하게 감옥에 갇혀 3년을 보냈습니다. 이러니 요셉의 가슴속에 형들에 대한 원한이 얼마나 사무쳤겠습니까? 또 보디발의 아내만 생각하면 '뿌드득' 하고 이가 갈리지 않았겠습니까?

그러나 하나님은 이처럼 억울한 일들을 당하여 원한이 맺힌 요셉을 버리지 아니하시고 그와 함께하셨습니다. 뿐만 아니라 그의 범사에 복을 주시고 마침내는 요셉을 애굽의 국무총리로 만들어 주셨습니다. 하지만 국무총리가 된 후에도 요셉의 마음속에는 여전히 형들과 보디발의 아내에 대한 원한이 남아 있었습니다.

요셉의 마음에 골 깊게 새겨진 원한의 상처는 그가 결혼을 함으로써 치료되기 시작했습니다. 결혼을 한 다음에야 비로소 요셉은 그 마음에 위로를 얻은 것입니다.

결혼 후 첫아이가 태어나자, 요셉은 그 아이의 이름을 '므낫세' 라고 지었습니다. 이 말은 '다 잊어버렸다' 라는 뜻입니다. 요셉은 첫아들의 이름에 '고향 산천도 다 잊어버리고 형들과 보디발의 아내에게 대한 원한도 다 잊어버렸다.' , 즉 결혼해서 새 삶을 시작했으므로 예전의 상처는 다 잊었다는 그의 마음을 담은 것입니다.

그 후 둘째 아들이 태어나자, 요셉은 그 아이의 이름을 '에브라임' 이라고 지었습니다. 이 이름은 요셉이 수고한 땅에서 번성하도록 하나님께서 복을 주셨다는 그의 신앙고백을 담아서 지은 것입니다. 요셉은 많은 아픔과 원한을 가지고 있었지만, 결국 그 원한을 다 잊고 하나님의 축복에 늘 감사하며 살았던 것입니다.

우리는 요셉처럼 원한을 잊고 하나님께서 베푸신 복을 기억하여야 합니다. 마음에 원한을 가지고 있으면 그것이 우리의 마음을 좀먹고 우리의 건강도 해칩니다. 그러므로 우리는 원한에 대해서는 잊어버리고, 하나님으로부터 받은 축복과 은혜에 대해서는 늘 감사해야 하는 것입니다.

옛말에 "원한은 돌에 새기고 은혜는 물에 새긴다." 라는 말이 있습니다. 그러나 이것은 잘못된 말입니다. 은혜를 물에 새기면 물이 흘러가듯 기억에서 흘려보내 다 잊어버리지 않겠습니까? 은혜를 입고도 그것을 감사하지 않는 사람은 짐승만도 못합니다. 그러므로 은혜는 돌에 새기고 원한은 물에 새겨야 합니다. 우리가 받은 은혜는 돌에 새기듯 우리의 마음에 새겨서 절대로 잊지 말고, 원한이 맺힌 것은 물에 흘려보내듯 빨리 잊어버려야 하는 것입니다.

우리는 세상의 그 무엇으로도 살 수 없는 구원의 은혜를 받았습니다. 하나님께서 예수님을 통하여 우리에게 베푸신 구원의 은혜가 얼마나 큽니까? 우리는 이 은혜에 끝없이 감사해야 합니다. 늘 감사하고 또 감사해야 합니다.

인생은 오직 하나님의 은혜로 살 수 있습니다. 하나님이 은혜를 주셔서 우리가 공기도 마시고, 햇빛도 받고, 시간도 얻고, 공간도 얻고, 구원도 받는 것입니다. 그러므로 우리는 늘 하나님을 찬미하며 살아야 합니다. 은혜를 받았으니 은혜에 대한 감사와 찬양을 하는 것이 마땅한 것입니다.

"그저 그저 감사합니다. 그저 그저 감사합니다."

이 얼마나 좋은 노래입니까? 하나님께 얼마나 아름답게 들리겠습니까? 우리가 참된 신앙을 가지려면 먼저 하나님의 은혜에 감사해야 합니다. 말로도 감사하고, 우리의 생각도 감사로 채우고, 행동으로도 감사를 표현하고, 늘 그 은혜에 감사해야 하는 것입니다.

감사하는 사람은 하나님의 은혜에 조금이라도 보답하려고 노력합니다. 시간 드리고, 몸 드리고, 물질 드리며, 하나님의 은혜에 보답하는 삶을 살려고 합니다. 하나님께서는 이처럼 은혜를 기억하고 감사하는 사람을 사랑하시고 더 큰 복을 주십니다.

은혜를 받고도 감사하지 않고 오히려 원망하고 불평하는 것은 배은망덕한 짓입니다. 은혜를 원수로 갚는 것보다 더 더럽고 치사스럽고 악한 일이 없습니다. 은혜를 원수로 갚아서는 절대로 안 됩니다. 은혜는 반드시 기억하고 감사할 줄 알아야 하는 것입니다.

그런데 예수님의 제자들은 주님의 은혜를 잘 잊었습니다. 그들은 예수님이 가시는 곳마다 많은 기사와 이적을 행하시는 것을 보면서도 금방 잊어버리고 기억하지 못했습니다. 얼마 전에도 예수님은 떡 다섯 개와 물고기 두 마리로 남자만 5천 명, 여자와 아이들까지 합하면 약 2만 명이나 되는 사람들을 배불리 먹이셨습니다. 그때 제자들은 사람들이 다 먹고도 무려 열두 바구니나 음식이 남은 것을 직접 목격했습니다. 그러나 그들은 그 일을 까맣게 잊고 있습니다. 그렇기 때문에 그들은 사람들이 굶주린 것을 불쌍해하시는 예수님께 "이 광야에서 어떻게 이 많은 사람들을 먹일 떡을 구하겠습니까?"라고 반문했습니다.

우리도 마찬가지입니다. 문제가 다가왔을 때, 과거에 받은 하나님의 은혜와 복을 다 잊어버리고 "아이고, 나 죽네. 하나님이 나를 버렸어."라며 한탄해서는 안 됩니다. 문제가 다가왔을 때 오히려 더 하나님의 은혜를 기억하고, 하나님께 더욱 감사하고 찬미하고 기도해야 합니다.

"과거에도 도와주신 하나님! 지금도 도와주옵소서."

우리는 이처럼 은혜를 기억하며 기도해야 합니다. 과거에 우리를 도와주신 하나님은 지금도 살아서 역사하시는 전능하신 하나님이십니다.

**34-36절** 예수께서 이르시되 너희에게 떡이 몇 개나 있느냐 이르되 일곱 개와 작은 생선 두어 마리가 있나이다 하거늘 예수께서

> 무리에게 명하사 땅에 앉게 하시고 떡 일곱 개와 그 생선을 가지사 축사하시고 떼어 제자들에게 주시니 제자들이 무리에게 주매

예수님은 환경을 뛰어넘어 기적을 베푸십니다. 아무리 광야라도 주님이 기적을 행하시는 데는 아무 문제가 없습니다. 예수님만 계시면 어떠한 문제라도 해결되는 것입니다.

우리의 문제는 자꾸 광야만 바라보고 예수님을 바라보지 않는 것입니다. 인생에는 늘 광야가 다가옵니다. 마음이 광야가 될 때가 있고, 가정이 광야가 될 때가 있습니다. 사업이 광야가 될 때가 있고, 생활이 광야가 될 때가 있습니다. 크고 작은 광야가 다가왔다가 지나갑니다. 인생에 광야가 다가올 때 우리는 그 광야를 바라보지 말고 광야 가운데 계신 예수님을 바라보아야 합니다.

인생의 광야를 지날 때 예수님이 없는 사람은 좌절하고 절망합니다. 하지만 우리 속에는 임금 되신 예수님이 계십니다. 하늘나라가 임하여 있는 것입니다. 예수님은 하늘과 땅의 모든 권세를 다 가지고 계십니다. 주님은 말씀 한 마디로 하늘과 땅을 지으셨습니다. 그런데 왜 예수님을 바라보지 않고 광야를 바라봅니까? 예수님을 붙잡지 않으면 방황하며 허덕거리다가 죽을 수밖에 없습니다. 그러나 아무리 광야가 다가와도 예수님을 붙잡으면 삽니다. 성경은 이와 같이 말씀하고 있습니다.

"하나님이 이르시되 그가 나를 사랑한즉 내가 그를 건지리라 그가 내 이름을 안즉 내가 그를 높이리라 그가 내게 간구하리니 내가 그에게 응답하리라 그들이 환난당할 때에 내가 그와 함께하여 그를 건지고 영화롭게

하리라"(시 91:14-15).

우리가 예수님을 굳세게 붙잡고 의지하면 예수님이 도와주시는 것입니다.

예수님은 제자들에게 먹을 것이 얼마나 있느냐고 물어보셨습니다(34절). 제자들에게는 떡 일곱 개와 생선 두 마리가 있었습니다. 이것이면 충분합니다. 주님이 찾으시는 것은 심을 씨앗이기 때문입니다. 하나님은 복을 주시되 심지 않는 자에게는 주시지 않습니다. 심어야 거둡니다. 이것이 하늘나라의 법칙입니다. 무조건 입만 벌리고 있다고 해서 되는 것이 아닙니다.

오늘날 많은 사람들이 주님 앞에 빈손 들고 나와서 복을 달라고 하는데, 이것은 잘못된 것입니다. 성경에도 주님 앞에 나올 때에는 빈손 들고 나오지 말라고 기록되어 있습니다(출 23:15; 34:20). 반드시 심어야 거두기 때문입니다.

'심고 거두는 법칙' 은 영원한 법칙입니다. 여러분, 하나님께서 아브라함에게 이삭을 심으라고 하신 것을 보십시오. 이삭은 아브라함이 큰 축복을 받기 위해 심어야 하는 씨앗이었습니다. 그런데 이삭이 누구입니까? 아브라함이 100살에 얻은 소중한 외아들 아닙니까? 눈에 넣어도 아프지 않은 존재요, 세상에서 가장 소중한 존재였을 것입니다. 그런데 하나님께서 이삭을 제물로 바치라고 하셨으니 아브라함이 얼마나 놀라고 갈등했겠습니까? 그러나 아브라함은 하나님의 뜻에 순종했습니다.

이스라엘 사람들은 하나님께 희생 제물을 드릴 때 칼로 그 짐승의 목의 동맥을 끊어서 그 피를 드렸습니다. 모리아 산에서 아브라함이 이삭을 바치는 장면을 그린 그림을 보면 아브라함이 이삭의 목을 잡고 칼로 찌르려고 했던 것을 알 수 있습니다. 아브라함은 하나님의 말씀에 순종하여 그토록 사랑하는 아들의 목에 칼을 휘두른 것입니다. 자식이 죽는 것을 보는 부모의 마음은 너무나 고통스럽고 아픕니다. 그래서 자식은 가슴에 묻는다는 말도 있습니다. 그러니 아브라함이 이삭을 자기 손으로 죽이려고 할 때 그 마음이 어떠했겠습니까? 그럴 수만 있다면 차라리 아들 대신 자기가 죽고 싶었을 것입니다.

아브라함이 이삭을 묶어서 제단 위에 올려놓고 칼을 들이댔다는 것은 아들을 죽인 것과 마찬가지입니다. 그러므로 하나님은 아브라함이 이삭을 죽이려는 순간에 천사를 보내서 "그 아이에게 네 손을 대지 말라 그에게 아무 일도 하지 말라 네가 네 아들 네 독자까지도 내게 아끼지 아니하였으니 내가 이제야 네가 하나님을 경외하는 줄을 아노라"(창 22:12)고 말씀하셨습니다.

보십시오. 참으로 대단한 믿음이지 않습니까? 아브라함이 하나님께 순종하여 자기 목숨보다도 더 소중한 존재였던 독자 이삭까지도 씨앗으로 심었기 때문에 하나님께서는 아브라함의 믿음을 인정하시고 어마어마한 축복을 주셨습니다.

"내가 나를 가리켜 맹세하노니 네가 이같이 행하여 네 아들 네 독자를 아끼지 아니하였은즉 내가 네게 큰 복을 주고 네 씨가 크게 번성하여 하늘의 별과 같고 바닷가의 모래와 같게 하리니 네 씨가 그 대적의 성문을 차지하리라"(창 22:16-17).

아브라함을 통해서 볼 수 있듯이 축복은 그냥 뚝 떨어지는 것이 아닙니다. 하나님께 나의 가장 소중한 것을 믿음의 씨앗으로 심어야 합니다.

오래 전에 시골에서 부흥회를 할 때의 일입니다. 어떤 분이 기도하는 것을 들으니, "하나님 아버지여, 축복해 주심을 감사합니다. 하나님이 주셔서 다 쓰고 남은 것을 주님께 드리니 받아 주옵소서."라고 하는 것이었습니다. 다 쓰고 남은 것을 드리다니, 하나님이 거지입니까?

우리가 하나님께 물질을 드릴 때에는 우리의 가장 소중한 것, 제일 좋은 첫 열매를 드려야 합니다. 성경은 이와 같이 말씀하고 있습니다.

"네 토지에서 처음 거둔 열매의 가장 좋은 것을 가져다가 너의 하나님 야훼의 전에 드릴지니라"(출 23:19).

하나님께 심을 때는 가슴이 찡하게 심어야 합니다. 헌금을 드릴 때도 꾸깃꾸깃한 돈을 그냥 휙 던져 넣는 식으로 하면 안 됩니다. 일본의 성도들은 돈을 다리미로 다려서 봉투에 넣어 헌금합니다. 이처럼 정성을 다해 가장 좋은 것을 드리는 것이 하나님을 공경하고 사랑하는 자세입니다.

우리는 범사에 하나님을 공경해야 합니다. 지극히 크시고 거룩하시고 장엄하시고 능력이 한이 없으신 우리 하나님, 우리를 사랑하사 독생자를 주신 우리 아버지를 공경하는 것이 우리의 마땅한 도리입니다. 그러므로 우리는 마음을 다하고 뜻을 다하고 정성을 다하고 목숨을 다하여 하나님을 공경하고 사랑해야 하는 것입니다.

예수님은 떡 일곱 개와 생선 두 마리를 축사하신 다음 제자들에게 떼어 주셨습니다(36절). 그런데 떡을 떼어 주면 그만큼 또 생겨나고 생선도 떼어 주면 또 생겨나서 그대로 있는 것이었습니다. 이렇게 음식이 화수분처럼 한정 없이 나와서 그 많은 사람이 다 배불리 먹을 수 있었습니다.

이러므로 하나님이 우리와 함께 계시면 우리 삶의 환경이 어떻게 변하더라도 걱정할 필요가 없습니다. 우리는 그저 주 예수 그리스도를 통해서 야훼를 기뻐하고 즐거워하면 됩니다. 우리의 신앙생활은 하나님을 즐거워하는 것입니다. 그러므로 야훼 하나님을 섬기고 하나님을 기뻐하고 살아야 합니다. 그것이 가장 보람 있는 인생입니다.

하나님은 우리가 슬픈 얼굴을 하고 원망, 불평, 탄식하는 것을 기뻐하시지 않습니다. 하늘의 천사들도 하나님이 계시기 때문에 기뻐서 뛰고 춤추는데, 우리가 손자 죽은 시어머니 같은 얼굴을 해서야 되겠습니까? 하나님께서 그 아들 예수님의 생명을 주고 우리를 구원해 주셨으니 감사하고 기뻐해야 마땅한 것입니다. 그러므로 우리는 언제나 하나님 앞에서 기쁘고 즐겁게 하나님을 찬양하며 살아야겠습니다.

**37-39절** 다 배불리 먹고 남은 조각을 일곱 광주리에 차게 거두었으며 먹은 자는 여자와 어린이 외에 사천 명이었더라 예수께서 무리를 흩어 보내시고 배에 오르사 마가단 지경으로 가시니라

하나님은 늘 풍성하게 주십니다. 모자라게 주어서 부족하게 하시지 않습니다. 하나님의 축복은 차고 넘칩니다. 내가 하나님께 드리면 하나님은 내게 복을 주시되 다른 사람과 나눌 정도로 넉넉히 주십니다. 저 하늘의 별을 보아도 알 수 있습니다. 하나님은 하늘 한구석에만 별을 만들어 놓으시지 않았습니다. 온 하늘에 가득하게 별을 만들어 놓으셨습니다. 산천초목도 마찬가지입니다. 어느 곳에 가도 산천초목이 무성합니다. 이처럼 우리 하나님은 무엇이든지 풍성하게 만드십니다.

예수님은 데가볼리에서 많은 이방인들에게 말씀을 주시고 병도 고쳐 주시고 음식을 주시되 다 배불리 먹고도 일곱 광주리나 남을 만큼 넉넉히 주셨습니다.

그런데 38절을 보니, 예수님이 먹이신 사람이 여자와 어린이 외에 4천 명이라고 말씀하고 있습니다. 그렇다면 왜 여자와 어린아이는 수에 넣지 않았을까요? 어떤 사람은 예수님이 여자를 무시해서 그랬다고 하는데, 그것은 오해입니다. 성경은 "남자가 부모를 떠나 그의 아내와 합하여 둘이 한 몸을 이룰지로다"(창 2:24)라고 말씀하고 있습니다. 남자의 수(數)에는 한 몸을 이룬 여자도 포함되어 있습니다. 그러므로 이때 떡과 물고기를 먹은 사람들은 만 명이 훨씬 넘었을 것입니다.

하나님의 계산법은 우리 인간의 계산법과 다릅니다. 우리는 남녀를 남자와 여자로 나누어서 둘로 보지만, 하나님께서는 하나로 보십니다. 그런데 인간 중에서도 보통 사람과 다른 계산법을 써서 학교에서 쫓겨난 사람이 있었습니다. 우리가 잘 아는 발명 왕 에디슨이 바로 그 사람입니다.

수학 시간에 선생님이 하나 더하기 하나는 얼마냐고 질문하자, 다른 아이들은 모두 둘이라고 대답했습니다. 그런데 유독 에디슨만 둘이 아니라고 대답했습니다. 그 이유는 고양이 한 마리에다 쥐 한 마리를 더하면 고양이가 쥐를 잡아먹기 때문에 한 마리밖에 남지 않는다는 것입니다.

보통 사람은 '고양이 한 마리 더하기 쥐 한 마리는 한 마리' 라는 식으로 생각하지 않습니다. 그저 하나에 하나를 더하면 둘이 된다고 외웁니다. 따라서 에디슨처럼 생각하는 사람은 바보 아니면 천재인데, 에디슨의 선생님은 그를 바보로 취급해서 학교에서 쫓아냈습니다.

그러나 퇴학생 에디슨은 자라서 훌륭한 발명가가 되었습니다. 그는 현재 우리가 쓰는 전기도 발명하였고, 축음기도 발명하였고, 우리의 삶에 필요한 것들을 많이 발명했습니다. 에디슨처럼 아주 기발한 생각을 할 줄 알아야 새로운 것들이 발명되는 것입니다.

예수님은 사람들을 배불리 먹여 집으로 돌려보낸 후 배를 타고 마가단 지경으로 가셨습니다. 예수님은 하나님의 구원 사역을 이루시기 위해 또 다른 지역으로 건너가신 것입니다. 오늘은 이 동네에서, 내일은 저 동네에서 천국 복음을 선포하시고 병을 고치시는 예수님의 공생애 사역은 우리 인간들을 구원하시려는 하나님의 뜻을 이루기 위한 것이었습니다.

여러분, 예수님이 어떤 분이십니까? 예수님은 하나님 아버지와 성령과 영원부터 함께 계셨던 분입니다. 한 하나님이십니다. 그런데 그 하나님이 아버지의 뜻을 좇아 우리를 구원하시기 위해서 사람의 몸으로 이 땅에 오셨습니다. 그리고 이 땅에서 33년 동안 살면서 온갖 고초를 다 겪으셨습니다. 그리고는 우리를 불쌍히 여기셔서 자원해서 십자가에 달려 우리 대신 몸 찢기고 피 흘리셨습니다.

그러므로 우리는 보통 은혜를 받은 것이 아닙니다. 우리는 모두 다 하나님 앞에 죄짓고 불의하고 추악하여 벌을 받고 수치와 곤욕을 당하고 괴로움을 겪고 죽어야 마땅한 존재입니다. 그럼에도 불구하고 예수님은 우리를 사랑하셔서 십자가에 달려 우리의 모든 수치와 고난과 고통을 대신 당하시고 죽으심으로 우리를 영원한 멸망에서 영원한 생명으로 옮겨 주셨습니다. 그러니 그 은혜는 우리가 영원토록 갚아도 다 갚을 수 없습니다.

"늘 울어도 눈물로써 못 갚을 줄 알아 몸밖에 드릴 것 없어 이 몸 바칩니다"(찬송가 141장 5절).

우리 주님의 은혜와 사랑을 깊이 생각하고 그 은혜에 감사 찬송하며 사는 여러분 되시기를 주님의 이름으로 축원합니다.

제 16 장

# 하나님의 아들, 그리스도

A COMMENTARY
ON THE GOSPEL OF
MATTHEW Ⅲ

바리새인과 사두개인들은 예수님께서 많은 병자를 고치시고 기적을 행하시자 표적을 구했습니다. 이에 예수님은 요나의 표적밖에는 보여 줄 것이 없다고 말씀하시고 제자들과 함께 그들을 떠나셨습니다. 배를 타고 건너편으로 건너가는 중, 깜빡 잊고 떡을 챙기지 않았던 제자들에게 예수님은 바리새인과 사두개인의 누룩을 삼가라고 말씀하셨습니다. 즉, 바리새인과 사두개인의 사상이 주는 영향력을 주의하라는 것이었습니다.

이제 예수님과 제자들은 강을 건너 빌립보 가이사랴 지방에 도착했습니다. 그곳에서 예수님은 사람들이 자신을 누구라고 부르냐고 물으셨습니다. 당시 사람들은 예수님을 침례 요한, 엘리야, 예레미야나 선지자 중의 하나라고 불렀습니다. 그러나 이 질문에 베드로는 "주는 그리스도시요, 살아 계신 하나님의 아들이시니이다."라는 위대한 신앙 고백을 했습니다.

그제야 예수님은 자신이 십자가에 달려 죽으시고 사흘 만에 부활하실 것을 제자들에게 알리셨습니다. 그러자 조금 전까지 위대한 신앙 고백을 했던 베드로가 예수님을 극구 말리다가 오히려 "사탄아 물러가라."는 큰 책망을 받고 말았습니다. 예수님의 십자가 고난과 죽음은 하나님의 일이기 때문에 인간의 동정심으로 가로막는 것이 하나님 앞에 옳지 못했던 것입니다.

예수님의 십자가는 예수님을 따르기로 결의한 자라면 누구든 짊어져야 합니다. 만일 십자가를 거부하면 결국 멸망하고 맙니다. 반대로 십자가를 택하는 자는 고난과 죽음의 길처럼 보였던 십자가가 예수님 안에서 영광과 부활의 길로 변화됨을 체험할 것입니다.

## 1. 경계할 누룩(16:1-12)

1. 바리새인과 사두개인들이 와서 예수를 시험하여 하늘로부터 오는
표적 보이기를 청하니 2. 예수께서 대답하여 이르시되 너희가 저녁
에 하늘이 붉으면 날이 좋겠다 하고 3. 아침에 하늘이 붉고 흐리면
오늘은 날이 궂겠다 하나니 너희가 날씨는 분별할 줄 알면서 시대의
표적은 분별할 수 없느냐 4. 악하고 음란한 세대가 표적을 구하나 요
나의 표적밖에는 보여 줄 표적이 없느니라 하시고 그들을 떠나가시
니라 5. 제자들이 건너편으로 갈새 떡 가져가기를 잊었더니 6. 예수
께서 이르시되 삼가 바리새인과 사두개인들의 누룩을 주의하라 하시
니 7. 제자들이 서로 논의하여 이르되 우리가 떡을 가져오지 아니하
였도다 하거늘 8. 예수께서 아시고 이르시되 믿음이 작은 자들아 어
찌 떡이 없으므로 서로 논의하느냐 9. 너희가 아직도 깨닫지 못하느
냐 떡 다섯 개로 오천 명을 먹이고 주운 것이 몇 바구니며 10. 떡 일
곱 개로 사천 명을 먹이고 주운 것이 몇 광주리였는지를 기억하지 못
하느냐 11. 어찌 내 말한 것이 떡에 관함이 아닌 줄을 깨닫지 못하느
냐 오직 바리새인과 사두개인들의 누룩을 주의하라 하시니 12. 그제

**서야 제자들이 떡의 누룩이 아니요 바리새인과 사두개인들의 교훈을 삼가라고 말씀하신 줄을 깨달으니라**

1절 바리새인과 사두개인들이 와서 예수를 시험하여 하늘로부터 오는 표적 보이기를 청하니

바리새인과 사두개인들이 예수님께 와서 표적을 보여 달라는 것은 회개하고 예수님을 믿기 위함이 아니었습니다. 그들은 예수님을 시험해 보기 위해 표적을 요구했습니다. 이것은 마치 자신들의 마음을 즐겁게 하려고 서커스단의 곡예사에게 묘기를 보이라고 요구하는 것과 같습니다.

그들은 예수님이 어떤 기사와 이적을 행하셔도 믿을 사람들이 아니었습니다. 마치 출애굽 당시 애굽의 바로처럼 마음이 완전히 닫힌 사람들이었습니다. 바로는 하나님께서 모세를 통하여 많은 기적을 행하셨음에도 불구하고 살아 계신 하나님 앞에 무릎을 꿇지 않았습니다. 오히려 마음이 점점 더 닫히고 완악해져서 하나님을 대적하다가 결국에는 홍해에 빠져 죽고 말았습니다. 이처럼 마음이 완악하여 마귀에게 속한 사람은 주님이 어떠한 기사와 이적을 행하셔도 믿지 않습니다.

"그들의 총명이 어두워지고 그들 가운데 있는 무지함과 그들의 마음이 굳어짐으로 말미암아 하나님의 생명에서 떠나 있도다"(엡 4:18).

이 말씀처럼, 하나님을 알지 못하는 사람들은 마음이 굳어져서 하나님과 그 말씀에 대하여 무지하고 심지어는 대적하기도 합니다. 예수 그리스도를 만나 새로운 피조물로 거듭나야 비로소 완악한 마음이 깨어집

니다. 그리하여 부드러운 옥토 같은 마음이 되면 하나님을 알게 되고 말씀을 사모하며 삶 가운데 하나님의 생명을 풍성히 받아 누리게 되는 것입니다.

나는 하나님께서 우리에게 부드러운 마음을 주신 것을 찬양합니다. 우리에게 옥토와 같이 부드럽고 순진한 마음을 주셔서 복음의 씨앗이 자라고 믿음의 열매를 맺게 하셨으니, 이 얼마나 놀라운 일입니까? 만일 하나님께서 우리에게 이런 마음을 주시지 않았다면, 우리의 마음은 바리새인이나 사두개인같이 돌밭일 것입니다.

하나님께서는 성령을 통해 우리의 굳은 마음을 제하시고 부드러운 마음을 주셨습니다. 불신의 마음을 제하시고 믿음의 마음을 주셨습니다. 그렇기 때문에 우리는 순수하게 예수님을 믿고 주님이 조그마한 표적과 기사만 행하셔도 박수를 치며 할렐루야를 외치고 믿음이 더욱 굳건해지고 깊어지는 것입니다.

인간은 자신의 마음을 원하는 대로 조절할 능력이 없습니다. 그러므로 우리는 "하나님, 우리에게 부드러운 마음을 주시니 감사합니다. 평생토록 하나님께 순종하는 부드러운 마음을 주옵소서."라고 기도해야 합니다. 전도하기 전에도 "하나님, 제가 전도할 때 상대방에게 그 말씀을 받아들일 수 있는 순수한 마음을 주옵소서. 그 마음에 복음의 씨앗이 심겨져서 삼십 배, 육십 배, 백 배로 열매를 맺을 수 있도록 도와주옵소서."라고 기도해야 합니다.

성경은 "모든 지킬 만한 것 중에 더욱 네 마음을 지키라 생명의 근원이 이에서 남이니라"(잠 4:23)고 말씀하고 있습니다. 마음이 우리 생명의 바탕입니다. 그러므로 마음이 완악하면 어찌할 도리가 없습니다. 예수님을 찾아온 바리새인과 사두개인들은 마음이 완악하고 굳은 사람들이었습니다. 그들이 예수님께 표적을 보여 달라고 한 것은 예수님을 시험해 보려는 의도를 가지고 요구한 것이었습니다.

예수님은 하나님을 경배하고 순수한 마음으로 섬기며 하나님의 뜻대로 사는 사람들을 위해서는 표적을 나타내시지만 사람들의 호기심을 만족시켜 주기 위해서는 절대로 표적을 행하시지 않습니다. 믿는 자들을 건지기 위해서, 우리를 돕기 위해서 필요에 따라 기사와 이적과 표적을 행하시는 것입니다.

주님은 깜짝 쇼 같은 표적은 보여 주시지 않습니다. 그런데도 오늘날 "내가 강단에 서면 TV에 하나님이 나타나신다.", "해와 달 속에 나와 예수님이 함께 있는 표적이 나타난다."고 주장하는 사람들이 있습니다. 여러분, 하늘과 땅을 지으신 하나님께서 무엇이 부족해서 표적을 보이기 위해 TV에 나타나시겠습니까? 일부 몰지각한 사람들이 이런 엉터리 같은 말을 하기 때문에 기독교가 사람들로부터 지탄을 받는 것입니다. 우리는 이런 허무맹랑한 소리에 현혹되지 말아야 합니다.

우리는 예수 그리스도와 하나님 외에 자기를 나타내는 자는 모두 사탄의 종이라는 것을 명심해야 합니다. 어떠한 주의 종도 자신을 자랑하면 안 됩니다. 또한 자신을 자랑하는 자를 따라서도 안 됩니다. 사람은 하나님이 사용하시는 일꾼에 불과합니다. 오늘이라도 하나님께서 "너는 파면이다." 그러면 끝나는 것입니다.

우리는 절대로 사람을 자랑하지 말아야 합니다. 아무리 하나님이 기름 부으셔서 큰 능력을 행할지라도 그 능력은 하나님의 것이지 사람의 것이 아닙니다. 그렇기 때문에 성경은 "자랑하는 자는 주 안에서 자랑하라"(고전 1:31)고 말씀하고 있는 것입니다.

**2-3절** 예수께서 대답하여 이르시되 너희가 저녁에 하늘이 붉으면 날이 좋겠다 하고 아침에 하늘이 붉고 흐리면 오늘은 날이 궂겠다 하나니 너희가 날씨는 분별할 줄 알면서 시대의 표적은 분별할 수 없느냐

예수님은 표적을 요구하는 바리새인과 사두개인들에게 일반적인 자연현상을 들어 말씀하셨습니다.

내가 어릴 적에는 시골에서 농사를 지었기 때문에 늘 노을을 보며 천기를 살폈습니다. 저녁노을이 아주 붉고 좋으면 다음 날은 틀림없이 날이 맑고 좋습니다. 그래서 논일이나 밭일을 하러 갈 계획을 세웁니다. 그러나 아침 하늘에 붉은 노을이 있으면 그날은 틀림없이 비가 옵니다. 그런 날은 밖에 나가면 비 맞을 것을 각오해야 합니다. 예수님 당시의 사람들도 그것을 상식적으로 알고 있었습니다. 그렇기 때문에 예수님은 이런 자연의 날씨를 예로 들어 말씀하신 것입니다.

예수님은 그들에게 "너희가 날씨는 분별할 줄 알면서 시대의 표적은 분별할 수 없느냐"(3절)고 책망하셨습니다. 오늘날 우리도 한가지입니다. 세상 돌아가는 것을 보고 지금이 어떤 시대인지를 알아야 합니다.

예수님은 제자들에게 세상 끝에 있을 징조에 대하여 이렇게 말씀하셨습니다.

"민족이 민족을, 나라가 나라를 대적하여 일어나겠고 곳곳에 기근과 지진이 있으리니"(24:7).

오늘날 아시아나 아프리카, 중동 등지에서 끊임없이 민족적인 분쟁이

일어나고 전 세계적으로 기근과 지진이 발생하는 것은 예수님이 예언하신 말세의 징조입니다. 그러므로 우리는 이러한 소식을 흘려듣지 말고 세상 끝 날이 가까웠음을 깨달아야 합니다.

또한 오늘날 전 세계적으로 교회에 성령의 역사가 일어나서 하나님의 택한 백성들이 부르짖으면 성령을 충만히 받고 영적 잠에서 깨어나는 것도 말세의 징조입니다. 이에 대해 성경에 다음과 같이 기록되어 있습니다.

"하나님이 말씀하시기를 말세에 내가 내 영을 모든 육체에 부어 주리니 너희의 자녀들은 예언할 것이요 너희의 젊은이들은 환상을 보고 너희의 늙은이들은 꿈을 꾸리라"(행 2:17).

지금 우리가 살고 있는 시대는 말세지말(末世之末)입니다. 그러므로 우리는 주님의 재림을 준비하며 항상 옷깃을 가다듬어야 합니다.

오늘날은 과학이 발달되어서 하루면 세계 어느 곳이든지 갈 수 있으며 인공위성을 통하여 세계 어느 곳에 있는 사람과도 통화할 수 있습니다. 또한 인터넷을 통하여 순식간에 전 세계의 소식과 정보를 얻을 수 있습니다. 예수님 당시에는 다른 지역에 소식이 전달되는 데 두세 달이 걸렸습니다. 그러나 요즈음에는 전 세계의 통신과 교통이 눈부시게 발달하여 먼 나라에서 일어난 일도 눈 깜짝할 사이에 우리에게 전해집니다. 더 이상 먼 나라, 가까운 나라가 없고 모두 이웃이 되었습니다. 이제 세상은 '지구촌' 이라는 표현에 걸맞게 하나의 촌락이 된 것입니다.

그런데 예수님은 이럴 때 세상의 끝이 올 것이라고 말씀하셨습니다. 오늘날의 시대적 상황을 보면 적그리스도가 나타날 여건들이 이루어져 있습니다. 통신과 교통이 고도로 발달했기 때문에 적그리스도는 한곳에 가만히 앉아서 온 세계를 다스릴 수 있습니다.

또한 오늘날 전 세계가 경제적, 정치적 통합을 하려는 양상 역시 적그리스도가 나타날 또 하나의 조건을 갖추는 것으로 볼 수 있습니다. 지금은 각 대륙이 블록별로 경제를 유지해 나갈 수 없습니다. 온 세계의 경제 상황을 볼 때 미국 경제, 유럽 경제, 아프리카 경제, 아시아 경제 식으로 블록을 지어 가지고는 도저히 살아갈 수 없습니다. 그래서 온 세계 경제를 하나로 뭉치자는 운동이 일어나고 있습니다. 정치적으로도 마찬가지입니다. 세계가 단일 국가로 통합되어야 한다는 움직임이 활발하게 일어나고 있습니다.

이와 같은 시대적 흐름을 통해 우리는 적그리스도가 일어나서 세계를 손에 넣을 시간이 임박한 것을 분명히 알 수 있습니다. 그러므로 우리는 자연을 보고 천기를 분별하는 것처럼 이 시대의 변화를 보며 재림하시는 주님을 맞이할 준비를 해야 하는 것입니다.

**4절** 악하고 음란한 세대가 표적을 구하나 요나의 표적밖에는 보여 줄 표적이 없느니라 하시고 그들을 떠나가시니라

예수님을 찾아온 바리새인과 사두개인들은 하나님 앞에 순수하게 깨어져서 은혜를 구하지 않았습니다. 하나님을 믿지도 않고 무시하고 멸시하고 불순종하면서 표적만을 구했습니다. 이런 대표적인 사람이 헤롯입니다. 그는 예수님이 잡혀 오셨을 때 무슨 이적이라도 행하심을 볼까 하여 매우 기뻐했습니다(눅 23:8). 그러나 예수님은 일절 대답하시지 않았습니다. 표적을 구하는 세대는 악하고 음란한 세대이기 때문입니다.

우리는 표적을 구할 것이 아니라 믿음을 구해야 합니다. 우리가 순수

하게 주님을 믿고 따라갈 때, 우리에게 필요하다고 인정하시면 주님이 알아서 표적을 주십니다.

예수님이 주시는 표적은 재미있는 쇼가 아닙니다. 우리를 죄악에서 건지고 마귀에게서 건지고 질병에서 건지고 절망에서 건지기 위해 하나님의 능력으로 기적을 베푸시는 것입니다.

그러므로 우리는 표적을 행한다고 마구 자랑하는 사람에게 속아 넘어가지 말아야 합니다. 만일 어떤 종교 지도자가 사람들 앞에서 호기심을 유발시키고 마음을 현혹하는 표적과 기사를 행한다면, 그는 하나님의 종이 아니라 사탄의 종인 줄 알아야 합니다. 그런 행동은 음란하고 패역한 세대의 대표자가 하는 짓이요, 마귀가 하는 짓입니다. 우리는 오직 말씀에 바로 서고 기도에 힘쓰며 성령의 충만함을 받아 우리의 믿음을 더욱 굳게 하여야 합니다.

예수님은 “악하고 음란한 세대에게 보여 줄 표적은 요나의 표적밖에 없다. 요나가 물고기 배 속에서 3일 주야를 있었던 것처럼 인자도 죽어서 무덤 속에 장사되었다가 사흘 만에 부활할 것이다.”라고 말씀하셨습니다(4절).

사람이 죽은 지 사흘이 지나면 시체 썩는 냄새가 납니다. 예수님은 죽은 지 나흘이나 지나 썩은 냄새가 풀풀 나는 나사로를 소생시키셨지만, 그것은 예수님이 직접 죽었다가 부활하신 것과는 전혀 성격이 다릅니다.

예수님은 십자가에 못 박혀 죽어서 무덤에 장사된 지 사흘 만에 부활하셨습니다. 예수님의 부활은 인류 역사상 가장 놀라운 표적이요, 영원한 표적입니다. 하나님께서는 우리를 사랑하셔서 예수 그리스도를 통해 인류의 대적인 원수 마귀의 권세와 죄악을 다 청산하셨습니다. 그러므로 예수님의 부활은 하나님이 우리를 사랑하신다는 표적이며, 마귀의 권세를 깨뜨리셨다는 표적이며, 우리가 구원을 받는다는 표적입니다. 이 표적이야말로 우리가 자랑할 표적이며, 누구도 부인할 수 없는 표적입니다. 요나의 표적, 즉 예수 그리스도의 부활의 표적은 하나님이 우리에게 베푸신 가장 위대한 표적인 것입니다.

**5-6절** 제자들이 건너편으로 갈새 떡 가져가기를 잊었더니 예수께서 이르시되 삼가 바리새인과 사두개인들의 누룩을 주의하라 하시니

예수님의 제자들은 상당히 건망증이 심한 것 같습니다. 그들은 예수님이 오병이어로 남자만 오천 명을 먹이시고 열두 바구니를 남긴 것을 잊어버렸고 칠병이어로 4천 명을 먹이시고 일곱 광주리를 남긴 것도 잊어버렸습니다. 갈릴리 바다를 건너다가 풍랑을 만났을 때는 예수님이 배 안에 계신 것조차 까맣게 잊고 있었습니다. 그런데 이번에는 떡을 가져오는 것을 잊었습니다.

우리도 하나님께서 베푸신 은혜를 늘 마음속에 생각하고 간직해야 함에도 불구하고 잊을 때가 많습니다. 하나님의 은혜를 잊어버리면 환경을 바라보고 두려워하게 되어 마귀의 밥이 됩니다. 그러나 우리가 하나님과 늘 교통해서 하나님의 은혜를 잊지 아니하면 문제가 다가와도 두려울 것이 없습니다. 하나님께서 우리와 함께 계시고 역사하시는 것을 기억하기 때문에 강하고 담대하게 나아가 기도함으로 모든 것을 극복할 수 있습니다. 이처럼 우리가 하나님의 은혜를 기억하여 불안과 두려움을 이기고

늘 하나님의 은혜 안에 거하기 위해서는 하나님의 말씀을 읽고 묵상하고 기도해야 합니다.

예수님은 배를 타고 건너편으로 가시면서 제자들에게 "삼가 바리새인과 사두개인들의 누룩을 주의하라"(6절)고 말씀하셨습니다. 예수님이 말씀하신 '바리새인과 사두개인들의 누룩'은 바리새인과 사두개인들의 사상을 의미합니다. 예수님은 제자들에게 바리새인과 사두개인들의 잘못된 사상에 물들지 않도록 주의하라고 경계시키신 것입니다.

예수님 당시 유대교 안에는 '바리새파'와 '사두개파'라는 두 파가 있었습니다. 이들은 서로 믿는 바가 조금 달랐습니다. 바리새파는 부활과 천사가 있다는 것을 믿었지만, 사두개파는 부활도 천사의 존재도 부정했습니다.

그러나 그들은 완전히 부패하고 타락했다는 점에서는 같았습니다. 그들은 인간의 전통을 가지고 하나님을 섬겼습니다. 진실한 마음으로 하나님의 말씀대로 섬기지 않고 자기의 욕심을 채우기 위해 하나님을 이용하여 과부와 고아의 재산을 탈취하며 탐욕적인 삶을 살았습니다. 그 결과 그들은 하나님께 버림받고 말았습니다. 그러므로 예수님은 아무리 장엄한 옷을 입고 기도를 오래 하고 온갖 좋은 말을 다 해도 속에 탐욕이 꽉 들어찬 바리새인과 사두개인들의 사상을 조심하라고 말씀하셨던 것입니다.

사람들은 누구나 자기 나름대로 사상을 가지고 삽니다. 무신론적인 사상을 가지고 있는 사람들도 있고 쾌락주의적인 사상을 가지고 있는 사람들도 있습니다. 또한 탐욕주의적인 사상, 공산주의 사상, 자본주의 사상을 가지고 있는 사람들도 있습니다.

그러나 우리 예수 믿는 사람은 예수님 사상을 가지고 살아야 합니다. 나의 죄를 다 청산하시고 나를 거듭나게 해 주신 용서와 의의 사상, 치료와 건강의 사상, 성령 충만의 사상, 아브라함의 축복의 사상, 재림과 부활의 사상을 가져야 합니다. 오중복음과 삼중축복의 사상으로 충만해야 하는 것입니다. 그래서 나는 매일 아침 예수님의 십자가를 바라보며 이렇게 기도합니다.

"아버지 하나님, 예수님을 통해서 나의 옛사람을 청산해 버리고 그리스도 안에서 새사람으로 부활해서 새로운 피조물이 되게 하심을 감사합니다. 예수님을 통해서 저에게 하늘나라가 임하고, 성령의 인도하심을 따라 살게 해 주신 것을 감사합니다. 예수님을 통해서 하나님이 저의 병과 연약한 것을 다 심판하시고 치료와 건강을 주신 것을 감사합니다. 예수님을 통해서 모든 가난과 저주를 심판하시고 아브라함의 복으로 채워 주신 것을 감사합니다. 예수님을 통해서 사망과 음부를 심판하시고 부활과 재림을 주신 것을 감사합니다. 저의 영혼이 잘되고 범사에 잘되며 강건하고 생명을 얻되 넘치게 얻게 해 주신 하나님께 감사합니다."

이것이 나의 사상입니다. 이것이 예수 그리스도의 복음의 사상이요, 순복음의 사상입니다. 이 사상은 우리를 살리고 우리를 하나님 앞에서 영화롭게 만들어 줍니다. 그러므로 우리는 이 사상을 마음속에 꽉 채워야 합니다.

옛날에 중앙대학교 총장을 지낸 임영신 박사의 어머니에 관한 재미있는 일화가 있습니다. 그분이 침례를 받을 때 있었던 일입니다. 담임목사님이 "할머니, 침례 받으실 때 목사님이 '예수님이 누구의 죄 때문에 돌아가셨어요?' 라고 물으면 '내 죄 때문에 돌아가셨습니다.' 라고 대답하세요." 라고 가르쳐 주었습니다.

할머니는 "알았습니다."라고 대답하고 침례를 받으러 갔습니다. 그리고 차례가 돌아오자 지방회 목사님이 침례를 주면서 질문을 했습니다.

"할머니는 왜 예수를 믿으십니까?"

"자식 잘되라고요."

이 말에 지방회 목사님이 다시 질문했습니다.

"할머니, 예수님이 누구 때문에 죽으셨어요?"

그랬더니 할머니 대답이 걸작입니다.

"우리 목사님 때문에 죽었어요."라고 대답하는 것이 아닙니까. 목사님이 자꾸 '내 죄 때문에 돌아가셨다.' 고 하라니까 목사님의 죄 때문에 예수님이 죽으신 줄 알았던 것입니다.

내가 불광동에서 목회할 때에도 웃지 못 할 일이 있었습니다. 그때 우리 교회에 나오는 할머니가 한 분 있었습니다. 그 할머니에게는 군대에 간 아들이 있었는데 몸도 약하고 폐도 좋지 않았습니다. 그런데 그 할머니는 교회에만 오면 입구에서 강단을 보고 합장을 하는 것이었습니다. 그래서 하루는 그 할머니와 대화를 하였습니다.

"할머니, 여기는 절간이 아니니까 합장하지 마시고 기도를 하세요. 예수님을 믿고 구원받아 천국에 가세요."

"나는 이제 다 늙어서 천국도 필요 없고 그저 내 아들이나 폐병이 나아 건강하게 되면 원이 없겠어."

"할머니가 갈보리 십자가에 못 박힌 예수님을 믿어야 구원을 받고 아드님의 병도 낫습니다."

그런데 자식에 대한 어머니의 사랑이 참으로 극진합니다. 그 할머니는 매일 밤 교회에 와서 가마니 바닥에 앉아 철야 기도를 하고, 새벽 기도 때에도 꼭 나와서 내 옆에 앉아 간절하게 부르짖었습니다. 그런데 그 할머니가 기도하는 것을 들어 보니 참 기가 막혔습니다.

"보리 보리 보리 가을보리, 보리 보리 보리 가을보리……. 하늘님이여, 하늘님이여, 목사님은 자꾸 가을보리를 믿으라고 하는데 가을보리는 없어요. 봄보리밖에 없어요. 가을보리를 믿어야 우리 아들이 낫는다고 하는데 우리나라에는 가을보리가 없고 봄보리만 있어요."

나는 너무나 어처구니가 없어서 그 할머니에게 한마디 했습니다.

"할머니, 무슨 기도가 그렇습니까? 보리 보리 보리 가을보리, 봄보리는 있는데 가을보리는 없다니요?"

그랬더니 그 할머니의 대답이 아주 가관입니다.

"목사님이 나에게 가을보리를 믿어야 우리 아들의 병이 낫는다고 했는데, 내가 가만히 생각해 보니까 우리나라에는 봄보리만 있지 가을보리가 없지 않아요? 그러니까 목사님은 자꾸 가을보리를 믿으라고 해도 나는 가을보리가 믿어지지 않아요. 그래서 하나님께 가을보리 좀 가르쳐 달라고 기도했어요."

보십시오. 이처럼 마음속에 그리스도의 사상이 들어오지 않으면 아무리 교회에 나와도 아무 소용이 없습니다. 우리 마음속에는 그리스도가 심겨져야 합니다. 예수님이 나를 위하여 십자가에 달려 몸 찢기고 피 흘려 죽었다가 부활하셨다는 그 중심 사상, 갈보리 십자가 중심의 오중복음과 삼중축복의 사상이 영혼 속에 콱 들어와야 되는 것입니다. 그 사상을 잡고 있으면 절대로 흔들리지 않습니다. 그 사상에 서 있으면 그리스도와 교제가 이루어지고, 하나님과 교통이 이루어지고, 어떠한 역경도 믿음으로 이겨 나갈 수 있습니다. 갈보리 십자가 중심의 오중복음과 삼중축복의 사상 위에 서 있어야 인생을 성공적으로 살아갈 수 있는 것입니다.

**7절** 제자들이 서로 논의하여 이르되 우리가 떡을 가져오지 아니하였도다 하거늘

제자들은 바리새인과 사두개인들의 누룩을 주의하라는 예수님의 말씀을 잘못 이해하였습니다.

'우리가 바리새인과 사두개인들이 잘 먹는 떡을 가져오지 않았다고 주님이 꾸중하시는구나!'

이런 경우를 동문서답한다고 합니다. 주님은 바리새인과 사두개인들의 사상을 주의하라고 하셨는데 제자들은 먹을 떡을 가져오지 않았다는 말로 잘못 이해한 것입니다.

주님이 지적 수준이 이 정도인 제자들을 불러서 온 천하만국에 복음을 증거하라고 하셨으니 참으로 기가 막힙니다. 어지간히 머리가 깨인 사람 같으면 누룩이 사상을 의미하는 줄 알았을 텐데 예수님의 제자들은 성령 받기 전에는 이 정도의 교훈도 깨닫지 못하는 사람들이었습니다. 그러나 예수님은 그러한 사람들을 택하시고 그들을 통해 로마를 뒤엎고 온 세계를 변화시키셨습니다. 그러므로 이 세계를 변화시킨 것은 성령의 능력이지 사람의 지혜나 지식이나 총명이 아닙니다.

성경은 "이는 힘으로 되지 아니하며 능력으로 되지 아니하고 오직 나의 영으로 되느니라"(슥 4:6)고 말씀하고 있습니다. 성령께서 임하시면 그리스도 중심의 사상이 심어지는 혁명이 일어납니다. 아무리 단순한 사

람이라 할지라도 성령 받고 그리스도의 십자가가 깨달아지면 세계를 변화시키는 핵폭탄이 되는 것입니다.

하늘나라는 사람의 지혜나 모략에 있지 않습니다. 성령의 능력에 달려 있습니다. 그렇기 때문에 예수님은 "예루살렘을 떠나지 말고 내게서 들은바 아버지께서 약속하신 것을 기다리라 요한은 물로 침례를 베풀었으나 너희는 몇 날이 못 되어 성령으로 침례를 받으리라"(행 1:4-5)고 당부하시고 "오직 성령이 너희에게 임하시면 너희가 권능을 받고 예루살렘과 온 유대와 사마리아와 땅 끝까지 이르러 내 증인이 되리라"(행 1:8)고 말씀하신 것입니다.

성령님은 예수님을 증거합니다. 성령님은 우리에게 예수님의 십자가와 부활에 대한 사상을 깨닫게 해 주셔서 우리로 하여금 예수님의 증인이 되게 하십니다. 성령님은 예수님의 거울입니다. 그래서 성령님을 들여다보면 언제나 예수님이 비칩니다. 성령님은 예수님의 것을 가지고 가르치시고, 예수님의 말씀을 기억나게 하시고, 예수님의 구속의 은총을 설명해 주시고 해석해 주시는 예수님의 영인 것입니다.

그러므로 우리는 날마다 성령의 충만함을 받기 위해 기도해야 합니다. 우리가 성령 충만할 때 성령님께서 비추어 주심으로 주님을 더욱 깨달아 알게 되고, 성령의 능력을 받아 능력 있는 증인들이 될 수 있는 것입니다.

**8-12절** 예수께서 아시고 이르시되 믿음이 작은 자들아 어찌 떡이 없으므로 서로 논의하느냐 너희가 아직도 깨닫지 못하느냐 떡 다섯 개로 오천 명을 먹이고 주운 것이 몇 바구니며 떡 일곱 개로

사천 명을 먹이고 주운 것이 몇 광주리였는지를 기억하지 못하느냐 어찌 내 말한 것이 떡에 관함이 아닌 줄을 깨닫지 못하느냐 오직 바리새인과 사두개인들의 누룩을 주의하라 하시니 그제서야 제자들이 떡의 누룩이 아니요 바리새인과 사두개인들의 교훈을 삼가라고 말씀하신 줄을 깨달으니라

예수님은 제자들의 말을 들으시고 기가 막혔습니다. 여러분, 하나님께서 우리 아버지가 되시고 예수님이 구주가 되신 줄 알고 그의 나라와 그의 의를 먼저 구하면 떡 같은 것은 문제가 되지 않습니다. 떡 문제는 주님이 해결해 주십니다. 하나님께서는 광야에서 3백만 이스라엘 백성에게 40년 동안 만나를 먹이심으로 그것을 증명해 보이셨습니다. 또한 예수님도 오병이어의 기적과 칠병이어의 기적을 행하심으로 친히 증명해 보이셨습니다.

예수님은 산상수훈을 가르치실 때 다음과 같이 말씀하셨습니다.

"그러므로 염려하여 이르기를 무엇을 먹을까 무엇을 마실까 무엇을 입을까 하지 말라 이는 다 이방인들이 구하는 것이라 너희 하늘 아버지께서 이 모든 것이 너희에게 있어야 할 줄을 아시느니라 그런즉 너희는 먼저 그의 나라와 그의 의를 구하라 그리하면 이 모든 것을 너희에게 더하시리라"(6:31-33).

여기서 '그의 나라'는 교회이고, '그의 의'는 예수님입니다. 우리가 먼저 교회를 잘 섬기고 예수님을 열심히 받들면 주님이 우리의 생활에 필요한 모든 것을 더하여 주십니다. 우리가 열심히 교회를 받들고 예수님 중심으로 살면 하나님이 우리의 기도를 응답해 주셔서 '무엇을 먹을

까, 무엇을 입을까, 무엇을 마실까' 하는 문제를 다 해결해 주시는 것입니다.

제자들이 떡 문제로 서로 의논한 것은 그들의 믿음이 얼마나 형편없는지를 여실히 보여 줍니다. 그렇기 때문에 예수님은 제자들에게 '믿음이 작은 자들'이라고 책망하셨습니다. 그런데 우리는 여기서 한 가지 사실을 알 수 있습니다. 그것은 예수님이 제자들에게 믿음이 작다고 하셨지 믿음이 없다고 하시지 않았다는 것입니다.

하나님은 우리 각 사람의 분량대로 믿음을 주셨습니다. 그렇기 때문에 믿음이 작은 자도 있고 믿음이 큰 자도 있지만 믿음이 없는 자는 없습니다. 믿음이 없는 자는 아예 예수님을 믿지 않습니다. 예수님을 믿는다는 것은 믿음이 있다는 말입니다. 그러므로 우리 중에 믿음이 없는 사람은 아무도 없습니다.

그런데 믿음은 사용할수록 커지고 사용하지 않으면 작아집니다. 또한 믿음은 의지에 달려 있습니다. 내가 믿겠다고 하면 믿게 되지만 믿지 않겠다고 하면 믿지 않게 되는 것입니다. 성경은 "믿음이 없이는 하나님을 기쁘시게 하지 못하나니 하나님께 나아가는 자는 반드시 그가 계신 것과 또한 그가 자기를 찾는 자들에게 상 주시는 이심을 믿어야 할지니라"(히 11:6)고 말씀하고 있습니다. 그러므로 우리는 범사에 믿음으로 행하여야 합니다. 하나님이 은혜로 우리에게 모든 것을 주셨으므로 우리를 끝까지 돌보아 주신다는 것을 믿어야 합니다.

예수님은 제자들의 믿음이 작은 것을 책망하신 후 그들이 잊고 있던 오병이어의 기적과 칠병이어의 기적을 상기시키시고 그들의 영적 무지를 질책하셨습니다(9-11절).

하나님께서는 '심고 거두는 법칙' 을 통하여 우리를 채워 주십니다. 세상의 농사는 땅에 심지만 축복의 농사는 예수님의 손에 심어야 합니다. 제자들은 예수님의 손에 오병이어를 심어 5천명이 배불리 먹고도 열두 바구니가 남았던 일과 칠병이어를 심어 4천 명이 배불리 먹고도 일곱 바구니가 남았던 일을 직접 체험했습니다. 그럼에도 불구하고 그들은 예수님의 손에 심기만 하면 넘치도록 거둘 수 있다는 사실을 깨닫지 못하고 있었습니다. 그렇기 때문에 예수님은 "어찌 내 말한 것이 떡에 관함이 아닌 줄을 깨닫지 못하느냐 오직 바리새인과 사두개인들의 누룩을 주의하라"(11절)고 그들을 책망하신 것입니다.

제자들은 예수님의 책망을 듣고서야 예수님의 말씀이 무엇을 의미하는지 깨달았습니다. 예수님이 주의하라고 하신 누룩이 떡의 누룩이 아니라 바리새인과 사두개인들의 사상과 교훈이라는 것을 마침내 깨달은 것입니다.

## 2. 위대한 고백(16:13-20)

**13. 예수께서 빌립보 가이사랴 지방에 이르러 제자들에게 물어 이르시되 사람들이 인자를 누구라 하느냐 14. 이르되 더러는 침례 요한, 더러는 엘리야, 어떤 이는 예레미야나 선지자 중의 하나라 하나이다 15. 이르시되 너희는 나를 누구라 하느냐 16. 시몬 베드로가 대답하**

여 이르되 주는 그리스도시요 살아 계신 하나님의 아들이시니이다
17. 예수께서 대답하여 이르시되 바요나 시몬아 네가 복이 있도다 이
를 네게 알게 한 이는 혈육이 아니요 하늘에 계신 내 아버지시니라
18. 또 내가 네게 이르노니 너는 베드로라 내가 이 반석 위에 내 교회
를 세우리니 음부의 권세가 이기지 못하리라 19. 내가 천국 열쇠를
네게 주리니 네가 땅에서 무엇이든지 매면 하늘에서도 매일 것이요
네가 땅에서 무엇이든지 풀면 하늘에서도 풀리리라 하시고 20. 이에
제자들에게 경고하사 자기가 그리스도인 것을 아무에게도 이르지 말
라 하시니라

**13-14절** 예수께서 빌립보 가이사랴 지방에 이르러 제자들에게 물어 이르시되 사람들이 인자를 누구라 하느냐 이르되 더러는 침례 요한, 더러는 엘리야, 어떤 이는 예레미야나 선지자 중의 하나라 하나이다

예수님이 빌립보 가이사랴에 이르러 제자들에게 물어 보셨습니다.

"사람들이 나를 누구라고 하느냐?"

이것은 대단히 중요한 문제입니다. 이것이야말로 기독교의 근본을 말하는 것입니다. 왜냐하면 예수님을 누구로 아느냐에 따라 믿음으로 구원을 받을 수도 있고 영원한 심판을 받을 수도 있기 때문입니다.

이 당시 사람들은 예수님에 대해 각기 다른 생각을 가지고 있었습니다. 어떤 사람들은 예수님을 보고 "침례 요한이 부활했다."고 말했습니다. 또 어떤 사람들은 예수님이 많은 기사와 이적을 행하시니까 "옛날 선지자 엘리야가 나타났다."고 말했습니다. 또 한편에서는 예수님이 불쌍한 사람을 위해서 울고 눈물을 흘리시니까 "눈물의 선지자 예레미야가

다시 나타났다." 고 말하는 사람들도 있었습니다.

그러나 만일 예수님이 진짜로 침례 요한이나 엘리야나 예레미야나 선지자 중 하나라면 우리 인류는 소망이 없습니다. 예수님이 그리스도시요, 살아 계신 하나님의 아들이시기 때문에 우리는 구원받고 영생 천국에 들어갈 소망이 있는 것입니다.

침례 요한과 엘리야와 예레미야는 모두 예수님을 우리에게 알려 주기 위해서 활동했던 구약의 선지자들입니다. 그들은 모두 우리를 구원하실 예수님을 증언했습니다. 예수님은 구약의 선지자들이 예언한 메시아이십니다. 구약의 선지자들이 아무리 능력이 있었을지라도 하나님의 아들이시며 이 세상의 구주이신 예수님과는 비교할 수 없습니다.

변화산 사건을 보십시오. 예수님이 베드로와 야고보와 요한을 데리고 변화산에 올라가셨을 때 베드로는 모세와 엘리야를 예수님과 같은 반열에 두는 실수를 저질렀습니다.

베드로는 예수님의 얼굴이 해같이 빛나며 옷이 빛같이 희어지고 모세와 엘리야가 와서 예수님과 함께 이야기하는 것을 보고 너무 감격했습니다. 그래서 "주여 우리가 여기 있는 것이 좋사오니 만일 주께서 원하시면 내가 여기서 초막 셋을 짓되 하나는 주님을 위하여, 하나는 모세를 위하여서, 하나는 엘리야를 위하여 하리이다"(17:4)라고 말했습니다. 그때 홀연히 빛난 구름이 그들을 덮으며 구름 속에서 소리가 들려왔습니다.

"이는 내 사랑하는 아들이요 내 기뻐하는 자니 너희는 그의 말을 들으라"(17:5).

예수님은 창조주 하나님이시고, 모세와 엘리야는 하나님이 지으신 피조물입니다. 예수님은 근본적으로 모세나 엘리야와는 신분이 다릅니다.

이에 대해 성경은 다음과 같이 말씀하고 있습니다.

"또한 모세는 장래에 말할 것을 증언하기 위하여 하나님의 온 집에서 종으로서 신실하였고 그리스도는 하나님의 집을 맡은 아들로서 그와 같이 하셨으니 우리가 소망의 확신과 자랑을 끝까지 굳게 잡고 있으면 우리는 그의 집이라"(히 3:5-6).

모세와 엘리야는 예수님의 심부름꾼에 불과합니다. 그러니 어떻게 예수님을 모세와 엘리야와 동등하게 생각할 수 있겠습니까? 초막을 지으려면 예수님을 위하여 짓고, 모세와 엘리야는 그곳에서 심부름을 하는 종이 되는 것이 마땅합니다.

조물주와 피조물 사이에는 건널 수 없는 강이 있습니다. 그렇기 때문에 하나님께서는 베드로와 야고보와 요한에게 예수님의 말씀만 들으라고 하신 것입니다. 그런데 오늘날 많은 사람이 예수님을 훌륭한 위인이나 철학자, 또는 개혁자나 정치인이라고 생각합니다. 그러나 이는 얼토당토않은 생각입니다. 예수님은 창조주 하나님이십니다. 예수님은 영광의 광채시요, 하나님의 본체이십니다. 예수님은 이 세상에 사람의 몸을 입고 오셔서 십자가에서 우리의 구원을 이루시고 부활, 승천하시어 하나님의 보좌 우편에 앉아 계신 우리의 구주시며 영원한 중보자이십니다.

**15-16절** **이르시되 너희는 나를 누구라 하느냐 시몬 베드로가 대답하여 이르되 주는 그리스도시요 살아 계신 하나님의 아들이시니이다**

이번에는 예수님이 제자들에게 단도직입적으로 물으셨습니다.

"그렇다면 너희는 나를 누구라고 생각하느냐?"

이때 베드로가 참으로 위대한 고백을 했습니다.

"주는 그리스도시요, 살아 계신 하나님의 아들이시니이다."

베드로는 성령의 비추심이 있었기 때문에 이런 고백을 할 수 있었습니다.

베드로의 고백은 당시 상황에서 참으로 하기 힘든 것이었습니다. 사람들 보기에 예수님은 나사렛이라는 빈민촌에서 목수 일을 하던 요셉의 아들일 뿐입니다. 그러니 가난한 목수의 아들로 태어나 배운 것도 없는 예수님을 어떻게 메시아요, 살아 계신 하나님의 아들이라고 고백할 수 있겠습니까?

'예수는 요셉과 마리아의 아들이 아니냐? 그는 목수의 아들이고 그 또한 목수 일을 하고 있다. 별로 배운 것도 없고 출신도 비천한데 그가 하나님의 아들 메시아라니?'

이런 생각을 하는 사람들이 보기에 베드로의 고백은 얼토당토않은 말이며 배를 잡고 웃을 이야기입니다. 그러나 베드로는 성령께서 깨닫게 해 주셔서 예수님을 '그리스도요, 하나님의 아들' 이라고 고백할 수 있었습니다. 이성적으로는 도저히 그렇게 고백할 수 없습니다. 그는 하나님의 계시를 받았으므로 이토록 놀라운 고백을 한 것입니다. 오늘날 우리가 "주는 그리스도시요, 살아 계신 하나님의 아들이십니다!" 라고 고백할 수 있는 것도 성령의 계시를 받았기 때문입니다.

**17-18절** 예수께서 대답하여 이르시되 바요나 시몬아 네가 복이 있도다 이를 네게 알게 한 이는 혈육이 아니요 하늘에 계신 내 아버지시니라 또 내가 네게 이르노니 너는 베드로라 내가 이 반

석 위에 내 교회를 세우리니 음부의 권세가 이기지 못하리라

예수님은 베드로의 고백을 듣고 감동하셨습니다.

"바요나 시몬아, 네가 복이 있도다."

왜 이렇게 말씀하셨습니까? 하나님께서 시몬 베드로에게 계시를 주셨기 때문입니다. 예수님이 구주요, 하나님의 아들이라는 것을 알게 하는 것은 혈육이 아닙니다. 인간의 지혜와 지식과 총명으로는 예수님이 구주이심을 알 수 없습니다. 오직 하늘에 계신 하나님께서만 알게 하실 수 있는 것입니다.

또한 예수님은 '너는 베드로라 내가 이 반석 위에 내 교회를 세우리라'고 하셨습니다. '베드로' 는 '반석' 이라는 뜻인데, 여기서 '반석' 은 '주는 그리스도시요, 살아 계신 하나님의 아들' 이라고 고백하는 모든 사람을 의미합니다. 오늘날도 이 신앙 고백을 하는 사람은 모두 하늘나라가 세워진 반석이 됩니다.

주님은 신앙 고백을 하는 사람 위에 하늘나라인 교회를 세우십니다. 성경은 예수 그리스도를 믿는 성도들에 대해 다음과 같이 말씀하고 있습니다.

"그러나 너희는 택하신 족속이요 왕 같은 제사장들이요 거룩한 나라요 그의 소유가 된 백성이니 이는 너희를 어두운 데서 불러내어 그의 기이한 빛에 들어가게 하신 이의 아름다운 덕을 선포하게 하려 하심이라" (벧전 2:9).

하늘나라가 우리 속에 들어와 있으므로 우리가 바로 하나님 나라입니다. 우리 위에 주님이 교회를 세우셨습니다. 그러므로 우리 한 사람 한 사

람은 작은 교회요, 작은 천국입니다. 우리가 이 믿음을 굳건히 지키고 있는 한 음부의 권세는 우리를 이기지 못합니다. 예수님이 십자가에 달려 죽었다가 부활하심으로 마귀의 권세를 다 깨뜨리고 무장해제시키셨기 때문입니다.

하나님께서 흑암의 권세에서 우리를 건져 내어 그 사랑의 아들의 나라로 옮겨 주셨으므로 이제 우리는 흑암의 권세와 상관이 없습니다. 이 세상의 신이요, 임금인 마귀는 사람들의 마음을 세상으로 꽉 채워 놓았습니다. 그러나 예수 그리스도를 구주로 고백한 우리의 마음속에는 세상이 다 쫓겨 나가고 성령과 천국이 와 있습니다.

교회는 헬라어로 '에클레시아' (*ἐκκλησία*)인데, 이 말은 '택함을 받아 나온 사람' 이란 뜻입니다. 세상에서 하나님이 택하시고 부르셔서 나온 사람들이 바로 교회입니다. 하나님의 성령을 모시고 하늘나라가 이루어진 교회들, 즉 우리를 통해 하늘나라는 확장됩니다. 우리의 기도와 전도를 통해서, 우리의 신앙생활을 통해서 마귀가 쫓겨 나가고 성령께서 임하시고 하늘나라의 역사가 나타나는 것입니다.

**19절** 내가 천국 열쇠를 네게 주리니 네가 땅에서 무엇이든지 매면 하늘에서도 매일 것이요 네가 땅에서 무엇이든지 풀면 하늘에서도 풀리리라 하시고

예수님께서는 베드로에게 '천국 열쇠' 를 주시겠다고 말씀하셨습니다. 이 말씀을 두고 가톨릭에서는 '주님이 베드로를 반석이라고 하셨기 때문에 베드로에게만 천국 열쇠가 있다. 그러므로 베드로만이 하늘 문을 열고 닫는 권한이 있고 베드로의 후계자인 교황에게 그 권한이 계승

된다.' 고 주장합니다.

그러나 실제는 그렇지 않습니다. 가톨릭의 교황이 아닌 우리에게도 하늘 문은 열립니다. 예수 그리스도를 믿고 기도하면 하늘 문이 열리고 성령님이 우리에게 임하십니다. 천국 열쇠는 '주는 그리스도시요, 살아 계신 하나님의 아들' 이라고 고백하는 사람에게 주어진 것입니다.

그렇다면 하늘 문을 열고 닫는다는 것은 무슨 말입니까? 그것은 전도와 직결된 말입니다. 우리가 전도를 하면 그 대상에게 하늘 문이 열리고 우리가 전도하지 않으면 하늘 문이 닫혀 버립니다. 우리가 전도하고 기도하면 그 개인이나 가정이나 집단에 하늘 문을 열어 놓는 것이고, 우리가 입 다물고 전도하지 아니하면 하늘 문을 닫아 버리는 것입니다.

하늘 문을 열고 닫는 열쇠가 바로 우리 손에 있습니다. 그러므로 우리는 믿지 않는 사람들을 부지런히 전도해서 그들에게 하늘 문을 열어 주어야 합니다. 일어서고 앉는 곳마다 천국 열쇠를 사용해야 합니다. 하늘 문을 열어 놓고 많은 사람을 초청해 하늘나라에 들어가게 해야 하는 것입니다.

예수님은 "내가 천국 열쇠를 네게 주리니 네가 땅에서 무엇이든지 매면 하늘에서도 매일 것이요 네가 땅에서 무엇이든지 풀면 하늘에서도 풀리리라"고 말씀하셨습니다. 주님이 우리에게 주신 천국 열쇠는 예수 그리스도를 구주로 고백하는 믿음입니다. 그러므로 우리가 예수님의 이름으로 이 땅에서 믿음으로 매면 그 믿음을 통해서 하늘에서도 매이고 이 땅에서 풀면 하늘에서도 풀리는 것입니다.

뿐만 아니라 우리의 기도와 믿음은 하늘나라의 역사를 풀기도 하고 묶기도 합니다. 신앙 고백의 열쇠를 가진 사람이 예수님의 이름으로 이 땅에서 기도하면 그 기도가 하늘에 메아리쳐서 하나님의 손이 움직입니다.

하나님께서는 예수 그리스도를 구주로 고백하는 우리 그리스도인들의 믿음을 통하여 역사하십니다. 우리가 집에서 무릎을 꿇고 예수님의 이름으로 기도하면 집 안에서 마귀가 묶입니다. 그리고 병든 사람, 고통받는 사람, 시험에 든 사람을 위하여 기도하면 그들이 마귀의 결박에서 풀려나는 역사가 나타나는 것입니다.

선교에 대하여 부정적인 사람들은 "굳이 그렇게 다니지 않아도 하나님께서 구원할 사람은 구원하시고 고칠 사람은 다 고치실 텐데, 무엇 하러 비행기를 타고 그 머나먼 길을 가느냐?" 라고 비판합니다. 그러나 하나님의 역사는 그렇게 이루어지는 것이 아닙니다. 주님은 '우리가 묶으면 하나님도 묶으시고, 우리가 풀면 하나님도 푸신다.' 고 하셨습니다. 그렇기 때문에 우리는 가야 합니다. 가서 말씀을 증거하고 기도하고 믿음을 통해서 마귀를 묶어야 합니다. 그래야 많은 영혼이 구원받고 병을 고침받고 마귀의 역사가 묶이는 역사가 일어나는 것입니다.

나는 우즈베키스탄에 갔다가 그곳에서 선교하는 치과 의사 부부를 보고 마음에 큰 감동을 받은 적이 있습니다. 그는 우리나라의 최고 명문 대학교 치과 대학을 졸업하고 군의관으로 있었기 때문에 국내에서 개업하여 얼마든지 성공할 수 있는 사람입니다. 그럼에도 불구하고 그 젊은 의사 부부는 갓난아이를 데리고 우즈베키스탄의 열악한 지역을 돌아다니면서 이를 치료해 주고 복음을 전하고 있었습니다. 세상의 기준으로 볼 때는 잘못되어도 보통 잘못된 것이 아닙니다. 한국에서 편안하게 살 수 있을 텐데 알아주는 사람 하나 없는 곳에 와서 치과 기구를 어깨에 걸머지고 장돌뱅이처럼 돌아다니면서 고생스럽게 복음을 전하니 이야말로 그리스도를 사랑하지 않고는 할 수 없는 일입니다. 사명을 받지 않고는 도저히 그런 일을 할 수 없습니다. 나는 그 젊은 부부가 너무나 존경스럽고 자랑스러웠습니다.

여러분, 바로 이런 사람들이 반석입니다. 하늘나라를 몸에 담고, 교회를 몸에 담고 다니는 하늘나라의 반석입니다. 천국 열쇠를 가지고 하늘 문을 여는 사람들입니다. 이런 사람들이 있기에 오늘도 세계 각지에 하늘나라가 세워지고 확장되고 있습니다. 그러므로 우리는 비록 선교사로 부르심을 받지 않았다 할지라도 우리의 집에서, 직장에서, 사회에서 반석의 삶을 살아야겠습니다.

나는 앞으로 많은 평신도 자비량 선교사들이 온 천하에 나가서 복음을 증거하는 역사가 일어나기를 바랍니다. 선교사도 여러 종류가 있습니다. 신학교를 나오고 주의 종이 되어 선교지로 나가는 사람도 선교사요, 사회 각계 각층에서 자기 일을 하면서 복음을 증거하는 사람도 선교사입니다. 이 중 어떤 쪽이든 간에 그리스도의 복음을 전하기 위해 헌신하는 것은 아름다운 일입니다. 다른 사람들이 가기를 원치 않는 척박한 곳이라도 기쁨으로 가서 그리스도의 복음을 증거하는 모습이야말로 가장 아름다운 것입니다.

우리는 하나님께서 우리에게 주신 사명이 어마어마하게 크다는 것을 알아야 합니다. 우리는 하늘나라를 열고 닫는 열쇠인 예수 그리스도를 모시고 있습니다. 예수님의 이름으로 기도해서 마귀의 역사를 묶기도 하고, 또 묶여 있는 사람을 풀어 줄 수도 있습니다.

어떤 사람들은 "나는 능력이 없어서 못합니다."라고 말하는데, 그렇지 않습니다. 능력이 큰 사람은 큰 귀신에게 묶인 사람을 풀어 주고, 능력이 작은 사람은 작은 귀신에게 묶인 사람을 풀어 주면 됩니다. 능력이 크면 앉은뱅이나 절름발이나 불치병 환자를 풀어 줄 수 있습니다. 그러나 능력이 작더라도 머리 아픈 사람, 소화 안 되는 사람 정도는 풀어 줄 수 있는 것입니다.

하나님은 우리의 능력대로 사용하십니다. 능력이 작으면 작은 대로 능력이 크면 큰 대로 사용하십니다. 우리의 믿음은 그저 교회에 왔다 갔다 하는 종교 생활이 아닙니다. 하늘나라가 우리에게 달려 있습니다. 수많은 사람의 운명이 우리의 손에 달려 있습니다.

하나님은 우리가 천국 열쇠를 사용해서 천국 문을 열어 놓기를 원하십니다. 그러므로 우리는 가는 곳마다 예수님의 이름으로 기도하여 마귀를 묶고 마귀에게 묶여서 고통당하는 사람을 풀어 주는 하늘나라의 역사가 나타나도록 해야 합니다.

예수님은 "나는 포도나무요 너희는 가지라 그가 내 안에, 내가 그 안에 거하면 사람이 열매를 많이 맺나니 나를 떠나서는 너희가 아무것도 할 수 없음이라"(요 15:5)고 말씀하셨습니다. 나무가 뿌리에서 양분을 빨아들여서 가지에게 보내 주어야 가지에서 잎이 나고 꽃이 피고 열매가 맺습니다. 가지인 우리를 통해서 하늘나라의 열매가 맺어지는 것이지 교회 자체에서 잎이 나고 꽃이 피고 열매가 맺히는 것이 아닙니다.

하늘나라는 전적으로 우리에게 의지하고 있습니다. 하나님은 우리를 통해 농사를 지어 많은 영혼의 열매를 맺으시고 오중복음과 삼중축복의 열매를 맺으시며 하나님의 역사를 베푸십니다.

우리가 열매를 많이 맺으면 하나님께서는 열매를 더 맺도록 우리를 도와주십니다. 그러나 교회만 왔다 갔다 하고 열매를 맺지 않으면 꺾어서 불에 던지십니다. 그러므로 우리는 힘을 다해 열매를 맺어야 합니다. 전도의 열매를 맺어야 합니다. 오중복음과 삼중축복의 열매도 맺어서 그리스도의 영광을 나타내야 합니다.

마귀는 늘 우리를 무력화시키려고 합니다. 우리를 무능력하고 쓸모없는 존재라고 속입니다. 그러나 우리는 하나님 앞에서 굉장히 중요한 사람들입니다. 하늘나라에서 없어서는 안 되는 존재입니다. 우리에 의해 하늘나라가 세워지고, 교회가 세워지고, 하나님의 영광이 나타나도록 주님이 섭리하고 계시기 때문입니다.

**20절** 이에 제자들에게 경고하사 자기가 그리스도인 것을 아무에게도 이르지 말라 하시니라

예수님은 제자들에게 자신이 그리스도인 것을 알리지 말라고 하셨습니다. 왜냐하면 아직 때가 이르지 않았기 때문입니다.

당시 유대인들은 예수님이 행하시는 기사와 이적을 보고 예수님을 따랐습니다. 그들은 자신들의 필요와 욕구를 채움받기 위해 예수님을 따른 것입니다. 그러므로 만일 예수님이 그리스도라는 소문이 나면 그들은 예수님을 왕으로 세워 로마로부터 정치적인 독립을 하려고 벌떼같이 일어날 것이 뻔합니다. 그리고 이러한 사태가 일어나는 것을 막기 위해서 관원들이 예수님을 잡아 가둘 것이므로 아예 복음 사역조차 할 수 없게 될 것입니다. 또한 예수님을 이단시하고 있는 유대 종교 지도자들도 가만있을 리가 없습니다. 어떠한 명목으로든 예수님을 훼방하고 잡아 죽이려고 할 것입니다.

이 모든 상황은 하나님의 뜻을 이루는 데 커다란 장애가 되며, 예수님

이 열두 제자를 가르치는 데도 방해가 됩니다. 그렇기 때문에 예수님은 하나님의 뜻대로 구원 사역을 이루고 제자들을 가르칠 시간을 확보하기 위하여 수난의 때가 이르기 전에는 자신이 그리스도라는 것을 소문내지 못하게 하신 것입니다.

예수님은 공생애 3년 반 동안 열두 제자를 기르는 데 전력을 기울이셨습니다. 왜냐하면 장차 예수님이 고난받으시고 부활, 승천하신 다음에는 제자들이 예수님의 뒤를 이어 하나님의 구원 사역을 감당하여야 하기 때문입니다.

만일 예수님이 대중 집회를 하려고 하셨다면 수십만, 수백만 명이 모였을 것입니다. 어마어마한 기사와 이적이 나타나기 때문에 사람들이 구름 떼같이 몰려왔을 것이 뻔합니다. 그러나 주님이 오신 목적은 대중 집회를 하는 것이 아니라 제자들을 양육하고 가르치는 것이었습니다. 일단 잘 가르쳐 놓으면 그 제자들이 나중에 나가서 얼마든지 사람들에게 복음을 전할 수 있습니다. 그러므로 제자를 양성하는 일이 더 중요한 것입니다.

오늘날도 주의 복음을 땅 끝까지 전파하는 일에 있어서 큰 역할을 하는 것이 교육입니다. 특히 선교 활동을 금지하는 지역에 복음을 뿌리내리게 하는 데는 교육만큼 효과적인 방법이 없습니다.

구(舊)소련 중앙아시아 지역은 이슬람권이기 때문에 복음 전도를 할 수 없습니다. 신학교를 세운다는 것은 생각할 수도 없습니다. 그런데 희한하게도 카자흐스탄 정부가 우리 교회에서 신학교를 설립하도록 허가해 주었습니다. 신학교는 주의 종을 양성하는 산실(産室) 아닙니까? 그러므로 카자흐스탄 정부가 신학교 설립을 허가했다는 것은 그 이슬람권 지역에 복음이 전파될 수 있는 길이 열렸다는 것입니다. 그러므로 나는 그곳에 좋은 신학교를 세워서 본토인 학생들을 모집하여 기숙사에서 합숙하며 교육받고 영성 훈련을 받아 각지에 나가 복음을 전파하게 하려는 계획을 가지고 기도하고 있습니다.

교육은 미래를 좌우합니다. 우리나라의 미래도 교육에 달려 있습니다. 다른 것은 이차적인 문제입니다. 교육을 잘 시키면 훌륭하게 교육받은 다음 세대가 능력 있게 사회를 변화시키고 우리나라를 이끌어가게 됩니다. 그러나 만일 교육을 잘 못 시키면 이 치열한 경쟁 사회에서 살아남지 못합니다. 이러므로 교육에 투자하는 것이 나라의 미래를 결정하는 것입니다.

한국 기독교도 마찬가지입니다. 훌륭한 사람들을 주의 종으로 길러 내야 합니다. 신학교는 실력이 없어서 대학에서 떨어진 사람들이 갈 데 없어서 마지막에 지원하는 곳이 아닙니다. 요즘에는 그렇지 않지만 옛날에는 그런 사람들이 많았습니다. 내게 와서 "목사님, 우리 아이가 일류 대학 떨어지고, 이류 대학도 떨어지고, 삼류 대학도 떨어져서 올데갈데없이 되었습니다. 그러니 신학교에 보내 주십시오."라고 말하는 사람이 있습니다. 그러면 신학교는 오갈 데 없는 낙오자들이나 가는 곳이란 말입니까? 하나님께 예물을 드릴 때에도 제일 좋은 것을 드려야지, 흠 있고 못된 것을 드리면 안 됩니다. 그런데 잘난 자식에게는 "판검사 되어라, 의사 되어라." 하고, 자기 앞도 못 가리는 못난 자식에게는 "신학교 들어가서 목사나 되거라." 한다면 하나님을 모욕하는 것입니다.

여러분, 일본 교회가 왜 발전을 못하는지 압니까? 일본의 엘리트들은 일류 대학을 나와서 정치, 경제, 교육, 문화, 군사, 산업 분야로 투입됩니다. 신학교에는 아무 능력도 없고 힘없는 사람들이 들어갑니다.

내가 일본에서 방송 녹음을 하던 시절에 직원으로 들어온 사람이 있었습니다. 내가 가만히 보니, '저래 가지고 장가가서 처자를 돌볼 수 있을까?' 싶을 정도로 무능해 보였습니다. 그런데 그 사람이 지금은 목사가 되었습니다. 그 사람은 주의 종의 소명을 받고 주님을 향한 뜨거운 열정을 가지고 신학 공부를 하고 목사가 된 것이 아닙니다. 실력도 없고 능력도 없어서 오갈 데 없으니까 신학교에 들어가서 목사가 된 것입니다. 그 사람이 목회하는 교회에 가면 교인이 두세 명밖에 없습니다.

이래서는 하늘나라 사업이 안 됩니다. 하늘나라가 왕성해지려면 머리 좋고 명석하고 능력 있는 제자들이 많이 양성되어야 합니다.

예수님의 열두 제자는 공부는 많이 하지 못했지만 무능력하지는 않았습니다. 예수님의 제자들은 굉장히 뛰어난 사람들이었습니다. 그렇기 때문에 그들은 나중에 어마어마한 지도력을 발휘해서 하나님의 교회를 이끌어 나갔으며 온 유럽을 뒤흔들었습니다.

해마다 수능 시험 때가 다가오면 수험생을 둔 부모님들은 참으로 애타게 기도를 합니다. 그런데 황당무계한 기도를 하는 분들이 종종 있습니다. 실력도 없고 공부도 하지 않는 자식을 놓고 수능 시험 점수가 3백 점 이상 나오게 해 달라고 기도하는 것입니다. 실력도 없고 공부도 안 했는데 '예수 믿으니까 3백 점 이상 받으라.' 고 한다면, 하나님은 사기꾼이 되고 맙니다. 그렇게 불공평한 하나님이 어디 있습니까?

머리도 나쁘고 공부도 안 한 자식들에게 강제로 계시를 주셔서 높은 점수를 받게 하신다면 하늘나라의 질서가 무너집니다. 어떻게 정의 없이 하늘나라가 설 수 있겠습니까? 물론 부모님의 마음이 답답한 것은 이해가 됩니다. 그러나 2백 점 맞는 자식을 3백 점 맞게 해 달라고 기도해 놓고 점수가 훨씬 못 나왔다고 해서 하나님을 원망하는 것은 정말 무례한 행동입니다. 자기가 부르짖어 기도했는데 만점이 안 나왔다고 하나님이 어디 계시냐는 사람도 있습니다. 그럼 하나님은 우리가 원하는 대로 해 주는 심부름꾼입니까? 그런 무례한 소리를 하면 절대로 안 됩니다.

우리가 수험생 자녀를 놓고 기도하는 것은 노력의 대가를 정당히 받게 하기 위해서입니다.

"하나님, 제 자식이 열심히 공부하고 노력을 했으니 그 노력의 대가만큼 점수를 받게 해 주옵소서. 시험 보는 날 마음이 너무 불안하고 초조해서 골치가 아프거나 배탈이 나거나 여러 가지 어려움 때문에 제 실력을 발휘하지 못하는 일이 없도록 하나님께서 마음에 안정과 건강을 주옵소서. 그래서 자기가 공부하고 노력한 만큼 점수를 받을 수 있도록 도와주옵소서."

이런 기도는 하나님이 들어주십니다. 심은 대로 거두게 해 달라는 기도는 하나님의 법칙에 합당한 기도이기 때문입니다.

세상에는 심은 대로 거두지 못하는 사람도 많습니다. 아무리 열심히 심어 놓아도 홍수가 나고 태풍이 불면 거둘 수 없습니다. 시험 보는 날 마음에 바람이 불어 닥치고 건강에 홍수가 나면 심은 것을 거둘 수 없습니다. 설사가 나고 열이 펄펄 나고 마음이 불안하고 초조하면 거둘 수가 없는 것입니다. 그렇기 때문에 평소에 열심히 심어 놓은 만큼 거두게 해 달라고 기도하는 것입니다.

그러나 손바닥만 한 밭뙈기에 심어 놓고 운동장만큼 거두게 해 달라는 것은 탐욕입니다. 성경은 "너희가 얻지 못함은 구하지 아니하기 때문이요 구하여도 받지 못함은 정욕으로 쓰려고 잘못 구하기 때문이라"(약 4:2-3)고 말씀하고 있습니다. 우리가 하나님 앞에 심고 기도하면 하나님께서 심은 만큼 거두게 해 주십니다. 그러므로 수능 시험 점수가 많이 나왔으면 "하나님, 심은 대로 거두게 해 주셨으니 감사합니다."라고 기도하고, 높은 점수를 받지 못했으면 "하나님, 많이 심지 못했으니 적게 거두는 것이 당연합니다. 이 일에도 하나님께 감사합니다."라고 기도해야 합니다.

하나님은 시험에는 기적을 베푸시지 않습니다. 달리기 경주를 하는데 하나님이 잘 달리지도 못하는 사람을 일등 시키려고 공중으로 들어서 도착 지점에 착 내려 주신다면, 그 하나님은 정의로운 하나님이 아니라 우주의 무법자입니다. 시험을 볼 때나 경기를 할 때는 정당하게 자기 실력대로 해야 합니다.

하나님의 나라를 위해서, 인류 구원을 위해서 필요할 때는 하나님이 기적을 베푸십니다. 하나님은 이스라엘 백성을 구하시기 위해서 홍해를 가르셨습니다. 하나님 나라의 확장을 위해서 꼭 필요할 때는 하나님께서 기적을 베푸시는 것입니다. 그러나 평상시에는 언제나 공평하시고 정의로우신 하나님이시라는 것을 알아야 합니다. 하나님은 정정당당한 것에 축복을 주시지 부당한 것까지 용납하시지는 않습니다.

하나님은 불의한 하나님도 아니고 우주의 무법자도 아닙니다. 하나님은 언제나 정의로우신 하나님이시며 질서의 하나님이십니다. 그렇기 때문에 정당한 것에 축복하시고 공의롭게 역사하십니다. 그러므로 우리는 '하나님 앞에 탐욕으로 구하고 있지는 않은가?', '심지도 않고 거두려고 하는 것은 아닌가?'를 늘 점검해서 정의롭고 공의로우신 하나님의 자녀답게 살아야겠습니다.

## 3. 인간의 뜻, 하나님의 뜻(16:21-28)

**21. 이때로부터 예수 그리스도께서 자기가 예루살렘에 올라가 장로
들과 대제사장들과 서기관들에게 많은 고난을 받고 죽임을 당하고
제삼 일에 살아나야 할 것을 제자들에게 비로소 나타내시니 22. 베
드로가 예수를 붙들고 항변하여 이르되 주여 그리 마옵소서 이 일이
결코 주께 미치지 아니하리이다 23. 예수께서 돌이키시며 베드로에
게 이르시되 사탄아 내 뒤로 물러가라 너는 나를 넘어지게 하는 자로
다 네가 하나님의 일을 생각하지 아니하고 도리어 사람의 일을 생각
하는도다 하시고 24. 이에 예수께서 제자들에게 이르시되 누구든지
나를 따라오려거든 자기를 부인하고 자기 십자가를 지고 나를 따를
것이니라 25. 누구든지 제 목숨을 구원하고자 하면 잃을 것이요 누
구든지 나를 위하여 제 목숨을 잃으면 찾으리라 26. 사람이 만일 온
천하를 얻고도 제 목숨을 잃으면 무엇이 유익하리요 사람이 무엇을
주고 제 목숨과 바꾸겠느냐 27. 인자가 아버지의 영광으로 그 천사
들과 함께 오리니 그때에 각 사람이 행한 대로 갚으리라 28. 진실로
너희에게 이르노니 여기 서 있는 사람 중에 죽기 전에 인자가 그 왕권
을 가지고 오는 것을 볼 자들도 있느니라**

**21-23절** 이때로부터 예수 그리스도께서 자기가 예루살렘에 올라가 장로들과 대제사장들과 서기관들에게 많은 고난을 받고 죽임을 당하고 제삼 일에 살아나야 할 것을 제자들에게 비로소 나

타내시니 베드로가 예수를 붙들고 항변하여 이르되 주여 그리 마옵소서 이 일이 결코 주께 미치지 아니하리이다 예수께서 돌이키시며 베드로에게 이르시되 사탄아 내 뒤로 물러가라 너는 나를 넘어지게 하는 자로다 네가 하나님의 일을 생각하지 아니하고 도리어 사람의 일을 생각하는도다 하시고

베드로의 신앙 고백이 있은 후 예수님은 자신의 수난에 대하여 공개적으로 예고하기 시작하셨습니다. 예수님은 자신이 십자가 고난을 받고 죽어 장사되었다가 사흘 만에 부활할 것을 제자들에게 가르쳐 주셨습니다. 이는 제자들로 하여금 앞으로 닥칠 상황에 잘 대처할 수 있게 하기 위해서였습니다. 장차 무슨 일이 있을지 전혀 모르고 있다가 상황이 닥치면, '아이고, 우리는 버림받았구나. 이제 우리는 죽었다. 모두 끝장났다.' 하며 탄식하고 좌절하고 절망할 것 아닙니까? 그러나 미리 알고 있으면 그 상황이 하나님의 섭리로 나타난 하나님의 역사라는 것을 알고 절망하지 않게 됩니다. 그러므로 주님은 사역의 후반기에 들어와서 제자들에게 계속해서 자신의 수난을 예고해 주셨던 것입니다.

그러나 제자들은 그 말씀을 듣고도 깨닫지 못했습니다. 주님이 그렇게 많이 말씀해 주셨음에도 불구하고 예수님이 십자가에 달려 돌아가시자 그들은 좌절하고 절망해 버렸습니다. 나중에 예수님이 부활, 승천하신 후 성령을 받고 나서야 비로소 '아! 그때 주님이 말씀하신 것이 바로 이것이구나.' 하고 깨달았습니다.

예수님의 제자들을 통해서 볼 수 있듯이, 주님의 말씀을 듣는다고 해서 다 깨닫는 것이 아닙니다. 설교도 그렇습니다. 예배 시간에 설교를 듣

는다고 해서 다 알아듣지 않습니다. 무슨 말인지 분간을 못하고 가만히 앉아 있는 사람도 있습니다. 꾸벅꾸벅 조는 사람도 있습니다. 그런가 하면 아예 편안하게 자는 사람도 있습니다. 그래서 어떤 사람들은 조는 사람에게 핀잔을 주기도 하는데 교회에 와서 자는 것도 괜찮습니다. 이슬에 옷이 젖는 것처럼 자면서 몇 마디씩 듣다 보면 마음속에 하나님의 은혜가 채워질 것이기 때문입니다. 그러므로 피곤하더라도 이왕이면 교회에 와서 자면서 한 마디씩 주워듣는 것이 훨씬 낫습니다.

우리 교회 성도님 한 분은 교회에만 오면 잡니다. 그런데 그냥 자는 것이 아닙니다. 자다가 "아멘!" 하고, 또 한참 있다가 "아멘, 할렐루야!" 합니다. 그래서 하루는 내가 물었습니다.

"아니, 그렇게 자면서 어떻게 알고 '아멘, 할렐루야'를 합니까?"

그랬더니 그분이 대답하기를 "목사님, 자기는 자도 들을 것은 다 듣습니다. 자다가도 목사님 말씀 한 마디가 마음에 탁 들어오면 '아멘'이 나옵니다."라는 것입니다. 나중에 그분은 신앙이 좋아져서 장로까지 되었습니다.

여러분도 한가지입니다. 여러분이 교회에 와서 말씀을 듣는다고 해서 그 말씀 전체에 다 은혜를 받는 것이 아닙니다. 그중에 몇 마디로 은혜를 받습니다. 설교를 듣다가 몇 마디가 비수같이 가슴에 콱 찔려 오면 회개하고 하나님의 은혜를 받는 것입니다. 그러므로 다 알아듣지 못한다고 낙심하지 마십시오. 그중에 몇 마디만 알아들어도 '할렐루야'입니다.

다시 본론으로 돌아가서, 예수님이 장차 있을 수난을 예고하시자 베드로는 깜짝 놀라 주님을 말렸습니다(22절).

"주님이 예루살렘에 올라가서 장로들과 대제사장들과 서기관들에게 잡혀서 죽었다가 사흘 만에 부활하다니요? 아이고, 주님! 그런 말씀 마십시오. 그런 일은 절대로 일어나지 않을 것입니다."

베드로에게는 예수님이 고난을 받으셔야 한다는 사실이 너무나 고통스러웠습니다. 그래서 그런 일은 절대로 일어나면 안 된다고 한 것입니다. 그러나 예수님이 십자가에 못 박혀 죽는 것은 하나님의 뜻이었습니다. 누구도 변경하거나 미룰 수 없는 하나님의 뜻인 것입니다. 이에 예수님은 베드로에게 "사탄아 내 뒤로 물러가라!" 하고 호통을 치셨습니다. 말 한마디 잘못해서 베드로는 사탄 취급을 받고 말았습니다. 왜 그랬습니까? 인간적인 동정심 때문에 하나님의 계획에 반대했기 때문입니다. 어떤 이유로든지 하나님의 계획을 반대하는 것은 사탄이 하는 짓입니다.

사탄은 하나님의 뜻을 반대하는 일을 합니다. 그러므로 우리는 어떤 일이든지 그 일이 하나님의 뜻에 위배되는 것이라면 아무리 마음이 아프더라도 동조하지 말고 동정하지도 말아야 합니다. 인간적인 생각과 동정심에 휩싸여 하나님의 뜻을 거스르는 일을 해서는 안 됩니다. 사탄은 어찌하든지 구원받은 사람을 파멸시키려고 마음속에 온갖 생각을 넣어주어서 하나님께 불순종하고 죄짓게 만듭니다. 그러므로 우리는 늘 성경을 읽고 기도하여 우리의 생각과 마음이 하나님 편에 서 있도록 해야 합니다. 그리하여 살든지 죽든지, 흥하든지 망하든지, 성하든지 쇠하든지 하나님의 뜻을 이루도록 해야 합니다.

아브라함을 보십시오. 하나님이 아브라함에게 백 세에 낳은 아들 이삭을 모리아 산에 가서 제물로 드리라고 했을 때, 인간적으로는 아브라함의 처지가 얼마나 안돼 보입니까? 만일 아브라함의 이웃들이 그 이야기를 들었다면 "백 살에 낳은 아들을 제물로 바치라고 하시다니, 이럴 수가 있나? 이렇게 무리한 요구를 하시다니...... 쯧쯧." 하며 동정했을 것입니다. 또 어떤 사람들은 "하나님이 해도 너무하신다. 백 살에 낳아 눈에 넣어도 아프지 않은 자식을 다 키워 놓으니까 번제로 바치라니 너무하지 않느냐?" 며 분개했을지도 모릅니다.

그러나 이런 동정과 분노는 다 사탄의 것입니다. 하나님은 하늘과 땅을 지으신 창조주이십니다. 이 세상의 모든 것이 하나님의 것이요, 우리도 다 하나님의 것입니다. 그러니 우리는 하나님께서 하나님의 것을 가지고 어떻게 하시든지 상관할 바 없습니다. 하나님이 원하시면 그대로 하는 것이 우리의 할 일입니다.

나는 이런 면에서 아브라함을 존경합니다. 그는 아들을 바치라는 하나님의 말씀을 듣고 눈물도 흘리지 않았습니다. 아내와 상의하지도 않았습니다. 곧바로 아들을 데리고 하나님이 명하신 곳으로 제사를 드리러 갔습니다. 모리아 산에 올라가서 제단을 만들고 양을 잡듯이 이삭을 칼로 쳐서 죽이려고 했습니다. 이것만 보면 아브라함이 피도 눈물도 없는 비정한 사람처럼 보입니다. 그러나 사실 아브라함은 마음이 여리고 유순하며 눈물이 많은 사람이었습니다. 그럼에도 하나님의 명령에는 주저 없이 인간적인 생각과 감정을 버리고 순종했던 것입니다. 우리는 바로 이 점을 아브라함에게 배워야 합니다.

동정 마귀는 우리 마음에 그럴싸한 생각을 넣어서 타협하게 만듭니다. 우리의 마음에 동정심을 불러 일으켜 하나님의 뜻대로 하지 않도록 하는 것입니다. 그러므로 우리는 마음에 동정심이 일어난다고 해서 대충 타협해서는 안 됩니다. 그럴 때에는 그 마음이 어디에서 온 것인가를 분별해야 합니다. 그리고 하나님의 뜻으로 말미암은 일만큼은 절대로 타협하지 말아야 합니다. 그러나 이 일을 행하는 것이 말처럼 쉽지 않습니다. 그렇기 때문에 우리는 이를 위해 끊임없이 기도해야 합니다.

지금 베드로는 동정 마귀에게 잡혀 있습니다. 예수님은 그 사실을 아시고 베드로를 책망하셨습니다.

"사탄아 내 뒤로 물러가라 너는 나를 넘어지게 하는 자로다 네가 하나님의 일을 생각하지 아니하고 도리어 사람의 일을 생각하는도다"(23절).

예수님은 조금 전만 해도 베드로의 고백에 감동을 받고 어마어마한 축복을 약속하셨습니다.

"바요나 시몬아 네가 복이 있도다 이를 네게 알게 한 이는 혈육이 아니요 하늘에 계신 내 아버지시니라 또 내가 네게 이르노니 너는 베드로라 내가 이 반석 위에 내 교회를 세우리니 음부의 권세가 이기지 못하리라 내가 천국 열쇠를 네게 주리니 네가 땅에서 무엇이든지 매면 하늘에서도 매일 것이요 네가 땅에서 무엇이든지 풀면 하늘에서도 풀리리라"(17-19절).

참으로 엄청난 약속 아닙니까? 그런데 그 자리에서 베드로는 예수님의 구원 사역을 반대하는 말을 함으로써 사탄으로 추락하고 말았습니다. 그러므로 우리는 이것을 알아야 합니다. 우리가 예수 그리스도를 마음 가운데 모시고 하나님 중심에 설 때는 하나님의 사자이지만, 우리가 조금 돌이켜서 마귀의 암시를 받아 하나님의 일을 생각하지 않고 사람의 일을 생각하고 사람을 따라가면 마귀의 도구가 된다는 것입니다.

예수님은 베드로에게 '사탄에게 이용당한 자'라거나 '사탄에게 시험당한 자'라고 말씀하시지 않았습니다. '사탄'이라고 하셨습니다. 이것을 보고 어떤 사람들은 못되게 구는 사람에게 대놓고 '사탄' 이라고 하는데, 그래서는 안 됩니다. 사탄이 좋아하는 행위를 한다 하여 그를 사탄이라고 하면 좋아할 리가 있겠습니까?

내가 어렸을 때는 장님을 일본말로 '메구라' 라고 했는데, 나는 그 말을 거꾸로 해서 '구라메' 라고 했습니다. 그런데 초등학교 3학년 때, 하루는 내가 친구들과 함께 있는데 저만치에서 장님이 지팡이를 짚고 걸어오고 있었습니다. 나는 그것을 보고 옆에 있는 아이들에게 "구라메 온다, 구라메. 야, 구라메 온다, 구라메." 라고 말했습니다. 그 장님은 그 소리를 듣지 못했는지 아무 말도 하지 않고 걸어왔습니다. 그런데 곁에 오더니 "야!" 하고 순식간에 지팡이로 나를 때렸습니다. 그때 얼마나 호되게 얻어맞았던지 지금도 잊혀지지 않습니다.

사람들은 모두 자신의 약점 때문에 스스로 고통스러워합니다. 그렇기 때문에 그 약점을 들추면 안 됩니다. 오히려 그런 사람을 위해서 기도해 주는 것이 좋습니다.

**24절** 이에 예수께서 제자들에게 이르시되 누구든지 나를 따라오려거든 자기를 부인하고 자기 십자가를 지고 나를 따를 것이니라

오늘날 교회에는 예수님을 구주로 고백하고 하나님의 자녀가 되어서 교회를 섬기고 하나님을 섬기는 일반 성도가 있는가 하면, 주님이 특별히 부르셔서 그리스도와 늘 함께 거하고 그리스도의 사자로서 일하는 제자들이 있습니다. 예수님 당시에도 예수님을 따르는 수많은 무리가 있었습니다. 또한 예수님 주위에 70인의 제자들이 있었고, 예수님과 가장 가까운 열두 제자가 있었습니다. 예수님은 이 열두 명을 제자로 택하시고

사도로 세우셨습니다.

예수님은 제자로 부르신 사람에게 엄격한 요구를 하십니다. 예수님의 열두 제자는 예수님과 가장 가까이 있고 예수님과 항상 같이 있었습니다. 그들은 예수님과 함께 자고, 함께 여행하고, 함께 먹고, 함께 생활했습니다. 일반 군중들은 예수님이 계신 곳에 모였다가 흩어지고 흩어졌다가 다시 모였지만 그들은 언제나 예수님과 함께 행동하고 운명을 같이 했습니다. 이처럼 제자는 자기를 희생하고 주님을 따라야 합니다.

그러면 구체적으로 제자가 갖추어야 할 자격은 무엇일까요? 이에 대해 예수님은 다음과 같이 말씀하셨습니다.

"누구든지 나를 따라오려거든 자기를 부인하고 자기 십자가를 지고 나를 따를 것이니라"(24절).

먼저 제자는 자기를 부인해야 합니다. 자기를 부인한다는 것은 자기중심의 삶을 포기하는 것을 말합니다. 사람은 모두 자기중심적으로 살아갑니다. 자기라는 것, 즉 자존심은 인간의 마지막 보루입니다. 어린아이조차도 마지막 자기의 자존심만은 지키려고 애를 씁니다. 사람이 자존심을 버리면 더 이상 인간이 아니라 짐승처럼 되고 맙니다. 그러나 예수님이 말씀하신 '자기 부인' 은 자존심의 자리에 주님을 모시는 것을 의미합니다. 살든지 죽든지, 흥하든지 망하든지, 성하든지 쇠하든지 예수님을 내 중심에 모시는 것을 말합니다.

또한 제자는 자기 십자가를 걸머져야 합니다. 십자가는 사형틀입니다. 아름다운 것이 아닙니다. 나는 사람들이 금으로 만든 십자가를 목에 걸고 다니는 것을 보면 우습게 생각합니다. 십자가는 금으로 만들어서 목에 걸고 다니는 액세서리가 아닙니다. 십자가는 나를 못 박아 처형하는 사형틀입니다. 완전히 내가 죽어서 나는 없어지고 내 중심이 예수 그리스도께 점령되어야 합니다. 그래서 살든지 죽든지 주님만 따라가야 하는 것입니다.

"세상과 나는 간 곳 없고 구속한 주만 보이도다"(찬송가 204장 3절).

이것이 완전한 헌신, 즉 제자의 길입니다.

제자는 철저하게 예수 그리스도를 닮아야 합니다. 그러므로 제자의 길은 일반 평신도의 길보다 힘이 듭니다. 제자는 완전히 자기를 버려야 합니다. 끊임없이 자기를 부인하고 끊임없이 죽어야 합니다. 따라서 제자의 길이라는 것은 끊임없이 자기를 버리는 연단의 길입니다.

우리가 주님 중심으로 사는 제자의 길을 걸어가려고 결심하고 헌신하면 주님이 우리를 훈련하십니다. 여러 가지 시험과 환난으로 깨뜨리십니다. 큰 풍파가 일어나서 세상 줄을 끊게 하고 나를 깨뜨려서 주님만을 바라보고 주님을 따라가게 하는 것입니다.

제자는 하루아침에 만들어지지 않습니다. 제자가 되기까지는 오랜 세월에 걸쳐 많은 시험과 연단을 통해야 합니다. 예수님이 가르쳐 주신 말씀을 배우고 외웠다고 해서 제자가 되는 것이 아닙니다. 인격과 성품이 변화를 받아야 합니다. 인격과 성품은 말씀과 성령의 감동으로도 변화되지만, 가장 근원적인 변화는 시험과 환난을 통해 깨어지는 것입니다.

사람은 풍파를 겪지 않으면 깨어지지 않습니다. 작은 풍파를 당하면 조금 깨어지고 큰 풍파를 당하면 많이 깨어집니다. 이렇게 크고 작은 풍파를 겪어 깨어지고 나서야 주님을 바라보게 됩니다.

"주여, 이제 나는 주님만 바라보고 주님만 따라갑니다."

이것이 바로 제자의 길인 것입니다.

예수님의 열두 제자는 주님을 삼 년 반 동안이나 따라다녔지만 예수님이 잡혀 가실 때 모두 달아났습니다. 자기를 부인하지 않았습니다. 죽는 자리에 주님과 함께 들어가지 않고 자기만 살겠다고 다 달아나고 말았습니다. 그들은 오순절 날 마가 요한의 다락방에서 성령을 받은 후에야 비로소 변화되어 예수님의 참제자가 되었습니다.

그들은 성령을 받고 난 다음에는 예수님 때문에 감옥에도 들어가고 핍박도 당하고 환난을 겪으면서 점점 제자로 변화되었습니다. 그리고 마침내 주님을 위하여 순교를 당하기까지 주님을 따랐습니다. 예수 그리스도의 영광을 위해 자기의 목숨을 아낌없이 내놓는 참제자가 된 것입니다.

**25절** 누구든지 제 목숨을 구원하고자 하면 잃을 것이요 누구든지 나를 위하여 제 목숨을 잃으면 찾으리라

이 말씀은 세상일에도 부합됩니다. 임진왜란 때 노량대전에서 왜군을 맞아 싸울 때 이순신 장군이 휘하 군사들에게 한 말이 있습니다.

"누구든지 살고자 하면 죽을 것이다. 그러나 죽고자 하는 자는 살 것이다. 그러므로 죽기를 각오하고 싸워라."

전쟁터에서 자기 혼자 살겠다고 발버둥 치면 총에 맞아 죽습니다. 그러나 죽기를 각오하고 담대하게 싸우면 전쟁에 이겨서 살 수 있습니다. 고생하지 않고 성공해 보려고 애쓰면 성공도 잃어버리고 나중에 고생을 하게 됩니다. 그러나 고생을 각오하고 전력투구해서 일하면 나중에 성공도 다가오고 고생도 면하게 됩니다.

세상일만 그런 것이 아닙니다. 이것은 우리 예수 믿는 사람들의 삶의

원리이기도 합니다. 우리는 매일의 삶 속에 끊임없는 선택을 하게 됩니다. '육을 따를 것인가, 아니면 영을 따를 것인가?' 하는 양자택일의 기로에서 한쪽을 선택해야 합니다. 성경은 우리에게 다음과 같이 권면합니다.

"내가 이르노니 너희는 성령을 따라 행하라 그리하면 육체의 욕심을 이루지 아니하리라 육체의 소욕은 성령을 거스르고 성령은 육체를 거스르나니 이 둘이 서로 대적함으로 너희가 원하는 것을 하지 못하게 하려 함이니라"(갈 5:16-17).

"육체의 일은 분명하니 곧 음행과 더러운 것과 호색과 우상 숭배와 주술과 원수 맺는 것과 분쟁과 시기와 분 냄과 당 짓는 것과 분열함과 이단과 투기와 술 취함과 방탕함과 또 그와 같은 것들이라 전에 너희에게 경계한 것같이 경계하노니 이런 일을 하는 자들은 하나님의 나라를 유업으로 받지 못할 것이요 오직 성령의 열매는 사랑과 희락과 화평과 오래 참음과 자비와 양선과 충성과 온유와 절제니 이 같은 것을 금지할 법이 없느니라 그리스도 예수의 사람들은 육체와 함께 그 정욕과 탐심을 십자가에 못 박았느니라"(갈 5:19-24).

육을 따르면 영이 죽고 영을 따르면 육이 죽습니다. 그러므로 우리는 언제나 성령의 인도하심을 따라 육을 십자가에 못 박고 영을 따라야 합니다.

자기 목숨을 위하여 예수님을 부인하면 죽습니다. 그러나 자기를 부인한 채 죽음을 불사하고 예수님을 따르면 삽니다. 이러한 원리는 목숨에만 해당되는 것이 아닙니다. 삶 가운데 다가오는 크고 작은 일들에도 해당합니다. 우리는 사소한 일로 이런 결단을 해야 할 때가 많습니다. 그럴 때 나의 유익을 위해서 주님을 잠시 동안 버리겠다고 하면 영적으로 그만큼 죽습니다. 돈벌이하느라고 주일에 하나님께 예배하지 않고 자기의 일을 하면 그만큼 영적으로 생명을 잃어버립니다. 그러나 나의 유익을 포기하고 교회에 나와 예배 드리면 그만큼 영혼이 살아납니다.

이처럼 우리의 육의 생명과 영의 생명은 언제나 갈등 관계에 있습니다. 육신을 좇으면 영이 죽고 영을 좇으면 육신이 죽습니다. 영과 육신을 동시에 취할 수는 없습니다.

우리의 속사람은 하나님의 형상을 따라 창조되어 육신의 장막에 거하고 있는데, 육신은 절대로 교화(敎化)되지 않습니다. 아무리 가르치고 다스려도 변하지 않습니다. 육신은 태어날 때부터 죽을 때까지 언제나 육신 그대로일 뿐입니다. 그러나 우리의 속사람은 교화됩니다. 속사람은 하나님 말씀을 듣고 변화받아 은혜 속으로 점점 깊이 들어가게 되는 것입니다. 그러므로 우리는 범사에 성령님의 인도를 받아 단호하게 육을 십자가에 못 박고 영의 길을 선택하여 영적으로 자라나고 하나님과의 깊은 교통 가운데 들어가야겠습니다.

**26절** 사람이 만일 온 천하를 얻고도 제 목숨을 잃으면 무엇이 유익하리요 사람이 무엇을 주고 제 목숨과 바꾸겠느냐

온 천하를 다 얻어도 목숨을 잃으면 아무 소용이 없습니다.

옛날에 황해도에서 금광을 하는 사람이 금을 잔뜩 캐서 배에 싣고 서울로 오다가 제물포 앞에서 풍랑을 만났습니다. 풍랑이 대작해서 배가 침몰하게 되자, 그는 금을 잃어버리지 않으려고 전부 몸에다 묶고 다른 사람들과 같이 물에 뛰어들었습니다. 다행히 육지에서 멀리 떨어진 곳

이 아니었기 때문에 몇몇 사람들은 열심히 헤엄을 쳐서 뭍으로 나왔습니다. 그리고 다른 사람들은 물에 떠내려가다가 무사히 구조되었습니다. 그러나 그는 온몸에 금을 묶어서 너무 무거웠기 때문에 '뽀로록' 하고 가라앉아 구조되지 못하였습니다.

그는 금을 포기하지 못하다가 억만금보다 더 귀한 목숨을 잃었습니다. 금 때문에 생명을 잃었으니 금이 무슨 의미가 있습니까? 마찬가지로 아무리 사람이 부귀영화와 공명을 다 얻었다 해도 몸이 죽고 그 영혼이 지옥에 떨어지면 아무 소용이 없는 것입니다.

우리는 하나님의 모양과 형상대로 지음 받았다는 것을 늘 마음속에 인식해야 합니다. 우리의 육신은 이 세상에서 칠십 년 내지 팔십 년을 살다가 죽습니다. 그러나 우리 속에 있는 영혼은 영원히 삽니다. 그러니 일시적으로 사는 육신의 만족을 위하여 영원히 사는 영혼을 잃어버린다면 얼마나 손해입니까? 영혼은 이 세상의 그 무엇으로도 바꿀 수가 없습니다.

그러므로 우리는 하나님 앞에 무엇이 더 중요하고 덜 중요한가를 분별해야 합니다. 우리의 삶에서 가장 중요한 것은 바로 우리 영혼의 삶입니다. 육신의 삶은 액세서리에 불과합니다. 우리의 삶은 예수 믿는 것이 본업이고 세상일은 부업입니다. 세상일은 얼마 있지 아니하면 다 없어져 버리고 맙니다. 그렇기 때문에 예수 믿는 것을 부업으로 삼은 사람은 나중에 가서 자랑할 것이 아무것도 없고 허망하게 되고 맙니다. 그러나 예수님을 믿는 신앙생활을 본업으로 삼은 사람은 세상의 것을 다 잃어버려도 예수님을 꽉 붙잡고 있기 때문에 가장 귀한 것을 잃어버리지 않습니다.

이 세상에서 가장 귀한 것은 예수님을 믿는 것입니다. 세월이 흐르면 누구나 나이를 먹습니다. 나이를 먹을수록 육신의 쾌락은 사라지고 세상과의 인연은 자꾸 끊어집니다. 날로 새로워지는 것은 오직 예수님과의 관계밖에 없습니다. 그렇기 때문에 사도 바울은 "우리가 낙심하지 아니하노니 우리의 겉사람은 낡아지나 우리의 속사람은 날로 새로워지도다"(고후 4:16)라고 고백했습니다. 이 세상에서 부귀영화와 공명을 누리는 것은 일장춘몽과 같습니다. 우리가 죽음의 자리에 들어갔을 때 그런 것들은 아무 도움이 안 됩니다. 죽음의 자리에 들어갔을 때에는 죽음을 이기고 나를 죄악에서 구원하신 예수님밖에는 아무것도 필요 없는 것입니다.

그러므로 여러분, 예수님을 마음 중심에 꽉 잡으십시오. 예수님 믿는 것을 본업으로 삼고 세상일은 액세서리로 삼으십시오. 교회를 잘 따르고 예수님을 잘 믿으십시오. 우리가 이처럼 예수님 중심으로 설 때 예수님은 우리를 영원한 하늘나라로 인도해 주실 뿐만 아니라 이 세상에서의 삶도 돌보아 주시는 것입니다.

**27-28절** 인자가 아버지의 영광으로 그 천사들과 함께 오리니 그때에 각 사람이 행한 대로 갚으리라 진실로 너희에게 이르노니 여기 서 있는 사람 중에 죽기 전에 인자가 그 왕권을 가지고 오는 것을 볼 자들도 있느니라

예수님은 마지막 날에 아버지의 영광으로 오십니다. 성경은 이에 대하여 다음과 같이 말씀하고 있습니다.

"주께서 호령과 천사장의 소리와 하나님의 나팔 소리로 친히 하늘로

부터 강림하시리니 그리스도 안에서 죽은 자들이 먼저 일어나고 그 후에 우리 살아남은 자들도 그들과 함께 구름 속으로 끌어 올려 공중에서 주를 영접하게 하시리니 그리하여 우리가 항상 주와 함께 있으리라"(살전 4:16-17).

예수님이 재림하실 때 주님 안에서 잠든 사람들이 먼저 부활하고 이 땅에 있는 우리 성도들도 신령한 몸으로 변화되어 공중에서 주님을 영접하고 천국 잔치에 참여하게 됩니다. 그것이 바로 혼인 잔치입니다. 우리는 예수님과 영원한 혼인 관계에 들어가서 주와 함께 영원히 같이 살게 되며 영원한 상급을 받게 되는 것입니다.

그런데 이때 우리가 받는 상급은 차이가 있습니다. 이에 대하여 바울은 다음과 같이 말했습니다.

"해의 영광이 다르고 달의 영광이 다르며 별의 영광도 다른데 별과 별의 영광이 다르도다"(고전 15:41).

하나님은 우리가 이 땅에서 행한 대로 갚아 주십니다(롬 2:6). 우리 예수 믿는 사람들은 주님 오실 때 다 부활해서 일어나지만 이 땅에 사는 동안 주님을 위해 얼마나 열심히 일하며 공로를 세웠는가에 따라 상급이 다릅니다. 해같이 빛나는 사람이 있는가 하면 달같이 빛나는 사람도 있고 별같이 빛나는 사람도 있습니다. 별 중에서도 밝은 별처럼 빛나는 사람이 있고 개똥벌레처럼 반짝 하다가 마는 별같이 빛나는 사람도 있습니다.

어떤 사람은 '이 땅에 사는 동안 주님을 위해서 애쓸 필요가 뭐 있나? 죽으면 그뿐이지.' 라고 생각합니다. 그러나 이것은 너무나 단순한 생각입니다. 지금 세상에서의 삶은 잠깐이지만 천국에서의 삶은 영원한 것입니다.

이 세상에 사는 동안에도 꾀죄죄하게 되는대로 살면 기쁨도 없고 마음까지 우중충해지지만 깨끗하게 자신을 단장하고 열심히 살면 자신감이 생기고 기쁨도 넘쳐 나게 됩니다. 다른 사람이 봐 주지 않더라도 자신만의 기쁨이 있습니다.

천국의 상급은 기쁨을 의미합니다. 해같이 빛나는 사람은 해만큼의 기쁨을 누리고, 달같이 빛나는 사람은 달만큼의 기쁨을 누리며, 별같이 빛나는 사람은 별만큼의 기쁨을 누리는 것입니다.

나중에 우리가 천국에서 만나면 어떤 사람은 태양같이 빛나고 어떤 사람은 달같이 빛나며 어떤 사람은 별같이 빛날 것입니다. 이 상급은 영원한 것입니다. 그러므로 우리는 이 땅에 사는 동안 주님을 위하여 열심히 일하고 헌신하여 주님이 주시는 영원한 영광의 광채를 얻어야겠습니다.

28절을 보면, 예수님이 "진실로 너희에게 이르노니 여기 서 있는 사람 중에 죽기 전에 인자가 그 왕권을 가지고 오는 것을 볼 자들도 있느니라"고 말씀하셨습니다. 그런데 이 말씀을 하신 지 약 2천 년이 지난 오늘날에도 예수님은 아직 재림하시지 않았고 열두 제자는 이미 다 죽었습니다. 그렇다면 주님은 왜 이런 말씀을 하셨겠습니까? 이 말씀은 성취되지 않은 허언(虛言)입니까? 이에 대해서는 여러 가지 해석이 있으나 한 가지 분명한 사실은 이 말씀은 반드시 이루어지는 하나님의 능력 있는 말씀이라는 것입니다.

실제로 예수님이 왕권을 가지고 오시는 것을 본 제자가 있습니다. 예수님의 열두 제자 중 가장 사랑받은 제자 요한이 바로 그 주인공입니다. 사도 요한은 시간과 공간을 초월해서 예수님이 왕권을 가지고 오시는 것을 환상으로 보고 요한계시록을 기록하였습니다. 요한은 밧모 섬에 유배가 있을 때 계시를 받았는데 그때 예수님이 만왕의 왕이요, 만주의 주로 오셔서 이 세상을 다 정복하시고 새 하늘과 새 땅과 새 예루살렘을 지어서 신천신지 영원무궁한 세계로 들어가는 것을 확실히 보았습니다.

지금 우리가 살고 있는 이 시대는 말세 중에서도 마지막 때입니다. 실로 주님의 재림의 때가 임박했습니다. 이것은 성경 곳곳에 예언되어 있는 말세의 징조가 오늘날 그대로 이루어지고 있는 것을 볼 때 분명히 알 수 있습니다.

나는 마지막 때의 가장 뚜렷한 증거는 유럽 통합이라고 주장해 왔습니다. 유럽 통합은 열 발가락 시대로, 그때가 되면 하늘에서 뜨인 돌인 예수님이 오셔서 세상을 멸하고 영원한 주님의 나라를 세우실 것입니다. 그런데 지금 유럽은 경제적으로는 거의 통합이 되었고 유로화라는 단일 화폐를 사용합니다. 경제적으로 통합되고 화폐가 통합되면 한 나라가 된 것과 같습니다. 이제는 정치적인 통합만 남았습니다. 조만간 정치적인 통합이 이루어지면 열 발가락 시대가 완전히 열리는 것입니다. 하나님은 이런 사실을 다니엘에게 우상의 형상을 통하여 계시해 주셨습니다.

"그 우상의 머리는 순금이요 가슴과 두 팔은 은이요 배와 넓적다리는 놋이요 그 종아리는 쇠요 그 발은 얼마는 쇠요 얼마는 진흙이었나이다" (단 2:32-33).

여기서 정금으로 된 머리는 바벨론 시대, 은으로 된 가슴과 두 팔은 메대와 바사 시대, 놋으로 된 배와 넓적다리는 헬라 시대를 의미합니다. 그리고 철로 된 종아리는 로마 시대를 의미하며, 철과 진흙으로 된 발과 발가락은 유럽 통합을 가리키는 것입니다.

열 발가락 시대에 하늘에서 뜨인 돌이 와서 그 우상을 쳐서 부서뜨리는데 그 돌은 주 예수님을 상징합니다. 바로 이 열 발가락 시대가 지금 우리 눈앞에 전개되고 있습니다.

또한 다니엘서 7장과 요한계시록 13장과 17장을 보면 머리에 열 뿔이 있는 무서운 짐승이 묘사되어 있습니다. 이 열 뿔은 유럽 10개국이 통합되는 것을 말합니다. 그리고 다니엘이 이상 중에 보니 이 열 개의 뿔 외에 작은 뿔이 나왔는데 이것은 적그리스도를 가리킵니다. 유럽 10개국이 통합되면 적그리스도가 막강한 권력을 가지고 나타나서 하나님을 대적하고 삼 년 반 동안 이스라엘을 완전히 박멸시키는 일을 하다가 예수님이 강림하시면 파멸당하게 되는 것입니다.

지금 우리가 사는 이 시대는 무시무시한 속도로 문명이 발달하고 있습니다. 옛날에는 한 세기가 걸려서 발달하던 것이 요사이에는 10년이면 충분합니다. 또한 최근 수년간 일어나고 있는 자연현상과 세계의 조류는 주님 오실 날이 임박했다는 것을 보여 주고 있습니다.

오늘날 전 세계적으로 교회에 성령이 임하는 것도 말세의 징조 가운데 하나입니다. 이 마지막 때에 하나님께서 예수 믿는 우리에게 성령을 부어 신부 단장을 시키고 있는 것입니다.

내가 목회를 시작한 1958년만 해도 성령 받은 사람이 가뭄에 콩 나는 것만큼 드물었습니다. 성령 받고 방언을 하는 사람은 꼭 다른 나라에서 온 사람처럼 신기하게 보였습니다. 그런데 요사이는 예수 믿으면 다 성령 받지 않습니까? 오늘날 가톨릭이나 개신교 할 것 없이 교파를 초월해서 주께 부르짖는 사람마다 하나님이 성령을 부어 주시는 것은 신부 단장을 시키시는 것입니다.

이와 같이 우리가 살고 있는 이 시대는 예수님의 재림을 눈앞에 둔 마지막 때입니다. 그러므로 우리는 불원간 다시 오실 주님을 맞을 준비를 하며 살아야 합니다. 우리 모두 성령으로 충만함을 받고 마음과 뜻과 정성을 다하여 주님을 섬기며 살다가 주님 오시는 날 기쁘게 주님 앞에 설 수 있어야 될 것입니다.

# 제 17 장

# 겨자씨

A COMMENTARY
ON THE GOSPEL OF
MATTHEW Ⅲ

본 장은 예수님께서 일시적으로 변모하신 변화산 사건으로 시작되고 있습니다. 예수님께서는 자신의 수난 예고로 인해 혼란에 빠져 있는 제자들에게 영광스럽게 변화된 모습을 보여 주심으로써 자신의 신성과 메시아 직분을 확증해 주셨습니다. 또한 예수님께서는 메시아의 선구자로 예언된 엘리야가 바로 침례 요한이었음을 밝힘으로써 자신이 구약에 예언된 메시아임을 강조하셨습니다.

변화산에서 내려오신 예수님은 귀신 들린 아이를 치유해 주셨으며, 이 일을 계기로 온전한 믿음으로만 능력을 행할 수 있음을 보여 주셨습니다.

그 후 예수님께서는 갈릴리에서 제자들에게 두 번째 수난을 예고하셨으며, 기꺼이 성전세를 납부하심으로써 유대의 종교 지도자들의 음모를 일축해 버리셨습니다.

## 1. 해같이 빛나는 얼굴(17:1-8)

1. 엿새 후에 예수께서 베드로와 야고보와 그 형제 요한을 데리시고
따로 높은 산에 올라가셨더니 2. 그들 앞에서 변형되사 그 얼굴이 해
같이 빛나며 옷이 빛과 같이 희어졌더라 3. 그때에 모세와 엘리야가
예수와 더불어 말하는 것이 그들에게 보이거늘 4. 베드로가 예수께
여쭈어 이르되 주여 우리가 여기 있는 것이 좋사오니 만일 주께서 원
하시면 내가 여기서 초막 셋을 짓되 하나는 주님을 위하여, 하나는
모세를 위하여, 하나는 엘리야를 위하여 하리이다 5. 말할 때에 홀연
히 빛난 구름이 그들을 덮으며 구름 속에서 소리가 나서 이르시되 이
는 내 사랑하는 아들이요 내 기뻐하는 자니 너희는 그의 말을 들으라
하시는지라 6. 제자들이 듣고 엎드려 심히 두려워하니 7. 예수께서
나아와 그들에게 손을 대시며 이르시되 일어나라 두려워하지 말라
하시니 8. 제자들이 눈을 들고 보매 오직 예수 외에는 아무도 보이지
아니하더라

**1절** 엿새 후에 예수께서 베드로와 야고보와 그 형제 요한을 데리시고 따로 높은 산에 올라가셨더니

주님은 큰일을 하실 때는 언제나 믿음이 강한 자를 따르게 하셨습니다. 회당장 야이로의 죽은 딸을 다시 살리실 때에도 열두 제자들을 다 데리고 가셨지만 그중에서 베드로와 야고보와 요한, 세 사람만 아이의 부모와 함께 데리고 들어가서 죽은 아이를 일으켜 세우셨습니다. 우리가 주의 일을 할 때 주님 중심으로 서 있는 믿음이 강한 사람과 한팀이 되면 큰일을 할 수 있지만 믿음이 약한 사람과 한팀이 되면 오히려 부담이 됩니다.

주님께서 변화산에 데리고 가신 베드로와 야고보와 요한은 참으로 큰 특권을 누렸습니다. 열두 제자는 모두 주님이 선택하신 사람들이었는데 주님은 그중 이 세 사람에게만 이렇게 말씀하셨습니다.

"베드로야, 야고보야, 요한아, 너희 세 사람은 나와 같이 올라가자."

이 선택은 주님이 하시는 것이기에 다른 제자들이 "주님, 저도 따라가고 싶어요. 저도 같이 가요."라고 말한다고 해서 주님이 데려가시지 않습니다. 주님은 언제나 주권적으로 택하십니다. 우리가 예수님을 믿게 된 것도 주님이 창세전에 그리스도 안에서 택하셨기 때문입니다. 하나님께 선택받지 않으면 구원받을 수 없습니다. 우리가 전도하는 것도 하나님이 택하신 사람을 찾기 위해서 하는 것입니다. 하나님의 선택이 없으면 아무리 애를 써도 안 됩니다.

일본에서는 아무리 애를 써서 복음을 전해도 소수의 사람만 예수님을 영접합니다. 그저 이삭줍기밖에 안 됩니다. 반면에 우리나라에서 복음을 전하면 많은 사람이 구원을 받습니다. 하나님께서 그만큼 우리나라

사람들을 많이 택하셨기 때문입니다. 동구라파에 가서도 복음을 전하면 수천 명씩 회개하고 돌아옵니다. 이 역시 주님이 그곳에서 많은 사람을 택하셨기 때문에 복음을 전할 때 성령께서 그 사람들의 마음 문을 열어 주셔서 그들이 주님 앞에 나오는 것입니다.

그러나 저 이슬람 국가들에는 전혀 예수 그리스도를 전할 수 없습니다. 하나님이 능력이 없어서 그럴까요? 아닙니다. 하나님이 택하시지 않았기 때문에 그곳에 있는 사람들은 그리스도 앞에 나오지 않는 것입니다. 인도만 해도 그렇습니다. 인도는 땅도 넓고 인구도 많지만 그중에서 예수님을 믿는 사람은 지극히 적습니다. 인구의 절대다수가 모슬렘이나 힌두교도입니다. 그러면 하나님께서 능력이 없어서 인도 사람을 포기하신 것입니까? 아니면 힌두 신보다 하나님이 약해서 그리스도의 복음이 증거되지 않는 것입니까? 그렇지 않습니다. 하나님이 인도라는 그 큰 나라에서 극소수만을 당신의 백성으로 택하셨기 때문입니다. 택하시지 않은 사람은 그대로 내버려 두시는 것입니다.

하나님께서 왜 그들을 많이 택하시지 않습니까? 그것은 하나님이 하시는 일이지 우리가 왈가왈부할 수 있는 것이 아닙니다. 예컨대 다른 제자들이 "주님, 왜 베드로와 야고보와 요한만 데려가십니까? 불공평해요. 우리는 왜 안 데리고 가십니까?"라고 항의했다면 예수님은 이렇게 말씀하셨을 것입니다. "그것은 내 주권이지, 너희가 항의할 일이 아니다. 내가 베드로와 야고보와 요한을 데리고 가고 싶어서 데려가는 것이다. 그것이 불공평한 일이냐?"

우리는 웬일인지, 웬 은혜인지 그리스도 예수 안에서 하나님의 택함을 받았습니다.

'아! 주님이 나 같은 사람을 무얼 보시고 택하여 주셨나? 내가 볼 때도 영 별 볼일 없는 인생인데…….'

그럼에도 불구하고 주님이 택하여 주셔서 예수님의 십자가 보혈로 구원받게 하여 주셨으니, 우리는 그 은혜에 감격하고 무조건 감사해야 하는 것입니다.

**2절** 그들 앞에서 변형되사 그 얼굴이 해같이 빛나며 옷이 빛과 같이 희어졌더라

베드로와 야고보와 요한은 예수님과 함께 변화산 꼭대기에 올라갔습니다. 그런데 거기서 예수님이 기도하실 때 갑자기 얼굴이 해처럼 빛나고 그 옷이 빛처럼 희어져 눈이 부셔서 볼 수 없을 정도가 되었습니다.

이것은 예수님이 성부 하나님을 변화산 위에서 직접 만나시는 장면입니다. 여기서 우리가 참으로 감사할 것이 있습니다. 이때 예수님이 창조 이전에 하나님과 함께하시던 그 영광을 회복하고 그냥 하나님의 영광 가운데로 들어가셨다면 인류의 구원은 없었을 것입니다. 그러나 예수님이 변화산에서 그같이 큰 영광을 체험하신 뒤에 십자가를 걸머지러 다시 내려오셨기 때문에 우리가 구원받게 되었습니다.

예수님은 큰 영광을 체험하고 내려오신 뒤 비로소 고난의 십자가를 짊어지셨습니다. 큰 영광을 체험해야 십자가의 고통을 이겨 나갈 수 있는 힘을 얻게 되는 것입니다. 우리도 큰 은혜를 받아야 큰 고난을 통과할 수 있습니다. 은혜를 받지 못한 채 고난을 통과하면 다 박살 나 버립니다. 그래서 하나님은 우리를 연단하실 때 먼저 우리에게 은혜를 주셔서 그 은혜의 황홀감을 체험하게 하십니다. 그러고 난 다음에 연단을 주시는 것

입니다.

예수님이 져야 할 십자가의 고통은 처참한 것이었습니다. 육체의 고통뿐만 아니라 하나님께 버림받고 제자들과 세상으로부터 버림받고 악한 강도들과 나란히 십자가에 못 박혀야 하는 처절한 것이었습니다.

하나님 아버지께서 예수님을 변화산상에서 부르신 것은 앞으로 예수님이 이 고통을 당하기 전에 하나님과 창세전에 함께하였던 그 영광을 다시 체험하게 하시기 위함이었습니다. 예수님은 그 영광의 체험을 통해 아버지의 그 큰 사랑을 다시 한 번 경험하고 갈보리 십자가를 걸머질 수 있는 힘을 얻으신 것입니다.

우리 신앙도 꼭 한가지입니다. 은혜를 받아야 합니다. 은혜를 받아야 이 세상 풍랑을 이길 수 있습니다. 은혜가 없이는 이 세상 풍랑을 이길 수 없습니다. 성령 받은 사람이 힘차게 고난을 이기고 나갈 수 있는 것은 하나님을 만나는 영광의 체험을 통해 세상의 환난을 이겨 낼 힘을 얻었기 때문입니다. 말세에는 신앙에 대한 시련이 많습니다. 이 시련을 이기기 위해서는 성령 충만의 영광을 체험해야 합니다. 그래야 우리에게 다가오는 시련을 능히 이기고 나아갈 수 있습니다.

**3절** 그때에 모세와 엘리야가 예수와 더불어 말하는 것이 그들에게 보이거늘

예수님이 영광스럽게 변화되셨을 때 홀연히 모세와 엘리야가 나타나 예수님과 이야기를 나누었습니다. 모세는 율법의 대표이고, 엘리야는 선지자의 대표입니다. 율법은 예수님에 대한 말씀이고, 선지서는 예수님에 대한 예언입니다. 율법의 대표인 모세와 선지자의 대표인 엘리야가 변화

산상에 나타난 것은 율법에 기록되고 선지서에 예언된 대로 주님이 십자가에 못 박혀 죽었다가 부활해야 함을 예수님께 설명하고 보고하기 위해서입니다.

모세도 예수님의 종이고 엘리야도 예수님의 종입니다. 그들은 예수님께 이렇게 말했을 것입니다.

"예수님, 우리 모든 율법이 예수님이 십자가에 못 박히심으로 완성이 됩니다."

"예수님, 우리 모든 예언이 십자가를 통하여 다 이루어집니다."

여러분, 모세와 엘리야에게 어떤 일이 있었습니까? 모세는 느보 산에 올라가 육신은 죽고 영은 하나님께 올라갔습니다. 엘리야는 죽지 않고 산 채로 회오리바람을 타고 하늘로 올라갔습니다. 그런데 이 두 사람이 똑같은 모습으로 변화산상에 나타났습니다. 육신이 죽어서 올라간 모세나 산 채로 올라간 엘리야나 똑같은 모습으로 예수님을 만나러 왔습니다. 이를 볼 때에 우리 육신의 장막 집, 이 흙집은 죽어서 가나 살아서 가나 하늘나라에 갈 때에는 차이가 없습니다. 육신이 뚱뚱하다고 영혼이 뚱뚱한 것도 아니고 육신이 빼빼하다고 영혼이 빼빼한 것도 아닙니다.

육신은 말하자면 그냥 흙입니다. 잘 먹으면 뚱뚱해지고 못 먹으면 빼빼해지는, 그저 흙집일 뿐입니다. 우리의 영은 육신이라는 흙집 속에 살고 있습니다. 장갑에 손을 넣었다가 빼면 손 모양 그대로 있지 않습니까? 알맹이는 빠지고 알맹이가 들어 있던 껍데기만 남습니다. 이처럼 우리의 영이 육신을 장갑처럼 끼고 있습니다. 나중에 영이 쏙 빠져나가 버리면 몸은 그대로 있어도 알맹이는 빠져 나가 버린 것입니다. 그러므로 우리가 죽은 사람을 장사 지내는 것은 알맹이는 이미 천국이나 지옥으로

가고 남아 있는 껍데기를 놓고 일을 하는 것입니다.

성경은 우리가 하나님의 형상과 모양대로 지음을 받았으며(창 1:26-27), 하나님은 영이시라고 말씀합니다(요 4:24). 우리는 영이신 하나님의 형상과 모양대로 지음받은 영적 존재입니다. 남자도 여자도 다 하나님의 형상과 모양대로 지음받았습니다. 단지 입고 있는 육신이 다를 뿐입니다. 이 육신의 옷을 벗어 버릴 때, 우리는 모두 하나님의 형상과 모양대로 영광 중에서 그리스도와 함께 영원히 살게 되는 것입니다.

**4-5절** 베드로가 예수께 여쭈어 이르되 주여 우리가 여기 있는 것이 좋사오니 만일 주께서 원하시면 내가 여기서 초막 셋을 짓되 하나는 주님을 위하여, 하나는 모세를 위하여, 하나는 엘리야를 위하여 하리이다 말할 때에 홀연히 빛난 구름이 그들을 덮으며 구름 속에서 소리가 나서 이르시되 이는 내 사랑하는 아들이요 내 기뻐하는 자니 너희는 그의 말을 들으라 하시는지라

예수님과 함께 산 위에 올라간 베드로는 영광스러운 사건을 목격하자 그만 너무나 황홀해지고 말았습니다. "와, 이게 도대체 무슨 일이냐! 이거 보통 영광스러운 일이 아니구나!" 예수 그리스도의 얼굴이 해같이 빛나고 그 옷도 빛처럼 희어지고 게다가 말로만 듣던 위대한 조상 모세와 엘리야가 와서 예수님과 이야기하는 것을 보면서 베드로는 황홀감에 빠졌습니다. 그래서 베드로는 자기도 모르게 이렇게 말하였습니다.

"주님, 여기가 천국 같습니다. 이곳에 초막을 지으렵니다. 하나는 주님을 위해, 하나는 모세를 위해, 하나는 엘리야를 위해 초막을 짓고 여기서 그냥 살렵니다."

너무 흥분한 탓에 베드로는 큰 실수를 범했습니다. 어디 감히 모세와 엘리야를 예수님 옆에 놓습니까? 예수님은 삼위일체 하나님의 제2위이신 성자 하나님이시요, 창조주이십니다. 그리고 모세와 엘리야는 하나님의 종이며 피조물입니다. 그런데 피조물이 어떻게 조물주하고 동등하게 위치할 수 있습니까?

여러분, 예수님은 만왕의 왕이요, 만주의 주로서 창조주이십니다. 우리 인간은 예수님과 절대로 똑같은 위치가 될 수 없습니다. 구원받은 우리는 예수 그리스도의 신부가 되었지만 실제로는 단지 주님의 종이요, 시종이요, 머슴이요, 일꾼에 불과합니다. 그 옛날 아담과 하와가 왜 버림받았습니까? 피조물의 신분을 망각하고 하나님과 동등하게 되려고 했기 때문입니다. 우리는 어디까지나 피조물일 뿐입니다. 그러므로 언제나 조물주이신 하나님의 종으로서 순복하고 살아야 하는 것입니다.

베드로가 이렇게 정신 없는 말을 할 때에 빛난 구름이 홀연히 그들을 덮으며 하나님의 음성이 들렸습니다.

"이는 내 사랑하는 아들이요 내 기뻐하는 자니 너희는 그의 말을 들으라"(5절).

이 말씀의 의미는 '모세가 어디 있느냐? 엘리야가 어디 있느냐? 오직 예수밖에 없다. 이 예수는 내 사랑하는 아들이고 내 기뻐하는 자니 오직 그의 말만 들어라. 모세도 그를 섬기는 종이고, 엘리야도 그를 섬기는 종이다. 오직 예수 중심으로 서라.' 는 것입니다. 하나님께서는 그 자리에서 모세와 엘리야를 옮겨 놓으셨습니다. 예수님과 나란히 앉혀 놓으시지 않았습니다. 모세와 엘리야가 예수님과 함께 서서 이야기했다고 해서 동등한 것으로 알면 안 됩니다. 종들이 주인에게 보고하러 온 것입니다.

우리도 교회에서 아무리 주의 종의 말씀이 은혜롭고 하나님의 능력이 많이 나타난다 해도 종을 예수님과 똑같이 여기면 절대로 안 됩니다. 강단에 서서 복음을 전하는 주의 종은 예수님의 종이요, 일꾼이요, 심부름꾼일 뿐입니다. 영광을 받으실 분은 예수님입니다. 주의 종은 강단에 서서 예수님을 소개하는 사람이므로 자신이 예수님의 영광을 취하면 안 됩니다. 그러므로 우리는 오직 영광을 받으실 분은 하나님 아버지와 그 아들 예수님과 성령님, 삼위일체 하나님밖에 없음을 알고 하나님만을 섬기고 높여야 합니다.

### 6절 제자들이 듣고 엎드려 심히 두려워하니

엄청난 영광을 목격한 베드로와 야고보와 요한은 겁이 났습니다. 그도 그럴 것이 예수님이 산에 올라가자고 해서 따라왔는데 갑자기 예수님이 변모하여 얼굴이 해같이 빛나고, 이야기로만 들었던 모세와 엘리야가 나타나고, 게다가 하나님이 빛난 구름 사이에 임하셔서 "이는 내 사랑하는 아들이요 내 기뻐하는 자니 너희는 그의 말을 들으라"고 말씀하시니 어떠했겠습니까? 놀라운 일을 체험한 것은 영광스럽기 한량없지만 한편으로는 혼비백산한 것입니다.

우리는 여기서 한 가지 중요한 사실을 알아야 합니다. 아무리 하나님이 우리를 지극히 사랑하시고 또 우리가 하나님을 사랑한다고 해도 하나님을 두려워할 줄 알아야 한다는 것입니다. 하나님이 사랑해 주신다고 하나님께 버릇없이 행동하면 안 됩니다. "손자를 귀여워하면 상투까지 자르려 한다"는 말이 있습니다. 이래서는 안 됩니다. 아무리 사랑하고 친밀한 관계라 해도 위아래 구별이 있어야 합니다.

부부 사이도 그렇습니다. 남편과 아내가 똑같이 맞먹으면 가정의 질서와 기강이 무너집니다. 하나님이 세워 놓으신 질서가 무엇입니까?

"아내들이여 자기 남편에게 복종하기를 주께 하듯 하라"(엡 5:22).

뭐라고 해도 한 가정의 리더는 남편입니다. 부부가 아무리 뜨겁게 사랑하고 친밀해도 가정을 이끌어 가는 머리, 즉 지도자는 남편이 되어야 하는 것입니다. 남편은 가족을 보호하며 생계를 책임지고, 아내는 그러한 남편을 받들고 섬겨야 하는 것입니다. 여러분, 한 남자의 생애 속에 가장 큰 영향을 미치는 것은 그의 아내 된 여자입니다. 남편을 위로하고 격려하며 용기를 북돋아 주는 아내를 가진 남편은 백만 대군을 거느린 장군과 같습니다.

하나님께서는 "사람이 혼자 사는 것이 좋지 아니하니 내가 그를 위하여 돕는 배필을 지으리라"(창 2:18)고 말씀하셨습니다. '돕는 배필' 이 무엇입니까? 남편을 위로하고 격려하고 힘을 주는 것이 돕는 배필입니다. 예컨대 남편이 직장도 잃고 사업도 안될 때 아내는 돕는 배필로서 남편을 위로하고 격려하여 용기를 불어넣어 주고 힘을 내도록 도와주어야 합니다. 남편은 아내가 진심 어린 사랑으로 위로하고 격려하며 도와주면 아무리 어려워도 살아 나갈 힘이 생깁니다. 아내의 위로와 격려로 마음에 기쁨과 용기가 솟아나고 삶의 의욕이 솟아나 그 어떤 역경도 이겨 나갈 수 있게 됩니다.

그러나 남편이 어려울 때 아내가 위로하고 힘을 주는 것이 아니라 비난하고 공격하고 할퀴고 고통을 주면 남편은 파멸하고 맙니다. 이렇게 되면 돕는 배필이 아니라 고통을 주는 배필입니다. 아내가 할퀴고 공격하면 남편은 그만 기가 다 빠져 버리고 완전히 낙심합니다. 역경과 맞서 싸울 수 있는 힘과 용기가 다 없어지고 완전히 패배하고 맙니다. 그러므로 아내는 돕는 배필로서 어찌하든지 따뜻한 말과 손길로 남편을 힘껏 도와야 합니다. 그리할 때 가정에 질서가 서고 행복이 임합니다.

부모 자식 간에도 마찬가지입니다. 아무리 부모가 자녀를 사랑하고 자녀가 부모를 사랑해도 부모와 자식 간에 구별이 분명해야 합니다. 자녀는 부모에게 순종해야 합니다.

하나님과 우리 사이도 한가지입니다. 하나님이 우리를 사랑하시고 성령의 은혜를 부어 주신다고 해서 하나님께 버릇없이 행해서는 안 됩니다. 하나님을 사랑하되 두려워할 줄 알아야 합니다. 너무 은혜만 주장하면 하나님을 두려워하지 않고 방자히 행하게 됩니다. 하나님은 지극히 위대하시고 거룩하신 분이시므로 우리는 하나님을 경외함으로 섬겨야 합니다. 이것이 참신앙입니다. 하나님을 두려워할 줄 알아야 하나님의 명령을 지킬 수 있습니다. 그래야 정의롭고 정직하고 충성스럽게 살 수 있으며, 탐욕을 버리고 거룩함과 용서와 사랑과 온유와 겸손을 지니고 살 수 있습니다. 그렇다고 하나님을 두렵게만 생각하면 움츠러들어 은혜 없는 신앙생활을 하게 됩니다. 그러므로 우리는 하나님의 사랑도 받아들이고 또 하나님 두려운 줄도 알아 말씀에 순종하는 삶을 살아야 합니다.

베드로가 예수님께 초막 셋을 짓고 함께 살자고 한 것은 방자한 말이었습니다. 그때 하나님께서 음성을 발하여 "예수는 내 아들이다. 너희는 그의 말만 들어라." 하고 깨우쳐 주셨습니다. 이 말씀에 베드로를 비롯하여 요한과 야고보는 정신이 번쩍 들고 하나님과 예수님께 두려움을 느꼈습니다.

**7절** 예수께서 나아와 그들에게 손을 대시며 이르시되 일어나라 두려워하지 말라 하시니

베드로와 야고보와 요한은 너무나 두려워서 머리를 땅에 대고 정신을 못 차렸습니다. 그때 예수님이 그들에게 손을 대시며 말씀하셨습니다. "일어나라. 두려워하지 말아라." 주님이 이렇게 그들을 안심시켜 주셨습니다.

예수님은 장엄한 영광을 베드로와 야고보와 요한에게 보여 주셨습니다. 예수님 자신도 그 영광을 체험하고 십자가를 걸머지셨습니다. 예수님이 장차 극심한 핍박 중에도 교회를 걸머지고 갈 제자 베드로, 야고보, 요한에게 그 장엄한 장면을 보여 주신 것은 이 놀라운 영광의 체험을 통해 장차 그들이 고난을 이기고 교회를 수호해 나갈 힘을 얻게 하기 위함이었습니다.

하나님은 큰일을 시키시고자 하는 사람에게는 먼저 큰 영광을 체험하게 하십니다. 영광을 체험해야 흔들리지 않고 큰일을 할 수 있습니다. 영광을 체험하지 못하면 어려움을 당할 때 쉽게 흔들립니다. 어떤 교회에 하나님께서 성령을 부어 주시고 큰 영광을 체험하게 하면 그 교회는 하나님의 큰일을 행하게 됩니다.

어떤 사람이 이런 글을 쓴 것을 보았습니다. "한국 교회는 폐병 환자였던 사람들이 교회를 다 이끌고 간다." 그러고 보면 한국 교회에서 큰 교회를 맡고 있는 주의 종들 중에는 폐병에 걸려 죽다가 살아난 경우가 많습니다. 나도 폐병으로 죽다가 살아났습니다. 지금은 폐병이 그다지 무서운 질병이 아니지만 옛날에는 폐병에 걸렸다 하면 거의 다 죽었습니다. 그런데 그 무서운 폐병에 걸려 엄청난 정신적 고통과 괴로움, 좌절과

절망 가운데서 몸부림 치다가 하나님을 만나게 되면 하나님께서 큰 영광을 보여 주십니다. 그리하여 폐병을 고침받고 하나님의 은혜를 받으며, 이로 인해 큰 믿음을 얻고 역경을 딛고 승리할 수 있는 힘이 생겨나는 것입니다.

받은 영광이 크면 하나님이 큰일을 맡기셔도 감당할 수 있습니다. 영광과 일의 비중은 비례합니다. 영광을 체험하지 못하면 일도 할 수 없지만, 영광을 체험하면 그만큼 많은 일을 할 수 있습니다.

**8절** 제자들이 눈을 들고 보매 오직 예수 외에는 아무도 보이지 아니하더라

"예수 외에는 아무도 보이지 아니하더라". 참으로 옳은 말씀입니다. 예수님 외에는 아무도, 아무것도 보이지 않아야 합니다. 예수님 외에는 돈도 지위도 명예도 권세도 보이지 않아야 합니다. 종국적으로 볼 때 오직 예수님만이 가치가 있습니다.

돌아보면, 내가 처음 불광동에서 목회할 때 섬겼던 성도들은 거의 다 천국에 가셨습니다. 서대문에서도 십 년이 넘도록 목회했는데 그 당시 성도들도 거의 다 천국에 가셨습니다. 그분들이 교회에 와서 "주여!" 하고 부르짖으며 기도하던 모습과 내 설교를 들으면서 웃고 박수 치던 모습이 아직도 눈에 선합니다. 하지만 그분들은 지금 다 천국에 있습니다.

여러분이라고 다르지 않습니다. 얼마나 안개와 같은 인생인지! 이 세상에서 우리가 잡고 있는 것들은 결국은 다 놓아 버릴 것들입니다. 그런데 그것 때문에 예수님을 놓치면 참으로 낭패입니다. 예수님만 바라보아야 합니다. 세상의 부귀영화나 공명은 있다가도 없어지고, 없다가도 다

시 생깁니다. 이 모든 것들은 잠시 잠깐이면 사라지는 안개와 같습니다. 예수님만 영원히 확실합니다.

하나님께서 변화산 위에서 제자들에게 가르치신 것이 바로 이것입니다. 제자들이 머리를 들어 보니 엘리야도 모세도 보이지 않았습니다. 하늘도 땅도 안 보이고 오직 예수님만 눈앞에 보였습니다.

우리도 예수님 외에 다른 것은 보지 말아야 합니다. 강단 위에 서 있는 목사도 볼 필요가 없습니다. 주의 종은 혈과 육으로 지어진 인간에 불과하고 주님의 머슴일 뿐입니다. 머슴은 큰소리할 것이 전혀 없습니다. 그러므로 우리는 오직 예수님만 바라보아야 합니다. 오직 예수님만이 우리를 죽음에서 건져 주시고 영원한 천국에 데려가 무궁한 영광을 누리게 해 주실 분입니다.

## 2. 엘리야는 누구인가?(17:9-13)

**9. 그들이 산에서 내려올 때에 예수께서 명하여 이르시되 인자가 죽**
**은 자 가운데서 살아나기 전에는 본 것을 아무에게도 이르지 말라**
**하시니 10. 제자들이 물어 이르되 그러면 어찌하여 서기관들이 엘**
**리야가 먼저 와야 하리라 하나이까 11. 예수께서 대답하여 이르시**
**되 엘리야가 과연 먼저 와서 모든 일을 회복하리라 12. 내가 너희에**
**게 말하노니 엘리야가 이미 왔으되 사람들이 알지 못하고 임의로 대**

우하였도다 인자도 이와 같이 그들에게 고난을 받으리라 하시니
13. 그제서야 제자들이 예수께서 말씀하신 것이 침례 요한인 줄을 깨달으니라

**9절** 그들이 산에서 내려올 때에 예수께서 명하여 이르시되 인자가 죽은 자 가운데서 살아나기 전에는 본 것을 아무에게도 이르지 말라 하시니

예수님은 변화산 위에서 성부와 태초부터 함께하셨던 그 영광의 모습으로 변화되는 체험을 하셨습니다. 또 홀연히 나타난 모세와 엘리야로부터 보고를 받으셨습니다. 그들은 예수님이 율법과 선지자의 예언대로 예루살렘에 올라가서 유대인들에게 고난을 받아 십자가에 달려 죽으셨다가 사흘 만에 부활하실 것이라고 보고했습니다.

주님이 체험하신 영광은 어마어마하게 황홀한 것이었습니다. 주님은 창세전에 아버지와 함께 가졌던 영광을 체험하시고, 또 모세와 엘리야의 보고를 통해 자신의 십자가 고난과 죽음이 전적으로 아버지의 뜻임을 확신하셨습니다. 그것이 아무리 고통스럽고 괴로운 것이라 할지라도 그것이 아버지의 뜻을 이루는 것임을 아셨습니다. 이 확신 가운데 주님은 흔들림이 없는 분명한 꿈을 가지고 예루살렘을 향해서 올라가실 수 있게 되었습니다.

이같이 황홀한 영광을 체험하는 것은 우리가 큰일을 맡아 할 때 반드시 필요합니다. 황홀한 영광을 체험하면 앞에 다가올 큰 고난을 이겨 내고 큰일을 능히 이루어 나갈 수 있는 능력이 우리 안에서 생겨납니다. 이와 반대로 영광을 체험하지 못하면 고난을 감당하거나 큰일을 맡아 할 힘

이 생겨나지 않습니다. 역사적으로 보면 기독교회에 큰 시험과 환난이 다가오기 전에는 엄청난 성령의 역사가 일어났습니다. 그리하여 성도들이 하나님을 만나고 황홀한 영광을 체험하고 나면 뒤이어 핍박과 고난이 다가왔습니다. 하지만 영광을 체험한 성도들은 그 핍박과 고난을 능히 이겨 나갈 수 있는 내적 힘이 있었습니다.

여러분, 우리 민족도 하나님의 큰 역사를 체험하려면 먼저 한국 교회가 영광을 체험해야 합니다. 무엇보다도 성령으로 충만함 받는 체험을 해야 합니다. 그래서 한국 교회가 그 체험으로 말미암아 영적으로 풍성한 은혜를 받고 무장되면 남북통일이 되었을 때 그 막중한 복음 증거의 사명을 감당할 힘이 생깁니다. 목숨을 바쳐 일할 수 있는 힘이 생기는 것입니다. 황홀한 체험이 없는 신앙은 지식으로만 아는 머릿속 신앙일 뿐이므로 힘이 없습니다. 온몸으로 영광을 체험하여야 신앙에 힘이 생기는 것입니다.

그런데 여기서 우리가 하나 알아 두어야 할 것이 있습니다. 하나님이 우리에게 큰 체험을 주셨다고 해서 그것을 있는 대로 다 발설해서는 안 됩니다. 하나님과 우리 사이에 일어난 것은 하나님이 허락하실 때에만 이야기해야 합니다. 하나님이 나에게 어떤 특별한 체험을 주셨을 때 이것을 말해도 좋다고 하시면 언제든지 해도 됩니다. 그러나 하나님께서 허락하시지 않으면 그 어떤 깊은 계시와 비밀도 말해서는 안 됩니다. 오늘날 계시를 받았다고 하는 사람들이 무엇이든 다 말해도 되는 줄 아는데, 하나님의 은혜는 하나님이 그것을 나타내기 원하시는 '그때' 에 말해야 합니다.

본문을 보면 주님께서 베드로와 야고보와 요한에게 "인자가 죽은 자가운데서 살아나기 전에는 본 것을 아무에게도 이르지 말라" 고 말씀하셨습니다. 이는 곧 '내가 부활의 영광에 이를 때까지 이를 말하지 말라' 는 당부입니다.

이 말씀에 순종하여 제자들은 아무에게도 발설하지 않았습니다. 훗날 예수님께서 부활하시고 승천하신 후에야 베드로는 이 체험, 곧 그가 변화산 위에서 체험한 바를 베드로서에 기록했습니다(벧후 1:17-18).

**10-12절** 제자들이 물어 이르되 그러면 어찌하여 서기관들이 엘리야가 먼저 와야 하리라 하나이까 예수께서 대답하여 이르시되 엘리야가 과연 먼저 와서 모든 일을 회복하리라 내가 너희에게 말하노니 엘리야가 이미 왔으되 사람들이 알지 못하고 임의로 대우하였도다 인자도 이와 같이 그들에게 고난을 받으리라 하시니

베드로와 야고보와 요한이 주님께 물었습니다.

"주님, 서기관들이 메시아가 강림하시기 전에 반드시 엘리야가 먼저 와야 한다고 하는데 그것이 무슨 말입니까?"

말라기를 보면 하나님께서 "야훼의 크고 두려운 날이 이르기 전에 내가 선지자 엘리야를 너희에게 보내리니 그가 아버지의 마음을 자녀에게로 돌이키게 하고 자녀들의 마음을 그들의 아버지에게로 돌이키게 하리라"(말 4:5-6)고 말씀하셨는데, 서기관들은 이 말씀을 근거로 그렇게 말한 것입니다.

제자들의 질문에 예수님은 이렇게 대답하셨습니다.

"그 말이 맞다. 엘리야가 먼저 와서 모든 준비를 갖추어 놓을 것이다. 사실 엘리야는 이미 왔다. 그러나 아무도 그를 알아보지 못하고 홀대하

였다. 인자도 그들에게 고난을 받을 것이다."

주님은 침례 요한을 가리켜 엘리야라고 말씀하신 것입니다. 침례 요한은 엘리야의 심령과 능력을 가지고 예수님의 길을 닦았습니다(눅 1:17). 그는 사람들에게 외쳤습니다.

"회개하라 하늘나라가 가까이 와 있다."

"나는 너희를 회개시키려고 물로 침례를 준다. 그러나 나보다 훨씬 위대하신 분이 오시면 그분은 성령과 불로 침례를 주실 것이다. 그분은 너무나 위대하셔서 나는 감히 그분의 신발을 벗겨 드릴 자격도 안 된다."

모든 유대인들은 침례 요한을 하나님의 선지자로 인정하고 따랐습니다. 그는 요단 강에서 예수님에게 침례를 베풀고, 온 유대인들에게 예수님이 하나님의 아들이신 것을 증거하였습니다. 그는 굉장히 중요한 일을 했습니다. 예수님보다 먼저 와서 예수님을 사람들에게 소개해 놓는 일, 곧 예수님의 길을 닦는 일을 한 것입니다.

예수님이 공생애를 시작하실 때 열두 제자를 쉽게 모으실 수 있었던 것은 이미 그들이 예수님이 오실 것을 잔뜩 기대하고 있었기 때문입니다. 바로 침례 요한이 주님 오실 길을 닦아 놓았기 때문입니다. 그가 엘리야의 심령을 가지고 예수님보다 먼저 와서 반역하는 백성들을 주님께로 돌이키는 일을 해 놓은 것입니다. 그러나 그는 사명을 완수한 후 헤롯에게 잡혀 참수되었습니다. 예수님은 이것에 대해 "엘리야가 이미 왔는데도 사람들이 그를 임의로 취급했다. 그리고 인자도 그 같은 고난을 당하리라."고 말씀하신 것입니다.

이 세상에 태어난 사람들 중에 육체의 죽음을 겪지 않고 하늘로 올라간 사람이 둘 있습니다. 한 사람은 에녹입니다. 에녹은 하나님과 더불어

3백 년 동안 깊은 교제를 하며 하나님과 동행하였는데 하나님이 그를 산채로 데리고 가셨습니다. 다른 한 사람은 엘리야입니다. 그 역시 죽음을 겪지 않고 올라갔습니다.

성경은 "한 번 죽는 것은 사람에게 정해진 것이요 그 후에는 심판이 있으리니"(히 9:27)라고 말씀하고 있습니다. 모든 사람이 죽었다가 세상 끝에 생명의 부활로 나아가든지 사망의 부활로 나아가게 됩니다. 그런데 에녹이나 엘리야는 죽지 않고 올라갔습니다. 이것이 불공평합니까? 어떤 신학자들은 요한계시록에 나타나는 '두 증인'은 바로 하나님이 그때를 위해 예비하신 에녹과 엘리야일 것이라고 추측합니다. 그들은 죽음을 겪지 않고 올라갔기 때문에 그때 내려와서 반드시 죽음을 체험해야 된다는 것입니다. 에녹과 엘리야는 7년 환난의 후 3년 반 동안 이 땅에 내려와서 그리스도를 증거하다가 예루살렘 거리에서 순교할 것인데 예수 그리스도처럼 죽은 지 사흘 만에 부활해서 하늘로 올라갈 것이라고 합니다. 이 이론은 그때 가 봐야 알겠지만 어떻든 두 사람은 죽음을 겪지 않고 하늘로 올라갔습니다.

**13절 그제서야 제자들이 예수께서 말씀하신 것이 침례 요한인 줄을 깨달으니라**

깨닫는다는 것은 쉬운 일이 아닙니다. 아무리 하나님의 말씀을 열심히 전해도 못 알아듣고 멍하니 앉아 있는 것을 보면 참으로 답답합니다. 그러나 총명한 사람은 설교 말씀을 들으면 얼른 알아듣고 "아멘!" 합니다.

그런데 이 총명은 성령님이 주시는 것입니다. 성령님은 지혜의 영이시요, 총명의 영이십니다. 그러므로 성령 받은 사람은 총기가 있습니다. 총기가 있는 사람은 눈을 보면 딱 알아볼 수 있습니다. 눈은 마음의 창이기 때문에 마음에 총기가 있는 사람은 눈이 별처럼 초롱초롱 빛납니다. 그러나 총기가 없는 사람은 눈빛이 흐립니다. 그래서 눈을 보고 '아, 저분은 성령께서 임하여 계셔서 총기가 있구나! 음, 저분은 아직 세상의 혼미한 영이 눈을 잡고 있구나!' 하고 미루어 압니다. 눈이 예쁘게 생겨서 그런 것이 아닙니다. 눈 모양이야 각양각색입니다. 눈이 어떻게 생겼느냐가 아니라 눈동자가 바로 마음의 창인 것입니다.

우리가 성령 충만하면 우리 마음의 창에 성령의 빛이 비칩니다. 성령 충만하지 않으면 세상에서는 제아무리 총명한 사람이라 해도 눈동자가 흐려 있습니다. 성령님이 그 마음에 총기를 주셔야 하늘나라의 복음을 들을 때 마음에 깨닫게 됩니다. 성령님이 그 마음에 없는 사람은 교회에 와서 앉아 있어도 세상의 혼미케 하는 영이 마음에 들어오므로 무슨 말을 하는지 하나도 알아듣지 못하고 자꾸 잠만 쏟아집니다. 그렇다고 편하게 자는 것도 아닙니다. 왜냐하면 세상의 영이 와서 심령을 누르고 말씀을 듣지 못하도록 눈을 막고 귀를 막기 때문입니다.

내가 불광동에서 목회할 때의 일입니다. 교회에 와서 은혜 받고 병 고침받은 어떤 부인이 내게 와서 자신의 남편을 주님께 인도해 달라고 부탁했습니다. 그 남편은 모 대학의 교수라고 했습니다. 그래서 내가 그 집에 가서 예배를 인도하면서 찬송을 부르는데 이분이 벌써 졸기 시작하는 것이었습니다. 자기 아내가 콱 꼬집으면 정신을 차렸다가 조금 지나면 또 졸았습니다. 그러더니 설교를 시작하자 처음부터 끝날 때까지 내내 정신없이 졸았습니다.

이 사람, 상당히 똑똑한 교수였습니다. 그런데 놀라운 것은 그 부인의 말이었습니다.

“목사님, 들어 보세요. 이 양반이 신문도 잘 읽고 잡지도 잘 읽고 글도 잘 쓰는데, 성경을 펼쳐 놓으면 못 읽어요. 성경 글자가 눈에 안 들어온대요.”

“에이, 그럴 리가 있습니까?”

내가 확인하려고 성경을 펼치고 그분에게 “부형님, 이 부분을 한번 읽어 보세요.” 그랬더니 정말 못 읽는 것이었습니다. “목사님, 글자가 하나도 눈에 들어오지 않습니다.” 귀신이 얼마나 그분의 마음을 혼미케 했는지 대학 교수인데도 성경을 읽지 못했습니다. 글자가 눈에 안 들어온다는 것입니다. 나는 그대로 예배를 진행했습니다. 그리고 찬양을 부르며 통성으로 기도하고 귀신을 쫓았습니다.

“예수 이름으로 명하노니, 이 혼미하게 하는 악한 영아, 이 사람에게서 떠나가라! 귀신아, 떠나가라!”

그러자 그 사람에게서 귀신이 떠나고 그다음부터 졸지 않았습니다. 정신이 번쩍 들어서 하나님의 말씀도 잘 듣고 성경도 잘 읽었습니다.

이처럼 이 세상 영이 우리의 마음을 혼미케 하면 마음도, 눈도 안개 낀 것같이 됩니다. 우리의 마음이 성령으로 충만해져야 비로소 총명이 넘쳐나서 하나님의 진리를 깨닫게 되는 것입니다.

이러므로 우리는 하나님께 기도해야 합니다.

“하나님, 제 마음속을 늘 총명으로 채워 주옵소서.”

교회에 와서 조는 사람을 보면 정말로 몸이 피곤해서 조는 사람도 있지만 그보다는 혼미케 하는 영이 그 마음을 눌러서 조는 경우가 많습니다. 여러분 중에 교회에 와서 예배만 드리려고 하면 졸음이 쏟아지는 사람은 이 사실을 알아야 합니다. '내 영이 이렇게 졸고 있다. 내 영이 맥이 빠져 있구나!' 이것을 깨달으면 즉시 자신의 마음과 영을 누르는 악한 영을 예수 이름으로 내쫓으십시오.

## 3. 이 산을 명하여 옮기라 하여도(17:14-21)

14. 그들이 무리에게 이르매 한 사람이 예수께 와서 꿇어 엎드려 이르되 15. 주여 내 아들을 불쌍히 여기소서 그가 간질로 심히 고생하여 자주 불에도 넘어지며 물에도 넘어지는지라 16. 내가 주의 제자들에게 데리고 왔으나 능히 고치지 못하더이다 17. 예수께서 대답하여 이르시되 믿음이 없고 패역한 세대여 내가 얼마나 너희와 함께 있으며 얼마나 너희에게 참으리요 그를 이리로 데려오라 하시니라 18. 이에 예수께서 꾸짖으시니 귀신이 나가고 아이가 그때부터 나으니라 19. 이때에 제자들이 조용히 예수께 나아와 이르되 우리는 어찌하여 쫓아내지 못하였나이까 20. 이르시되 너희 믿음이 작은 까닭이니라 진실로 너희에게 이르노니 만일 너희에게 믿음이 겨자씨 한 알만큼만 있어도 이 산을 명하여 여기서 저기로 옮겨지라 하면 옮겨질 것이요 또 너희가 못할 것이 없으리라 21. (없음)

**14-15절** 그들이 무리에게 이르매 한 사람이 예수께 와서 꿇어 엎드

려 이르되 주여 내 아들을 불쌍히 여기소서 그가 간질로 심히 고생하여 자주 불에도 넘어지며 물에도 넘어지는지라

예수님이 베드로와 야고보와 요한과 함께 산에서 내려오시니 나머지 아홉 제자들과 무리들이 기다리고 있었습니다. 그 무리 중에서 한 사람이 예수님께 와서 꿇어 엎드려 구했습니다.

"주님, 간질로 고생하고 있는 제 아들을 불쌍히 여겨 주십시오. 간질 때문에 아이가 가끔 불 속에 뛰어들기도 하고 물 속에 빠지기도 합니다. 주님의 제자들에게 데리고 왔지만 고치지 못했습니다."

간질 환자 아들로 인해 고통받는 아버지가 주님께 나아온 것입니다. 이 아버지는 그동안 얼마나 속이 상했겠습니까? 간질 환자 중에는 불만 보면 쓰러지는 사람이 있습니다. 이 때문에 얼굴과 발뿐만 아니라 때로는 온몸에까지 화상을 입는 경우도 있습니다. 또 물만 보면 쓰러지는 사람도 있습니다. 이런 사람은 물에 빠져 익사하기 쉽습니다.

내가 전에 우즈베키스탄이나 카자흐스탄 같은 중앙아시아 국가에 성회를 인도하러 갔을 때 성회 중에 귀신이 소리치며 나가고 간질 환자들이 나아서 기뻐하고 즐거워하며 간증한 적이 있습니다. 물론 간질의 원인이 다 귀신 들렸기 때문만은 아닙니다. 뇌의 이상이 원인인 경우도 있습니다. 그런데 원인이 어떻든 간에 귀신 들려 간질 하는 것은 그 귀신을 쫓아냄으로써 고침받을 수 있고 뇌가 상한 경우는 하나님의 창조적인 기적이 일어나야 고침을 받습니다.

본문에 나오는 간질 하는 아이는 귀신이 들려서 병이 생긴 것입니다. 하나님의 생명의 정상적인 흐름이 막히면 '폐병이다, 심장병이다, 장염

이다, 종양이 생겼다…….' 하게 됩니다. 예수 그리스도께서 성령으로 우리에게 주신 정상적인 생명의 흐름을 막는 것은 직접적으로나 간접적으로나 마귀의 역사입니다.

시냇물이 막힘 없이 흘러갈 때는 물이 맑습니다. 그러나 어쩌다 떠 내려온 것들로 인해 흐름이 막히면 그때부터 물이 썩기 시작합니다. 흐름이 막히면 썩는 것입니다. 그러면 거기에 더러운 세균과 해충들이 서식하게 되고, 결국 썩은 물이 되고 마는 것입니다.

주님은 "도둑이 오는 것은 도둑질하고 죽이고 멸망시키려는 것뿐이요 내가 온 것은 양으로 생명을 얻게 하고 더 풍성히 얻게 하려는 것이라"(요 10:10)고 말씀하셨습니다. 생명의 흐름이 계속되게 하는 것은 예수님이 하시는 일이요, 생명의 흐름을 막아서 온갖 병을 일으키는 것은 마귀가 하는 일입니다. 그러므로 우리는 예수 이름으로 마귀가 하는 일을 단호히 물리쳐서 생명의 흐름을 틔워 놓아야 합니다. 예수님이 우리의 연약한 것을 친히 담당하시고 병을 짊어지고 가셨다는 사실을 분명히 알고 하나님 안에서 건강한 삶을 꿈꾸어야 합니다. '나는 하나님으로부터 넘치는 생명의 은혜를 받은 사람이다.' 이런 자화상을 마음에 품고 마귀를 대적해야 합니다. 주님 안에 있는 내 모습을 분명히 알고 생명의 흐름이 막힌 것을 향해서 맹렬하게 쳐들어가야 합니다.

여러분, 마귀를 쳐부술 때 어설프게 공격하면 안 됩니다. 단호한 결의를 가지고 맹렬하게 쳐들어가야 합니다. 폐가 나쁘면 "너, 폐병을 가져온 원수 귀신아, 물러가라! 폐에 생명이 넘치게 흐르는 것은 하나님의 뜻이다. 생명의 흐름을 막아서 병이 들게 하는 것은 귀신의 일이니 폐병은 물러가라! 예수 이름으로 명하노니 물러가라! 예수 이름으로 명하노니 물러가라! 물러가라! 물러가라!" 이렇게 한 시간이고 두 시간이고 계속 공격해야 됩니다. 공격을 중단하면 안 됩니다. 단순한 말로 계속 공격해야 합니다. "하나님, 고쳐 주옵소서. 고쳐 주옵소서. 고쳐 주옵소서. 고쳐 주옵소서." 하며 공격의 속도를 늦추지 말고 줄기차게 공격해야 됩니다.

내가 처음 목회할 때에는 귀신 들린 사람이 참으로 많았습니다. 그래서 하루에 세 시간, 여덟 시간, 어떤 때는 일주일씩 금식하면서 귀신 들린 사람과 같이 지내며 귀신을 쫓아냈습니다. 귀신을 쫓아내는 일을 하면 너무나 힘들고 지칩니다. 귀신이 어찌하든지 나가지 않으려고 저항하기 때문입니다. 귀신은 억지를 부리고 쉽게 물러가지 않으려고 몸부림을 칩니다. 나중에 "나 나갈게, 나갈게." 하고 항복해도 완전히 나가는 데는 몇 시간 걸립니다.

그러므로 귀신과 싸울 때는 다른 말이 필요 없습니다. "나오라. 예수 이름으로 명하노니 나오라. 나오라. 나오라. 이 귀신아, 나오라. 이 악한 귀신아, 나오라." 그러면, 귀신은 "안 나간다. 안 나간다. 너 아무리 해 봐라, 내가 나가는가. 절대 안 나간다, 절대로! 너 괜히 헛수고만 하는 거다. 안 나간다." 하고 버팁니다. 이런 귀신의 말만 듣고 있으면 낙심이 됩니다. '이거 내가 헛수고하는 것 아닌가?' 이런 생각이 듭니다. 그러나 결단코 귀신의 말을 들으면 안 됩니다. 귀신은 '거짓의 아비' 이기 때문에 지금 당장 나온다고 해도 안 나옵니다. 계속해서 "예수 이름으로 명하노니 나오라. 예수 이름으로 명하노니 나오라. 너 악한 귀신아, 나오라. 예수 이름으로 명하노니 나오라. 나오라." 이렇게 계속 쫓으면 결국 귀신이 "아이고, 못 살겠다. 나 나가야겠다." 하는데, 그때 "빨리 나가라!" 하고 고함을 치면 비로소 나갑니다.

완전히 인격적으로 귀신에게 잡힌 사람도 있지만 귀신이 눌러서 병이 드는 사람도 있습니다. 성경은 "하나님이 나사렛 예수에게 성령과 능력을 기름 붓듯 하셨으매 그가 두루 다니시며 선한 일을 행하시고 마귀에게 눌린 모든 사람을 고치셨으니 이는 하나님이 함께하셨음이라"(행 10:38)고 말씀하고 있습니다. '누른다' 는 것은 생명의 흐름을 막는다는 것입니다. 생명의 흐름이 막히면 썩을 수밖에 없습니다. 마귀가 간에 생명의 흐름을 막으면 간이 썩고, 폐에 생명의 흐름을 막으면 폐가 썩고, 심장에 생명의 흐름을 막으면 심장이 막힙니다. 이와 같이 흐름을 막는 것은 전부 마귀의 역사요, 그 흐름을 틔워 주는 것은 성령의 역사입니다.

우리가 기도해서 성령의 역사가 일어나 생명의 흐름을 틔워 주면 낫습니다. 건강해지는 것입니다. 우리가 늘 하나님을 예배하고 기도하면 주님의 생명의 흐름이 우리 속에 곧 우리의 영과 마음과 육체에 늘 흐르게 됩니다. 그러므로 우리는 주님을 늘 예배하고 섬기고 동행하여 주님의 생명을 물 마시듯이 늘 마셔야 합니다.

주님께서 "누구든지 목마르거든 내게로 와서 마시라"(요 7:37)고 말씀하셨습니다. 우리는 항상 주님 앞에 나아가 주님의 생명과 생기를 마셔야 합니다. 그렇게 하지 않으면 마귀가 와서 영혼의 흐름을 막고, 마음의 흐름을 막고, 육체의 흐름도 막습니다. 그러면 우리의 영과 마음과 육체가 썩습니다. 우리는 이것을 알고 우리의 영과 마음과 육체에 막힌 것이 있으면 맹렬하게 기도하여 내쫓아야 합니다. 여러분 모두 늘 하나님을 예배하고 찬미하고 감사하고 기도하여 하나님의 생명의 흐름이 원할하게 되어 영과 마음과 몸이 건강하게 되시기를 바랍니다.

**16-17절** 내가 주의 제자들에게 데리고 왔으나 능히 고치지 못하더이다 예수께서 대답하여 이르시되 믿음이 없고 패역한 세대여 내가 얼마나 너희와 함께 있으며 얼마나 너희에게 참으리요 그를 이리로 데려오라 하시니라

아홉 제자들이 간질하는 아이를 능히 고치지 못한 것은 그들에게 그 귀신을 쫓아낼 만한 믿음이 없었기 때문입니다. 귀신도 등급이 있습니다. 약한 귀신은 쉽게 쫓겨 나가지만 힘센 귀신은 좀처럼 나가지 않고 저항합니다. 이런 경우에는 그 귀신보다 더 힘센 자가 들어와야 합니다.

주님은 "사람이 먼저 강한 자를 결박하지 않고는 그 강한 자의 집에 들어가 세간을 강탈하지 못하리니 결박한 후에야 그 집을 강탈하리라"(막 3:27)고 말씀하셨습니다. 우리가 신앙이 약할 때는 강한 귀신을 묶지 못합니다. 그러나 우리의 신앙이 강하고 담대할 때는 귀신을 묶고 눌린 영혼을 구해 낼 수 있습니다. 그러므로 우리는 말씀으로 무장하고 기도하여 강하고 담대한 믿음을 가져야 합니다. 말씀과 기도가 없으면 믿음이 강해질 수 없습니다. 그러므로 우리는 매일 말씀을 먹고 성령으로 충만하도록 기도해야 합니다.

또 큰일을 하려면 잘 먹고 푹 쉬어서 육체적으로도 최고의 컨디션을 유지해야 합니다. 못 자고 못 먹으면 육신이 지치고 피곤해져서 일을 할 수 없습니다. 본문에 나온 아홉 제자들도 아마 애를 많이 썼을 것입니다. 간질 귀신이 들린 아이를 놓고 아홉 사람 모두 힘을 합하여 "더러운 귀신아, 이 아이에게서 나오라!" 하고 많이 외쳤을 것입니다. 그런데 하다 하다 안 되어 모두 기진맥진하였습니다. 아이의 아버지는 낙심했습니다. 그래서 주님께 나아와 "내가 주님의 제자들에게 데려왔지만 고치지 못하

더이다."라고 아뢰었습니다.

제자들은 모두 얼굴이 홍당무가 되었습니다. 예수님이 자신들을 향해 대놓고 꾸짖으시면 차라리 마음이라도 편하겠는데 간접적으로만 말씀하셨기 때문입니다.

"믿음이 없고 패역한 세대여 내가 얼마나 너희와 함께 있으며 얼마나 너희에게 참으리요"(17절).

예수님은 "믿음이 없고 패역한 세대여!"라고 한탄하시며 꾸짖으셨습니다. 이 세대에는 제자들도 다 포함됩니다. 제자들은 이 말씀을 들으면서 '우리도 믿음이 없고 패역한 세대에 속했구나!' 라고 깨달았을 것입니다.

또한 예수님은 "내가 얼마나 너희와 함께 있으며 얼마나 너희에게 참으리요"라고 꾸짖으셨습니다. 즉, "내가 언제까지 너희의 무능력을 참고 있어야 하느냐? 이제는 어지간히 믿음을 얻고 능력도 얻어서 이 정도의 귀신쯤은 쫓아내야 하지 않느냐? 그런데 고작 이 정도의 귀신도 쫓아내지 못하고 쩔쩔매고 있느냐?"라고 꾸짖으신 것입니다.

주님은 오늘날도 귀신을 쫓아내지 못하고 쩔쩔매는 성도나 교회를 보시면 탄식하십니다. 왜냐하면 이미 귀신은 쫓겨나게 되어 있기 때문입니다. 예수님이 십자가에서 마귀와 싸워 이겨서 그 무장을 해제해 놓으셨기 때문에 귀신은 예수 이름을 들으면 쫓겨나게 되어 있는 것입니다. 마귀와 마귀의 졸개인 귀신들은 한 길로 왔다가 일곱 길로 도망을 치게 되어 있습니다.

귀신이 우리를 얕잡아 보는 것은 우리가 단호한 믿음을 가지고 있지 못하기 때문입니다. 귀신은 영인지라 우리의 생각을 읽습니다. 내가 예수 그리스도 안에서 어떠한 사람이 되었는지를 확실히 알고 단호한 믿음으로 나아가면 귀신은 도망을 칩니다. 그러나 자신이 예수 그리스도 안에서 어떠한 사람이 되었는지도 잘 모르면서 '다른 사람들도 하니까 나도 해 볼까?' 하고 반신반의하며 덤비면 귀신이 그 마음을 읽고 "하! 네가 아무리 해 봐라. 소용 없다." 하며 비웃으며 덤벼들기 때문에 오히려 귀신에게 봉변을 당합니다.

사도행전 19장을 보면 하나님께서 바울의 손으로 희한한 능을 행하게 하셨습니다. 사람들이 바울의 손수건이나 옷가지만 병자에게 갖다 대도 병이 낫고 어떠한 귀신이라도 떠나갔습니다. 그때에 제사장 스게와의 일곱 아들들은 바울이 하는 일을 보고 바울이 전하는 예수의 이름을 사용해서 귀신을 쫓아내 보자는 계획을 세웠습니다. 그들은 악귀를 쫓는 주문으로 '예수의 이름' 을 사용하기로 하였습니다. 그래서 실제로 귀신 들린 사람을 놓고 실험을 하였습니다.

"바울이 전하는 예수의 이름으로 내가 네게 명령한다. 나가거라."

그러자 악귀가 그들에게 대답했습니다.

"나는 예수도 알고 바울도 안다. 그런데 너희는 도대체 누구냐?"

그러고는 순식간에 귀신 들린 자가 덤벼들어 두들겨 패므로 상처투성이가 되어 도망치고 말았습니다.

이렇게 귀신은 우리의 마음을 읽습니다. 귀신은 영이라 우리의 영의 상태를 아는 것입니다. 그래서 예수 그리스도의 십자가 죽으심과 부활의 진리를 확실히 알고 주님과 늘 동행하는 사람을 알아봅니다.

'이 사람은 어림없다. 이 사람은 예수 그리스도께서 죽었다가 부활하신 그 진리를 확실히 알고 있다. 이 사람은 아담의 광야에서 살지 않고 예

수 그리스도의 가나안 땅에 들어가 살고 있는 사람이다. 이 사람은 꾈 수 없어!'

이런 사람이 와서 귀신을 쫓으면 '아이고, 저항해 봤자 소용 없다. 우리는 못 이긴다.' 하고 도망갑니다. 그러나 이러한 지식과 신앙이 없는 사람이 와서 괜히 '남이 하니까 나도 해 보자. 밑져야 본전이다.' 하면서 "귀신아, 나가라." 하면 절대로 움직이지 않습니다.

주님은 "진리를 알지니 진리가 너희를 자유롭게 하리라"(요 8:32)고 말씀하셨습니다. 우리는 무엇보다도 '내가 그리스도 안에서 어떠한 사람인가?' 를 알아야 합니다. 우리 믿는 사람에게 이것은 절대적입니다. 환경에 어떠한 역경이 다가와도 내가 그리스도 안에서 새로운 피조물이 되었다는 것을 확실히 알면 내게 주신 하나님의 복을 찾아 먹습니다. 그러나 이 확신이 없으면 하나님이 복을 주셔도 제대로 못 지킵니다.

동남풍이 불고 서북풍이 불면 이리 밀리고 저리 밀리며 두려움에 이리저리 쫓기면 마귀가 와서 내 밥상을 뒤엎어 버리기 때문에 못 먹습니다. 이러므로 가르치는 것을 배우고 깨우침을 얻는 것은 정말 필요합니다. 그리스도의 십자가를 바라보고 그 안에서 하나님이 이루신 오중복음과 삼중축복을 흔들림 없이 붙잡아야 합니다. 내가 설교할 때마다 이 사실을 자꾸 외치는 것은 이것이 우리 신앙의 집의 기초가 되기 때문입니다. 아무리 화려하게 집을 지어 놓아도 기초가 흔들리면 다 무너져 버리고 맙니다. 기초를 부실하게 지은 건물은 오래가지 못하고 와르르 무너지게 되어 있는 것입니다.

우리는 예수 그리스도의 십자가 대속의 은총이 무엇인지를 확실히 알고 그 기초 위에 견고하게 서야 합니다. 기초가 단단해야 그 위에 튼튼한 신앙의 집을 지을 수 있습니다. 단단한 기초 위에 신앙의 집을 지은 사람이 예수 이름으로 명령하면 귀신이 견디지 못하고 도망갑니다.

예수님은 3년여의 세월 동안 제자들과 함께하시며 부지런히 가르쳐 주셨습니다. 그럼에도 불구하고 그들은 아직 신앙의 기초가 바르게 서지 못하여 귀신 하나 제대로 쫓아내지 못하므로 예수님께서 그만 탄식을 하시고 책망하신 것입니다.

**18절** 이에 예수께서 꾸짖으시니 귀신이 나가고 아이가 그때부터 나으니라

예수님이 귀신을 꾸짖으시니 귀신이 그 즉시로 나갔습니다. 마가복음 9장을 보면 이 귀신은 아이를 발작하게 했을 뿐 아니라 귀머거리에 벙어리로 만들어 놓았습니다. 예수님이 "말 못 하고 못 듣는 귀신아 내가 네게 명하노니 그 아이에게서 나오고 다시 들어가지 말라"(막 9:25)고 명령하시자 즉시 귀신이 소리를 지르며 그 아이에게 심한 발작을 일으키고 나갔습니다. 그런데 아이가 쓰러져 죽은 듯이 가만히 있는 것을 보고 사람들은 "저 아이가 죽었다."고 웅성거렸습니다. 그때 예수님이 그 아이의 손을 잡아 일으키시니 아이가 아무 일 없었다는 듯이 일어나 아버지와 함께 손을 잡고 집으로 돌아갔습니다.

그 어떤 귀신이라도 예수님의 말씀 한 마디면 그냥 나갑니다. 물론 예수님은 하나님의 아들이시기 때문에 그리되는 것이 당연합니다. 그런데 예수 믿고 거듭난 우리도 성령이 내주하시는 하나님의 아들입니다. 예수님은 "믿는 자들에게는 이런 표적이 따르리니 곧 그들이 내 이름으로 귀신을 쫓아내며"(막 16:17)라고 말씀하셨습니다. 그러므로 믿는 우리는 예

수 이름으로 귀신을 쫓아내야 합니다.

여러분, 정의의 흐름을 막는 것이나 생명의 흐름을 막는 역사는 우리 육체에 일어난 것이든지 가정이나 사회나 국가나 세계에 일어나는 것이든지 다 귀신이 배후에서 하는 일입니다. 하늘나라는 생명과 정의가 강같이 흐르고, 거룩함이 바닷물처럼 출렁거리고, 진리가 넘쳐흐릅니다. 그런데 불의, 부정, 부패가 이 흐름을 막으면 그 배후에 사탄이 있는 것입니다. 우리는 이것을 예수 이름으로 기도해서 쫓아내야 합니다.

우리는 혈과 육을 상대하여 싸우는 것이 아닙니다. 그 배후에 있는 통치자들과 권세들과 이 어둠의 세상 주관자들과 하늘에 있는 악의 영들을 상대로 싸우는 것입니다(엡 6:12). 잘못되게 만드는 것은 배후의 세력이기 때문에 우리는 이것을 차단해야 합니다. 예컨대 여러분의 자녀들이 정상적인 생명의 흐름, 곧 하나님의 생명의 흐름이 잘 되고 있으면 학교에 열심히 가고 공부 잘하고 순종 잘하고 착하게 삽니다. 그런데 이 생명의 흐름이 막히면 부모에게 반항하고 학교에 가지 않고 못된 애들과 어울리고 잘못된 길로 빠집니다. '아이의 성격이 비뚤어졌다' 고 할 수 있지만 실상 그 배후에 마귀가 숨어서 생명의 흐름을 막고 아이의 성격이 비뚤어지도록 만드는 것입니다.

그러므로 우리는 기도할 도리밖에 없습니다. 기도로써 잘못된 일의 배후에 있는 원수 마귀를 묶고 입으로 명해야 합니다. 만일 내 아이가 잘못되고 있으면 그 아이의 배후에 있는 귀신을 예수 이름으로 묶고 입으로 명해야 합니다.

"내 아들의 배후에서 내 아들을 조종하는 원수 귀신아, 물러가라! 너 원수 귀신은 묶임을 받을지어다!" 이렇게 끊임없이 기도와 명령으로 귀신을 묶어야 합니다. 그러면 결국 귀신이 쫓겨 나가고, 아이가 제자리로 돌아오고 변화받기 시작합니다.

우리의 싸움은 사람과의 싸움이 아닙니다. 배후에 있는 귀신과의 싸움입니다. 우리는 눈에 안 보이는 세력이 언제나 배후에서 우리를 도둑질하고 죽이고 멸망시키려 한다는 사실을 명심하고 그 배후의 세력에 대해 기도로써 맞서 싸워야 합니다. 예수 믿는 사람만이 이 배후의 세력과 맞서 싸울 수 있는 힘과 능력이 있고, 또 자격이 있습니다. 믿지 않는 사람은 그 배후의 세력, 곧 마귀의 세력에게 이미 점령당했습니다. 온 세상은 악한 자에게 속해 있습니다. 이 세상의 믿지 않는 사람들은 악한 자, 곧 마귀에게 잡혀 있는 것입니다.

예수 믿는 사람은 해방자들입니다. 그러므로 우리는 예수 이름으로 가는 곳마다 악한 마귀와 싸워 이겨서 우리의 가족, 형제자매, 이웃의 영혼을 되찾고 하나님의 생명이 막힘 없이 흐르도록 해야 하는 것입니다.

**19-21절** 이때에 제자들이 조용히 예수께 나아와 이르되 우리는 어찌하여 쫓아내지 못하였나이까 이르시되 너희 믿음이 작은 까닭이니라 진실로 너희에게 이르노니 만일 너희에게 믿음이 겨자씨 한 알만큼만 있어도 이 산을 명하여 여기서 저기로 옮겨지라 하면 옮겨질 것이요 또 너희가 못할 것이 없으리라 (없음)

제자들은 귀신을 쫓아내지 못한 일과 예수님의 탄식을 들은 일로 큰 고민에 빠졌습니다. 주님께 미안하기 짝이 없고, 또 자신들이 너무나 무력하고 보잘것없다는 생각이 들었습니다. 예수님을 볼 낯도 없고 자신들의 무능력에 실망해서 맥이 다 빠졌습니다. 그래서 나중에 군중들이 다 흩어지고 자신들만 남게 되자 주님께 조용히 나아와서 물었습니다. "주님, 왜 우리는 귀신을 내쫓을 수 없었습니까?" 그때 예수님은 이렇게 대답하셨습니다. "너희 믿음이 작기 때문이다. 만일 너희에게 겨자씨 한 알만큼만 믿음이 있어도 이 산을 명하여 '옮겨져라' 하면 옮겨질 것이다. 그런 믿음만 있다면 너희가 못할 일이 없을 것이다."

참으로 주님이 어마어마한 말씀을 하셨습니다. 주님은 제자들의 질문에 비유로 말씀하시지 않고 단도직입적으로 대답하셨습니다.

"너희 믿음이 작은 까닭이다. 믿음이 겨자씨만큼만 컸어도 너희가 쫓아냈을 것이다. 너희 믿음이 작은 것은 진리를 모르기 때문이다."

성경은 "믿음은 들음에서 나며 들음은 그리스도의 말씀으로 말미암았느니라"(롬 10:17)고 말씀하고 있습니다. 진리를 들어야 믿음이 생겨납니다. 진리를 듣지 않고 감정을 믿음으로 생각하면 안 됩니다. 마음이 흥분되고 뜨거워지면 "믿습니다. 믿습니다. 와, 뜨겁다. 불로! 불로! 불로!" 하는데, 그것은 감정입니다. 믿음은 냉철한 것입니다. 믿음은 진리를 알고 믿는 것입니다. '홍해가 갈라진다!' 이것은 현실과 너무나 동떨어집니다. 상식적으로 생각할 때 시퍼렇게 출렁거리는 홍해가 어떻게 갈라집니까? 그러나 하나님이 홍해를 가르겠다고 말씀하셨다는 진리를 아는 사람은 눈에는 아무 증거 안 보이고 귀에는 아무 소리 안 들리고 손에는 잡히는 것 없어도 "믿습니다." 하고 홍해를 향하여 걸어 들어가는 것입니다.

호세아 4장 6절을 보면 하나님께서 "내 백성이 지식이 없으므로 망하는도다"라고 한탄하셨습니다. 말씀에 대한 지식이 없는 믿음은 참믿음이 아닙니다. 그것은 감정입니다. 감정과 믿음은 틀립니다. 부흥회에 가서 열렬하게 찬송을 부르고 감정적으로 흥분을 하면서 "믿습니다!" 하는 것은 축제에 가서 마음이 들뜬 것이지 믿음은 아닙니다. 믿음은 냉철하며, '……를 아는 것' 입니다. 믿음은 알고 믿는 것이지 모르고 믿는 것이 아닙니다.

믿음은 하나님의 진리를 알고 그것을 따라 나아가는 것입니다. 우리가 진리를 따라 나아갈 때 세상 사람은 그 진리에 대해 모르기 때문에 비난하고 욕을 합니다. 또한 우리 자신의 감각도 그 진리를 부정합니다. 그렇다 해도 우리의 속사람은 진리를 압니다.

여러분, 알아야 바른 소리를 하게 되어 있습니다. 여러분이 교회에 와서 말씀을 듣고 성경을 배우는 것은 알려고 하는 것입니다. 깊이 알수록 큰 믿음을 가지게 되고 적게 알면 작은 믿음을 가지게 됩니다. 그러므로 예수님이 제자들에게 "너희 믿음이 작기 때문이다."라고 하신 것은 "너희가 진리에 대해 아는 것이 적다."라는 말씀입니다.

주님은 또한 이렇게 말씀하셨습니다.

"만일 너희에게 믿음이 겨자씨 한 알만큼만 있어도 이 산을 명하여 여기서 저기로 옮겨지라 하면 옮겨질 것이다. 그런 믿음만 있다면 너희가 못할 것이 없을 것이다."

주님이 과장해서 말씀하셨습니까? 주님은 진리이시므로(요 14:6) 진리를 말씀하십니다. 그러므로 우리가 살아 있는 믿음을 가지면 그것이 겨자씨만 하더라도 산을 움직일 수 있습니다. 태산같이 어려운 문제도 우리 앞에서 움직이는 것입니다.

여러분, 원자탄에는 가공할 위력이 있지 않습니까? 그런데 원자탄보다도 강한 것이 믿음입니다. 믿음은 지극히 작을지라도 굉장한 위력을 발휘합니다. 겨자씨! 이것이 얼마나 작습니까? 난생 처음 겨자씨를 구경하게 되었을 때 나는 굉장히 흥분했습니다. 그때는 성지 순례 같은 것은 꿈도 꾸지 못할 형편이었는데 중동에 갔다 온 한 미국인이 내게 겨자씨를 가져다주었습니다. 그 먼지같이 작은 겨자씨를 보니 너무나 신기했습니다. 그래서 우리 성도들에게도 보여 주려고 새벽 기도회 때 믿음에 대한 설교를 하고 그 겨자씨를 성경책 갈피에 부었습니다. 그리고 성도들에게 "여러분, 줄을 서세요." 하고 줄을 세워 놓은 후 한 사람씩 겨자씨를 구경시켜 주었습니다.

보는 사람마다 다 "와! 목사님, 겨자씨가 굉장히 작아요. 먼지 같아요."라며 감탄했습니다. 그런데 할머니 한 분이 겨자씨를 들여다보다가 "목사님, 안 보이는데요." 하는 것이었습니다. 그래서 더 가까이 와 보라고 했습니다. 그런데 바짝 코를 들이대고 보던 할머니가 "그래도 안 보이는데요."라고 말하는 순간 할머니의 콧바람에 그만 그 작은 겨자씨가 다 날아가 버리고 말았습니다. 찾으려 해도 찾을 수가 없었습니다. 그러자 순서를 기다리고 있던 사람들이 불평했습니다. "아이고, 조심 좀 하지." 나도 내심 화가 났습니다. 그때 성령님께서 내 마음속에 깨달음을 주셨습니다. "이 사람아, 꾸짖지 마라. 약한 숨결에도 날아가는 먼지 같은 겨자씨이니 그것이 얼마나 작은 것이냐? 그런데 그만 한 믿음만 있어도 산이 옮겨진다."

오늘날 우리 예수 믿는 사람들은 너무나 믿음을 활용하지 못하고 있습니다. 하나님이 어마어마한 능력을 우리에게 주셨음에도 불구하고 우리가 깨닫지 못하므로 사용하지 못합니다. 영국이 인도를 점령하던 당시 영국인 하나가 영국에서 트럭 한 대를 가져다가 인도의 한 지역의 추장에게 선물로 주었습니다. 그리고 그에게 이 트럭이 얼마나 많은 짐을 실을 수 있는지, 또 얼마나 빨리 달릴 수 있는지 설명해 주었습니다. 그런데 그가 얼마 후 방문해 보니 그 추장이 운전석에 앉아서 핸들을 잡고 있는데 소들이 그 트럭을 끌고 있었습니다. 영국인이 기가 막혀서 말했습니다. "아이고! 추장님, 이 트럭은 소가 끄는 것이 아닙니다. 이 트럭에 기름을 넣고 엔진을 걸면 소 수십 마리를 오히려 끌고 갈 수 있습니다."

우리 속에 어마어마한 능력이 들어와 있는데 믿음이 우리를 끌고 가는 것이 아니라 우리가 믿음을 끌고 가고 있습니다. 그리고는 "아이고, 믿음이 작아서……, 믿음이 작아서……." 라고 노래합니다. 믿음은 들음에서 나고 들음은 그리스도의 말씀으로 말미암는 것입니다. 하나님의 말씀을 확실히 깨닫고 그 말씀에 의지하는 것이 믿음인 것입니다. 아무런 의지할 것이 없어도 말씀을 믿는 것입니다. 감정을 믿는 것이 아닙니다. 말씀에 대해 '나는 결단코 이 말씀을 믿고 의심하지 않겠다.' 라고 단호하게 믿음의 결단을 내리는 것입니다. 눈에는 아무 증거 안 보이고 귀에는 아무 소리 안 들리고 손에는 잡히는 것 없어도, 저 하늘이 무너지고 이 땅이 꺼져도 일점일획도 변하지 않는 그 말씀을 믿고서 밀고 나가면 산도 물러가고 바다도 갈라집니다.

여러분, 하나님의 말씀을 부여잡고 맹렬한 믿음으로 믿고 기도하면 그 어떤 태산과 같은 문제라도 다 녹아 버립니다. 이것이 하나님의 능력입니다. 성경에 있는 모든 하나님의 역사는 우리에게 구경하라고 기록되어 있는 것이 아닙니다. 믿음이 있으면 우리에게도 똑같은 기적이 일어난다는 것입니다. 그러므로 우리는 낙심할 필요가 없습니다. 우리는 다 그 같은 믿음의 능력을 받은 사람들이기 때문입니다.

## 4. 제삼 일에 살아나리라(17:22-27)

22. 갈릴리에 모일 때에 예수께서 제자들에게 이르시되 인자가 장차
사람들의 손에 넘겨져 23. 죽임을 당하고 제삼 일에 살아나리라 하
시니 제자들이 매우 근심하더라 24. 가버나움에 이르니 반 세겔 받
는 자들이 베드로에게 나아와 이르되 너의 선생은 반 세겔을 내지 아
니하느냐 25. 이르되 내신다 하고 집에 들어가니 예수께서 먼저 이
르시되 시몬아 네 생각은 어떠하냐 세상 임금들이 누구에게 관세와
국세를 받느냐 자기 아들에게냐 타인에게냐 26. 베드로가 이르되
타인에게니이다 예수께서 이르시되 그렇다면 아들들은 세를 면하리
라 27. 그러나 우리가 그들이 실족하지 않게 하기 위하여 네가 바다
에 가서 낚시를 던져 먼저 오르는 고기를 가져 입을 열면 돈 한 세겔
을 얻을 것이니 가져다가 나와 너를 위하여 주라 하시니라

**22-23절** 갈릴리에 모일 때에 예수께서 제자들에게 이르시되 인자가 장차 사람들의 손에 넘겨져 죽임을 당하고 제삼 일에 살아나리라 하시니 제자들이 매우 근심하더라

예수님은 자신의 운명에 대해서 분명히 아셨습니다. 자신이 갈 길과 일어날 일을 훤히 알고 계셨습니다. 변화산 위에서 예수님께 나아온 모세와 엘리야가 예수님의 고난과 죽음을 다 고한 일도 있었습니다.

그렇기 때문에 예수님은 나중에 안나스와 가야바의 뜰에서 심문을 받을 때 그들이 그 어떤 질문을 하고 모욕을 가해도 다 감내하셨습니다. 빌라도의 관정에서도 마찬가지였습니다.

"내게 말하지 않을 작정인가? 내게는 당신을 놓아줄 권한도, 십자가에 못 박을 권한도 있다는 것을 모르는가?"

빌라도가 이렇게 물었을 때 주님은 이와 같이 말씀하셨습니다.

"당신이 하나님께 권한을 받지 않았던들 나를 어떻게 할 수 없었을 것이오. 그러므로 나를 당신에게 넘겨준 자들의 죄가 더 크오."

주님은 구차히 변명하거나 살려 달라고 하시지 않았습니다. 주님이 이 땅에 오신 것은 십자가에 달려 죽으심으로써 하나님의 구원 사역을 이루시기 위함이었기 때문입니다. 주님은 자신이 갈 길을 완전히 알고 계셨기에 그 어떤 상황에서도 묵묵히 자신의 길을 가신 것입니다.

여러분, 우리도 모를 때에나 야단법석을 하지 자신에게 일어날 일을 확실히 알면 왈가왈부하지 않습니다. 예수님은 이제 얼마 있지 않아 예루살렘에 올라가서 죽으실 것이기 때문에 제자들에게 이같이 말씀하셨습니다.

"내가 머지않아 사람들에게 배반을 당하고 그들의 손에 죽었다가 사흘 만에 다시 살아날 것이다."

그러나 제자들은 자신들의 안위가 너무나 걱정이 되어서 이 말씀을 아예 안 믿으려고 마음에 작정을 하고 있었습니다. 예수님의 말씀대로라면 예수님이 죽는 것은 둘째 문제이고 예수님을 따라나선 자신들의 신세가 고약하게 되기 때문입니다. 지금까지 가족과 생업을 다 포기하고 주님을 따라다녔는데 큰일 난 것입니다. 나중에 예수님이 십자가에 못 박히실 때 제자들이 다 주님을 버리고 도망치고 주님이 부활하신 사실을 몰랐던 것도 예수님이 이야기하실 때 이처럼 아예 듣지 않으려고 작정했었기 때문입니다.

그러나 예수님의 십자가 죽으심과 부활은 창세전에 미리 하나님이 작정하신 것입니다. 하나님은 창세전에 아담과 하와가 타락할 것을 아셨습니다. 그리고 타락한 인류의 후손을 위해 그리스도께서 십자가에서 죽으시고 부활하여 사람들을 구원하도록 계획하시고 어린양의 죽음을 예정해 놓으신 것입니다. 그러므로 그리스도의 고난과 부활은 우연히 된 것이 아닙니다. 영원하신 하나님의 예정을 좇아서 된 일입니다.

그 예정에서 악역을 맡은 로마 군인들과 총독 빌라도와 강팍한 유대인들은 불쌍한 사람들입니다. 나는 늘 '본디오 빌라도는 지옥에 있으면서도 얼마나 괴로울까?' 라고 생각합니다. 온 세계의 성도들이 신앙 고백을 드릴 때마다 "본디오 빌라도에게 고난을 받으사……."라고 말하지 않습니까? 빌라도는 잠시 잠깐 유대 총독을 하였다가 세세토록 정죄를 받고 있으니 정말로 억세게 불행한 사람입니다.

**24-27절** 가버나움에 이르니 반 세겔 받는 자들이 베드로에게 나아와 이르되 너의 선생은 반 세겔을 내지 아니하느냐 이르되 내신다 하고 집에 들어가니 예수께서 먼저 이르시되 시몬아 네 생각은 어떠하냐 세상 임금들이 누구에게 관세와 국세를 받느냐 자기 아들에게냐 타인에게냐 베드로가 이르되 타인에게니이다 예수께서 이르시되 그렇다면 아들들은 세를 면하리라 그러나 우리가 그들이 실족하지 않게 하기 위하여 네가 바다에

> 가서 낚시를 던져 먼저 오르는 고기를 가져 입을 열면 돈 한 세겔을 얻을 것이니 가져다가 나와 너를 위하여 주라 하시니라

본문에서 말하는 '반 세겔'은 유대 남자라면 누구나 다 일년에 한 번씩 성전을 위해 바쳐야 하는 일종의 '종교세' 입니다. 예수님이 가버나움에 이르렀을 때 이 성전세를 받는 사람들이 베드로를 찾아와서 "왜 당신의 선생은 성전세를 바치지 않는 거요?"라고 말했습니다. 그들은 예수님과 베드로에게 '너희도 유대 남자로서 모세가 명령한 대로 의무적으로 성전세 반 세겔을 내야 하지 않느냐?' 고 세금 독촉을 한 것입니다.

우리에게 진리처럼 따라다니는 것이 '세금' 입니다. 태어날 때부터 죽을 때까지 늘 세금이 따라다닙니다. 자고로 세금을 피하고 살 사람이 없습니다.

실제로 나라는 세금이 있어야 운영됩니다. 공공 시설을 갖추고 경제를 발전시키고 국방을 지키려면 세금이 반드시 필요합니다. 부정하게 억지로 거두는 세금이 아니라 정상적인 세금이라면 우리는 반드시 세금을 내야 합니다. 그래야 나라를 움직여 나갈 수 있습니다.

유대인들도 성전세를 내야 성전을 운영할 수 있었습니다. 그래서 백성들로부터 성전세를 거둔 것입니다. 베드로는 집 안으로 들어가 예수님께 이 말씀을 드리려고 했습니다. 그런데 예수님이 먼저 베드로에게 물으셨습니다. "베드로야, 너는 어떻게 생각하느냐? 세상 임금들이 관세와 국세를 자기 아들에게서 받느냐, 아니면 백성들에게서 받느냐?" 베드로는 당연하다는 듯이 "백성에게서 받지요."라고 대답했습니다. 그러자 예수님은 "그래. 그렇다면 아들은 세금을 내지 않아도 된다. 그러나 그들의 오

해를 받고 싶지 않으니 바다에 가서 낚시를 던져라. 제일 먼저 낚인 물고기의 입을 벌리면 돈 한 세겔이 들어 있을 것이다. 그것을 가져다가 너와 나의 몫으로 주어라." 하고 말씀하셨습니다.

예수님은 성전의 주인이신 하나님 아버지의 아들이시므로 성전에 세금을 내실 이유가 없습니다. 그러나 주님은 이 땅에 계시는 동안에는 지켜야 할 것을 지키셨습니다. 예수님은 납세의 의무를 다하신 것입니다. 그러므로 우리도 국민으로서 납세의 의무를 다해야 합니다.

또 하나 놀라운 사실이 있습니다. 물고기 입속에 예수님과 베드로가 성전세로 낼 한 세겔의 돈이 들어 있었다는 것입니다. 참으로 하나님은 '예비하시는 하나님' 입니다. 정말 놀랍지 않습니까? 하나님은 갈릴리 바다에 있는 그 많은 물고기 중 한 물고기의 입속에 동전을 예비해 놓으셨습니다. 그리고 베드로가 낚시를 던졌을 때 다른 물고기를 다 제쳐 놓고 하필 그 물고기가 와서 미끼를 덥석 물도록 만드신 것입니다.

고린도전서 2장 9절을 보면 "기록된바 하나님이 자기를 사랑하는 자들을 위하여 예비하신 모든 것은 눈으로 보지 못하고 귀로 듣지 못하고 사람의 마음으로 생각하지도 못하였다 함과 같으니라" 고 말씀하고 있습니다. 그러므로 우리는 비록 눈으로 보지 못하고 귀로 듣지 못하고 마음으로 깨닫지 못해도 하나님이 우리를 위해서 모든 것을 예비해 놓으셨다는 사실을 믿어야만 하는 것입니다.

'내가 주님을 사랑하고 예배 잘 드리고 신앙생활 잘 하면 내게 있어야 할 모든 것을 주님께서 예비해 놓으신다. 나의 먹을 것, 마실 것, 입을 것, 거할 곳을 다 예비해 놓으셨다. 나의 직장도, 미래도 다 예비해 놓으셨다.'

이와 같이 우리가 믿고 기도하고 순종하면 하나님께서 그 모든 것을 다 이루십니다. 우리가 주님의 약속을 믿고 믿음으로 나아가 주님께 부르짖으면 기적이 일어납니다. 놀라운 하나님의 역사가 일어나게 되는 것입니다.

하나님은 야훼 이레, 예비하시는 하나님이십니다. 물고기를 통하여 세금을 예비하시는 하나님께서는 오늘도 우리를 위해 모든 것을 예비해 놓고 계십니다. 우리가 주님을 의지하고 살아갈 때 주님은 우리의 손을 붙잡고 예비한 길로 이끌어 주십니다. 그러므로 여러분은 모든 것에 부족함이 없도록 우리의 삶을 예비하시고 이끌어 주시는 주님만을 굳세게 믿고 나아가시기를 예수님의 이름으로 축원합니다.

# 제 18 장

# 가장 큰 사람

A COMMENTARY
ON THE GOSPEL OF
MATTHEW Ⅲ

본장은 신앙생활에서의 삶의 원리를 가르쳐 주는 메시아의 강론으로서 겸손, 섬김, 하나님의 뜻, 범죄한 형제의 치리(治理), 합심 기도, 용서에 대하여 교훈하고 있습니다.

하늘나라의 법칙은 '욕심을 버리면 버릴수록 부요하게 되고, 겸손하면 겸손할수록 큰 사람이 되는 것' 입니다. 겸손한 사람은 형제를 실족하게 하지 않습니다. 하나님이 귀하게 여기는 자들을 우리도 귀하게 여기는 것이 올바른 신앙인의 자세이며 하나님의 뜻이기 때문입니다.

하나님은 죄인 한 사람이 회개하고 나올 때 크게 기뻐하십니다. 그러나 이미 구원받아 하나님을 섬기는 사람보다 회개한 죄인이 더 가치 있거나 귀한 것은 아닙니다. 단지 잃었다가 찾은 기쁨 때문에 하나님께서 즐거워하시는 것입니다.

한 사람이 기도하면 개인의 운명이 바뀌지만 두 사람이 땅에서 마음을 합하여 기도하면 개인뿐만 아니라 공동체(교회)의 운명과 역사가 변하게 됩니다. 하지만 미움과 불신은 기도를 가로막습니다.

용서하지 않는 사람은 감옥에 스스로 갇혀 사는 사람처럼 미움과 질병과 낭패와 실망의 감옥에서 억눌려 살아갑니다. 용서는 선택이 아니라 기독교인의 의무입니다. 서로 용서할 때 하나님의 은혜와 자유를 누리게 됩니다. 그리고 그들이 합심하여 기도할 때, 기적이 일어나는 것입니다.

## 1. 천국에서 큰 사람(18:1-5)

**1. 그때에 제자들이 예수께 나아와 이르되 천국에서는 누가 크니이까 2. 예수께서 한 어린아이를 불러 그들 가운데 세우시고 3. 이르시되 진실로 너희에게 이르노니 너희가 돌이켜 어린아이들과 같이 되지 아니하면 결단코 천국에 들어가지 못하리라 4. 그러므로 누구든지 이 어린아이와 같이 자기를 낮추는 사람이 천국에서 큰 자니라 5. 또 누구든지 내 이름으로 이런 어린아이 하나를 영접하면 곧 나를 영접함이니**

**1절** 그때에 제자들이 예수께 나아와 이르되 천국에서는 누가 크니이까

제자들은 바로 전에 예수님이 예루살렘에 가셔서 십자가에 못 박혀 죽으실 것이라는 말씀을 들었습니다. 그런데 제자들은 그 일에 대해 슬퍼하기

는커녕 '천국에서 누가 더 높은 자리에 앉을 것인가?' 에 대하여 논쟁하면서 그 문제를 해결해 달라고 예수님께 나아왔습니다.

사람이 살면서 서로 짐을 나누는 일은 정말 중요합니다. 부부간에도 서로 짐을 나누면 기쁘고 즐겁게 인생을 살아 나갈 수 있습니다. 남편이 어려움을 당하고 수고할 때에는 부인이 마음 깊이 동정하고 함께 짐을 져야 합니다. 물론 아내가 짐을 지고 있으면 남편도 아내와 함께 짐을 져야 합니다. 예컨대 아내가 출산을 할 때 남편이 곁에 있어 주면 두려움이 많이 사라지고 힘이 솟아난다고 합니다. 남편은 아이를 낳느라고 고생하는 아내를 보면서 '아, 아내가 이렇게 고생해서 아이를 낳다니, 얼마나 힘들까?' 하고 고마운 마음을 느낍니다.

마음으로 서로 동정하고 짐을 함께 나누어 지는 것도 참 중요합니다. 이것을 감정 이입(empathy)이라고 합니다. 사람이 슬플 때 함께 슬퍼하고, 고생스러워하면 함께 고생스러워하고, 기뻐하면 함께 기뻐하는 것입니다. 이로 인해 가족이 하나가 되고 이웃 사랑과 동포애를 느끼게 되는 것입니다. 축구 경기를 한번 생각해 보십시오. 자기 나라의 선수가 이기면 그 나라 국민 전체가 자신이 이긴 것처럼 들떠서 야단법석을 합니다. 반대로 지면 자기가 진 것처럼 안타까워하고 눈물을 흘립니다. 이것이 바로 기쁨도, 슬픔도 함께 나누는 것입니다.

제자들은 마땅히 예수님과 함께 슬픔을 나누어야 했습니다. 십자가 고난을 앞에 두신 예수님의 마음이 어떠하셨겠습니까? 주님도 육신의 몸을 가진 이상 인류의 죄를 대신해서 십자가 위에서 끔찍하게 죽을 것을 생각할 때 참으로 괴로우셨을 것입니다. 예수님은 하나님이시지만 완전한 사람으로 이 땅에 오셨기 때문에 인간이 당하는 모든 고뇌와 고통을 다 당하셨습니다. 예수님과 3년 반 동안이나 같이 다닌 제자들이라면 그러한 주님과 슬픔을 같이해야 합니다. 제자들은 십자가 고난에 대해 말씀하시고 괴로워하시는 주님과 함께 슬퍼하고, 어찌하든지 주님을 위로하고 힘이 되려고 노력해야 했습니다. 그런데 고통스러워하시는 예수님은 아랑곳없이 자신들끼리 천국에서 누가 더 높은 자리를 차지할 것이냐를 놓고 아옹다옹하고 있는 것입니다.

**2-4절** 예수께서 한 어린아이를 불러 그들 가운데 세우시고 이르시되 진실로 너희에게 이르노니 너희가 돌이켜 어린아이들과 같이 되지 아니하면 결단코 천국에 들어가지 못하리라 그러므로 누구든지 이 어린아이와 같이 자기를 낮추는 사람이 천국에서 큰 자니라

어른들은 마음에 탐욕이 꽉 들어차 있어서 모든 것을 욕심이라는 안경을 끼고 보는 경우가 많습니다. '내게 유익이 되는가?' 또는 '우리 집단에 유익이 되는가?' 를 계산하며 보는 것입니다. 이처럼 어른이 되면 욕심의 눈으로 사물을 보기 때문에 같은 것을 보아도 어린아이들처럼 순수하게 바라보지 못합니다. 그러나 어린아이는 굉장히 단순합니다. 어린아이는 아직 마음에 어른과 같은 탐욕이 없기 때문에 모든 것이 있는 그대로 비추입니다. 또 어린아이는 교만하지 않습니다. 어른들은 '내가 너보다 낫다.', '내가 너보다 잘났다.' 라고 따지거나 비교해서 행동하지만, 어린아이는 그렇지 않습니다. 생긴 그대로 순진합니다. 제자들은 '천국에서는 누가 더 크냐?' 고 다투다가 주님께 나아와 질문했습니다. 그러자 주님은 어린아이 하나를 불러 그들 가운데 세워 놓으시고 "이 어린아이를 보라." 고 하셨습니다. 그리고 말씀하셨습니다. "너희가 돌이켜 어린

아이들과 같이 되지 아니하면 결단코 천국에 들어가지 못한다. 누구든지 이 어린아이와 같이 자기를 낮추는 사람이 하늘나라에서 위대한 사람이다." 주님의 이 말씀은 이런 뜻입니다. "이 어린아이를 보아라. 탐욕도 없고 교만하지도 않지 않느냐? 얼마나 겸손하고 순수하냐? 천국에서 제일 큰 자는 탐욕을 버리고 하나님을 순수한 마음으로 섬기는 사람이다. 자기를 높이지 아니하고 겸손하게 낮추며, 하나님을 경외하며 높이고, 남을 나보다 낫게 여기는 사람이다."

천국은 세상과는 정반대입니다. 세상에서는 욕심이 많은 사람이 더 많은 것을 소유하고, 자기를 높이고 내세울수록 사람들에게 존경을 받지만 천국은 이와 정반대입니다. 탐욕을 가진 사람은 천국에 들어가지 못합니다. 주님은 "낙타가 바늘귀로 들어가는 것이 부자가 하나님의 나라에 들어가는 것보다 쉬우니라"(19:24)고 말씀하셨습니다. 이 말씀은 부자가 많은 물질을 가졌기 때문에 천국에 들어가지 못한다는 것이 아니라, 욕심 때문에 하나님을 섬기지 못하므로 천국에 들어가지 못한다는 뜻입니다. 예컨대 예수님을 믿고 하나님을 섬기면 십일조를 드려야 하는데, 욕심이 많으면 십일조를 드리기가 아까워서 하나님을 섬기지 못한다는 것입니다. 욕심은 무섭습니다. 사업을 하다가 완전히 망해서 알거지가 된 한 사람이 우리 교회에 왔었습니다. 그는 우리 교회에 나와서 회개하고 예수 믿고 난 다음에 큰 축복을 받아 나중에는 십일조가 일 년에 1억 원이 넘게 되었습니다. 그런데 2년 뒤에 그가 나를 찾아와서는 "목사님, 이제 교회에 그만 나오겠습니다." 하는 것이었습니다. 나는 깜짝 놀라지 않을 수 없었습니다.

"아니, 그게 무슨 말씀입니까? 왜 그만 나온다는 것입니까?"

나의 물음에 그는 이렇게 말했습니다.

"솔직히 말해 도저히 십일조를 낼 수가 없습니다. 손이 떨립니다."

나는 그에게 권면했습니다.

"보세요. 당신이 알거지가 되어 빈손 들고 교회를 찾아왔을 때, 하나님이 어떻게 복을 주셨습니까? 처음에 만 원, 십만 원을 십일조로 드릴 때만 해도 얼마나 열심히 와서 기도했습니까? 이제 십일조가 한 달에 천만 원이 넘고 일 년에 1억 원이 넘었으니 하나님께 더 감사해야 하지 않습니까?"

이렇게 권면을 해도 그의 굳은 마음은 녹지 않았습니다.

"목사님, 말씀은 쉽지만 이제는 십일조를 내려고 하면 손이 떨립니다. 여기서는 그동안 십일조 낸 것이 있어 내 수입이 얼마인지 다 알고 있잖아요. 그러니 나를 모르는 다른 교회로 가겠습니다."

돌아서 가는 그 사람의 뒷모습을 보면서 참으로 내 마음이 괴롭고 안타까웠습니다. '어떻게 저럴 수가 있는가? 완전히 망해서 온 사람, 내가 얼마나 위로하고 기도해 주었던가! 그런데 이제 다시 물질이 쌓이니 탐욕이 들어와 십일조 적게 낼 교회를 찾아가려 하다니…….' 결국 그 사람은 십일조 적게 낼 교회로 찾아갔는데 얼마 있지 않아 이혼을 했습니다. 그뿐 아닙니다. 잘못된 길로 가다가 다시 사업에 실패해서 완전히 거지가 되었습니다. 지금은 그가 어떻게 되었는지도 모릅니다.

여러분, 욕심은 이렇게 무서운 것입니다. 하지만 큰 부자인데도 천국에 들어가는 사람들도 얼마든지 있습니다. 그 사람들은 이 세상 것에 탐욕을 갖지 않고 하나님이 주신 축복으로 하나님의 영광을 위해서 사는 사람들입니다.

미국의 유명한 거부 록펠러 1세는 어릴 때부터 십일조를 드린 사람이었습니다. 그는 부모가 가난해서 교육도 많이 못 받았고, 하는 일도 하찮은 것인지라 수입도 적었습니다. 그러나 그는 수입이 있을 때마다 반드시 십일조를 드렸습니다. 그러던 그가 어느 정도 재산을 모아 살 만하게 되었을 때 사기를 당해서 쓸모없는 광산에 돈을 다 집어넣고 말았습니다. 폐광을 금광인 줄 알고 산 것입니다. 아무리 캐어도 금이 나오지 않아 파산하게 되자, 그는 절대 절망의 처지에서 그 폐광 갱도에 엎드려 하나님께 기도했습니다.

"하나님 아버지여, 나는 이제껏 살면서 십일조를 도둑질한 적이 없습니다. 하나님이 명하신 대로 십일조를 드리고 주님 중심으로 살려고 애썼습니다. 그런데 제가 모든 돈을 다 털어서 이 광산을 샀는데 사기를 당했습니다. 폐광입니다. 금이 나오지 않습니다. 하나님 아버지, 십일조를 드리면 하늘 문을 열고 쌓을 곳이 없도록 부어 주시겠다고 약속하시지 않았습니까? 그런데 저는 왜 이렇게 되었습니까?"

그런데 자꾸 마음속에서 "몇십 미터만 더 파라. 몇십 미터만 더 파라." 하는 음성이 들렸습니다. 그래서 '에라, 이거 죽기 아니면 까무러치기다.' 그렇게 마음을 먹고 아예 빚을 더 내어서 몇십 미터를 더 팠습니다. 그러자 검은 물줄기가 터져 솟구쳐 오르기 시작했습니다. 그것은 검은 황금, 석유였습니다. 금을 캐려다가 석유를 캔 것입니다. 이렇게 해서 그는 미국 최대의 갑부가 되었습니다. 그는 하나님께서 갑부로 만들어 주신 다음에도 평생토록 많은 사회사업과 자선사업을 했습니다.

마음에 탐욕이 가득 차면 망합니다. 탐심은 곧 우상 숭배이기 때문입니다. 욕심이 잉태하면 죄를 낳고, 죄가 장성하면 사망을 낳습니다. 세상 사람은 마귀가 주는 탐욕으로 살지만 하늘나라에 속한 사람은 믿음을 통해 하나님의 복을 받고 삽니다. 하늘나라에서는 욕심을 버릴수록, 그리고 하나님만 의지할수록 하나님의 복을 받습니다.

또 하늘나라에서는 자기를 낮추면 낮출수록 더 복을 받습니다. 우리가 어린아이처럼 주님을 믿고 따르면 그만큼 세상 욕심과 자기 교만이 깨어진 것입니다. 탐욕을 버리고 겸손해지는 것이 참신앙의 시작입니다. 신앙이 점점 깊어지면 탐욕도 교만도 점점 버리게 되는 것입니다. 세상 사람들은 "저 사람, 완전히 미친 사람 아닌가? 주일이라고 일 안하고 교회 나가고 하나님 명령이라면 있는 것을 다 내놓다니, 쯧쯧 안됐다, 안됐어." 라고 말합니다. 또 겸손하게 자기를 낮추면 "뭐, 저런 사람이 있나? 저렇게 천한 사람들을 끌어안고 살다니!" 라고 말합니다. 그러나 세상으로부터는 점점 우습게 보일지라도 하늘나라에서는 그때부터 점점 더 커지는 것입니다. 성경은 "하나님이 교만한 자를 물리치시고 겸손한 자에게 은혜를 주신다 하였느니라"(약 4:6)고 말씀하였습니다. 그러므로 우리는 항상 하나님 앞에서 우리 자신을 낮추는 연습을 해야 합니다. 절대로 하나님 앞에서 자기를 높이거나 자기 자랑을 하지 말아야 합니다. 우리가 가진 모든 것은 하나님으로부터 받은 것입니다. 나의 생명도 하나님으로부터 받았고, 나의 지혜와 지식도 하나님으로부터 받은 것입니다. 하나님으로부터 받은 것을 내가 만든 것처럼 자랑해서는 안 됩니다. 하나님께 받은 것이니 오직 하나님 앞에서 겸비하게 낮아져 감사하며 살아야 하는 것입니다. 하나님께서 많이 주시면 많이 주신 대로 감사하고, 적게 주시면 적게 주신 대로 감사하면 됩니다. 자녀가 뛰어나게 공부를 잘하면 그런 지혜를 주신 하나님께 감사하고, 또 그렇지 않다 해도 다른 좋은 것을 주신 하나님께 감사해야 하는 것입니다.

우리가 범사에 하나님께 감사하고 살면 하나님은 우리의 모자라는 것을 다 채워 주십니다. 사람마다 모자람이 있는 것은 하나님을 의지하게 하려고 하나님이 그렇게 하신 것입니다. 사람은 부족한 것이 없으면 하나님을 의지하지 않게 마련입니다. 그래서 하나님은 한 부분에 복이 있으면 다른 부분에 복이 없어 그만큼 하나님을 의지해야 되게끔 만들어 놓으셨습니다. 하나님을 의지할 때 비로소 모자라는 것이 만족될 수 있도록 만드신 것입니다. 그러므로 우리에게 있어 무엇보다 가장 큰 축복은 하나님을 의지하고 사는 삶입니다.

**5절 또 누구든지 내 이름으로 이런 어린아이 하나를 영접하면 곧 나를 영접함이니**

천사가 요셉에게 예수님의 탄생을 알릴 때 "이 모든 일이 된 것은 주께서 선지자로 하신 말씀을 이루려 하심이니 이르시되 보라 처녀가 잉태하여 아들을 낳을 것이요 그의 이름은 임마누엘이라 하리라 하셨으니 이를 번역한즉 하나님이 우리와 함께 계시다 함이라"(1:22-23)고 하였습니다. 예수님은 우리와 함께 계시는 임마누엘의 하나님이십니다. 하나님은 예수님 안에 계십니다. 예수님이 바로 하나님이 거하시는 주소인 것입니다. 따라서 예수님을 영접하는 것은, 곧 하나님 아버지를 영접하는 것입니다.

여러분, 예수님이 우리 속에 계시면 하나님이 우리 속에 계신 것입니다. 예수님과 함께 사는 사람은 하나님 아버지와 함께 사는 사람입니다. 아들이 있으면 아버지가 있고, 아들이 없으면 아버지도 없습니다. 그러므로 우리는 하나님을 다른 데서 찾을 필요가 없습니다. 누구든지 주의 이름을 부르면 그곳에 하나님이 계십니다. 하나님은 예수님을 통해서 우리에게 오시는 것입니다.

주님은 "내가 곧 길이요 진리요 생명이니 나로 말미암지 않고는 아버지께로 올 자가 없느니라"(요 14:6)고 말씀하셨습니다. 예수 그리스도 안에 하나님 아버지께서 계시기 때문에 그를 통하지 않고는 하나님을 만나볼 수 없습니다. 예수님은 '하나님의 영광의 광채시요, 그 본체의 형상' 이십니다(히 1:3). 그리고 예수님을 모신 우리 속에도 하나님이 와 계십니다.

그런데 본문에서 예수님은 "누구든지 내 이름으로 이런 어린아이 하나를 영접하면 곧 나를 영접함이니" 라고 말씀하셨습니다. 나는 주의 종, 예수님의 종입니다. 내가 예수님이 명하신 일을 하러 나갈 때 사람들이 나를 반갑게 받아들여서 일을 할 수 있도록 해 주면 그것은 나를 영접한 것이 아니라 나를 보내신 예수님을 영접한 것이 됩니다. 그러나 나를 박대하고 내쫓아 버리면 그것은 나를 내쫓는 것이 아니라 예수님을 내쫓는 것입니다. 나는 주님의 보내심을 받았기 때문입니다. 구역장이나 지역장이 구역 식구들을 심방하러 갈 때에도 예수님의 종으로 나아가는 것입니다. 그러므로 우리가 그들을 영접하면 예수님을 영접하는 것이요, 그들을 박대하고 쫓아내면 예수님을 박대하고 쫓아내는 것입니다.

사도행전 9장을 보면 사울이 교회를 박해하여 많은 성도들을 잡아 감옥에 가두고 그것도 모자라 다메섹에 있는 교회를 박해하기 위해서 말을 타고 가는 중에 겪은 사건이 나옵니다. 대낮에 갑자기 하늘에서 눈부신 빛이 번쩍이더니 그를 내리비추었습니다. 사울은 그만 땅에 엎드러지고 말았습니다. 그때 한 음성이 사울에게 들렸습니다. "사울아, 사울아, 어찌하여 나를 박해하느냐?" 사울이 물었습니다. "당신은 누구십니까?" 그러자 곧 대답이 들렸습니다. "나는 네가 박해하는 예수다." 사울은 예수님을 직접 박해한 적이 없습니다. 그는 교회를 박해하고 성도를 박해했습니다. 그런데 예수님은 그에게 "너는 나를 박해하고 있다."고 말씀하셨습니다. 주님의 교회를 박해하는 것은 예수님을 박해하는 것이고, 주의 성도를 박해하는 것도 예수님을 박해하는 것입니다. 이와 반대로 교회와 성도를 도와주면 그것은 예수님을 돕는 것입니다. 교회와 성도는 예수님과 생명 일체이기 때문입니다. 이러므로 그리스도의 이름을 가지고 오는 사람은 바로 예수님과 함께 오는 사람이므로 그들을 환영하고 잘 대접해야 합니다.

여러분, 우리가 어린아이 하나라도 그리스도의 이름으로 잘 대접하고 잘 돌보면 예수님을 섬기는 것이 됩니다. 우리는 어려운 처지에 있는 이웃에게 그리스도의 이름을 전하고 그리스도의 사랑을 베풀어야 합니다. 우리가 예수 그리스도의 이름으로 가난하고 헐벗고 굶주린 이웃과 좋은 것을 나누면 바로 예수 그리스도를 대접하는 것이 되는 것입니다.

## 2. 실족하게 하는 일로 인하여(18:6-11)

**6. 누구든지 나를 믿는 이 작은 자 중 하나를 실족하게 하면 차라리**

연자 맷돌이 그 목에 달려서 깊은 바다에 빠뜨려지는 것이 나으니라
7. 실족하게 하는 일들이 있음으로 말미암아 세상에 화가 있도다 실
족하게 하는 일이 없을 수는 없으나 실족하게 하는 그 사람에게는 화
가 있도다 8. 만일 네 손이나 네 발이 너를 범죄하게 하거든 찍어 내
버리라 장애인이나 다리 저는 자로 영생에 들어가는 것이 두 손과 두
발을 가지고 영원한 불에 던져지는 것보다 나으니라 9. 만일 네 눈이
너를 범죄하게 하거든 빼어 내버리라 한 눈으로 영생에 들어가는 것
이 두 눈을 가지고 지옥 불에 던져지는 것보다 나으니라 10. 삼가 이
작은 자 중의 하나도 업신여기지 말라 너희에게 말하노니 그들의 천
사들이 하늘에서 하늘에 계신 내 아버지의 얼굴을 항상 뵈옵느니라
11. (없음)

**6-7절** 누구든지 나를 믿는 이 작은 자 중 하나를 실족하게 하면 차라리 연자 맷돌이 그 목에 달려서 깊은 바다에 빠뜨려지는 것이 나으니라 실족하게 하는 일들이 있음으로 말미암아 세상에 화가 있도다 실족하게 하는 일이 없을 수는 없으나 실족하게 하는 그 사람에게는 화가 있도다

'연자 맷돌'은 당나귀나 소를 이용해서 돌리는 큰 맷돌입니다. 옛날 로마 시대에는 살인이나 중대한 사회적 범죄 행위를 한 사람에게 큰 맷돌에 그 목을 달아서 바다에 던지는 형벌이 있었습니다. 그 무거운 맷돌을 목에 달아 바다에 가라앉히니 누구라도 살아남지 못합니다. 그런데 본문에는 어린아이 하나라도 시험에 들게 해서 신앙에서 떨어지게 하면 연자 맷돌을 목에 달고 바다에 던져지는 것이 차라리 낫다고 했습니다. 이는 비록 연자 맷돌을 목에 달고 바다에 던져져서 육체가 죽더라도 영혼이 사

는 것이 낫다는 말입니다. 육체는 죽어도 영혼은 살기 때문입니다. 육체의 생명은 한정되어 있지만 영혼은 영원히 삽니다. 잘 믿는 사람이 불가피한 일로 육체가 죽는다면, 육신적 생명으로 보면 안타깝지만 영혼으로 봐서는 손실이 없습니다. 그 영혼은 구원받아 천국에 들어가기 때문입니다. 그러나 만일 누군가 어떤 사람을 시험에 빠지게 해서 그를 불신앙에 떨어진 상태에서 죽게 만든다면 영원히 그 사람을 죽이는 것이 되고 맙니다. 영혼을 죽이는 무서운 죄를 짓는 것입니다.

고린도전서 5장을 보면, 바울 선생은 심각한 음행죄를 저지른 자에 대하여 "주 예수의 이름으로 너희가 내 영과 함께 모여서 우리 주 예수의 능력으로 이런 자를 사탄에게 내주었으니 이는 육신은 멸하고 영은 주 예수의 날에 구원을 받게 하려 함이라"(고전 5:4-5)고 기록하고 있습니다. 바울이 지목한 그 범죄한 사람은 사탄에게 내어 준 바 되어 육체에 중병이 걸려 죽게 되었습니다. 그가 죽게 된 것은 안됐지만 그 과정을 통해 회개함으로 주 예수의 날에 영혼이 구원받게 된다면 참으로 다행한 일이라 할 수 있습니다.

영혼은 영원히 사는 것이기 때문에 우리는 영혼을 잃어버리는 일은 절대로 하지 말아야 합니다. 뿐만 아니라 다른 사람을 시험에 들게 해서 영혼을 죽이는 무서운 일 또한 절대로 해서는 안 됩니다. 주님은 "사람이 만일 온 천하를 얻고도 제 목숨을 잃으면 무엇이 유익하리요 사람이 무엇을 주고 제 목숨과 바꾸겠느냐"(16:26)고 말씀하셨습니다. 우리는 영혼의 귀중함을 뼈저리게 알아야 합니다. 예수 그리스도를 믿고 영혼을 구원하고 그 영혼이 하나님의 은혜 속에서 성장하는 것이야말로 우리에게 가장 중요한 일입니다. 부귀영화, 공명은 몸에 걸친 장신구에 불과합니다. 장신구는 얼마 있지 않아 다 없어져 버리고 맙니다. 이런 허무한 것 때문에 영혼을 상처 입히거나 저버리는 일은 하지 말아야 합니다. 가장 안타까운 일은 이 장신구를 구하려고 영혼을 팔아먹는 사람이 많이 있다는 사실입니다. 믿는 자라고 하면서도 영혼을 팔아서 이 세상의 부귀영화, 공명의 장신구를 달려고 하는 사람들이 너무나 많이 있습니다.

주님은 "썩을 양식을 위하여 일하지 말고 영생하도록 있는 양식을 위하여 하라 이 양식은 인자가 너희에게 주리니 인자는 아버지 하나님께서 인 치신 자니라"(요 6:27)고 말씀했습니다. 구원을 받았으니 우리는 어찌하든지 영생을 취해야 합니다. 또한 우리는 영혼을 저버리는 어리석은 행동을 하지 말아야 합니다. 마귀는 언제나 이 세상의 것을 가지고 우리를 유혹하여 영혼의 일을 생각하지 못하게 합니다. "구원과 영생의 문제는 나중에 생각하라. 지금 무슨 필요가 있느냐? 너는 아직 젊다." 그러나 그렇지 않습니다. 우리는 어떠한 일이 있어도 마음을 다하고 뜻을 다하고 정성을 다하고 목숨을 다하여 주 하나님을 사랑하고 예수님을 섬기는 일을 등한히 하지 말아야 합니다.

우리가 세상에서 살다 보면 여러 가지 이해 문제에 부딪쳐서 서로 실족하게 하는 일들이 있습니다. 인간이 죄와 마귀가 있는 이 세상에서 사는 한, 이런 일이 전혀 없다고는 볼 수 없습니다. 그러나 남을 실족하게 하는 사람에게는 종국에 하나님께서 화를 내리십니다. 어떤 사람은 같은 구역이나 지역에 속한 성도들에게 계 모임을 하자고 합니다. 그리고는 탐욕이 들어 곗돈을 들고 줄행랑을 칩니다. 이렇게 되면 성도들이 신앙에 큰 상처를 입습니다. 또 어떤 사람은 처음에는 열심히 신앙생활을 하고 열심히 봉사해서 사람들에게 신임을 얻습니다. 그렇게 얼마를 지난 다음에는 고슴도치가 오이밭에 뒹굴듯이 이 사람 저 사람에게서 빚을 얻어 그것을 가지고 외국으로 달아나 버립니다. 이 때문에 수많은 사람이 낙심해서 실족하여 신앙을 저버리고 세상으로 흘러가 버리는 경우가 있습니다. 그런데 이런 일을 벌인 사람은 반드시 하나님께 화를 당합니다. 남을 실족하게 한 사람이 이 땅에서 아무 일 없이 잘 먹고 잘 입고 잘살다가 천국에 유유히 들어갈 줄로 생각하면 그것은 큰 오해입니다. 남을 실족하게 한 사람은 금세와 내세에 화를 당합니다. 순수하게 예수님을 믿고 하나님을 따르는 사람의 신앙을 이용하고 짓밟는 악행은 결코 해서는 안 됩니다.

> **8-9절** 만일 네 손이나 네 발이 너를 범죄하게 하거든 찍어 내버리라 장애인이나 다리 저는 자로 영생에 들어가는 것이 두 손과 두 발을 가지고 영원한 불에 던져지는 것보다 나으니라 만일 네 눈이 너를 범죄하게 하거든 빼어 내버리라 한 눈으로 영생에 들어가는 것이 두 눈을 가지고 지옥 불에 던져지는 것보다 나으니라

"네 손이나 네 발이 너를 범죄하게 하거든 찍어 내버리라"고 했다고 해서 그 손과 발의 주인이 책임이 없다는 말이 아닙니다. 손과 발은 도구에 불과할 뿐이고 죄는 마음에서 일어나는 것입니다. 손과 발을 찍어 낸다고 해서 죄를 끊게 되지 않습니다. 이 말씀은 범죄할 때 도구로 사용되는 나의 손과 나의 발을 찍어 내버리겠다는 마음의 각오를 가지고 이 세상과 세상에 있는 죄악을 따라가지 말라는 의미입니다. 그렇지 않으면 죄악을 따라가다가 영혼을 잃어버리게 되는 것입니다.

오래 전 내가 신학교에 다닐 때 열심히 예수 믿는 집사님이 있었는데,

이분의 남편은 노름꾼이었습니다. 그는 밤낮 노름에 빠져서 자기 집도 망치고 온 일가친척에까지 피해를 입혔습니다. 그래서 가족들이 그를 붙잡아 작두로 열 손가락을 다 잘라 버렸습니다. 상처에 붕대를 감고 있는 동안 그는 노름을 안 했습니다. 식구들은 '이제 정신 차렸구나!' 하고 안심했습니다. 그런데 상처가 다 낫고 붕대를 풀자 손가락이 다 잘린 몽당손을 가지고 다시 노름을 했습니다. 보십시오. 마음이 노름에 잡혀 있으면 손가락을 잘라도 노름을 합니다. 하루는 그 집사님이 노름빚을 얻어오라고 행패를 부리는 남편을 피해서 교회로 도망을 왔습니다. 목사님이 그 집사님을 교회 창고에 숨겨 주었는데 그 남편이 눈에 불을 켜고 찾으러 다녔습니다. 교회에까지 찾으러 와서는 목사님 앞에서 "이년, 잡기만 하면 몽둥이로 때려죽이겠다."고 했습니다. 그 서슬에 목사님도 겁이 나서 그가 다른 곳으로 찾으러 간 사이에 집사님에게 "빨리 서울로 도망을 치세요." 하고 버스 정류장으로 내보냈습니다. 하지만 집사님은 그만 버스 정류장에서 남편에게 잡히고 말았습니다. 그 남편은 집사님을 유달산 바위 꼭대기로 끌고 올라갔습니다. 그리고는 "너, 당장 입고 있는 옷을 다 벗어라. 네 옷도 내가 팔아먹어야겠다."라고 말했습니다. 그런 다음 바위 꼭대기에서 집사님을 밀어 죽이기 직전에 이렇게 말했습니다.

"너는 남편도 몰라보고 예수만 따라가려 했다. 남편이 돈 빌려 오라는 것도 안 빌려 오고 교회로 도망을 쳤으니 너는 죽어야 된다. 마지막으로 원 없이 기도나 해라."

그래서 집사님이 그 바위에 엎드려 마지막 기도를 했습니다.

"하나님 아버지, 나는 이제 죽으면 천국으로 갑니다. 나는 더 좋은 나라에 가니 아무 여한이 없고 감사합니다. 하지만 저 양반, 열 손가락을 작두에 다 잘리고도 또 노름방에 가서 노름을 하고 있으니, 저 영혼이 이제 얼마 있지 아니하면 영원한 불꽃 가운데 떨어질 것이 아닙니까? 하나님, 같이 살아온 인연으로 생각하면 저 영혼이 너무나 불쌍합니다. 저 영혼을 구원하여 주시고, 죄를 용서해 주시고, 하나님의 은혜를 주옵소서."

이렇게 기도를 하고 있는데 뒤에서 무슨 소리가 들렸습니다. 사실 이 남편도 끝없이 갈등하고 있었습니다. 스스로도 생각해 보면 노름을 끊어야겠는데 그것이 마음대로 되지 않는 것이었습니다. 귀신에게 잡혀 있으니 자기 스스로도 어찌할 수 없는 것입니다. 이제는 귀신이 시키는 대로 자기 아내까지 죽이려고 하다가 아내의 기도에 큰 갈등을 느끼고 엄지손가락 자리를 꽉 깨물었습니다. 그런데 그만 그곳에서 피가 콸콸 흘러나온 것이었습니다. 그는 겁이 나서 아내에게 다급히 도움을 요청했습니다.

"여보, 나 좀 살려 줘. 나도 못 살겠다. 노름을 안 하려고 마음을 먹어도 작심삼일도 안 되어서 다시 노름기가 들어오면 내가 미쳐 버려. 내가 당신을 여기까지 끌고 올 때는 꼭 죽이려고 했는데, 당신이 기도할 때 내 마음이 또 달라졌어. 내 마음을 나도 몰라."

그래서 집사님이 남편을 붙잡고 통곡을 하면서 기도를 하고 난 다음, 옷을 입고 그 남편을 교회로 데리고 왔습니다. 교회에서 그 남편이 회개, 자복하고 하나님을 그 마음속에 모셔 들이자 노름하게 하는 귀신이 떠나갔습니다. 내가 나중에 그 집사님이 다니던 목포교회에 부흥회를 인도하러 갔다가 한 집사님이 몽당손을 가지고 헌금을 거두는데 아주 열심히 찬송을 하는 것을 보았습니다. 나는 속으로 '이분은 문둥병에 걸렸다가 나았나 보다.' 라고 생각했습니다. 나중에 예배를 마치고 난 다음 그분과

악수를 하면서 물어보았습니다. "집사님, 어떻게 하다가 열 손가락을 다 잃었습니까?" 그랬더니 그분이 이렇게 말하는 것이었습니다. "목사님, 마귀가 내 열 손가락을 다 빼앗아 가고, 나중에는 우리 마누라까지 빼앗아 갈 뻔했는데 내가 예수님을 구주로 모시자 주님이 나를 해방시켜 주셨습니다." 거기서 내가 느낀 것이 있습니다. '손가락을 다 잘라도 마음이 변화되지 않으면 절대로 회개하지 못한다.'

본문에서 예수님이 "장애인이나 다리 저는 자로 영생에 들어가는 것이 두 손과 두 발을 가지고 영원한 불에 던져지는 것보다 나으니라" 고 하신 것은 '차라리 이 땅에서 불구자가 되어 살지라도 죄짓지 않고 주님 잘 믿고 사는 것이, 사지가 멀쩡한데도 예수 믿지 않고 살다가 지옥 불에 떨어지는 것보다 낫다.' 는 뜻입니다. 이 세상에서 사지 멀쩡하게 사는 기간이 얼마나 됩니까? 백 년도 채 안 됩니다. 이 세상에서 불구자로 살아도 그것은 백 년 내로 끝납니다. 주님 나라에 들어가면 그 어떤 불구도 없습니다. 모두 다 사지가 멀쩡한 영체로 부활합니다. 또한 예수님은 "만일 네 눈이 너를 범죄하게 하거든 빼어 내버리라 한 눈으로 영생에 들어가는 것이 두 눈을 가지고 지옥 불에 던져지는 것보다 나으니라" 고 말씀하셨습니다. 죄는 결국 우리를 파멸시키는 것이므로 차라리 팔다리를 잘라 버리고, 눈을 뽑는 한이 있더라도 세상과 세상 죄악을 따르다가 지옥에 가지 말라고 엄중하게 경고하시는 말씀입니다. 여기에서 주님이 크게 대조해서 설명하시는 것은 세상의 부귀영화, 공명이 아무리 좋다고 해도 세상 죄에 빠져서 죽으면 아무 유익이 없다는 것입니다. 그러한 사람은 영원한 지옥 불 속에서 세상에서 좋았던 것은 꿈에 본듯 잊어버리고 영원히 계속되는 고통 속에 몸부림치게 된다는 것입니다.

하늘나라의 영원한 생명을 얻는 것이 이 세상에서 잠시 낙을 누리는 것보다 비교할 수 없이 중요합니다. 그렇기 때문에 주님은 우리에게 세상 것을 버려서라도 천국을 취하라고 말씀하고 계신 것입니다. 사지백체를 잃을지라도 영원히 있는 것을 취해야지 잠시 잠깐 있을 것을 위해서 영원을 잃어버리지 말라는 것입니다.

**10-11절** 삼가 이 작은 자 중의 하나도 업신여기지 말라 너희에게 말하노니 그들의 천사들이 하늘에서 하늘에 계신 내 아버지의 얼굴을 항상 뵈옵느니라 (없음)

본문 말씀을 보면 하나님께서 예수 그리스도를 믿는 어린아이에게 보호 천사를 임명해 놓으신 것을 알 수 있습니다. 그리고 그 보호 천사는 항상 자신이 맡은 어린아이에 관한 일들을 하나님께 보고한다는 것입니다.

여러분, 예수 믿는 우리 한 사람 한 사람에게는 보호 천사가 있습니다. 그들이 우리의 일거수일투족을 전부 다 아버지께 아뢥니다. 잘한 것도 아뢰고, 잘못한 것도 아뢥니다. 그들은 하나님 아버지의 지시를 따라 우리에게 내려와서 우리를 보호하고 돌보아 주는 일을 합니다. 마귀는 이 세상에서 사람들을 도둑질하고 죽이기 위해서 수많은 귀신들을 풀어놓고 있습니다. 이 때문에 하나님께서는 이 죄악 세상에서 우리 예수 믿는 사람들을 보호하시고 도와주시기 위해 보호 천사를 붙여 놓으셨습니다. 보호 천사들은 늘 우리 주위에 있으면서 우리를 알게 모르게 늘 도와주고 있습니다. 우리에게 용기와 힘을 주고, 보호해 주고, 격려해 줍니다.

나는 신앙 잡지에서 이런 간증들을 읽은 적이 있습니다. 어떤 자매님이 아이들을 차에 태우고 가다가 철도 건널목에서 그만 엔진이 꺼졌습니다. 그 순간 저쪽에서 열차가 맹렬한 속도로 달려오고 있는 것이 보였습니다. 일촉즉발의 위기였습니다. 꼼짝없이 아이들과 함께 죽게 된 것입니다. 그래서 그녀는 핸들을 잡고 순간적으로 기도했습니다. "하나님 아버지여, 나와 자식들을 살려 주십시오." 그런데 갑자기 잘생긴 청년 한 사람이 나타나더니 한 손으로 차를 싹 밀어 버리는 것이었습니다. 차는 기차에 부딪칠 순간에 뒤로 밀려났습니다. 청년도 순간적으로 피했고 기차는 아무 일 없이 지나갔습니다. 위기를 모면한 자매님은 안도의 한숨을 쉬면서 '너무나 감사하다! 그 청년에게 인사를 해야지.' 라고 생각했습니다. 기차가 지나가고 난 다음 자매님은 차에서 내려 청년을 찾았습니다. 그러나 아무리 두리번거려도 그 청년이 온데간데없었습니다. 그 청년은 보호 천사였던 것입니다.

또 이런 이야기도 있습니다. 미국의 한 시골에서 일어난 일입니다. 한 농부가 집에서 많이 떨어져 있는 자신의 농장에서 풀을 베다가 방울뱀에 물렸습니다. 방울뱀의 독은 아주 치명적이라서 물린 사람은 금방 죽게 됩니다. 그 역시 뱀에 물린 즉시로 온몸이 마비되기 시작했습니다. 다급한 마음에 그 사람은 고함을 치며 기도했습니다. "하나님 아버지여, 방울뱀에게 물려서 이제 이 자리에서 죽게 되었습니다. 부디 나를 살려 주십시오." 그때 어떤 사람이 흰옷을 입고 그 옆을 지나가는 듯이 오더니 "아니, 당신 방울뱀에 물렸군요. 내게 업히시오."라고 했습니다. 그래서 그의 등에 업혔는데, 그가 한 발자국 떼고 두 발자국 떼니 벌써 자신의 집 앞에 와 있었습니다. 사고 지역은 집에서 상당히 먼 거리였습니다. 그런데 분명히 한두 발자국을 떼는가 싶었는데 자기 집 앞에 와 있는 것이었습니다. 급박한 상황인지라 얼른 초인종을 눌러서 식구들에게 도움을 요청했습니다.

그를 도와준 사람은 식구들에게 “가능한 빨리 치료하시오.”라고 말하고는 사라져 버렸습니다. 놀란 식구들이 바로 구급차를 불러 병원에 데려가 치료한 덕에 그는 살아났습니다. 보호 천사가 함께해 준 것입니다.

또 물에 빠졌다가 살아난 아이의 이야기도 있습니다. 한 어머니가 방금 전까지 같이 있던 아이가 눈에 보이지 않자 집 안 여기저기를 찾으며 다녔습니다. 그러나 그 어디에도 아이가 보이지 않았습니다. 불안해진 어머니는 하나님께 애타게 기도했습니다. 그 순간 갑자기 풀장이 생각이 나서 뛰어갔더니 아이가 물에 빠져 밑바닥에 가라앉아 있었습니다. 어머니는 다급하게 물에서 아이를 끌어내어 인공호흡을 시키고 병원에 데려갔습니다. 아이는 기적적으로 살아났습니다. 정신을 차린 아이는 묻지도 않았는데 어머니에게 이렇게 말하는 것이었습니다.

“엄마, 내가 물에 빠져서 바닥에 누워 있는데 아주 좋은 아저씨가 거기 나와 같이 있었어요. 그 아저씨가 나에게 힘을 줬어요. 엄마가 나를 건질 때 그 아저씨 못 봤어요? 그 아저씨는 어디 갔어요?”

어머니는 아이가 아직 정신이 없어서 헛소리를 하는 줄 알고 “얘야, 그런 아저씨 는 없었단다.”라고 말해 주었습니다. 하지만 아이는 그래도 계속 “아니에요, 분명히 그 아저씨가 나와 같이 있었어요.”라고 했습니다. 그 아저씨는 바로 그 아이의 보호 천사였습니다.

우리의 보호 천사는 우리가 알지 못하는 사이에도 늘 함께 있습니다. 내가 잘 아는 미국인 목사님 가족이 어느 날 산으로 캠핑을 갔습니다. 적당한 장소에 텐트를 치고 저녁 식사를 준비하고 있을 때였습니다. 갑자기 오토바이 소리가 요란하게 나는가 싶더니 깡패들이 나타나 목사님 가족을 둘러싸는 것이었습니다. 그리고는 “너 오늘 잘 만났다. 우리 손에 한번 죽어 봐라." 하면서 그 깡패들이 칼을 뽑아 들고 목사님과 가족들에게 다가왔습니다. 목사님은 너무나 기가 막히고 아연하여 큰 소리로 하나님께 기도했습니다. "하나님 아버지, 우리를 살려 주십시오." 그런데 갑자기 깡패 중 하나가 눈을 크게 뜨면서 손가락으로 무엇인가를 가리켰습니다. "앗, 저 사람은 누구야? 저기 있는 저 사람!" 깡패들은 모두 그가 가리키는 천막 입구를 보더니 두려움에 떨면서 황급히 오토바이에 올라타고는 쏜살같이 사라졌습니다. 그러나 목사님은 아무것도 보지 못했습니다. 목사님과 가족의 보호 천사가 나타났던 것입니다. 그 천사가 큰 능력과 위엄을 가지고 나타나니 그 깡패들이 겁에 질려서 일시에 다 달아난 것입니다.

이런 간증들 외에도 보호 천사가 우리를 도와주고 있는 일들에 대한 이야기는 너무나 많습니다. 어떤 이는 자기의 보호 천사를 꿈에 보기도 하고, 또 어떤 이는 환상 가운데 보기도 합니다. 때로는 현실에서 실제로 만나 보는 사람도 있습니다. 미국의 한 저명한 목사님은 강단에서 설교할 때 자신의 보호 천사가 와서 옆에 앉아 있거나 강단 옆에 서 있는 것을 늘 본다고 합니다. 나는 그 말을 듣고 하나님께 "나도 내 보호 천사를 좀 보게 해 주십시오."라고 기도했지만 내 눈에는 보이지 않습니다. 그래도 믿음으로 나는 나의 보호 천사가 늘 내 옆에 와 있다는 것을 압니다. 여러분의 보호 천사도 다 여러분 옆에 와 있습니다. 구름 떼같이 많은 보호 천사들이 와서 우리를 둘러 진 치고 있는 것입니다.

보호 천사들은 우리의 삶을 관찰하고, 우리에게 경고하고, 우리를 붙들어 주고 있습니다. 우리는 결코 외롭지 않습니다. 보호 천사가 하나님의 성령의 지시를 받고 우리 옆에서 끊임없이 우리와 함께 일하고 있기 때문입니다.

여러분, 어떤 위기를 당했을 때 우리의 눈에 보이지는 않지만 보호 천사가 함께 있다는 것을 잊지 말아야 합니다. 물론 우리는 천사에게 기도하지 않습니다. 왜냐하면 천사는 하나님께서 우리를 도우라고 보내신 존재이지, 경배하거나 기도할 대상이 아니기 때문입니다. 천사는 우리와 똑같이 하나님의 피조물입니다. 우리는 오직 성부, 성자, 성령 하나님께만 기도해야 합니다.

여러분, 보호 천사가 우리와 매일 24시간 같이 있으면서 우리를 돌보아 주고 우리를 도와주고 있다는 것을 알고 마음 든든하게 여기고 하나님께 기도하십시오. "하나님, 천사를 보내어 나를 붙들어 주십시오. 나를 보호해 주십시오."

## 3. 이것을 더 기뻐하리라(18:12-14)

**12. 너희 생각에는 어떠하냐 만일 어떤 사람이 양 백 마리가 있는데 그중의 하나가 길을 잃었으면 그 아흔아홉 마리를 산에 두고 가서 길 잃은 양을 찾지 않겠느냐 13. 진실로 너희에게 이르노니 만일 찾으면 길을 잃지 아니한 아흔아홉 마리보다 이것을 더 기뻐하리라 14. 이와 같이 이 작은 자 중의 하나라도 잃는 것은 하늘에 계신 너희 아**

**버지의 뜻이 아니니라**

**12-13절** 너희 생각에는 어떠하냐 만일 어떤 사람이 양 백 마리가 있는데 그중의 하나가 길을 잃었으면 그 아흔아홉 마리를 산에 두고 가서 길 잃은 양을 찾지 않겠느냐 진실로 너희에게 이르노니 만일 찾으면 길을 잃지 아니한 아흔아홉 마리보다 이것을 더 기뻐하리라

목자들은 양 무리를 낮에는 풀밭과 물가로 인도하여 먹이고, 저녁에는 그것들을 헤아려서 모아들입니다. 본문에서 예수님은 양 백 마리를 가지고 있는 목자가 그중에 한 마리를 잃어버리면 아흔아홉 마리를 두고 그 잃어버린 한 마리를 찾아 나선다고 말씀하셨습니다. 그리고 그 양을 찾으면 아흔아홉 마리의 양보다 그 한 마리를 인하여 더 기뻐할 것이라고 하셨습니다.

어떤 목자라도 마찬가지일 것입니다. 양 아흔아홉 마리가 있다고 해서 '에이, 그까짓 한 마리 잃어버려도 괜찮다. 아흔아홉 마리가 있지 않은가!' 라고 하지 않을 것입니다. 온 산을 다 뒤져서라도 잃은 양을 찾으면 참으로 기뻐하고 즐거워할 것입니다. 주님은 이러한 목자의 심경을 예를 들어 말씀하신 것입니다. 하지만 그렇다고 해서 그 잃어버렸다가 찾은 양 한 마리를 아흔아홉 마리보다 더 먹이는 것은 아닙니다.

한 가지 예를 들어 보겠습니다. 내가 언젠가 부산에 가서 부흥회를 인도했는데, 이때 부산 부둣가에서 주먹질로 유명한 깡패 한 사람이 자기 아내의 기도로 회개하고 돌아왔습니다. 그래서 부흥회를 연 교회가 발칵 뒤집어졌습니다. 교회에 나와 열심히 신앙생활하고 봉사하는 장로, 안수

집사, 권사, 집사, 평신도들은 뒤로 쑥 들어가고 이 전직 깡패가 부흥회 시간마다 앞에 나와 간증을 하고 곡조도 안 맞는 찬송을 부르면서, 한마디로 영웅이 되었습니다. 그런데 어떤 분이 내게 와서 불평을 했습니다.

"목사님, 우리는 죄지은 것도 별로 없고 열심히 하나님을 믿고 교회를 섬겨 왔는데, 우리를 칭찬하는 사람이 어디 있습니까? 그런데 저 천하에 못돼 먹은 깡패, 사람들을 그렇게 협박하고 공갈하고 늘 마누라 때리고 부모에게 못되게 하던 놈이 회개했다고 온 교회가 떠들고 야단법석이니 너무 불공평합니다. 우리도 유명해지려면 깡패 노릇을 좀 해야 될 것 같습니다. 이것, 너무 비정상 아닙니까?"

그때 내가 한 말이 있습니다. "집사님, 너무 섭섭하게 생각하지 마세요. 하도 못된 인간이 돌아오니까 그것이 고마워서 그러는 것일 뿐, 저 사람은 하늘의 상급은 없습니다. 그러나 집사님같이 이름도 없이 빛도 없이 교회에 열심히 나오며 주님을 충심으로 섬긴 사람들의 공은 하늘에 전부 기록되어 있습니다. 하늘에서 상급이 큽니다. 저 사람은 잃어버렸다가 찾은 한 마리의 양입니다. 조금만 더 잘못되었으면 이리나 사자에게 찢겨 죽었을 터인데 돌아왔으니, 이 때문에 일시적으로 기뻐하고 즐거워하는 것입니다. 저 사람이 아흔아홉 마리의 양보다 더 중요하다는 것은 아닙니다. 저 사람도 얼마 있지 않으면 조용해집니다. 아흔아홉 마리의 양 무리 속에 들어가서 잠잠해집니다. 다음에 다른 잃어버린 양이 들어오면 또 떠들썩하고 야단법석을 피울 것입니다. 그러니 섭섭하게 생각하지 마십시오."

사실입니다. 젊을 때부터 하나님을 잘 섬기고 교회를 잘 받든 사람은 하늘나라와 교회에 귀중한 존재입니다. 사회적으로나 교회에 대해 나쁜 짓만 하다가 회개하고 돌아온 사람에 대해 교회가 떠들썩하게 받드는 것은 일시적인 현상입니다. 그것은 그가 지독한 마귀의 종이었으나 하나님께로 돌아오니 기뻐하는 것입니다.

나도 그동안 목회하면서 우리나라에서 유명한 깡패 두목을 두 사람이나 전도해서 우리 교회에 받아들이고 특별 대우를 해 준 적이 있습니다. 이것을 가지고 비난하는 사람들이 있었습니다. 우리 교회의 주의 종들과 제직들도 반대했습니다.

"목사님, 아무리 회개했다고 하지만 어떻게 깡패 두목을 데려다가 대성전에서 결혼 예식을 베풀어 줍니까? 지나친 것 아닙니까?"

그때 나는 이렇게 말했습니다.

"주님이 말씀하신 탕자의 비유를 들어 보셨지요? 아버지한테 받은 재산을 허랑방탕하여 다 날리고 비참한 몰골로 돌아온 작은 아들에게 아버지가 어떻게 했습니까? 금가락지를 끼워 주고 송아지를 잡아서 잔치를 베풀었습니다. 아버지 밑에서 착실히 살던 맏아들이 이것을 보고 화가 나서 아버지에게 불평했습니다. '아버지, 나는 뭡니까? 나는 내내 아버지를 섬겨 열심히 일해도 잔치 한 번 열어 주신 적이 없으면서 아버지를 거역하고 아버지의 재산을 날린 저 못된 동생이 돌아오니 잔치를 베풀어 주시다니요?' 그때 아버지가 이렇게 말하지 않았습니까? '사랑하는 아들아, 너는 늘 나와 함께 있었고 내가 가진 것이 모두 네 것이 아니더냐? 그러나 네 동생은 죽었다가 다시 살아 돌아왔고, 잃었다가 다시 찾았으니 잔치를 벌이는 것이 당연하지 않느냐?' "

여러분, 잘 생각해 보십시오. 아버지는 타락했다가 돌아온 아들에 대해서는 그저 돌아온 것이 기뻐서 송아지 한 마리를 잡았습니다. 그러나 늘 아버지와 같이 있던 아들에게는 "내가 가진 것은 다 네 것이다."라고 했습니다. 주님은 이름도 없이 빛도 없이 착실히 주를 섬기는 사람에게 모든 것을 맡겨 주십니다. 마귀의 자식이었다가 돌아오면, 돌아왔기 때문에 일시적으로 기뻐하고 즐거워하는 것이지 잃어버리지 않은 양 아흔 아홉 마리보다도 더 귀하기 때문에 즐거워하는 것이 아닙니다. 그러므로 우리는 회개하고 돌아온 사람을 뜨거운 사랑으로 환영해서 그리스도 안에서 가족이 되었음을 마음 깊이 느끼도록 해 주어야 합니다. 그 사람만 특별히 귀하고 어여뻐서 그러는 것이 아니므로 시험에 들지 말고 예수 그리스도의 뜨거운 사랑으로 환영해 주어야 하는 것입니다.

**14절** 이와 같이 이 작은 자 중의 하나라도 잃는 것은 하늘에 계신 너희 아버지의 뜻이 아니니라

어린아이 하나라도 그 영혼을 잃어버리는 것은 하나님의 뜻이 아닙니다. 하나님은 모든 사람이 다 구원받기를 원하십니다. 그러나 모든 사람이 다 하나님을 따르지는 않을 것임을 이미 알고 계십니다. 이것을 하나님의 예지예정이라고 합니다. 알파와 오메가 되신 하나님은 모든 것을 미리 아시기 때문에 구원받지 못할 사람은 버리시고 구원받을 사람은 정해 놓으신 것입니다. "될성부른 나무는 떡잎부터 안다."고 했습니다. 하나님은 속을 꿰뚫어 보시기 때문에 누가 구원받을 사람이고, 누가 구원받지 못할 사람인지를 아십니다. 그러므로 아무리 해도 구원받지 못할 사람은 아예 버리시고, 구원받을 사람은 주님께서 택하셔서 부르시는 것입니다. 그러나 주님이 부르신 자도 스스로 주님을 반역하고 나가면 구원을 잃습니다. 이미 구원받은 사람에게도 하나님이 자꾸 경고하시는

이유는 구원을 받고 난 다음에도 잃어버릴 가능성이 있기 때문입니다. 스스로 하나님을 반역하고 거역하고 나가면 버림받을 수 있기 때문에 하나님은 구원받은 사람들에게 깨어서 기도하고 열심히 믿도록 하시는 것입니다. 이와 같이 영혼 구원은 하나님께서 창세전부터 예정하시고 행하시니만큼, 영혼의 문제는 그 무엇보다 창조주의 영역에 속해 있는 것입니다.

우리는 몇 년 전 황우석 사건을 통해서 '복제 인간'에 대한 이야기를 많이 들어 왔습니다. 그런데 인간을 복제하는 것은 아주 비윤리적이고 비도덕적인 일일 뿐 아니라 하나님의 영역을 침범하는 신성 모독 행위입니다. 인간 복제 과정을 볼 때 이를 확연히 알 수 있습니다. 예컨대 자기의 DNA를 추출해서 어떤 여인의 난세포에 핵을 제거하고 그것을 대신 넣어 자궁에 심으면 자신과 똑같은 복제 인간이 나온다는 것입니다. 더구나 복제 인간을 만드는 이유는 사람을 복제해 놓고 나중에 자신의 어느 장기가 나빠지면 그 복제 인간의 장기를 떼어서 이식하기 위함이라는 것입니다. 그 복제 인간은 자신과 똑같기 때문에 조금도 거부반응이 없기 때문이랍니다. 그렇다면 도대체 그 복제된 사람은 무엇입니까? 아무리 복제 인간이라 해도 분명 인간인데, 어떻게 자신을 복제하게 한 그 사람에게 장기를 제공하는 실험용 동물과 같은 존재로 취급될 수 있습니까?

무엇보다도 신앙적 입장에서 생각해 볼 때 육체는 복제할 수 있다 해도 영혼은 복제가 안 됩니다. 영혼은 하나님이 주시는 것이기 때문입니다. DNA가 동일한 복제 인간이 만들어졌다 할지라도 육체만 같을 뿐이지 그의 영혼은 다릅니다. 아직 실험이 안 되어서 그렇지 복제 인간을 연구해 보면 그 속에 있는 영혼은 다른 사람일 것입니다. 나의 복제 인간이라 해도 나와 다른 생각을 하고, 다른 행동을 할 것입니다. 이렇게 육체적으로는 똑같아도 완전히 다른 영혼을 가진 인간을 나의 복제 인간이라 해서 그의 장기를 내 마음대로 떼어 쓴다는 것은 도저히 있을 수 없는 일입니다. 절대로 허락될 수 없는 일입니다. 이것은 하나님에 대한 모독입니다. 자기의 수명이 다했으면 죽는 것이 순리입니다. 왜 다른 사람을 죽여서 자기의 수명을 연장하려고 합니까? 예수 믿는 사람은 그런 짓을 할 수 없습니다. 예수 믿는 사람은 하나님이 주신 수명대로 살다가 하나님이 오라고 하시면 가야지 남의 생명을 빼앗아 자기의 수명을 늘리려는 짓을 해서는 안 됩니다.

우리가 이 땅에 사는 유일한 목적은 예수 믿고 구원받기 위해서입니다. 구원받았으면 언제 가도 좋은 것입니다. 여러분, 이 땅과 이 세상은 우리가 영원히 살 곳이 아닙니다. 우리의 처소는 하늘나라에 예비되어 있음을 분명히 알아야 합니다.

## 4. 두 사람이 합심하여 구하면(18:15-20)

**15. 네 형제가 죄를 범하거든 가서 너와 그 사람과만 상대하여 권고하라 만일 들으면 네가 네 형제를 얻은 것이요 16. 만일 듣지 않거든 한두 사람을 데리고 가서 두세 증인의 입으로 말마다 확증하게 하라**

**17. 만일 그들의 말도 듣지 않거든 교회에 말하고 교회의 말도 듣지 않거든 이방인과 세리와 같이 여기라 18. 진실로 너희에게 이르노니 무엇이든지 너희가 땅에서 매면 하늘에서도 매일 것이요 무엇이든지 땅에서 풀면 하늘에서도 풀리리라 19. 진실로 다시 너희에게 이르노니 너희 중의 두 사람이 땅에서 합심하여 무엇이든지 구하면 하늘에 계신 내 아버지께서 그들을 위하여 이루게 하시리라 20. 두세 사람이 내 이름으로 모인 곳에는 나도 그들 중에 있느니라**

**15절** 네 형제가 죄를 범하거든 가서 너와 그 사람과만 상대하여 권고하라 만일 들으면 네가 네 형제를 얻은 것이요

성경은 "모든 사람이 죄를 범하였으매 하나님의 영광에 이르지 못하더니 그리스도 예수 안에 있는 속량으로 말미암아 하나님의 은혜로 값없이 의롭다 하심을 얻은 자 되었느니라"(롬 3:23-24)고 말씀하고 있습니다. 이 세상에 살면서 죄를 짓지 않는 의인은 한 사람도 없습니다. 물론 죄를 지은 영혼은 죗값으로 죽습니다. 그런데 예수 믿는 형제가 죄를 범하면 우리는 어떻게 해야 합니까? 본문에서 보면 형제가 죄를 지은 것을 알았을 때에는 그 형제에게 가서 일대일로 만나 그 죄를 회개하고 돌아서라고 간절히 권면하라고 했습니다. 즉, 다른 사람에게 이야기하기 전에 먼저 그 형제에게 가서 권면하라는 것입니다. 사람들은 자기 이웃이 죄를 지은 것을 알게 되면 아예 무관심하거나 소문을 퍼뜨립니다. 얼굴과 얼굴을 마주하고 충심으로 권면하지 않습니다. 정말 좋은 친구는 일대일로 가서 권면을 해 주는 친구입니다. 그런데 잘못한 점을 솔직히 지적해 주는 것은 힘이 듭니다. 왜냐하면 우리는 모두 하나님 앞에서 완전하지 못

하기 때문에 먼저 내 마음속에 가책이 되기 때문입니다. 내 양심이 먼저 나에게 손가락질하는 것입니다.

"어찌하여 형제의 눈 속에 있는 티는 보고 네 눈 속에 있는 들보는 깨닫지 못하느냐 외식하는 자여 먼저 네 눈 속에서 들보를 빼어라 그 후에야 밝히 보고 형제의 눈 속에서 티를 빼리라"(7:3, 5).

우리는 재판관도 아니고 온전히 정의로운 사람도 아닙니다. 내 스스로도 허물투성이요, 죄가 많기 때문에 다른 형제에게 가서 이것저것 간섭하기 힘듭니다. 영 분별의 은사를 받았다고 하면서 모든 사람의 허물을 들추어내고 다닌다면, 그는 영 분별의 은사를 받은 것이 아닙니다. 우리는 남의 허물을 들추어내고 정죄하는 일을 조심해야 합니다. 자기가 온전하지 못한데 다른 사람을 온전하지 못하다고 말할 수는 없는 것입니다.

본문에서 말하는 '네 형제가 죄를 범하거든' 이라고 할 때의 죄는 아주 두드러지는 죄, 즉 온 세상이 다 아는 뚜렷한 죄를 말합니다. 예를 들면 다른 신을 섬긴 죄, 우상에게 절한 죄, 하나님을 욕한 죄, 성수 주일 안 한 죄, 부모에게 심히 불효한 죄, 살인죄, 세상이 다 알도록 간음한 죄, 또는 십일조를 도둑질했거나 남의 물건을 도둑질한 죄, 다른 사람을 지나치게 비난하고 다닌 죄, 다른 사람을 악의적으로 괴롭히고 못되게 한 죄 등입니다. 이와 같이 하나님의 법과 계명을 명백하게 어긴 죄를 지은 경우에는 가서 권면하고 돌이키게 하라는 것입니다. 만일 그 죄 가운데 그대로 팽개쳐 놓으면 그 영혼을 잃어버릴 위험이 있기 때문입니다.

우리가 예수 그리스도의 보혈로 말미암아 구원을 받았다 해도 죄가 들어오면 이 죄가 우리와 하나님 사이의 교제를 끊어 버립니다. 하나님의 법과 계명에 심하게 거스르는 죄를 지으면, 마귀가 그 죄를 통해서 그 영혼과 하나님 사이의 교제를 단절시키는 것입니다. 그러므로 그런 죄를 짓고도 깨닫지 못하는 형제가 있으면 그에게 가서 권면해야 합니다.

그러나 형제가 거짓말을 좀 했다, 성격이 급하다, 남의 말을 잘 안 듣는다, 고집이 세다는 것을 가지고 회개하라고 하면 반발을 사고 다투게 될 뿐입니다. 이런 죄는 이 사람이나 저 사람이나 오십보백보이기 때문입니다. 내 마음에 맞지 않는다고 해서 상대편을 자꾸 비난하고 공격하는 일을 해서는 안 됩니다. 사람은 모두 개성이 다르고 성격이 다르기 때문에 누가 뭐래도 자기 개성대로 살고 자기 성격대로 삽니다. 그것은 회개하라고 할 것이 아니라 서로 조화하고 양보하면서 살아야 하는 것입니다.

사람의 개성과 성격은 참으로 변화시키기 힘듭니다. 그러므로 그리스도의 사랑 가운데 서로 양보하고 서로 조화하는 마음을 가지고 살아야 합니다.

"고쳐라! 나를 위해서 네가 변화를 받아라!"

그렇게 하면 상대방이 말합니다.

"네가 먼저 고쳐라! 네가 날 위해서 너를 고쳐라."

사람이 함께 살아가면서 서로 용납하고 조화한다는 것은 결코 쉽지 않습니다. 그러므로 부부는 각자 자기 고집을 내려놓고 살아야 합니다. 남편도 자기 개성이 있고 부인도 자기 개성이 있기 때문입니다. 남편도 고집이 있고 부인도 고집이 있습니다. 남편도 자기 성격이 있고 부인도 자기 성격이 있습니다. 또 사물을 보는 데 있어서도 남자가 보는 관점과 여자가 보는 관점은 다릅니다. 감성이 틀리기 때문입니다. 남편이 볼 때는 아름다운 것이지만 아내가 볼 때는 전혀 그렇지 않은 것도 있습니다. 이러한 여러 가지 요인들로 인해 부부간에 다투게 되는데, 이것은 크게 회개할 죄가 되지 않습니다. 이것은 그리스도의 큰 사랑으로 서로 수용하고 조화하는 도리밖에 없습니다. 서로 "나에게 맞추라." 고 하지 말고 조화해야 할 일입니다.

부부간에 조화를 이루어 사는 것은 초등학교 운동회에서 두 사람이 발을 묶고 뛰는 이인삼각 시합과 같습니다. "하나, 둘! 하나, 둘! 하나, 둘!" 서로 보조를 맞추지 않으면 반드시 넘어집니다. 보조를 맞추지 않고 혼자 빨리 가려고 하다가는 빨리 가기는커녕 자꾸 넘어져서 꼴찌밖에 못합니다. 서로 이해하고 동정하여 조화를 이루는 것, 이것이 인생을 살아가는 기술입니다. 이것은 부부간에만 해당하는 것이 아니라 부모 자식 간에도, 형제 간에도, 이웃 간에도 마찬가지입니다. 그러므로 우리는 그리스도의 사랑으로 살아가는 기술을 배워야 합니다.

**16-17절** 만일 듣지 않거든 한두 사람을 데리고 가서 두세 증인의 입으로 말마다 확증하게 하라 만일 그들의 말도 듣지 않거든 교회에 말하고 교회의 말도 듣지 않거든 이방인과 세리와 같이 여기라

범죄한 형제에게 개인적으로 찾아가서 일대일로 권면해도 듣지 아니하면 두세 사람이 함께 가서 그 죄를 확증하고, 그것이 얼마나 무섭고 절망적인 결과를 가져올 것인지를 말해야 합니다. 증인을 데려가는 이유는 자신의 죄를 부인하지 못하도록 하기 위함입니다.

이것은 성도들 간에 문제가 생길 때 처리하는 방법에 대해 주님이 주시는 지혜입니다. 만일 교회 내에서 어떤 사람이 심각한 죄를 지어 문제

를 일으키면 먼저는 주의 종이 그 사람을 불러서 이야기하고 권면해야 합니다. 그러나 그 사람이 듣지 않으면 제직들이 증인을 불러서 이야기하고, 그래도 안 되면 당회의 내무 위원회나 인사 위원회에서 불러서 이야기하고, 그래도 안 되면 출교시켜야 합니다. 출교된 사람은 완전히 이방인과 세리처럼 취급받습니다. 고통스럽기는 하지만 교회를 보호하고 하늘나라를 위해서는 별도리 없이 이러한 일을 해야 할 때가 있습니다.

**18절** 진실로 너희에게 이르노니 무엇이든지 너희가 땅에서 매면 하늘에서도 매일 것이요 무엇이든지 땅에서 풀면 하늘에서도 풀리리라

영혼 구원은 교회와 밀접한 관계가 있습니다. 교회는 예수 그리스도의 몸으로서 이 세상에 있는 하늘나라입니다. 주님은 "나는 포도나무요 너희는 가지라 그가 내 안에, 내가 그 안에 거하면 사람이 열매를 많이 맺나니 나를 떠나서는 너희가 아무것도 할 수 없음이라"(요 15:5)고 말씀하셨습니다. 예수 그리스도의 몸인 교회는 포도나무이고, 믿는 우리는 가지입니다. 교회가 필요 없다고 하는 무교회주의나 가정 제단을 쌓는 자들은 포도나무에서 꺾여 나간 가지들로서 얼마 있지 않아 다 말라 버립니다. 내가 목회를 시작한 이래로 지금까지 여러 곳에서 가정 제단을 쌓는 것을 보았는데, 세월이 흘러가고 난 후에 보면 남은 것이 하나도 없습니다. 나무에 붙어 있지 않았기 때문에 다 말라 버렸습니다.

교회는 크든지 작든지 그리스도의 몸입니다. 교회는 하나님이 지상에 세우신 그리스도의 몸이고, 우리는 그 몸에 붙은 가지들입니다. 하나님의 축복은 몸 된 교회를 통해서 가지인 우리에게 전달됩니다. 그러므로

우리는 교회를 떠나서는 안 됩니다. 교회에 연결이 되어 있어야 하나님의 축복을 받을 수 있는 것입니다.

그런데 만일 교회가 잘못하면 어떻게 합니까? 하늘에 계신 아버지께서 교회의 주인이요, 포도나무의 주인이시기 때문에, 교회가 잘못하면 하나님이 친히 도끼로 찍어 버리십니다. 교회 안에서 주의 종이 잘못하면 하나님이 주의 종을 심판하십니다. 교회는 하나님의 것이지 주의 종이나 당회의 것이 아닙니다. 주의 종이나 제직들은 하나님의 머슴으로서 하나님이 시키시는 일을 하기 위해서 세워졌습니다. 그러므로 머슴이 잘못하면 당연히 주인에게 파면당하게 되는 것입니다. 교회는 하나님의 교회이기 때문에 주의 종이 목회나 치리를 올바르게 하지 못하면 반드시 하나님이 치십니다.

교회라는 제도와 조직은 세상의 것과 다릅니다. 왜냐하면 교회는 눈에 보이는 하늘나라요, 그리스도의 몸이기 때문입니다. 하나님 아버지께서는 농부가 되셔서 이 땅에 예수 그리스도의 몸 된 교회를 심어 놓으시고 직접 돌보십니다. 그러므로 교회에서 결의하고 땅에서 묶으면 하늘에서도 같이 묶이고, 땅에서 풀면 하늘에서도 풀립니다. 교회는 이 같은 영적 권세가 있습니다.

우리 개인의 신앙도 그렇습니다. 우리가 믿음으로 땅에서 묶으면 하늘에서 묶이고 땅에서 풀면 하늘에서도 풀립니다. 하나님의 약속을 내가 확실히 믿고 그 약속으로 나의 삶을 묶으면 하늘에서도 같이 묶이고, 땅에서 내가 풀면 하늘에서도 같이 풀리는 것입니다. "하나님, 내가 꼭 하나님께 성수 주일하고, 십일조 드리고, 하나님을 충심으로 섬기겠으니 말씀으로 약속하신 대로 내게 복을 주소서."라고 기도하면, 그는 하나님의 약속으로 하나님과 묶이는 것입니다. 그러면 하늘에서도 하나님이 약속대로 묶어 주십니다. 즉, 하나님께서 약속을 지키십니다. 그러나 "하나님, 성수 주일할 필요도 없고, 십일조도 드릴 필요 없고, 그냥 바람 부는 대로 물결치는 대로 가렵니다." 하면 이 땅에서 내가 약속을 풀어 버리는 것입니다. 그러면 하늘에서도 "오냐, 나도 바람 부는 대로 물결치는 대로 하마." 이렇게 됩니다. 이같이 하나님의 약속의 말씀을 가지고 내가 묶으면 하늘에서도 묶이고, 약속의 말씀을 내가 풀어 버리면 하늘에서도 풀려 버리고 마는 것입니다.

내가 불광동에서 목회할 때 한번은 어떤 자매님이 하루 종일 천막교회에 앉아서 무엇인가를 열심히 묶는 시늉을 하는 것을 보았습니다. 땀을 뻘뻘 흘려 가면서 그 같은 행동을 계속했습니다. 그래서 내가 물었습니다. "자매님! 무엇을 하느라고 그렇게 땀을 흘립니까?" 그러자 "전도사님, 성경에 '땅에서 매면 하늘에서도 매이고, 땅에서 풀면 하늘에서도 풀린다.' 고 했잖아요? 그래서 그대로 하고 있어요." 라고 말하는 것이었습니다. 그래서 내가 다시 물었습니다. "아니, 무엇을 그대로 하고 있다는 말입니까?" 이 말에 그 자매님이 이렇게 말했습니다. "제가 지금 우리 남편의 불신앙을 묶고, 우리 아이들의 몸을 약하게 만드는 병을 묶고 있습니다." 그래서 내가 말했습니다. "자매님, 그렇게 묶는 것이 아닙니다. 하나님의 약속의 말씀을 가지고 믿음으로 묶고 푸는 것이지, 그렇게 손으로 묶고 푼다고 효과가 있는 것이 아닙니다."

여러분, 우리가 하나님의 약속의 말씀을 마음속 깊이 받아들이면 그 말씀으로 묶인 상태가 되고, 또 약속의 말씀을 풀면 풀리는 상태가 되는 것입니다. 우리가 묶으면 하늘에서도 하나님이 같이 묶으시고, 우리가 풀어 버리면 하나님도 풀어 버리시는 것입니다.

19절 진실로 다시 너희에게 이르노니 너희 중의 두 사람이 땅에서 합심하여 무엇이든지 구하면 하늘에 계신 내 아버지께서 그들을 위하여 이루게 하시리라

한 사람이 기도하는 것보다 두 사람이 힘을 합하여 기도하는 것이 훨씬 위력이 큽니다. 주님은 분명히 두 사람이 마음을 합하여 무엇이든지 구하면 하나님 아버지께서 이루어 주신다고 말씀하셨습니다.

신명기 32장 30절을 보면 "그들의 반석이 그들을 팔지 아니하였고 야훼께서 그들을 내주지 아니하셨더라면 어찌 하나가 천을 쫓으며 둘이 만을 도망하게 하였으리요"라고 말씀하고 있습니다. 하늘나라의 산술(算術)은 이 세상의 산술과 다릅니다. 이 세상의 산술대로라면, 한 사람이 천 명을 상대할 수 있다면 두 사람은 2천 명을 상대할 수 있지 않습니까? 그러나 하늘나라의 산술에 의하면, 한 사람이 천 명을 상대한다면 두 사람은 2천 명이 아니라 만 명을 상대합니다.

제1차 세계 대전 당시에 독일의 비행사 중에 성경을 열심히 읽고 기도를 많이 하는 사람이 있었습니다. 그는 성경을 읽다가 '한 사람이 천을 쫓고 두 사람이 만을 쫓는다'는 구절이 눈에 들어왔습니다. 당시에는 비행기가 공중전을 하면 일대일로 싸웠습니다. 그는 이 구절을 읽다가 깨달았습니다. '음, 성경적으로 볼 때 나 혼자 총을 쏘는 것보다는 비행기 두 대가 함께 총을 쏘면 열 배나 효과가 있지 않겠는가?' 그는 공중전을 펼 때에 두 대씩 편대를 지어서 싸웠고, 과연 열 배의 효과를 올렸습니다.

제2차 세계 대전 당시 미국의 공군 소장 슈나이더 장군은 버마(현재의 미얀마) 전선에서 일본군과 싸우게 되었습니다. 일본군이 가지고 있는 '제로' 전투기는 당시 가장 성능이 좋은 전투기였기 때문에 미군과 연합군 전투기 조종사들은 일본의 제로 전투기를 만나면 달아나는 것이 상책이라고 생각했습니다. 제로 전투기는 상승이 용이하고 회전 각도도 크기 때문에 상대할 수가 없었던 것입니다. 그런데 슈나이더 장군은 믿음이 좋은 사람이었습니다. 그는 성경을 열심히 읽고 또 1차 대전 당시의 독일 전투기 조종사의 간증을 읽고 나서 자신의 휘하 공군 조종사들에게 명령을 내렸습니다.

"일본 전투기가 오면 일대일로 싸우지 말라. 두대가 편대를 해서 싸우라. 한 대가 쏘면 일 미터 반경에 있는 적만 맞출 수 있지만 두 대가 쏘면 십 미터 반경에 있는 적의 전투기를 다 떨어뜨릴 수 있다."

슈나이더 장군 휘하에 있는 버마 사령부의 항공대는 이때부터 일본의 제로 전투기가 떴다 하면 반드시 두 대가 함께 나가 싸웠습니다. 어떻게 되었을까요? 그 성능 좋은 일본 전투기가 붙기만 하면 다 떨어졌습니다. 이렇게 하기 전에는 미국 전투기가 일본 제로 전투기에게 백발백중으로 명중을 당해 떨어졌는데 이제는 완전히 뒤바뀐 것입니다. 이로 인해 동남아 일대의 일본 제공권이 완전히 무너지고 미국이 동남아를 완전히 점령할 수 있는 계기가 되었습니다.

기도도 그렇습니다. 두 사람이 땅에서 합심하여 드리는 기도는 큰 역사를 일으킵니다. 그런데 기도할 때 반드시 마음이 하나가 되어야 합니다. 마음이 갈라져서 서로 미워하면서 기도하면 안 됩니다. 마음을 일치해서 기도해야 하는 것입니다. 가정에서 부부간에 마음을 합쳐서 예배드리며 가족을 위해 함께 기도하면 굉장한 능력이 나타납니다. 교회에서 온 성도가 마음을 합하여 기도할 때 성령의 단비가 임합니다. 많은 성도들이 합심하여 기도하면 나라를 움직이고 역사를 변화시키는 힘이 생기는 것입니다. 우리나라가 경제적 위기를 당하여 심한 고통과 위험에 빠져도 온 교회의 성도들이 합심하여 기도하면 우리나라는 다시 일어날 수 있습니다. 공중에서 권세 잡은 원수 마귀가 이 나라를 도둑질하고 죽이고 멸망시키려고 해도, 우리 한국 교회의 성도들이 모두 마음을 합하여 조국과 민족의 구원을 위해 기도하면 아버지 하나님의 손을 움직이는 것입니다.

하나님이 문을 여시면 닫을 자가 없고, 닫으시면 열 자가 없습니다. 두세 사람이 기도해도 하늘에 계신 아버지께서 무엇이든지 응답해 주신다고 하였는데, 천만 명이 넘는 사람들이 부르짖어 기도하면 그 힘이 얼마나 크겠습니까? 우리는 집에서 혼자서도 기도하고, 또 구역 예배로 모여서 서로를 위해 합심으로 기도해야 합니다. 그리할 때 우리 각자의 삶과 우리 교회와 우리나라에 하나님의 큰 능력이 임하게 되는 것입니다.

**20절** 두세 사람이 내 이름으로 모인 곳에는 나도 그들 중에 있느니라

두세 사람이 마음을 다하고 뜻을 다하고 정성을 다하고 목숨을 다하여 주 하나님을 사랑하는 마음으로 모인 곳에는 예수 그리스도께서 함께 계십니다.

보이는 세계는 잠깐이요, 보이지 않는 세계는 영원합니다. 오늘날 우리는 보이지 않는 것이 보이는 것보다 더 확실하고 뚜렷한 시대에 살고 있습니다. 우리의 삶은 거의 보이지 않는 세계에서 이루어집니다. 우리

주변을 한번 보십시오. 얼마나 많은 전파가 흐르고 있습니까? 라디오, 텔레비전, 인터넷, 무선 전화 등 수많은 전자파가 날아다니고 있고, 컴퓨터의 작동이나 비행기의 항공 노선을 지시하는 것도 눈에 보이지 않는 전파를 통해 이루어지고 있습니다. "눈에 보여야 믿지!"라는 말은 아주 원시적인 말이 되었습니다. 과학이 발달할수록 우리의 삶의 움직임은 눈에 보이지 않는 세계에서 이루어지는 것입니다. 오늘날 젊은 세대들은 거의 컴퓨터로 삽니다. 쇼핑도 백화점이나 상점에 직접 가지 않고 집에서 인터넷으로 합니다. 또한 많은 사람들이 집에서 인터넷으로 예배드립니다. 예배도, 헌금도 인터넷으로 하는 시대가 온 것입니다. 이러한 인터넷도 다 눈에 안 보이는 전파를 통해서 이루어집니다. 이처럼 이 세상의 모든 움직임은 보이지 않는 배후의 세력에 의해서 이루어지는 것입니다.

이러므로 주님이 눈에 보이고 안 보이고는 문제가 안 됩니다. 그리스도의 이름의 능력이 나타나면 되는 것입니다. 주님이 구태여 모습을 나타내실 필요가 없습니다. 우리는 믿는 사람 두세 사람이 함께 모여 마음을 합하여 기도하는 곳에 주님이 같이 계신 것을 믿어야 합니다. 예수 그리스도의 이름으로 담대하게 기도하고 믿어야 합니다. 그러면 주님께서 우리 가운데 역사해 주십니다. 우리가 교회로 모여야 할 이유가 여기에 있습니다. 두세 사람이 함께 모인 곳에 주님이 임재하신다고 하였으므로 할 수 있는 한 많이 모여야 합니다. 우리가 모이면 서로의 신앙에 도움을 줍니다. 장작불을 땔 때 장작 하나만 때면 잘 꺼집니다. 그러나 두세 개 모아 놓고 때면 바람이 불어도 잘 탑니다. 마찬가지로 한 사람의 신앙에 또 한 사람, 또 한 사람의 신앙이 합쳐지면 신앙의 불길이 활활 타오르게 되는 것입니다. 이러므로 믿는 사람은 항상 공동체 속에서 신앙생활을 해야 합니다. '나 혼자 잘 믿으면 되지.' 라고 생각하면 안 됩니다. 나 홀로 신앙은 얼마 있지 않아서 세상 바람에 꺼져 버립니다. 우리는 같이 모여서 신앙생활을 해야 합니다. 구역 예배에 가서 함께 얼굴을 마주 보고 합심하여 예배할 때 하나님의 역사가 일어납니다. 함께 성경만 읽고 헤어질 뿐이라 해도 그곳에는 성령의 불이 역사합니다. 주님이 우리 모인 자리에 왔다 가시면 우리의 눈에는 보이지 않아도 주님의 영광이 우리 속에 임하고 우리의 영혼이 살아서 일어나는 것입니다.

## 5. 일곱 번을 일흔 번(18:21-35)

**21. 그때에 베드로가 나아와 이르되 주여 형제가 내게 죄를 범하면**
**몇 번이나 용서하여 주리이까 일곱 번까지 하오리이까 22. 예수께**
**서 이르시되 네게 이르노니 일곱 번뿐 아니라 일곱 번을 일흔 번까지**
**라도 할지니라 23. 그러므로 천국은 그 종들과 결산하려 하던 어떤**
**임금과 같으니 24. 결산할 때에 만 달란트 빚진 자 하나를 데려오매**
**25. 갚을 것이 없는지라 주인이 명하여 그 몸과 아내와 자식들과 모**
**든 소유를 다 팔아 갚게 하라 하니 26. 그 종이 엎드려 절하며 이르**
**되 내게 참으소서 다 갚으리이다 하거늘 27. 그 종의 주인이 불쌍히**
**여겨 놓아 보내며 그 빚을 탕감하여 주었더니 28. 그 종이 나가서 자**
**기에게 백 데나리온 빚진 동료 한 사람을 만나 붙들어 목을 잡고 이**

**르되 빚을 갚으라 하매 29. 그 동료가 엎드려 간구하여 이르되 나에게 참아 주소서 갚으리이다 하되 30. 허락하지 아니하고 이에 가서 그가 빚을 갚도록 옥에 가두거늘 31. 그 동료들이 그것을 보고 몹시 딱하게 여겨 주인에게 가서 그 일을 다 알리니 32. 이에 주인이 그를 불러다가 말하되 악한 종아 네가 빌기에 내가 네 빚을 전부 탕감하여 주었거늘 33. 내가 너를 불쌍히 여김과 같이 너도 네 동료를 불쌍히 여김이 마땅하지 아니하냐 하고 34. 주인이 노하여 그 빚을 다 갚도록 그를 옥졸들에게 넘기니라 35. 너희가 각각 마음으로부터 형제를 용서하지 아니하면 나의 하늘 아버지께서도 너희에게 이와 같이 하시리라**

**21-22절** 그때에 베드로가 나아와 이르되 주여 형제가 내게 죄를 범하면 몇 번이나 용서하여 주리이까 일곱 번까지 하오리이까 예수께서 이르시되 네게 이르노니 일곱 번뿐 아니라 일곱 번을 일흔 번까지라도 할지니라

본문은 믿지 않는 사람이 아니라 형제, 즉 믿는 사람에 대한 말씀입니다. 예수님을 믿고 거듭났다고 하는 형제가 내게 죄를 범하면 몇 번이나 용서해 주어야 합니까? 베드로는 큰맘 먹고 "주님, 형제가 내게 죄짓고 와서 잘못했다고 용서를 구하면 일곱 번까지 용서해 줄까요?"라고 물어보았습니다. 사실 우리는 일곱 번 용서하기도 힘듭니다. 형제가 죄를 범하고 용서해 달라고 해서 용서해 주었는데 가서 또 죄를 범하고, 다시 용서해 주었는데 또 가서 죄를 범하면 화가 나지 않겠습니까? 그런데 주님은 베드로에게 "아니다. 일곱 번뿐 아니라 일곱 번을 일흔 번까지라도 용서해 주어라." 하고 말씀하셨습니다. 일곱 번씩 일흔 번이면 490번입니

다. 형제가 내게 죄짓고 와서 용서를 구하면 사백구십 번이라도 용서하라는 것입니다. 이 말씀은 무한정 용서해 주라는 말씀입니다. 그러나 조건이 있습니다. 그것은 회개할 때 용서하는 것입니다. 내게 죄지은 자가 반드시 잘못했다고 회개해야 용서를 하는 것이지 그가 가만히 있는데 어떻게 용서가 됩니까? 주님이 십자가에 못 박혀 몸을 찢기고 피를 흘려 일방적으로 용서를 선언하셨지만 회개하는 사람에게만 그것이 효과를 발생합니다. 십자가 밑에 나와 "주여, 내가 죄를 지었으니 나를 용서하여 주옵소서."라고 회개하고 자백하는 사람에게만 예수 그리스도의 보혈의 능력이 효과를 발생하여 죄 씻음을 받고 구원을 받는 것입니다.

우리의 신앙생활도 한가지입니다. 형제가 내게 죄를 지었을 때 "내가 일방적으로 용서하노라." 하면 용서가 되지 않습니다. 용서라는 것은 용서를 구하는 자의 요청이 선행되어야 합니다.

하나님께서는 우리 예수 믿는 사람들을 끝없이 용서해 주기를 원하십니다. 어떻게 하루에 죄를 사백구십 번씩이나 지을 수 있습니까? 이는 예수 그리스도 안에서 우리가 회개하는 마음만 가지고 있으면 하나님의 용서는 무한대라는 의미입니다. 이것이 부모의 심정입니다. 부모는 자식이 죄짓고 오면 용서하고, 죄짓고 오면 또 용서해 줍니다. 속이 상해서 "이놈의 자식!" 해도 또 용서해 줍니다. 부모가 아니면 절대로 이런 용서를 못합니다. 왜 하나님이 우리 죄를 이처럼 용서해 주십니까? 하나님은 우리의 부모이기 때문입니다. 부모의 심정으로 우리를 긍휼히 보시고 우리가 거듭 죄를 지어도 회개하면 용서해 주시고, 회개하면 또 용서해 주시는 것입니다. 부모가 아닌 타인이라면 절대로 그렇게 해 주지 못합니다.

본문의 말씀은, 하나님 아버지는 부모와 같은 심정으로 우리를 긍휼히 보시고 끊임없이 용서해 주신다는 것을 주님께서 우리에게 보여 주신 것입니다. 하나님은 우리가 하루에 사백구십 번이라도 죄를 짓고 회개하고 돌아가면 용서해 주실 마음을 가지고 계십니다. 우리는 이 같은 하나님의 은혜로 인해 끊임없이 용서받고 있다는 사실을 알아야 합니다. 우리가 의롭게 된 것은 하나님이 용서하셨기 때문이지 우리가 잘해서 된 것이 아닙니다. 그러므로 우리는 끊임없이 회개하는 마음을 가지고 살아야 합니다. 우리는 늘 죄를 짓기 때문에 늘 회개하고 늘 용서받아야 하는 것입니다.

마귀는 우리에게 와서 말할 것입니다. "벼룩도 낯짝이 있지, 항상 죄를 짓고 항상 용서해 달라고 하느냐?" 그러나 우리는 담대해야 됩니다. "허튼소리 하지 마라. 하나님은 우리 아버지이시다. 우리가 철부지라서 자꾸 죄를 짓지만 주님은 하루에 사백구십 번씩이라도 용서해 주라고 하신다. 그런 주님께 나는 늘 용서받고 산다." 이러면 마귀는 할 말이 없습니다. 우리는 그리스도의 십자가를 통해서 끝없는 용서 가운데 있습니다. 우리의 마음이 깨어져 회개하는 한 우리는 결코 버림받지 않습니다. 여러분, 완악한 마음을 갖지 마십시오. 우리가 잘못하면 하나님께 늘 고백하고 늘 회개해야 합니다. 우리가 매일같이 기도할 때마다 우리의 잘못을 회개하고 용서를 구하면 하나님은 예수님의 보혈의 공로로 인해 늘 우리를 용서해 주시는 것입니다.

**23-35절** 그러므로 천국은 그 종들과 결산하려 하던 어떤 임금과 같으니 결산할 때에 만 달란트 빚진 자 하나를 데려오매 갚을 것이 없는지라 주인이 명하여 그 몸과 아내와 자식들과 모든 소

유를 다 팔아 갚게 하라 하니 그 종이 엎드려 절하며 이르되 내게 참으소서 다 갚으리이다 하거늘 그 종의 주인이 불쌍히 여겨 놓아 보내며 그 빚을 탕감하여 주었더니 그 종이 나가서 자기에게 백 데나리온 빚진 동료 한 사람을 만나 붙들어 목을 잡고 이르되 빚을 갚으라 하매 그 동료가 엎드려 간구하여 이르되 나에게 참아 주소서 갚으리이다 하되 허락하지 아니하고 이에 가서 그가 빚을 갚도록 옥에 가두거늘 그 동료들이 그것을 보고 몹시 딱하게 여겨 주인에게 가서 그 일을 다 알리니 이에 주인이 그를 불러다가 말하되 악한 종아 네가 빌기에 내가 네 빚을 전부 탕감하여 주었거늘 내가 너를 불쌍히 여김과 같이 너도 네 동료를 불쌍히 여김이 마땅하지 아니하냐 하고 주인이 노하여 그 빚을 다 갚도록 그를 옥졸들에게 넘기니라 너희가 각각 마음으로부터 형제를 용서하지 아니하면 나의 하늘 아버지께서도 너희에게 이와 같이 하시리라

본문은 용서에 대한 주님의 가르침입니다. 예수님은 비유하시기를, 하늘나라는 어떤 왕이 자기 종들과 정해진 날에 셈을 맞추어 보는 것과 같다고 하셨습니다. 왕이 셈을 하는 중에 만 달란트의 돈을 빚진 사람이 왕 앞에 끌려 나왔습니다. 한 달란트는 오늘날의 화폐 가치로 최소 약 5억 원 정도라고 할 수 있으니까 만 달란트는 약 5조 원이라는 어마어마한 액수가 됩니다. 그런데 이 사람은 이 어마어마한 빚을 갚을 돈이 없었습니다. 왕은 그에게 "네가 나에게 만 달란트의 빚을 지고 갚지 못하니 네 아내와 자식과 있는 것을 모두 다 팔아 나의 돈을 갚으라."고 하였습니

다. 이 사람은 그 큰 빚을 갚을 능력이 없었으므로 왕 앞에 엎드려 얼굴을 땅에 대고 애원했습니다. "왕이시여, 자비를 베푸소서. 나에게 한 번만 기회를 주시면 뼈가 으스러지도록 일을 해서라도 갚겠습니다." 여러분, 말이 그렇지 십억 갚기가 쉽지 않습니다. 내가 목회하면서 겪어 봐서 압니다. 단돈 천만 원 구하기가 하늘의 별 따기만큼 힘들었던 때가 기억납니다. 우리 교회를 지을 때 언젠가 노동자들에게 임금을 주지 못한 적이 있었습니다. 천만 원만 있으면 문제를 해결할 수 있는데 어디에 가도 그 돈을 구할 데가 없었습니다. 은행도 문이 닫혔고 누구에게 빚을 내려고 뛰어다녀도 빚 얻을 데도 없고 담보도 없어서 얼마나 애가 탔던지, 그때 돈이 참으로 귀하다는 것을 알았습니다. 그런데 이 사람은 1억 원도 아니고 5조 원의 빚을 지고 있습니다. 어떻게 갚습니까? 사실 불가능한 것입니다. 탕감받는 것밖에는 길이 없습니다. 왕은 이것을 잘 압니다. 엎드려 사정하는 그 사람을 보고 불쌍히 여겨 상상할 수 없는 은혜를 베풀었습니다. "좋다. 네 빚을 탕감해 주노라." 그러니 이 사람은 얼마나 큰 은혜를 입었습니까? 너무나 놀라고 감사해서 왕에게 수없이 절하고 또 절했습니다.

완전히 죽었다가 다시 살아난 그는 어깨를 펴고 나오다가 친구를 만났습니다. 그런데 그 친구는 이 사람한테 백 데나리온의 빚을 지고 있었습니다. 백 데나리온은 오늘날로 치면 약 7, 8백만 원 입니다. 그런데 이 사람이 그 친구를 보자마자 당장 멱살을 잡고 다그쳤습니다. "야, 이놈아, 내 돈 내놔라." 그러자 그 친구가 사정했습니다. "이보게, 내가 지금 가진 돈이 없네. 조금만 기다려 주게. 내 곧 갚겠네." 그런데 이 사람은 기어이 그 친구를 끌고 가서 감옥에 넣어 버렸습니다. 이것을 본 동료들이 기가 막혔습니다. '세상에, 저렇게 나쁜 놈이 있나? 자기는 왕한테 5조 원을 탕감받았으면서 친구가 고작 몇백만 원 안 갚는다고 고발해서 잡아 가두다니!' 그들은 괘씸해하며 왕에게 가서 이 사실을 고했습니다. "왕이시여, 세상에 이런 일이 있습니까? 왕에게 5조 원을 탕감받은 그 사람이 자기한테 칠팔백만 원 빚진 사람이 그 돈을 안 갚는다고 감옥에 잡아넣었습니다." 이 말을 전해 들은 왕은 대노했습니다. "아니, 천하에 이런 놈이 있나! 당장 그놈을 잡아 오너라." 그 사람은 다시 왕 앞에 끌려 나왔습니다. 왕이 꾸짖었습니다. "고약한 놈! 네가 간청하기에 내가 너를 불쌍히 여겨 그렇게 큰돈을 탕감해 주었다. 네가 나에게 은혜를 입었으니 너도 너에게 빚진 사람을 불쌍히 여겨 은혜를 베풀어 줘야 마땅하지 않느냐? 그런데 겨우 몇백만 원 빚진 네 친구에게 은혜를 베풀지 않고 잡아다 감옥에 넣다니, 참으로 고약한 놈이로구나." 그리고는 옥졸에게 명하였습니다. "내 돈을 다 갚을 때까지 이놈을 감옥에 가두어라."

이 비유를 하시고 주님은 "너희가 각각 마음으로부터 형제를 용서하지 아니하면 나의 하늘 아버지께서도 너희에게 이와 같이 하시리라"고 말씀하셨습니다. 이 말씀은 "네가 하나님 앞에 용서받은 것이 얼마나 많으냐? 너는 용서받은 죄인이다. 너는 하나님 앞에서 그렇게 죄 용서를 많이 받았으면서 네 이웃이 네게 와서 잘못했다고 빌 때 용서하지 않고 '요놈, 두고 보자. 내가 네게 다 갚겠다.' 하면 하늘 아버지가 어떻게 생각하시겠느냐? 그렇게 되면 네가 죄지은 것을 다 치르기까지 하나님께 심판받아 고통을 받게 된다."는 것입니다.

여러분, 우리는 하나님께 어마어마하게 용서받았으므로 다른 사람을 용서해 주어야 할 빚을 지고 있습니다. 예수님을 믿는 사람은 누구나 다 용서의 빚을 지고 있습니다. 우리는 남편을, 아내를, 부모를, 자식을, 형제를, 이웃을 용서해야 합니다. 내 마음대로 용서하고, 안 하고 할 수 없습니다. 나는 하나님의 용서에 빚진 자이기 때문에 다른 사람이 내게 와서 용서를 구할 때 용서해 주어야 합니다. 용서의 빚은 한평생 갚아도 못 갚습니다. 우리는 그러므로 계속 용서해 줘야 합니다. 주기도문 할 때 우리가 어떻게 기도합니까? "우리가 우리에게 죄지은 자를 사하여 준 것같이 우리의 죄를 사하여 주시옵소서."라고 하지 않습니까? 우리 개인의 용서는 우리가 이웃을 용서하는 것과 깊은 연관성이 있습니다. 남의 죄를 용서하지 않으면서 내 죄만 용서해 달라고 할 수 없습니다. 내가 하나님께 용서받았으니 나 역시 남을 용서해야 합니다. 용서하지 않으면 내 죄를 용서받지 못하고 거기에 합당한 벌을 받습니다.

나는 우리 교회의 한 자매님을 통해서 느낀 것이 많습니다. 이 자매님은 오랫동안 '안면 신경 마비' 로 고생을 해 왔습니다. 온갖 치료를 해도 낫지 않았습니다. 침도 맞고 내게 안수 기도를 여러 번 받았는데도 낫지 않아, 예쁘장한 얼굴인데 완전히 비뚤어져 있었습니다. 너무나 절망이 된 이 자매님은 나를 찾아와서 울면서 말했습니다. "목사님, 나는 이제 살 희망을 잃어버렸습니다. 얼굴이 이렇게 찌그러졌으니 무슨 살 희망이 있겠습니까?" 안타깝지만 나도 어쩔 도리가 없었습니다. 여러 번 안수 기도를 해도 효과가 없었기 때문입니다. 그런데 내 마음속에 성령님이 말씀하셨습니다.

"이 자매의 비뚤어진 얼굴이 낫지 않는 것은 마음에 원한을 품고 있기 때문이다. 용서하지 않는 죄가 있어서 그렇다."

그래서 내가 물었습니다.

"자매님, 혹시 미워하는 사람이 있습니까?"

이 말에 그 자매님이 한참 있더니 고백을 했습니다.

"예, 미워하는 사람이 있습니다."

내가 "누구를 미워하십니까?" 했더니, 봇물 터지듯이 말했습니다.

"시아버지, 시어머니, 시동생, 시누이들 모두 다 뼈에 사무치게 밉습니다."

이야기를 들어 보니 그럴 만도 했습니다. 자매님은 시집온 날부터 시부모는 물론 시동생, 시누이들과 함께 살았습니다. 맏며느리인 자매님은 이 집에서 완전히 가정부였습니다. 아침 일찍 일어나서 저녁 늦게까지 온갖 집안일이며 심부름을 다 했습니다. 그런데 고마워하기는커녕 모두 다 흠을 잡고 업신여겼습니다. 시아버지는 며느리를 못마땅하게 여기고, 시어머니는 일일이 간섭하고, 시동생들은 일만 만들고, 여우 같은 시누이들은 어머니를 충동해서 며느리에게 호통을 치게 만들어 자매님을 괴롭혔습니다. 남의 집에 시집와서 산다는 것이 얼마나 괴롭습니까? 여자는 남편 한 사람 믿고 시집온 것입니다. 남편의 아버지, 어머니는 법률적 관계라서 '아버님, 어머님' 이라고 부르지만 쉽사리 애정이 생기지 않습니다. 그런데 시부모님이 잘해 주기는커녕 괴롭게 하면 참으로 힘든 일입니다. 이 자매님은 오랜 세월 시집 식구들에게 고통과 괴롭힘을 당하면서 원한이 가슴에 사무쳤습니다. 그 화병이 안면 신경 마비로 온 것입니다. 그래서 내가 그 자매님에게 말했습니다.

"자매님, 사정을 듣고 보니 정말 안타깝고 자매님이 시집 식구들을 미워하는 것도 이해할 만합니다. 그러나 자매님이 그들을 용서해 주어야 자매님도 용서를 받고 치료받을 수 있습니다. 주님은 '서서 기도할 때에 아무에게나 혐의가 있거든 용서하라 그리하여야 하늘에 계신 너희 아버지께서도 너희 허물을 사하여 주시리라' (막 11:25)고 말씀하셨습니다. 그러니 시부모와 시동생, 시누이를 사랑해야 합니다."

그러자 갑자기 자매님이 단호하게 말하는 것이었습니다.

"목사님, 내 얼굴이 비뚤어져 죽어도 사랑은 못 합니다."

나는 이 말에 충격을 받았습니다. 보통으로 말한 것이 아니라 눈에 불이 번쩍하면서 말했기 때문입니다. 나는 순간적으로 난처해졌습니다.

"그래요? 사랑을 못 해요?"

자매님은 볼멘소리로 대답했습니다.

"목사님, 내 처지를 한번 생각해 보세요. 사랑할 수 있는가? 그들이 나를 조금이라도 사랑한다면 나도 사랑할 수 있습니다. 나는 원한이 사무쳐 사랑할 힘도 없어요."

그때 성령님이 내 마음속에 또 말씀하셨습니다.

"조 목사, 네가 상담을 잘못하고 있다. 내가 언제 사랑하라 그랬냐? 용서하라 그랬지."

그래서 얼른 고쳐 말했습니다.

"자매님, 내가 잘못 말했습니다. 주님은 이럴 때 사랑하라고 하지 않고 용서해 주라고 하셨습니다. 자매님이 그 사람들보다 더 마음을 크게 먹고 용서를 해 주세요. 용서해 주고 난 다음에 힘이 남으면 사랑하세요. 힘이 부치면 사랑하지 않아도 좋습니다. 용서는 할 수 있지요?"

그랬더니 그 자매님이 눈물을 주룩 흘리면서 말했습니다.

"나도 하나님께 용서를 받았으니 용서는 할 수 있습니다. 그러나 목사님 제발 사랑하라는 말은 하지 마세요. 사랑은 절대로 못 합니다. 용서는 하지만 사랑은 못 해요."

그래서 "좋습니다. 이 시간에 용서하세요." 하고 시집 식구들을 용서하는 기도를 시켰습니다.

"하나님 아버지, 시아버지를 용서합니다. 시어머니를 용서합니다. 시동생, 시누이들을 용서합니다. 내가 미워하고 원한이 사무친 것 다 용서합니다."

자매님은 엉엉 울면서 이 기도를 했습니다. 그때 내가 안수 기도를 했습니다. 그런데 그 순간 자매님의 얼굴이 다리미로 다리는 것처럼 사악 펴지는 것이었습니다. 자매님이 눈물을 닦고 일어날 때에는 안면 마비가 완전히 풀려 제 얼굴로 돌아와 있었습니다. 나는 이를 보고 크게 느꼈습니다. '아, 용서가 이렇게 힘이 있구나. 용서하지 않을 때에는 마귀가 그 얼굴을 묶고 있었지만, 용서하니 성령이 임하시고 얼굴이 이렇게 풀어지다니…….'

여러분, 우리는 이 세상에 살면서 원한이 사무칠 일이 많이 생깁니다. 가장 가까운 부모 자식 간에도 서로 미움과 원한이 마음속에 있습니다. 형제 간이나 이웃 간에는 말할 필요도 없습니다. 그런데 우리가 마음속에 원한을 갖고 있으면 이것이 독이 되어서 우리의 영과 마음과 육체와 모든 생활에 고통을 가져옵니다. 마음속에 있는 원한은 독이 되어서 나의 생명을 죽입니다. 이러므로 우리는 상대가 내 용서를 받아들이든지, 아니 받아들이든지 상관 말고 원한을 풀어 버려야 합니다. 내 마음에 있는 부담을 예수 그리스도의 십자가를 생각하고 용서해 줘야 하는 것입니다. 그냥 용서하려면 잘 되지 않습니다. 용서하는 것도 근거가 있어야 합니다. 입술로만 용서한다고 용서가 되는 것이 아닙니다. 예수님의 십자가를 바라보아야 합니다. 예수님이 우리를 용서하시기 위해서 몸 찢기고 피 흘리며 얼마나 고통을 당하셨는지를 생각해 보십시오. 용서받는 사람이 고통당하는 것이 아니라 용서하는 사람이 고통을 당합니다. 용서를 하자면 내 마음속의 모든 원통하고 억울한 사연을 십자가에 못 박아야 됩니다. 예수님을 바라보지 않고는 용서를 할 수가 없습니다. 나의 죄를 용서하기 위해서 십자가에 못 박혀 몸 찢기고 피 흘려 주신 예수님을 바라볼 때, "그래, 예수님 때문에 나도 용서한다."라고 말할 수 있게 되는 것입니다. 내가 잘나서 용서하는 것이 아닙니다. 예수님 때문입니다. "예수님이 나를 용서하기를 기뻐하시고 또 내가 다른 이를 용서하기 원하시기 때문에 내가 이 죄를 용서합니다." 이렇게 내가 풀어 버리는 것입니다. 상대방이 나의 용서를 받아들이면 하나님 앞에서 용서를 받을 것이지만 받아들이지 않아도 그뿐입니다. 나는 상관할 바 아닙니다. 나는 나의 마음을 깨끗이 청소하는 것입니다. 그래서 나와 하나님 사이에 막힌 담이 없어져 내 기도가 하늘에 상달되고 하나님이 영광을 받으시게 되는 것입니다.

오늘날 많은 사람들이 용서해 주지 못함으로 감옥에 갇혀서 고통당합니다. 질병의 감옥에 갇히고, 낭패와 실망의 감옥에 갇힙니다. 사업 실패의 감옥에 갇히고, 불행의 감옥에 갇힙니다. 내가 용서해 주지 아니하므로 내 자신이 하나님께 심판을 받아 감옥에 갇힌 것입니다. 이러한 감옥에서 나오려면 용서해 주어야 합니다. 용서는 우리의 신앙생활에 있어 절대적입니다. 우리가 항상 하나님 앞에서 용서를 받고 사는 것처럼 우리도 이웃에 대해서 항상 용서하면서 살아야 됩니다. 원한을 품고 살면 안 됩니다. 항상 용서하는 마음을 가지고 살 때 하나님과 우리 사이에 막힌 담이 없어집니다.

우리는 하나님을 믿고 하나님의 은혜로 사는 사람들입니다. 이스라엘 백성이 애굽에서 나와 가나안으로 들어올 때 모세를 통해 하나님께서 주신 약속이 무엇입니까? "네가 들어가 차지하려 하는 땅은 네가 나온 애굽 땅과 같지 아니하니 거기에서는 너희가 파종한 후에 발로 물 대기를 채소밭에 댐과 같이 하였거니와 너희가 건너가서 차지할 땅은 산과 골짜기가 있어서 하늘에서 내리는 비를 흡수하는 땅이요 네 하나님 야훼께서 돌보아 주시는 땅이라 연초부터 연말까지 네 하나님 야훼의 눈이 항상 그 위에 있느니라"(신 11:10-12). 무슨 말씀입니까? 애굽은 세상입니다. 세상에서는 내 발로, 내 지혜와 내 총명으로 사업도 하고 생활도 합니다. 즉, 예수님을 믿기 전에는 세상에서 인간의 수단과 방법과 노력으로 살지만 일단 예수 믿고 하나님께 들어오고 난 다음에는 위로부터 오는 은혜를 받고 살아야 한다는 것입니다. 우리가 가나안 땅에 들어와서는 하나님의 축복을 받고 살아야 합니다.

주님은 "너희는 먼저 그의 나라와 그의 의를 구하라 그리하면 이 모든 것을 너희에게 더하시리라"(6:33)고 말씀하셨습니다. 우리는 하나님과 함께 삽니다. 하나님과 우리 사이에 막힌 담이 없으면 만사형통입니다. 겁날 것이 없습니다. 천지와 만물을 지으신 전지전능, 무소부재하신 하나님이 나와 같이 계시고 하나님이 나를 살리시는데 누가 나를 해칠 수 있습니까?

"그가 나를 사랑한즉 내가 그를 건지리라 그가 내 이름을 안즉 내가 그를 높이리라"(시 91:14)고 하나님께서 말씀하셨습니다. 그러나 우리와 하나님 사이에 담으로 막히면 절망입니다. 도저히 살아갈 수 없습니다. 왜냐하면 우리는 특별한 사람, 즉 세상에서부터 하나님의 부르심을 받아 나온 선민이기 때문입니다. 우리는 예수 그리스도의 이름을 믿고 하나님을 의지하고 하나님으로 말미암아 사는 사람들입니다. 하나님이 우리를 먹이시고 입히시고 살리시고 천국까지 데려가십니다.

여러분, 우리는 끊임없이 하나님과 교통하면서 살아야 하는 존재이므로 하나님과 우리 사이에 막힌 담이 없도록 우리 마음속에 원한 서린 것을 남김없이 다 용서하고 마음을 정결하게 해야 합니다. 그리하면 우리의 기도를 통해 하나님의 은총이 우리의 삶 가운데 넘치게 될 것입니다.

제 *19* 장

# 천국 시민의 삶

| | |
|---|---|
| 결혼과 이혼에 대한 교훈 | 19:1-12 |
| 어린아이를 축복하심 | 19:13-15 |
| 영생의 조건 | 19:16-22 |
| 부자와 천국에 대한 교훈 | 19:23-26 |
| 주를 좇는 자가 받을 보상 | 19:27-30 |

A COMMENTARY
ON THE GOSPEL OF
MATTHEW Ⅲ

본 장과 20장은 예수님께서 갈릴리를 떠나 예루살렘에 입성하기까지의 기간에 행하신 사역들과 가르치신 교훈들을 다루고 있습니다. 특히 본 장에는 천국 시민의 삶에 관한 규범들이 예수님과 바리새인, 예수님과 부자 청년, 예수님과 제자들 간의 질문과 답변 형식으로 기록되어 있습니다.

우선 예수님께서는 결혼과 이혼에 관한 바리새인들의 질문에 대해 결혼은 하나님의 창조 질서와 섭리에 의한 신성한 제도임을 상기시키셨습니다. 또한 예수님께서는 어린아이들에게 관심을 갖고 안수하시며 천국은 어린아이같이 순수하고 순전한 신앙을 가진 자들의 것이라고 말씀하셨습니다. 한편 영생의 조건을 묻는 한 부자 청년의 질문에 대해 예수님께서는 인간의 선한 행위로 구원받는 것이 아님을 역설적으로 말씀하시고 부자가 천국에 들어가기가 어렵다고 부연하셨습니다. 그리고 이와 대조적으로 세상의 모든 것을 버리고 주를 좇는 자가 받을 보상에 관한 질문에 대해 예수님께서는 하늘나라의 큰 축복과 상급이라는 종말론적인 약속을 언급하셨습니다.

# 1. 결혼과 이혼에 대한 교훈(19:1-12)

1. 예수께서 이 말씀을 마치시고 갈릴리를 떠나 요단 강 건너 유대 지
경에 이르시니 2. 큰 무리가 따르거늘 예수께서 거기서 그들의 병을
고치시더라 3. 바리새인들이 예수께 나아와 그를 시험하여 이르되
사람이 어떤 이유가 있으면 그 아내를 버리는 것이 옳으니이까 4. 예
수께서 대답하여 이르시되 사람을 지으신 이가 본래 그들을 남자와
여자로 지으시고 5. 말씀하시기를 그러므로 사람이 그 부모를 떠나
서 아내에게 합하여 그 둘이 한 몸이 될지니라 하신 것을 읽지 못하였
느냐 6. 그런즉 이제 둘이 아니요 한 몸이니 그러므로 하나님이 짝지
어 주신 것을 사람이 나누지 못할지니라 하시니 7. 여짜오되 그러면
어찌하여 모세는 이혼 증서를 주어서 버리라 명하였나이까 8. 예수
께서 이르시되 모세가 너희 마음의 완악함 때문에 아내 버림을 허락
하였거니와 본래는 그렇지 아니하니라 9. 내가 너희에게 말하노니
누구든지 음행한 이유 외에 아내를 버리고 다른 데 장가드는 자는 간
음함이니라 10. 제자들이 이르되 만일 사람이 아내에게 이같이 할진
대 장가들지 않는 것이 좋겠나이다 11. 예수께서 이르시되 사람마다

**이 말을 받지 못하고 오직 타고난 자라야 할지니라 12. 어머니의 태로부터 된 고자도 있고 사람이 만든 고자도 있고 천국을 위하여 스스로 된 고자도 있도다 이 말을 받을 만한 자는 받을지어다**

**1-2절** 예수께서 이 말씀을 마치시고 갈릴리를 떠나 요단 강 건너 유대 지경에 이르시니 큰 무리가 따르거늘 예수께서 거기서 그들의 병을 고치시더라

갈릴리와 유대 사이에는 사마리아가 있습니다. 그런데 사마리아 사람들은 유대인이 자신들의 땅을 통과하는 것을 싫어했습니다. 그래서 주님은 사마리아를 피해 요단 강 건너편으로 빙 돌아서 유대 땅에 가시곤 했습니다.

사마리아인들은 순수한 유대인의 혈통을 가진 사람들이 아닙니다. 유대인들이 앗수르와 바벨론의 포로로 잡혀 갔을 때 이방인들이 사마리아로 와서 그 황무지를 점령했는데 그들이 사마리아인들이 되었습니다. 그들은 낯선 사마리아에 정착하여 생업을 하며 원래 살던 자기네 나라에서 가져온 신도 섬기고 토속신인 야훼도 섬겼습니다. 그래서 야훼 하나님만 섬기는 유대인들은 이런 사마리아인들의 이중적인 신앙생활을 비웃고 그들을 개처럼 취급하여 아예 상종을 하지 않았습니다. 그러니 사마리아 사람들과 유대 사람들은 서로 적대적인 감정만 쌓이게 되었습니다.

예수님도 유대인이므로 사마리아 사람들은 예수님이 사마리아를 지나가시는 것을 좋아하지 않았습니다. 이런 사정으로 예수님은 사마리아를 피해 요단 강 건너편으로 빙 돌아서 유대 지경에 가신 것입니다.

예수님이 유대에 이르시니 큰 무리가 나와서 예수님을 좇았습니다. 예수님은 거기서 그들의 병을 고쳐 주셨습니다. 예수님은 병 고치는 사역과 다른 사역을 결코 분리시키시지 않았습니다. 예수님은 가시는 곳마다 병을 고치셨습니다. 그래서 사람들은 예수님의 이름만 들어도 병 고치는 능력이 있는 분이라는 것을 알고 있었습니다.

오늘날 교회의 중대한 잘못은 병을 고치고자 하는 예수님의 간절한 소원과 특권을 소멸시켜 버린 것입니다. 교회는 그리스도의 몸이므로 주님의 성령께서 임하시는 곳입니다. 그러므로 교회는 사람들이 들어오며 나가며 병을 고침받는 처소가 되어야 합니다. 예수님은 매우 강렬한 열정으로 병을 고치셨고, 이 세상을 떠나기 전에도 병 고치는 역사를 교회에 맡기셨습니다. 성경은 이렇게 기록하고 있습니다. "너희 중에 병든 자가 있느냐 그는 교회의 장로들을 청할 것이요 그들은 주의 이름으로 기름을 바르며 그를 위하여 기도할지니라 믿음의 기도는 병든 자를 구원하리니 주께서 그를 일으키시리라 혹시 죄를 범하였을지라도 사하심을 받으리라 그러므로 너희 죄를 서로 고백하며 병이 낫기를 위하여 서로 기도하라 의인의 간구는 역사하는 힘이 큼이니라"(약 5:14-16). 예수님은 아주 집요할 정도로 우리의 병을 고치셨습니다. 마음의 병인 슬픔을 고치시고 육신의 연약함과 질병도 고치셨습니다. 오늘날 그리스도의 영인 성령께서는 그리스도의 몸인 교회에 임하여 계십니다. 그래서 교회에 오면 모든 슬픔과 육체의 허약함과 질병을 다 고침받습니다. 예수 그리스도께서는 어제나 오늘이나 영원토록 동일하십니다. 예수님은 옛날이나 지금이나 똑같이 병 고치는 사역을 계속하고 계십니다. 예수님은 부활하시고 난 다음에 이렇게 말씀하셨습니다. "내가 진실로 진실로 너희에게 이르노니 나를 믿는 자는 내가 하는 일을 그도 할 것이요 또한 그보다 큰 일도 하리니 이는 내가 아버지께로 감이라"(요 14:12). 이 말씀은 예수님이 승천하시면 성령을 보내셔서 예수님이 하신 일보다 더 큰 일을 할 것이라는 것입니다. 그러므로 오늘날은 더 많은 영혼이 구원받고 더 많은 병자가 고침을 받아야 마땅한 것입니다.

교회가 병 고치는 일을 하지 않으면 주님의 마음을 읽지 못하는 것이며, 주님의 뜨거운 소원을 짓밟는 것입니다. 주님의 역사와 특권을 빼앗아 버리는 것입니다. 오늘날 교회는 그리스도의 마음과 열정을 가지고 병 고치는 사역을 계속해야 합니다. 이것은 주님의 지상 명령입니다.

예수님은 오늘도 동일하게 역사하십니다. 그러므로 병든 사람은 병 고침받을 것을 기대하시고 입을 넓게 여십시오. "네 입을 크게 열라 내가 채우리라"(시 81:10)고 주님께서 말씀하셨습니다. 우리의 병을 고치는 것은 분명한 주님의 뜻이고 우리가 주님의 뜻대로 구하면 주님은 다 들으십니다. 병 고침을 받는 것은 주님의 절대적인 뜻이요, 간절한 소원입니다. 우리는 그 소원을 이루어 드려야만 합니다.

**3-4절** 바리새인들이 예수께 나아와 그를 시험하여 이르되 사람이 어떤 이유가 있으면 그 아내를 버리는 것이 옳으니이까 예수께서 대답하여 이르시되 사람을 지으신 이가 본래 그들을 남자와 여자로 지으시고

바리새인들은 예수님을 올무에 잡아넣기 위해서 연구에 연구를 거듭하다가 예수님에게 결혼 문제에 관한 질문을 던졌습니다.

"사람이 잘했든 못했든 이유를 불문하고 아내를 버리는 것이 옳으니

이까?"

다시 말하면 이혼할 수 있는 합당한 이유가 있든 없든 이혼하는 것이 옳은 일인지를 묻는 것입니다. 이 질문의 배후에는 예수님을 올무에 잡아넣으려는 음모가 있었습니다.

바리새인들이 예수 그리스도를 올무에 넣으려고 질문을 할 때마다 예수님은 언제나 하나님 말씀에 서서 해답을 주셨습니다. 우리도 그렇습니다. 질문을 받을 때 말씀에 서서 해답을 제시해야지 우리의 인간적인 뜻을 이야기해서는 안 됩니다.

아담과 하와가 시험에 떨어진 것은 하나님 말씀으로 대답하지 않고 자기 생각으로 대답했기 때문입니다. 마귀가 그들에게 "하나님이 참으로 너희에게 동산 모든 나무의 열매를 먹지 말라 하시더냐?" 라고 물었을 때, 하와는 "동산 나무의 열매를 우리가 먹을 수 있으나 동산 중앙에 있는 나무의 열매는 하나님의 말씀에 너희는 먹지도 말고 만지지도 말라 너희가 죽을까 하노라 하셨느니라." 고 대답했습니다. 하지만 이 대답은 하나님의 말씀과 다릅니다. 하나님은 "선악을 알게 하는 나무의 열매는 먹지 말라 네가 먹는 날에는 반드시 죽으리라"(창 2:17)고 말씀하셨습니다. 그런데 하와는 그것에 '만지지도 말라.' 는 말을 보태었습니다. 그리고 이유 여하를 막론하고 먹으면 반드시 죽는다는 본래의 말씀을 희석해서 '죽을까 하노라' 고 했습니다. 즉, 안 죽을 수도 있다는 모호한 표현으로 바꾸어 버렸습니다. 이는 자기 생각으로 대답한 것입니다. 그러자 마귀는 그것을 이용하여 "너희가 결코 죽지 아니하리라." 며 단호하게 공격을 하고 나왔습니다. 그 결과 하와는 마귀의 유혹에 빠진 것입니다.

그러므로 하나님이 말씀하시지 않은 것을 보태어서는 안 됩니다. 하나님이 하신 본래의 말씀을 빼서도 안 됩니다. 우리는 마귀의 군사들과 싸울 때 하나님의 말씀을 정확하게 알고 그대로 가지고 나가야 합니다.

바리새인들이 제기한 이혼에 관한 질문에 예수님은 창세기에 기록된 말씀으로 대답하셨습니다. 사람을 지으신 이가 본래 저희를 남자와 여자로 만드셨습니다. 하나님께서 흙으로 사람을 빚어서 그 코에 생기를 불어 넣으니 생령이 되었습니다. 그렇게 아담이 먼저 지음을 받았습니다. 하지만 아담은 돕는 배필이 없어서 외로웠습니다. 그래서 아담의 갈빗대를 취하여 하와를 만드셨습니다. 하나님은 외로움을 좋아하시지 않습니다. 하나님은 외로우신 분이 아니십니다. 아버지와 아들과 성령이 삼위일체로 교통하며 존재하기 때문에 결코 외롭지 않습니다. 그러므로 하나님은 사람이 외롭게 독처하는 것을 좋아하시지 않습니다.

전에 내가 한 미혼 선교사님과 같이 일을 해 본 적이 있었는데 정말 힘들었습니다. 결혼 생활을 하면 자동적으로 서로의 모난 부분이 마모가 되기 마련입니다. 살다 보면 남편과 아내가 서로 의견 충돌이 있고 뜻이 다를 때가 자주 있습니다. 그래서 항상 상대방을 인식하며 대화와 양보를 통해 성장하게 되는 것입니다. 그런데 혼자 사는 사람은 그런 것이 없어서 독불장군이 될 확률이 높습니다. 그 선교사님도 매우 고집이 강해서 내가 도저히 꺾을 수 없었습니다. 내가 조금만 설득을 하거나 고집을 꺾으려 하면 그분은 손수건을 꺼내 들고 울기 시작하면서 "나를 무시하고 짓밟고 이럴 수가 있느냐?" 며 떼를 쓰셨습니다. 결국 나는 그분과의 동역을 포기할 수밖에 없었습니다. 도저히 그분의 비위를 맞출 도리가 없었기 때문입니다.

어린아이도 형제가 많은 집에서 자란 아이는 자연스럽게 사회성이 형성됩니다. 형, 아우, 누나, 누이동생이 많이 있으면 서로 끝없이 경쟁하게 됩니다. 부모님의 사랑을 서로 더 받으려고도 경쟁하고, 밥 먹을 때도 많이 먹으려고 싸웁니다. 잠자리에서도 이불을 더 많이 덮으려고 끌어당깁니다. 물론 요즘에는 어지간하면 자기 방과 이불을 가지고 있습니다. 하지만 예전에는 한방에서 한 이불을 덮는 경우가 많았습니다. 그러므로 한 사람이 몸부림을 쳐서 이불을 돌돌 감아 버리면 다른 사람은 이불도 덮지 못하고 잤습니다. 이런 경우가 제일 화가 났습니다. 하지만 그렇게 경쟁을 하며 밀고 당기다 보니 사회성이 길러졌습니다. 혼자서는 도저히 되지 않는다는 것을 배우고, 서로 대화와 타협을 통해 양보도 하고 받을 것은 받고 줄 것은 주는 방법을 체득하는 것입니다.

그러나 외아들이나 외딸로 자라면 부모님이 자기 원하는 대로 다 해 줍니다. 그래서 자기 고집대로만 하려고 하기 때문에 사회성이 길러지지 않습니다. 그러다가 시집을 가면 남편이 있고 시부모가 있고 새로운 가족이 있어서 자기 고집대로 다 하지 못합니다. 결국 처음부터 다시 사회성을 배워야 합니다. 그러니 얼마나 고통스럽겠습니까?

그러므로 자랄 때는 형제가 많이 있어서 북새통을 이루고, 치고받고 싸우며 머리에 혹도 나면서 자라는 것이 좋습니다. 그러면 나중에 사회생활을 할 때 쉽게 적응합니다. 혼자 있는 것은 별로 좋지 않습니다.

사랑은 서로 주고받는 것이 있어야지, 혼자서 사랑한다고 아무리 말해 봤자 무슨 소용이 있습니까? 사랑은 대상을 통해 주고받는 교통이 있어야 합니다. 그러므로 하나님께서는 사람이 독처하는 것을 좋아하시지 않습니다. 독처하면 사랑을 체험할 수 없습니다. 고독은 아주 무서운 것입니다. 사람이 살아가면서 고독하다는 것은 매우 큰 고통입니다. 사람은 하나님의 형상과 모양대로 지어졌기 때문에 태어날 때부터 사회성을 가지고 태어납니다. 삼위일체 하나님의 형상과 모양대로 지어졌기 때문에 사랑을 주고받아야 합니다. 그래서 사람에게 있어서 혼자서 산다는 것은 너무나 괴로운 일입니다.

나이 먹어 혼자된 남자나 여자가 "나이 먹었으니 혼자 살지 새삼스럽게 재혼을 왜 합니까?" 라고 말하는 경우가 있는데, 그것은 모르는 말입니다. 늙었다고 해서 사회성을 잃어버리는 것이 아닙니다. 마음속에 고독이 있다는 것은 굉장히 괴로운 것입니다. 그래서 늙어서라도 결혼을 하는 것이 좋습니다. 서로 대화를 하며 마음에 기름을 치고 살아야지, 혼자 곰팡이 피워 가면서 쓸쓸하게 살다 죽는 것은 너무나 비참한 일입니다. 사람은 끝까지 서로 대화하고 서로 당기고 밀어 주며 함께 살도록 만들어진 존재입니다. 우리는 함께 살아야 합니다.

하나님께서는 아담을 지으시고 혼자 사는 것이 좋지 않다고 생각하셨습니다. 그래서 아담을 깊이 잠재우시고 갈빗대를 하나 빼내어 돕는 배필을 만드셨습니다. 그런데 하나님은 왜 하필이면 아담의 갈비뼈를 취하셨을까요? 여기에는 아담과 하와가 운명적으로 하나가 되어서 살라는 깊은 뜻이 있습니다. 하나님이 하와를 데려오셨 때 아담이 "이는 내 뼈 중의 뼈요 살 중의 살이라." 고 말한 것은 남자와 여자는 운명 공동체라는 말입니다. 그러므로 부부 사이는 부모 자식과도 다르고 친구와도 다릅니다. 뼈를 같이 나누었으므로 생명의 일치입니다.

그런데 머리뼈를 취할 수도 있고 발뒤꿈치뼈를 취할 수도 있는데 왜 하필이면 옆구리에 있는 갈비뼈를 취했을까요? 갈비뼈는 심장을 보호합니다. 그러므로 내 생각에는 부부는 이성이나 행위로 따지지 말고 애정으로 따져야 되는 관계인 것 같습니다. 부부는 애정과 사랑으로 연결되어야 합니다. 부부간에 서로 잘났다고 이성적으로 따져서 꼬치꼬치 캐면 안 됩니다. 그리고 같이 장사를 하는 동업자처럼 또는 같이 운동을 하는 동호인처럼 부부간에 친밀한 애정도 없이 서로 행동만을 같이하는 것도 안 됩니다.

갈비뼈는 사랑을 의미함과 동시에 동등함도 의미합니다. 만약 아담의 머리뼈를 취해서 하와를 만들었다면 여자가 남자보다 더 높아졌을 것입니다. 만약 발뒤꿈치뼈를 취했으면 여자는 남자에게 짓밟히게 되었을 것입니다. 하지만 갈비뼈를 취했다는 것은 동등함을 말합니다. 남자와 여자가 함께 살되 사랑하며 살고, 누가 높고 낮음 없이 동등하게 살라는 것입니다.

물론 선후배 관계는 있습니다. 아담이 먼저 지음을 받고 하와가 그다음에 지음을 받았기 때문에 선후배 관계는 분명히 지켜야 합니다. 남자가 리더가 되어서 이끌어 나가야 합니다. 하와가 아담의 갈비뼈로 지음받았기 때문에 아내는 남편에게 의지해야 합니다. 남편이 돈도 벌어다 주고 생활도 책임져야 합니다. 인격적으로는 동등하지만 남편이 선배이므로 아내에게 모든 것을 갖다 주어야 할 의무가 있습니다. 자신의 갈비뼈인 아내인데 무엇인들 더 주지 않겠습니까?

사실 남자가 아내에게 얻어먹으면 참 불행해집니다. 아내가 경제력이 있고 친정이 잘살아서 돈도 많이 가져오면 "야, 그 사람 장가 잘 갔다. 그 사람 배 두드려 가며 살겠네."라고 하는데, 그것은 잘못 알고 있는 것입니다. 남자가 아내에게 얻어먹는 것만큼 불행한 것이 없습니다. 옛말에도 "겉보리 서 말만 있거든 처가살이 하지 말라."고 했습니다. 어찌하든지 남자는 뼈가 부러지더라도 일을 해서 아내에게 갖다 주어야 합니다. 그것이 남자에게는 참기쁨과 행복입니다.

형편이 어려우면 아내도 나가서 함께 일하고 생활 전선에 뛰어들어야 합니다. 그러나 원칙적으로는 남편이 일을 하고 벌어서 아내에게 갖다 주는 것이 하나님의 뜻이고 섭리입니다. 그렇게 하면 남편도 행복하고 아내도 행복하고 가정도 행복합니다.

**5-6절** 말씀하시기를 그러므로 사람이 그 부모를 떠나서 아내에게 합하여 그 둘이 한 몸이 될지니라 하신 것을 읽지 못하였느냐 그런즉 이제 둘이 아니요 한 몸이니 그러므로 하나님이 짝지어 주신 것을 사람이 나누지 못할지니라 하시니

하나님은 "이러므로 남자가 부모를 떠나 그의 아내와 합하여 둘이 한 몸을 이룰지로다"(창 2:24)라고 말씀하셨습니다. 우리는 이 구절을 매우 관심 있게 보아야 합니다.

예전의 우리 한국은 농경 사회라서 식구가 많아야 일을 할 수 있었습니다. 그래서 대가족 제도를 이루었습니다. 농사를 지어 보면 일할 데가 얼마나 많습니까? 논에도 가야 하고 밭에도 가야 하고 김도 매야 하고 할 일이 한없이 많기 때문에 대가족으로 모여서 살아야 합니다. 그리고 아들이 열두 살 정도만 되면 스무 살 된 처녀를 데려다가 결혼을 시켰는데, 그것도 그만큼 일손이 부족했기 때문입니다. 그래서 나중에 남자가 사람 구실 할 정도로 자라면 아내는 할머니가 되어 버리는 것입니다. 이렇게 농경 사회에서는 여러 가지 사회적인 불균형도 나오게 되었습니다.

하지만 오늘날의 산업 사회에는 대가족 제도가 통하지 않습니다. 직

장을 가지고 이곳저곳으로 흩어져 삽니다. 그래서 어찌할 도리 없이 핵가족으로 살게 됩니다. 그런데 주님께서는 농경 사회라 할지라도 결혼하면 남자가 그 부모를 떠나라고 말씀하셨습니다.

우리 한국의 역사에서 볼 수 있는 피비린내 나는 수많은 고부간의 갈등 원인은 모두 함께 살았기 때문에 비롯된 것입니다. '고추 당초 맵다 마라 시집살이 더 맵다' 라는 말이 어디서 나왔습니까? 대가족 제도를 따라 남자가 그 부모를 떠나지 않고 함께 살기 때문에 오는 고부간의 갈등에서 나왔습니다. 그 갈등은 형언할 수 없습니다. 아무리 시집온 며느리가 시어머니에게 딸처럼 대한다고 해도 절대로 그것을 믿지 마십시오. 딸은 피와 살이 섞였기 때문에 서로 부딪혀서 와장창 싸우더라도 뒤끝이 없습니다. 다 잊어버리고 돌아서면 다시 '허허허' 하고 만납니다. 하지만 고부간은 와장창 싸우면 1년도 가고 10년도 갑니다. 그러니 싸운 다음에 며느리가 시어머니에게 아무리 "어머님, 죄송해요." 해도 그것은 속에서 우러나오는 말이 아닙니다.

며느리나 사위는 그 집의 식구가 되었으니 원하든 원하지 않든 "어머님, 아버님!" 하고 부르지만 그것은 법적 호칭이지 실제 피를 나눈 것은 아닙니다. 그래서 영어로는 시아버지를 '법적 아버지' 라는 뜻에서 '파더 인 로' (father-in-law)라 부르고, 시어머니를 '마더 인 로' (mother-in-law)라고 부릅니다. 부모 자식 사이는 마음에서 우러난 것이기 때문에 서로 상처를 입히고 상처를 받아도 곧 낫습니다. 그러나 법적으로 아들이 되고 딸이 되는 것은 마음에서 우러난 것이 아니기 때문에 언제나 문제가 생깁니다.

그러므로 하나님이 그것을 미리 아시고 "남자가 부모를 떠나 그 아내와 합하여 둘이 한 몸을 이룰지로다."라고 말씀하신 것입니다. 남자는 부모를 떠나야 합니다. 우리는 어지간한 어려움이 없는 이상 하나님 말씀대로 행하는 것이 제일 좋습니다. 가마니를 깔고 움막에 살더라도 떠나는 것이 좋습니다. 같이 살면 속에 응어리가 집니다. 그것은 세월이 흘러가면 흘러갈수록 더 커집니다.

옛말에 "종이 종을 부리면 촛대가 부러진다."고 했습니다. 우리가 생각하기에는 종이 다른 종을 부리면 같은 신세니까 불쌍히 여길 줄로 아는데, 실제로는 그렇지 않습니다. 시집살이를 아주 되게 한 시어머니는 며느리 사정을 좀 봐줄 것 같은데, 오히려 더 무서운 시어머니가 됩니다. "내가 시집살이 되게 당했는데 어디 두고 봐라." 하고는 절대로 불쌍히 여겨 주지 않습니다. 시집살이란 말은 우리 한국에만 있는 말입니다. 그런 것은 없어져야 합니다.

성경 말씀대로 아들이 결혼하면 장남이고 차남이고 막내고 할 것 없이 다 내보내야 합니다. 요새는 자식들이 경제적으로 어려우니까 집세도 안 내고 밥도 공짜로 얻어먹으려고 "아버님, 같이 있겠어요." 합니다. 그래도 "아니다. 일단 결혼했으니까 성경 말씀대로 너희들은 나가서 살아라. 사글셋방을 얻든 천막을 치고 들어가든 나가서 살아라." 하고 말하십시오. 그러면 고부간의 갈등이 없습니다. 가끔가다 한 번씩 만나면 오히려 반가운 것입니다.

많은 사람들이 고부간의 갈등 때문에 내게 상담하러 옵니다. 시어머니의 말을 들으면 며느리가 완전히 나쁜 여자인 것 같고, 또 며느리의 말을 들으면 시어머니가 완전히 나쁜 할멈인 것 같습니다. 그래서 내가 상담을 하면서 정말 골치를 많이 앓았습니다. 결국 결론적으로는 따로 사는 것밖에는 해결책이 없습니다. 시어머니에게 기도 많이 하라고 하고 며느리에게도 이해하라고 해도, 그것은 일시적인 것입니다. 근본적인 해결책은 하나님의 말씀에 순종하는 것입니다. 하나님의 말씀대로 남자가 그 부모를 떠나 여자와 연합하여 한 몸을 이루어야 하는 것입니다. 이것을 마음속에 기억하십시오. 물론 모든 삶이 원리대로 되지 않을 때가 많습니다. 그러나 최선을 다해서 원리를 추구하는 것이 좋습니다.

그리고 자녀는 부모를 떠나 살더라도 부모를 공경하고 부모의 생활을 돌보아 주어야만 합니다. 성경에 그렇게 하라고 말씀합니다.

"자녀들아 주 안에서 너희 부모에게 순종하라 이것이 옳으니라 네 아버지와 어머니를 공경하라 이것은 약속이 있는 첫 계명이니 이로써 네가 잘되고 땅에서 장수하리라"(엡 6:1-3).

부모를 공경하고 생활비를 드리며 돕는 것은 자녀가 해야 할 마땅한 본분입니다. 그러면 하나님께 복을 받습니다.

예수님은 창세기에 기록된 하나님 말씀을 가지고 바리새인들에게 대답하셨습니다.

"사람이 그 부모를 떠나서 아내에게 합하여 그 둘이 한 몸이 될지니라 하신 것을 읽지 못하였느냐"(5절).

갈비뼈를 나누었으니까 한 몸이지 두 몸이 될 수 없습니다. 뼈를 나누었으니 말입니다. 몸의 가장 기초가 뼈 아닙니까?

"그런즉 이제 둘이 아니요 한 몸이니 그러므로 하나님이 짝지어 주신 것을 사람이 나누지 못할지니라"(6절).

우리는 자식이 결혼할 때 기도를 많이 하고 정말 하나님의 뜻을 따라서 결혼시켜야 합니다. 하나님이 짝지어 주셨다고 할 수 있을 정도로 하나님의 뜻을 따라 결혼을 해야지 하나님이 짝지어 주시지도 않았는데 사람의 뜻대로 강제로 짝지어서 나중에 큰 시련과 고통을 당하는 경우가 많습니다. 모든 결혼이 다 하나님의 뜻대로 짝지은 것이라고는 볼 수 없습니다. 하나님의 뜻을 좇아 결혼을 해야 하나님이 짝지어 주셨다고 할 수 있는 것입니다. 그런데 하나님의 뜻을 어기며 짝을 짓는 사람이 참 많습니다. 그 결과로 평생 불행해지는 경우가 참 많습니다.

우리는 기도를 많이 하고 성령의 인도를 따라서 하나님이 짝지어 주시는 결혼을 해야 합니다. 돈, 학력, 집안을 보고 하는 결혼이나 정략적인 결혼은 꼭 하나님이 짝지어 주셨다고 볼 수는 없습니다. 그런 결혼은 사람이 조건을 보고 짝지은 경우가 많습니다. 이런 결혼은 나중에 큰 불행을 가져올 수도 있습니다. 결혼은 하나님이 짝지어 주신 것이기 때문에 하나님의 뜻을 받들어야 합니다. 그리고 우리 하나님의 뜻은 일단 짝지어졌으면 죽음 외에는 나누어지지 않는 것입니다.

**7-9절** 여짜오되 그러면 어찌하여 모세는 이혼 증서를 주어서 버리라 명하였나이까 예수께서 이르시되 모세가 너희 마음의 완악함 때문에 아내 버림을 허락하였거니와 본래는 그렇지 아니하니라 내가 너희에게 말하노니 누구든지 음행한 이유 외에 아내를 버리고 다른 데 장가드는 자는 간음함이니라

하나님이 짝지어 주신 것을 사람이 나누지 못한다는 예수님의 대답에, 바리새인들은 더욱 강하게 예수님을 몰아붙였습니다.

신명기 24장 1절부터 4절을 보면 이렇게 기록되어 있습니다.

"사람이 아내를 맞이하여 데려온 후에 그에게 수치되는 일이 있음을

발견하고 그를 기뻐하지 아니하면 이혼 증서를 써서 그의 손에 주고 그를 자기 집에서 내보낼 것이요 그 여자는 그의 집에서 나가서 다른 사람의 아내가 되려니와 그의 둘째 남편도 그를 미워하여 이혼 증서를 써서 그의 손에 주고 그를 자기 집에서 내보냈거나 또는 그를 아내로 맞이한 둘째 남편이 죽었다 하자 그 여자는 이미 몸을 더럽혔은즉 그를 내보낸 전남편이 그를 다시 아내로 맞이하지 말지니 이 일은 야훼 앞에 가증한 것이라 너는 네 하나님 야훼께서 네게 기업으로 주시는 땅을 범죄하게 하지 말지니라".

모세가 한 말은 이러합니다. 아내를 얻고 난 다음에 마음에 불합리한 일이 생기면, 예컨대 '사기 결혼을 했다, 서로 뜻이 맞지 않는다, 갈등이 많다' 그러면 이혼 증서를 써서 아내의 손에 들려서 내보낼 수 있다는 것입니다. 그래서 구약 시대에는 이혼을 아주 쉽게 했습니다. 결혼하고 난 다음 아내가 자기 뜻에 맞지 않다고 생각하면 이혼 증서를 써서 손에 들려 내보냈습니다.

이혼 증서를 써 주고 내보낸 이유가 있습니다. 그냥 내보내면 사람들로부터 "저 여자는 부정이나 불륜을 행해서 쫓겨났다." 며 손가락질받고 혹은 돌에 맞아 여자의 일생이 완전히 처참하게 되기 때문입니다.

그러나 여자가 이혼 증서를 가지고 나오면 불륜이나 부정으로 쫓겨난 것이 아니고 서로 뜻이 맞지 않거나 생각의 불일치로 인한 여러 가지 고통 때문에 헤어졌다는 것을 증명하게 됩니다. 그래서 모세는 여자를 내보낼 때는 불륜이나 부도덕한 죄를 짓지 않은 이상 반드시 이혼 증서를 손에 들려서 내보내라고 말한 것입니다. 그런데 유대 남자들은 이를 악용해서 이혼 증서를 남발하여 아내를 쉽게 내버렸습니다.

이런 역사적 배경 가운데 예수님은 하나님이 짝지어 주신 남자와 여자는 한 몸이므로 사람이 나눌 수 없다고 하셨고, 바리새인들은 모세의 말을 들어 예수님에게 질문하였습니다. "모세는 여자가 마음에 맞지 않으면 이혼 증서를 주어서 내보내라고 했는데, 그것은 이혼해도 된다는 것이 아닙니까?"

그런데 우리는 모세가 그런 말을 한 이유를 알아야 합니다. 그것은 아무리 아내를 버리지 말라고 해도 마음이 완악한 남자들이 아내가 조금만 마음에 맞지 않으면 쫓아내는 악행을 저지르므로 억울하게 인생을 망치는 여자들이 너무나 많았기 때문입니다. 요사이와 달라서 옛날에 여권(女權)이 있었겠습니까? 여차하면 여자를 발길질해서 내쫓아 버렸습니다. 그래서 할 수 없이 하나님께서 모세를 통해 "여자를 내보낼 때 그냥 내보내지 말고 이혼 증서를 줘서 내보내라."고 명령하신 것입니다. 공개적으로 이혼 증서를 들고 나가면 불륜이나 부도덕한 죄를 지은 것이 아니라는 증명이 되므로 불이익을 당하지 않습니다. 당당하게 생활하며 재혼도 할 수 있습니다. 그래서 하나님께서 이혼 증서를 써 주도록 하신 것입니다. 만일 이 이혼 증서 없이 쫓겨난 여자는 사회에서 완전히 매장되고 말았습니다.

그러므로 예수님은 바리새인들에게 이렇게 말씀하셨습니다.

"모세가 이혼 증서를 줘서 내보내라고 한 것은 완악한 남자들이 무조건 여자를 쫓아내니 그로 인해 희생당하는 여자들을 보호하기 위해 별도리 없이 그렇게 한 것이다. 하지만 원래부터 이혼하는 것은 하나님의 뜻이 아니니라."

하나님께서는 여자들이 불이익을 당하는 데 대해서 크게 걱정하시고 여자들이 불이익을 당하지 않도록 지켜 주시기 위해서 이런 제도를 모세에게 허락한 것입니다. 하지만 하나님은 본래 결혼한 남자와 여자가 이혼하는 것을 원하지 않으십니다.

"누구든지 음행한 이유 외에 아내를 버리고 다른 데 장가드는 자는 간음함이니라"(9절).

여자가 간음하였다면 버릴 수 있지만, 다른 이유로 남자가 여자를 버리고 다른 여자와 결혼하면 간음죄를 범하는 것입니다. 이것은 반대의 경우에도 해당됩니다. 남자가 간음하는 죄를 짓기 전에 여자가 남자를 버리고 다른 남자와 결혼하면 그 여자도 간음죄를 범하는 것입니다.

그러나 예수님 당시의 사회는 남자 위주의 사회였습니다. 여자의 권리는 거의 없었습니다. 성경에도 보십시오. 사람 수를 헤아릴 때 여자는 숫자에도 넣지 않았습니다. 여자의 권리에 대해서는 전혀 말하지 않고 남자 위주로만 말하고 있습니다. 그만큼 그 시대의 여권은 그냥 남자의 권리에 매달리는 상황이었습니다. 하지만 하나님은 남자와 여자를 동등하게 여기시므로 여자에게도 남자와 같은 권리를 적용하실 것이라고 생각합니다.

예수님은 바리새인뿐만 아니라 오늘날의 우리에게도 분명하게 말씀하십니다.

"내가 너희에게 말하노니 누구든지 음행한 연고 외에 아내를 버리고 다른 데 장가드는 자는 간음함이니라."

**10-12절** 제자들이 이르되 만일 사람이 아내에게 이같이 할진대 장가 들지 않는 것이 좋겠나이다 예수께서 이르시되 사람마다 이 말

을 받지 못하고 오직 타고난 자라야 할지니라 어머니의 태로부터 된 고자도 있고 사람이 만든 고자도 있고 천국을 위하여 스스로 된 고자도 있도다 이 말을 받을 만한 자는 받을지어다

당시의 유대 사회의 풍습은 아내가 싫어지면 이혼 증서를 써서 내보내면 그만이었습니다. 그런데 예수님이 음행한 이유 외에 아내를 버리고 다른 데 장가들면 간음하는 것이라고 하시자, 이 말씀을 들은 제자들은 충격을 받았습니다. 그래서 예수님에게 이렇게 물었습니다.

"그러면 장가 한번 잘못 들었다가 아주 고약한 여자하고 평생토록 살 바에는 차라리 장가 안 가고 혼자 사는 게 좋지 않겠습니까?"

제자들의 이 물음은 상당히 의미가 깊습니다. 결혼 잘못 하여 평생토록 같이 살려면 그 고통은 말로 다 할 수 없을 것입니다. 마음이 좁고 이해심이 없고 손톱이 날카로운 여자와 결혼해서 살면 늘 얼굴에 상처가 끊이지 않게 될 것입니다.

예전에 우리 교회에 다니는 집사님 중에 밤낮으로 아내에게 얻어맞는 분이 있었습니다. 늘 아내에게 맞으니 몸이 한 군데도 성한 데가 없었습니다. 하지만 그분은 자식들이 있어서 참으며 살았습니다. 그런데 어느 날 이 집사님이 병원에 입원하였는데 위급하니 기도해 달라는 요청을 받고 달려가 보니, 혈관이 터져서 뇌수술을 해야 한다는 것이었습니다. 이유를 알아보니까 남편이 철야 기도를 하고 아침에 집에 왔는데 부인이 문을 안 열어 주었다는 것입니다. 그러다가 남편이 문 좀 열어 달라고 하니까 부인이 방망이를 들고 나와서 들어오는 남편의 머리를 때린 것입니다. 그래서 기절을 했는데, 병원에 실어 와서 검사해 보았더니 뇌혈관이

터졌다는 것입니다. 남편은 열렬히 예수님을 믿고 철야 기도도 하고 금식 기도도 하는데 부인은 절대로 믿지 않았습니다. 오히려 남편이 예수 믿는 것에 반발하고 돈 벌어서 교회에 다 갖다 준다며 핍박하였습니다. 그 집사님을 보면 부인이 할퀴고 때려서 몸 어느 곳도 성한 데가 없었습니다. 체구를 봐도 집사님은 몸이 비리비리하고 부인은 건장했습니다. 둘이 씨름을 해도 상대가 안 될 지경입니다. 울지도 웃지도 못할 사건이었습니다.

요즘에는 아내에게 얻어맞는 남자들의 수가 점점 늘어나고 있다고 합니다. 옛날과는 크게 다릅니다.

제자들은 잘못된 아내를 만나서 평생토록 고통당할 바에는 차라리 결혼하지 않는 것이 좋겠다고 예수님에게 말했습니다. 옛날 모세 시절에는 그냥 이혼 증서만 써서 내보내면 아내를 갈아 치우고 또 갈아 치울 수 있었습니다. 그런데 예수님은 간음한 이유 외에는 갈아 치우지 말라고 말씀하시니, 그들에게는 이것이 얼마나 지키기 어려운 말씀입니까?

하지만 예수님은 제자들에게 이와 같이 말씀하셨습니다.

"사람마다 이 말을 받지 못하고 오직 타고난 자라야 할지니라"(11절).

누구나 독신으로 살 수 있는 것은 아닙니다. 독신은 하나님께 은사로 받아야 가능합니다. 만약 하나님께로부터 독신의 은사를 받지 않았다면 차라리 여자에게 얻어맞더라도 결혼해야 합니다. 결혼의 유무는 하나님의 뜻에 달린 것입니다. 가톨릭의 신부같이 하나님의 특별한 은사를 받은 사람은 혼자서 살 수 있습니다. 하지만 그렇지 않은 사람은 절대로 혼자서 못 삽니다. 마음이 외로워서라도 못 삽니다.

옛날에 서대문에서 살 때의 일입니다. 내가 살던 아파트의 맞은편 아파트에 프랑스 선교 본부가 있었는데, 거기에 한 신부가 살고 있었습니다. 가끔 베란다에서 내려다볼 때마다 그 신부가 밤낮 줄담배를 피우고 술을 마시는 것이 보였습니다. 그리고 거실 벽장은 술병이 꽉 차서 술 창고가 되어 있었습니다. 혼자 앉아서 늘 담배만 피우고 술만 마시니 얼굴도 항상 벌겠습니다.

그래서 제가 '쯧쯧, 저게 사는 건가!' 라고 생각했었습니다. 그에게는 술과 담배가 부인입니다. 그래서 가톨릭 신부들 중에는 알코올 중독자가 많습니다. 그럴 바에야 장가가서 아내와 재미있게 살지 왜 그렇게 사는지 나는 잘 모르겠습니다. 성경을 보면 가톨릭의 제1대 교황이라고 하는 베드로도 결혼하여 아내를 데리고 다녔는데, 왜 요사이는 꼭 혼자서 목회를 해야 한다고 그러는지 이유를 모르겠습니다. 또 내가 목회를 해 보니까 오히려 가정을 가져야 성도들의 사정을 더 잘 이해할 수 있습니다. 혼자 살면 부부 싸움도 모르고, 속 타는 것도 모르고, 자식 기르는 고통도 모릅니다. 그러니 어떻게 성도들의 마음을 헤아려 상담을 해 주겠습니까? 자기가 눈물을 흘려 보고 체험을 해 보아야 올바르게 다른 사람을 인도할 수 있는 것입니다.

예수님은 "어머니의 태로부터 된 고자도 있고 사람이 만든 고자도 있고 천국을 위하여 스스로 된 고자도 있도다 이 말을 받을 만한 자는 받을지어다" 라고 말씀하셨습니다.

어머니의 태에서부터 고자 된 사람은 혼자 살 수 있습니다. 이런 사람은 태어날 때부터 독신의 은사를 받은 사람입니다. 그리고 사람이 만든 고자도 혼자 살 수 있습니다. 옛날에 왕실에서는 환관이 많은 궁녀를 다스리기 때문에 불륜의 위험성이 있다고 하여 고자를 만들었습니다.

내가 아는 한 사람은 결혼하지 않고 하나님 중심으로만 살고 싶다며 섬에 가서 면도칼로 거세하여, 온통 피투성이가 되어 구급차에 실려 병원에서 치료를 받았습니다. 나중에 내가 그분을 만나 식사를 하게 되어서 물어보았습니다.

"고자가 되니까 여자에 대한 그리움이 없습니까?"

"왜 없어요? 마음에 다 있지요. 하지만 이미 고자가 되었으니 다 필요 없잖아요."

인간적으로 아무리 외형적인 고자가 된다고 해도 완전히 고자가 되는 것이 아닙니다. 마음은 보통 사람과 꼭 한가지입니다.

그분을 보고 처음에는 많은 사람들이 존경했습니다. 특별한 사람이라고 말입니다. 하지만 나중에 만나 보니까 특별하지도 않고 별로 신령하지도 않았습니다. 나중에는 오히려 이단에 빠져서 산속으로 들어가 버렸습니다.

천국을 위해서 스스로 결혼하지 않고 혼자 사는 것은 보통 각오와 결심으로는 불가능한 것입니다. 내가 신학교 다닐 때 평생토록 혼자 살면서 주님만 위해 살겠다는 신학생들이 많았습니다. 하지만 그렇게 거룩한 척하던 사람들이 나중에 보니까 제일 먼저 결혼했습니다. 그런 서약은 섣불리 하면 안 됩니다.

몇 년 전 우리 교회의 처녀 두 사람이 나에게 찾아왔습니다. 예전에 하나님께로부터 너무나 큰 은혜를 받고 감동하여 평생토록 혼자서 살겠다고 서원을 했는데 이제 은혜가 떨어지니까 아무래도 결혼해야 되겠다는 것입니다. 그런데 걱정인 것이 하나님께 서원을 했는데 그것을 어기면 버림받지 않겠느냐는 것입니다. 그래서 내가 말했습니다. "왜 그런 쓸데

없는 서원을 했습니까? 그 죄를 회개하십시오. 이제 하나님이 앞으로 당신을 믿지 않으면 어떻게 합니까? 하지만 이미 마음이 변했으니 별도리 없이 결혼해야지요."

하나님 앞에서 함부로 서원을 하는 것이 아닙니다. 그러다가 지키지 못하면 어떻게 합니까? 사람들이 쉽게 "하나님이여, 내 집을 바치겠나이다. 내 일생을 바쳐서 선교사로 나가겠나이다."라고 서원합니다. 하지만 나중에 정열이 식어지면 그만 "그때 잘못했어요." 하고 후회합니다. 그렇게 하나님을 거짓말쟁이로 만드는 것은 아주 위험합니다.

결혼뿐 아니라 주님 안에서의 모든 일은 오직 하나님의 전적인 주관에 달린 것입니다. 살아가는 과정에서 하나님이 순간마다 작정해서 우리를 부르시고 일을 시키면 우리는 믿고 순종할 따름입니다.

## 2. 어린아이를 축복하심(19:13-15)

**13. 그때에 사람들이 예수께서 안수하고 기도해 주심을 바라고 어린 아이들을 데리고 오매 제자들이 꾸짖거늘 14. 예수께서 이르시되 어린아이들을 용납하고 내게 오는 것을 금하지 말라 천국이 이런 사람의 것이니라 하시고 15. 그들에게 안수하시고 거기서 떠나시니라**

**13-15절** 그때에 사람들이 예수께서 안수하고 기도해 주심을 바라고

어린아이들을 데리고 오매 제자들이 꾸짖거늘 예수께서 이르시되 어린아이들을 용납하고 내게 오는 것을 금하지 말라 천국이 이런 사람의 것이니라 하시고 그들에게 안수하시고 거기서 떠나시니라

자녀들이 축복받기를 원하는 것은 모든 부모의 당연한 마음입니다. 내가 예전에 성도들에게 매일 특별 안수 기도를 한 적이 있습니다. 그런데 보고상으로는 하루에 안수 받을 사람이 3백 명인데 당일에 보면 8백여 명이 나옵니다. 왜냐하면 온 가족을 다 데려오기 때문입니다. 특히 자녀들은 학교도 안 보내고 다 데려옵니다. 그러니 매일 너무 힘들어서 쓰러질 지경이었습니다.

과거에는 수요 예배 후 삼십여 명씩 안수했었는데, 이제는 어찌할 도리 없이 찾아온 사람은 다 기도해 주어야 했습니다. 어떤 때는 몸에 진이 다 빠지고 하늘이 샛노랗게 보였습니다. 심장이 너무 뛰어서 하루 종일 아무것도 손에 잡히지 않았습니다. 그만큼 안수 기도가 힘든 것입니다.

하지만 성도들은 이때가 기회라고 생각하여 자녀들을 다 데리고 옵니다. 어린아이들을 하나는 안고, 하나는 업고, 하나는 손에 잡고 옵니다. 부모가 자식을 그만큼 간절히 사랑해서 데려오는 것입니다. 그러니 나도 마음에 감동이 되니까 힘들어도 참고 쓰러질지언정 정성스럽게 기도했습니다.

본문에도 사람들이 사랑하는 자식들을 안수 받게 하려고 예수님 앞으로 데리고 왔습니다. 그러자 제자들이 그들을 꾸짖었습니다.

"왜 어린아이들을 데리고 오느냐? 데려가라."

하지만 예수님은 오히려 제자들을 꾸짖으셨습니다.

"어린아이들을 용납하고 내게 오는 것을 금하지 말라 천국이 이런 사람의 것이니라"(14절).

천국이 이런 사람, 곧 어린아이의 것이라는 말씀은 우리에게 시사하는 바가 큽니다. 이 말씀은 어린아이와 같이 순전한 믿음을 가지고 주님을 전폭적으로 의지하는 사람이 천국에 들어간다는 뜻입니다.

예수님은 어린아이들에게 안수하시고 그곳을 떠나셨습니다.

## 3. 영생의 조건(19:16-22)

**16. 어떤 사람이 주께 와서 이르되 선생님이여 내가 무슨 선한 일을
하여야 영생을 얻으리이까 17. 예수께서 이르시되 어찌하여 선한 일
을 내게 묻느냐 선한 이는 오직 한 분이시니라 네가 생명에 들어가려
면 계명들을 지키라 18. 이르되 어느 계명이오니이까 예수께서 이
르시되 살인하지 말라, 간음하지 말라, 도둑질하지 말라, 거짓 증언
하지 말라, 19. 네 부모를 공경하라, 네 이웃을 네 자신과 같이 사랑
하라 하신 것이니라 20. 그 청년이 이르되 이 모든 것을 내가 지키었
사온대 아직도 무엇이 부족하니이까 21. 예수께서 이르시되 네가 온
전하고자 할진대 가서 네 소유를 팔아 가난한 자들에게 주라 그리하
면 하늘에서 보화가 네게 있으리라 그리고 와서 나를 따르라 하시니
22. 그 청년이 재물이 많으므로 이 말씀을 듣고 근심하며 가니라**

**16-19절** 어떤 사람이 주께 와서 이르되 선생님이여 내가 무슨 선한 일을 하여야 영생을 얻으리이까 예수께서 이르시되 어찌하여 선한 일을 내게 묻느냐 선한 이는 오직 한 분이시니라 네가 생명에 들어가려면 계명들을 지키라 이르되 어느 계명이오니이까 예수께서 이르시되 살인하지 말라, 간음하지 말라, 도둑질하지 말라, 거짓 증언 하지 말라, 네 부모를 공경하라, 네 이웃을 네 자신과 같이 사랑하라 하신 것이니라

어떤 사람이 예수께 나아와 질문을 했습니다.

"선생님이여, 내가 무슨 선한 일을 하여야 영생을 얻으리이까?"

그런데 질문을 하려면 정확하게 해야 합니다. 그렇지 않으면 원래 기대한 것과는 전혀 다른 대답을 들을 수 있습니다. 이 사람은 선한 행위를 통해서만이 영생을 얻을 수 있을 것이라는 전제하에 질문을 하는 오류를 범했습니다. "영생을 얻으려면 어찌해야 됩니까?" 라고 물었으면 영생을 얻는 방법을 가르쳐 주셨을 텐데, 이 사람은 영생을 얻기 위해 무슨 행위를 해야 하는지 행위에 관해서만 물었습니다.

이 세상에서 선한 일을 행함으로 영생을 얻을 수 있는 사람은 아무도 없습니다. 모세가 시내 산에서 하나님께 계명을 받은 이후로 지금까지 계명을 어기지 않고 온전히 지킨 분은 오직 예수님 한 분뿐입니다. 이 세상에 사는 모든 사람들은 매일 크고 작은 죄를 짓고 있습니다. 그래서 성경 로마서 3장 23절에서는 "모든 사람이 죄를 범하였으매 하나님의 영광에 이르지 못하더니" 라고 말씀하며 로마서 3장 10절에도 "의인은 없나니 하나도 없으며" 라고 말씀합니다.

하지만 예수님이 십자가에 못 박히고 몸 찢기어 피 흘리심으로 우리에게 죄에서 해방되는 길을 열어 주셨습니다. 이제 사망에 이르는 죄는 예수님을 믿지 않는 죄입니다. 불신은 곧 사망이며 그런 선고를 받은 사람에게는 더 이상 다른 자질구레한 죄를 논할 필요가 없습니다. 그렇다면 예수님을 믿고 구원받은 다음에 지은 죄는 어떻게 될까요? 물론 예수 그리스도를 믿으면 사망에서 생명으로 옮겨졌기 때문에 그 죄가 사망에 이르게 하지는 않습니다. 이는 목욕한 사람은 다시 몸을 씻을 필요가 없는 것과 같습니다. 그러나 매일 우리가 세수해야 하는 것처럼 우리는 손과 발과 입으로 짓는 죄를 매일 주님의 보혈로 씻어내야만 합니다.

예수님을 믿는 사람이 믿지 않는 사람과 다른 점은 죄가 무엇인지 알고 있으므로 늘 고민하며 산다는 것입니다. 우리의 고민은 마음은 원이로되 육신이 약하는 데 있습니다. 마음은 죄를 짓지 않고 살기를 원하는데 자꾸 육신이 이 세상에서 죄를 짓습니다. 그래서 예수님을 믿는 사람은 항상 기뻐하지만, 또 항상 고민하는 사람입니다. 예수님을 믿는다고 하면서 죄에 대하여 조금도 고민하지 않는 사람은 양의 탈을 쓴 이리와 같습니다. 그런 사람들도 꽤 많습니다. 이리가 양의 탈을 쓰고 평신도도 되고 집사도 되고 장로도 되고 심지어 목사까지 됩니다. 그래서 유유히 예수님을 믿는 사람처럼 행동하면서 사기, 도둑질, 방탕 등 온갖 죄를 다 짓습니다. 그들은 명백히 위선자들입니다.

예수님이 제일 미워하신 것이 바리새인들과 사두개인들의 위선이었습니다. 그들은 종교란 간판을 달고서 하나님을 자기들의 욕심을 채우는 도구로 이용하였습니다. 주님은 이런 위선자들을 '회칠한 무덤' 이라고 꾸짖으며 정죄하셨습니다(23:27). 그러나 정직한 죄인들도 있습니다.

마음은 하나님을 섬기며 살고 싶은데 세상에 속한 죄에 끌려서 죄를 짓는 사람들입니다. 이런 사람들의 마음에는 끊임없는 고통이 있습니다. 이들은 죄를 지은 것에 대해 마음 아파하며 울면서 회개합니다. 하나님은 이런 사람들은 하루에 일곱 번씩 일흔 번이라도 용서해 주십니다. 육신이 약해서 자꾸 죄에 끌려가지만 중심은 하나님 안에 있기 때문입니다.

그러나 자기의 직위와 이름을 이용해서 노략하는 이리와 같은 사람은 절대로 하나님이 용서해 주시지 않습니다. 교회에도 가라지 같은 사람들이 있습니다. 본 서 13장을 보면 주님은 곡식과 가라지가 함께 있다고 말씀하셨습니다. 주님은 좋은 씨를 심었습니다. 그런데 나중에 보니까 가라지가 많이 나와 있었습니다. 이를 보고 제자들이 "주님이 좋은 씨를 심었는데 왜 가라지가 났습니까?" 라고 묻자, 예수님은 "자는 동안에 원수가 와서 가라지를 뿌렸구나." 라고 말씀하셨습니다.

그러므로 교회에는 좋은 씨가 대부분이지만 그 가운데 가라지도 있다는 것을 알아야 합니다. 주님은 나중에 가라지들을 불과 유황으로 타는 못에 던지겠다고 말씀하셨습니다. 우리는 늘 우리 마음의 중심이 예수 그리스도를 모시고 하나님을 섬기고 있는지를 생각해야 합니다.

본문을 보면 한 사람이 와서 주님께 "선생님이여, 내가 무슨 선한 일을 행하여야 영생을 얻으리이까?" 라고 물었습니다. 그 사람은 자기의 행위에 자신이 있었던 것입니다. '나 정도면 구원을 받을 수 있을 것이다.' 라는 자만심이 있었던 것입니다.

예수님은 그 질문에 이렇게 반문하셨습니다.

"어찌하여 선한 일을 내게 묻느냐?"

선한 이는 오직 하나님 한 분뿐입니다. 따라서 선한 일에 대해서 가르칠 수 있는 분도 하나님 한 분뿐입니다. 그러므로 이 사람이 예수님에게 선한 일을 묻는다는 것은 예수님을 하나님으로 인정한다는 것입니다. 이 사람은 아무것도 모르고 말했지만 예수님은 그것을 바르게 해석해 주셨습니다.

"선한 분은 오직 하나님뿐인데 네가 선한 일을 내게 물었으니 무의식중에 나를 하나님으로 인정한 것이다. 네가 생명에 들어가려면 계명을 지켜라."

예수님이 계명을 지키라고 하신 것은 이 사람이 행위로써 구원받을 수 있는 방법을 물었기 때문입니다. 그래서 예수님도 행위로 구원받을 수 있는 계명을 말씀하신 것입니다.

사실 예수님을 믿는 사람은 계명을 지키기 쉽습니다. 이미 구원을 받은 그리스도인들에게 있어서 계명은 인격을 완성하고 하나님과 더욱 깊은 교제를 할 수 있도록 도와주는 수단입니다. 혹 계명을 지키지 않더라도 하나님께 꾸중을 듣고 하나님과의 교제가 끊어질 뿐이지 구원을 받지 못하는 것은 아닙니다. 하지만 구원받지 않은 사람은 계명으로 심판을 받기 때문에 지키기가 매우 어렵습니다. 조금만 어겨도 사망입니다. 그래서 아무도 계명의 잣대를 가지고 하나님 앞에 설 수 있는 사람이 없습니다.

하나님 외에는 다른 신들을 섬기지 말아야 하는데 세상 사람들은 온갖 우상들을 다 섬깁니다. 또 하나님의 이름을 망령되게 부르지 말아야 하는데 하나님의 이름을 욕되게 하는 사람이 얼마나 많습니까? 그리고 안식일을 어기고, 부모를 공경하지 않고, 마음에 수시로 미움과 살인과 음란한 생각을 품습니다. 또 심지어 요사이는 깨끗하게 살아야 할 판사, 검사, 경찰까지도 나쁜 짓을 합니다. 그러니 누구를 믿겠습니까? 재판이 공정하지 않으면 아무리 재판에서 어려움을 호소해도 힘없는 사람만 손해입니다. 또 누구 할 것 없이 거짓말을 일삼는 도덕 불감증이 만연한 사회가 되었습니다.

하나님의 계명을 지켜서 구원받을 만한 사람은 이 세상에 아무도 없습니다. 그런데 이 사람은 어리석게도 무엇을 행해야 구원을 얻을 수 있는지를 예수님에게 물었습니다. 그러자 예수님이 말씀하셨습니다.

"살인하지 말라, 간음하지 말라, 도둑질하지 말라, 거짓 증언 하지 말라, 네 부모를 공경하라, 네 이웃을 네 자신과 같이 사랑하라 하신 것이니라"(18-19절).

예수님은 하나님과 인간의 관계와 관련된 계명은 말씀하시지 않았습니다. 즉, '다른 신을 두지 말라, 우상에 절하지 말라, 하나님의 이름을 망령되게 부르지 말라, 안식일을 거룩히 지키라' 는 법은 말씀하시지 않았습니다. 인간과 인간의 윤리적 계명만을 말씀하셨습니다. 그것은 질문한 사람이 유대인이기 때문입니다. 유대인들은 하나님과 관련된 계명을 어기는 사람에게 사형을 언도했습니다. 그래서 그 계명들만큼은 철저하게 지킵니다. 하지만 인간 대 인간의 윤리적 계명은 다반사로 어겼습니다. 그러므로 주님께서는 하나님과 사람에 대한 계명은 말씀하시지 않고 사람과 사람 사이의 윤리적 계명만을 말씀하신 것입니다.

**20절** 그 청년이 이르되 이 모든 것을 내가 지키었사온대 아직도 무엇이 부족하니이까

청년은 자신만만하게 모든 계명을 다 지켰다고 대답했습니다. 진짜로

지켰는지 지키지 않았는지 잘 모르겠지만 내 생각에는 형식적으로는 지켰기 때문에 큰소리하는 것으로 보입니다. 그러나 실제로 깊이 들어가 보면 이 계명을 다 지킬 수 있는 사람은 없습니다. 예수님은 마음에 미움만 있어도 살인하는 것이라 하셨는데 지금까지 아무도 미워하지 않고 살아온 사람이 과연 있을까요? 또한 마음에 음욕만 품어도 간음한 것인데 이 청년이 이웃에 있는 이성을 보고 마음속에 단 한 번도 탐심을 품지 않았을까요? 남자들은 자기가 보기에 예쁘고 좋은 여자가 있으면 자기의 소유로 만들고 싶어 하는 본능을 가지고 태어났습니다.

한번은 미국의 카터 대통령에게 '플레이보이' 잡지사에서 물었습니다.

"당신은 간음한 적이 있습니까?"

그러자 그가 이렇게 말했습니다.

"나는 예수님을 믿는 사람이므로 실제로 간음한 적은 없습니다. 하지만 마음으로는 수없이 간음을 많이 했습니다."

나는 카터 대통령의 말에 굉장히 감동했습니다. 그분은 그 높은 직함을 가지고도 너무나 신실하게 예수님을 믿으며 주일학교에서 아이들을 가르치며 봉사하는 훌륭한 크리스천 대통령이었습니다. 지금까지도 그분은 미국과 세계의 수많은 사람들에게 존경받는 사람으로 손꼽히고 있습니다. 그런 분이 솔직하게 자신의 허물을 드러내는 것은 대단한 겸손과 용기입니다.

또한 계명에는 도둑질하지 말라고 하였습니다. 그런데 이 청년은 굉장한 부자였습니다. 부자라고 해서 다 도둑질하는 것은 아니지만 대개 돈을 모으려면 부정을 하게 마련입니다. 아무래도 세금 포탈도 좀 해야 하고 줄 것도 안 주는 일들이 있게 되니 온전히 깨끗하다고 볼 수 없습니다. 이 사람이 부자가 아니라면 모르겠는데 큰 부자라고 말하니까 이 계명도 확실히 지켰다고 볼 수 없습니다. 그리고 거짓 증언 하지 말라고 하였는데 이 청년이 계명을 다 지켰다고 말하는 자체가 이미 거짓말하는 것이 아닙니까? 네 이웃을 네 자신과 같이 사랑하라는 계명도 부자가 실천하기는 너무나 힘듭니다. 세상에는 가난한 사람이 너무 많은데 내 자신처럼 사랑하려면 다 먹이고 입혀야 하니 계명대로 하자면 남는 것이 하나도 없을 것입니다.

실제로 엄격한 의미에서 율법의 잣대를 가지고 판단한다면 이 땅에 살아남을 사람은 아무도 없을 것입니다. 의롭다 함을 입을 육체도 없습니다. 모든 사람이 다 심판 아래 있는 것입니다. 그러므로 구원은 예수님의 보혈을 통해서 용서와 의를 얻는 것 외에 다른 길이 없습니다. 예수 그리스도께서 십자가를 통해 우리의 모든 죄를 다 청산해 버리고 용서와 의의 평생회원으로 가입시켜 주셨습니다. 하루 이틀이 아니고 평생회원입니다. 이 길 외에는 다른 길이 없습니다. 베드로는 이렇게 말했습니다.

"다른 이로써는 구원을 받을 수 없나니 천하 사람 중에 구원을 받을 만한 다른 이름을 우리에게 주신 일이 없음이라"(행 4:12).

다른 종교는 다 윤리 도덕적인 행위에 따라 구원받는다고 합니다. 만일 그렇다면 이 세상에서 구원받을 수 있는 사람은 아무도 없습니다. 애만 쓰다가 끝납니다. 예수님이 우리 대신에 죄를 갚아 주시고 우리는 그 공로를 의지하는 길밖에 다른 구원의 방도가 없습니다. 그저 첫째도 예수, 둘째도 예수, 셋째도 예수님만 믿어야 합니다. 행위라는 것은 믿음으로 구원받은 다음에 따라오는 것입니다.

그런데 이 청년은 행위에 자신이 있었습니다.

"모든 것을 내가 지켰는데 무엇이 아직도 부족합니까?"

청년이 행위로 구원받겠다고 하니까 예수님은 청년에게 도저히 행위로는 구원받을 수 없는 조건을 내세우셨습니다. 오늘날도 만일 우리가 행위로 구원받겠다고 하면 하나님은 우리에게 점점 더 어려운 행위를 요구할 것입니다. 그러면 도저히 감당하지 못할 것입니다.

그러나 우리는 예수님을 믿음으로 말미암아 구원받았습니다. 믿음으로 구원받으면 자랑할 것이 없습니다. 그저 "이 죄인을 받아 주소서." 하는 말밖에는 할 것이 없습니다.

만일 "날 좀 보소. 동지섣달 꽃 본 듯이 날 좀 보소." 하면서 "내가 이렇게 잘했으니 나야말로 구원받아야 한다."고 자신의 행위를 자랑한다면 이것이야말로 꼴불견입니다. 그러므로 주님은 도저히 감당할 수 없는 행위를 청년에게 요구하셨습니다.

**21-22절** 예수께서 이르시되 네가 온전하고자 할진대 가서 네 소유를 팔아 가난한 자들에게 주라 그리하면 하늘에서 보화가 네게 있으리라 그리고 와서 나를 따르라 하시니 그 청년이 재물이 많으므로 이 말씀을 듣고 근심하며 가니라

청년이 "무엇이 더 부족합니까? 말씀하신 율법을 내가 다 지켰나이다." 했을 때 예수님이 속으로 웃으셨을 것입니다. '너의 행위를 다 알고 있는데 그런 엉터리 말을 하느냐?' 하셨을 것입니다. 주님은 불꽃 같은 눈으로 우리의 속을 살피십니다. 그러므로 주님께서 말씀하셨습니다.

"옳지. 그렇다면 마지막으로 정말 구원을 받고 싶으면 이렇게 해라. 가서 재산을 다 팔아 가난한 자에게 나누어 주고 빈손으로 나를 따라오

너라."

이 명령에 순종할 부자는 천하에 없습니다. 빈손 들고 쪽박 차고 예수님을 따르면 하늘의 보화와 구원을 얻는다니 이게 무슨 청천벽력 같은 말입니까? 청년은 도저히 그것만큼은 할 수 없었습니다. 그래서 더 이상 질문을 하지 못하고 마음에 큰 충격을 받아 근심하며 돌아갔습니다.

찬송가 204장의 가사처럼, 세상과 나는 간 곳 없고 구속한 주만 보여야 합니다. 내가 열심히 전도하고, 내가 많이 구제하고, 내가 많은 충성을 한다고 생각하면 그것은 나를 우상으로 섬기는 것입니다. 우상에 절하지 말라고 했는데 그것은 나를 우상으로 내세우는 것과 같습니다. 그렇게 말하면 잘못입니다. 주님의 은혜로 전도를 하고, 주님의 은혜로 물질을 베풀고, 주님의 은혜로 착한 일을 하는 것입니다. 모든 것은 내 안에 계신 그리스도께서 행하시는 것입니다.

바울은 다른 사람보다 수고도 많이 하고, 복음 때문에 감옥에도 갇히고, 매도 많이 맞았습니다. 하지만 그 모든 것을 자기 안에 계신 그리스도께서 행하신 것으로 여겼습니다. 도대체 내가 무엇입니까? 본래 나는 한 푼어치 가치도 없습니다. 그저 천 번, 만 번 죽어도 마땅할 죄인입니다. 예수님의 은혜로 말미암아 구원받고 왜 자기 힘으로 구원받은 것처럼 야단법석입니까? 만 가지 공을 세워도 한 마디만 자랑하면 그 공이 다 날아가는 것입니다. 그저 무슨 일을 하고도 "무익한 종이니 긍휼히 보아 주시옵소서."라는 말밖에 할 것이 없습니다. 자랑할 것이 있다면 오직 예수님뿐입니다. 하나님이 직접 육신을 쓰고 오셔서 못된 인간을 위해서 십자가에 못 박혀 몸 찢기고 피 흘려 일생의 죄를 갚아 주신 공로를 자랑해야 하는 것입니다. 우리가 목숨을 바쳐 섬긴들 그 은혜를 어떻게 다 갚을 수 있겠습니까? 오직 눈물을 흘리며 주님께 감사하고 찬양하는 여러분이 되시기를 주의 이름으로 축원합니다.

이 청년이 자기 행위를 자랑했습니다. 하지만 보십시오. 낙심하고 돌아가고 말았습니다. 인간의 행위에는 결국 한계점이 있습니다. 청년은 애초에 질문을 바로 하지 못했습니다. "어떻게 하면 구원을 얻으리이까?"라고 물었어야 합니다. 그러면 예수님이 "나를 믿으라."고 하셨을 것이며, 모든 것이 쉽게 해결되었을 것입니다. 그다음에 주님을 기쁘시게 하기 위해 십일조, 구제, 선한 행위 등을 하였을 것입니다.

행위로 구원을 받으려고 하면 자기의 의가 나타납니다. 교만해집니다. 예수님이 십자가에서 "내가 다 이루었다."고 하셨으므로, 우리는 더 이상 보태거나 뺄 것이 하나도 없습니다. 모든 공로는 예수님에게 있습니다. 우리는 오직 예수님으로 말미암아 은혜로 구원을 받는 것입니다.

"너희는 그 은혜에 의하여 믿음으로 말미암아 구원을 받았으니 이것은 너희에게서 난 것이 아니요 하나님의 선물이라 행위에서 난 것이 아니니 이는 누구든지 자랑하지 못하게 함이라"(엡 2:8-9).

구원은 행위에서 난 것이 아니므로 자랑할 것이 조금도 없습니다. 그러므로 그저 우리는 늘 주님만 전할 뿐입니다.

그리고 오직 은혜로 구원을 받고 나면 성령님이 오셔서 우리를 끊임없이 성결하게 하시고 꾸짖어 주십니다. 우리가 예수님 중심으로 살려면 성령님이 "너 이거 잘못했다. 회개하라." 하시며 우리의 잘못을 일러주시므로 우리는 끊임없이 성령님의 음성에 귀를 기울여야 합니다.

요나를 보십시오. 하나님께서 요나의 마음속에 니느웨로 가서 복음을 증거하라고 하셨습니다. 하지만 요나는 그 말이 듣기 싫어서 반대 방향

인 다시스로 가는 배를 탔습니다. 그리고 하나님 음성을 듣지 않으려고 배 밑창에 들어가서 잠을 잤습니다. 그러다가 결국 폭풍을 만났고 바다로 던져져 물고기의 배 속에 갇히고 맙니다.

하나님의 부드러운 음성이 마음속에 들려올 때 그것을 차단하면 나중에는 그 음성이 바깥에서 거센 폭풍우가 되어 다가옵니다. 하나님께서 가정의 우환, 재난, 낭패의 채찍을 드십니다. 그것은 하나님이 우리를 사랑하시기 때문에 회개시키기 위해서 드시는 채찍입니다. 그러므로 성령님이 마음에 고요하고 잠잠하게 말씀하실 때 겸손히 엎드리는 것이 제일 좋습니다.

나도 목회를 하면서 하나님께 많은 매를 맞았습니다. 나도 예전에는 성령님의 고요하고 잠잠한 말씀을 그냥 넘겨 버렸다가 거대한 채찍을 맞은 적이 많습니다. 그래서 요사이는 언제나 주님께 귀를 기울입니다. 성령님이 말씀하시면 두말하지 않고 순종하기로 작정합니다. 그저 성령님이 인도하시는 대로 절대 순종, 절대 믿음으로 행하는 것이 제일 좋습니다. 그러면 주님께서 우리를 책임져 주십니다. 괜히 반항하고 불순종하다가 나중에 크게 얻어맞고 낭패와 실망을 당하고 상처투성이가 될 필요는 없지 않습니까?

예수님을 믿는 사람들은 다 구원을 받지만, 어떤 사람은 천국에 갈 때 아주 당당하게 올라가고 어떤 사람은 너무 맞아서 온 얼굴에 붕대를 감고 지팡이까지 짚고 올라갑니다. 또 하늘나라에 올라가면 상급도 다릅니다. 이 땅에서 믿음과 순종으로 주님을 기쁘시게 하였으면 하늘나라에서 영광과 존귀와 칭찬을 받습니다. 하지만 불순종의 붕대를 감고 올라가면 꾸중을 듣습니다. 하나님 앞에서 꾸중을 들으면 얼마나 창피하고 슬프겠습니까?

바울 사도가 말하기를 "해의 영광이 다르고 달의 영광이 다르며 별의 영광도 다른데 별과 별의 영광이 다르도다"(고전 15:41)라고 하였습니다. 다 하늘에 있는데도 각기 영광이 다릅니다. 해같이 빛나는 사람이 있고, 달같이 밝고 맑게 비치는 사람도 있습니다. 별도 샛별처럼 반짝 빛나는 별이 있는가 하면, 물먹은 개똥벌레처럼 잠깐 '반짝' 하고 사라져 버리는 별도 있습니다. 우리가 다 같이 앉아서 예배드리지만 천국에 올라가면 이 가운데 달처럼 밝은 광채를 가진 사람도 있습니다. 별처럼 반짝이는 사람도 있을 것입니다. 그 영광이 천차만별인데 그것은 다 행위로 말미암는 것입니다. 이 땅에서 우리가 얼마나 하나님의 계명을 잘 지키고 주님을 위해서 수고하고 일했는지가 우리의 영광을 좌우한다는 것을 알아야 합니다.

## 4. 부자와 천국에 대한 교훈(19:23-26)

**23. 예수께서 제자들에게 이르시되 내가 진실로 너희에게 이르노니 부자는 천국에 들어가기가 어려우니라 24. 다시 너희에게 말하노니 낙타가 바늘귀로 들어가는 것이 부자가 하나님의 나라에 들어가는 것보다 쉬우니라 하시니 25. 제자들이 듣고 몹시 놀라 이르되 그렇**

**다면 누가 구원을 얻을 수 있으리니까 26. 예수께서 그들을 보시며 이르시되 사람으로는 할 수 없으나 하나님으로서는 다 하실 수 있느니라**

23절 예수께서 제자들에게 이르시되 내가 진실로 너희에게 이르노니 부자는 천국에 들어가기가 어려우니라

예수님께서는 부자가 천국에 들어가기 어렵다고 말씀하셨습니다. 하지만 모든 부자가 다 그런 것은 아닙니다. 부자라도 예수님을 믿고 난 다음에 부자가 된 경우에는 천국에 넉넉히 들어갑니다. 예수님을 믿고 나서 하나님께 십일조 드리고 성수 주일하고 하나님께 복을 받아 부자가 된 사람은 굉장히 많습니다.

미국의 거대한 부자였던 록 펠러는 초반에 돈 한 푼 없는 빈손이었지만 십일조를 드리고 주님께 충성해서 나중에 부자가 되었습니다.

켄터키 프라이드 치킨을 만든 커넬 할랜드 샌더스는 나이 60세에 파산하여 그 충격으로 정신 병원에 입원했던 사람입니다. 그런데 정신 병원에서 똑같이 미친 여자의 전도를 받고 구원을 받았습니다. 참 희한한 일입니다. 이 여자가 예수님을 믿으라고 찬송을 불렀는데 그 노래를 들은 커넬에게 치료가 임한 것입니다. 그래서 그는 정신 병원을 나와 성수 주일하고 십일조를 드리기 시작했습니다. 그리고 정부로부터 받은 연금을 가지고 치킨 사업을 시작하였는데 80세에 억만장자가 되었습니다. 60세에 파산했다가 80세에 억만장자가 되어 자가용 비행기를 타고 다니며 전도를 했습니다.

그러나 원래부터 부자가 된 사람은 천국에 가는 경우가 거의 없습니

다. 나는 예수님을 믿지 않는 수많은 재벌들을 만나서 전도를 해 보았습니다. 인사도 나누고 여러 번 식사도 했는데 복음이 손톱만큼도 안 들어갑니다. 서로의 세계가 완전히 다릅니다. 나는 계속해서 예수님 이야기를 하는데 그 사람들은 내내 돈벌이 이야기만 합니다. 그들은 예수님을 믿는 사람을 우습게 생각합니다. 내 생각에는 그 사람들이 불쌍한데 그 사람들은 오히려 나를 불쌍하게 여깁니다. 그리고 "돈 벌어야지, 지금 무슨 천국 이야기나 하느냐?" 고 웃습니다. 결국 나는 두 손 두 발 다 들었습니다. 그들이 복음을 받아들인다는 것은 인간의 힘으로 불가능합니다. 벽창호도 그런 벽창호가 없습니다. 그런데 그들은 예수님을 믿는 사람들을 오히려 바보로 생각합니다.

그래서 예수님이 제자들에게 "내가 진실로 너희에게 이르노니 부자는 천국에 들어가기가 어려우니라" 고 말씀하신 것입니다. 예수 그리스도를 믿기 전에 부자가 되었더라면 마음속에 탐욕이 꽉 들어차서 그 돈을 온몸에 두르고는 "나는 이만하면 만족한다. 뭐 천국도 필요 없고 신앙도 필요 없다." 고 하였을 것입니다. 하지만 여러분이 이제 예수님을 믿었으니 하나님께서 장차 여러분을 부자로 만들어 주실 것입니다. 그런 부자는 천국에 충분히 들어갑니다. 하나님은 그러길 원하시며 그런 능력이 있으신 분입니다.

**24절** 다시 너희에게 말하노니 낙타가 바늘귀로 들어가는 것이 부자가 하나님의 나라에 들어가는 것보다 쉬우니라 하시니

옛날에 우리 할머니께서 바느질을 하시면 꼭 나를 불렀습니다.

"용기야, 바늘에 실 꼽아라."

할머니는 안경을 끼셔도 눈이 어두우니 바늘에 실 꿰는 것을 힘들어하셨습니다. 하지만 나는 눈이 밝기 때문에 "할머니, 저 주세요." 하고 쉽게 꿰었습니다. 그러면 우리 할머니는 "아이고, 애달파라. 나도 너같이 눈이 밝을 때가 있었는데." 하셨습니다. 그것이 무슨 말인지 그때는 몰랐습니다. 그런데 이제 나이 들고 눈이 침침해지니까 할머니의 말이 이해됩니다. 요사이 나도 여행을 할 때 단추가 떨어지거나 옷깃이 터지면 별 도리 없이 호텔에 앉아 직접 옷을 꿰매야 합니다. 그러면 마음이 애달파지고 우리 할머니 생각이 종종 떠오릅니다. '할머니가 이러셨는데 나도 이러는구나.' 생각합니다. 바늘귀에 실 꿰기가 그렇게 힘이 드는지 몰랐습니다. 입으로 몇 번이나 침을 발라서 꿰려고 해도 계속 실패하곤 합니다.

그런데 낙타가 바늘귀에 어떻게 들어가겠습니까? 말도 안 되는 소리입니다. 아무리 주님의 말씀이지만 너무나 과장된 것이 아닙니까? 결국 인간적으로 볼 때 그만큼 거의 불가능하다는 뜻입니다.

또 이 구절을 다른 뜻으로 해석할 수 있습니다. 그 당시에 예루살렘으로 들어가려면 '바늘귀 문' 이라는 것이 있었습니다. 그래서 바깥에서 장사꾼들이 약대에 짐을 싣고 예루살렘에 들어가려면 그 문을 통과해야 했습니다. 그런데 문이 너무 작아서 낙타 몸 하나만 겨우 통과할 수 있었다고 합니다. 그래서 장사꾼들은 낙타에서 짐을 다 풀어 내려서 약대를 먼저 통과시키고 짐은 자신이 직접 손에 들고 통과했습니다. 그 문을 '바늘귀 문' 이라고 불렀는데 예수님이 그것을 상징적으로 말씀하신 것입니다. 짐을 내려야 낙타가 문을 통과할 수 있듯 부자가 재물을 다 버려야 구원을 받을 수 있다는 말입니다. 부자가 천국의 문을 통과하려면 가지고 있는 재산을 다 내놓아야 한다는 것입니다.

청년에게 하신 말씀도 이와 같습니다. 가지고 있는 재산을 다 내놓고 빈손으로 예수님을 따르면 하늘나라가 보입니다. 하지만 재산이 있을 때는 재물이 하늘나라를 가려서 눈에 보이지 않습니다.

나는 수많은 부자와 권력자들에게 전도해 보았습니다. 하지만 돈이 있고 권력이 있을 때에는 절대로 예수님을 믿지 않습니다. 부도가 나서 재산을 다 날렸을 때에야 빈손 들고 찾아옵니다. 그리고 하는 말이 이것입니다. "아, 부귀영화와 공명이 한순간이었습니다. 목사님, 일장춘몽입니다." 거기다 꼭 덧붙여서 하는 말이 "내가 돈 많을 때 예수님 믿었으면 헌금이나 많이 할걸." 합니다. 차라리 그런 말이나 하지 말지 이제 와서 그러면 무슨 소용이 있습니까?

**25-26절** 제자들이 듣고 몹시 놀라 이르되 그렇다면 누가 구원을 얻을 수 있으리이까 예수께서 그들을 보시며 이르시되 사람으로는 할 수 없으나 하나님으로서는 다 하실 수 있느니라

제자들은 예수님의 말씀을 듣고 심히 놀랐습니다. 낙타가 바늘귀로 들어가는 것이 부자가 천국에 들어가는 것보다 쉽다는 것은 부자들은 아무도 천국에 들어가지 못한다는 말입니다. 이에 제자들이 "그렇다면 누가 구원을 얻을 수 있으리이까" 라고 묻자, 예수님은 "사람으로는 할 수 없으나 하나님으로서는 다 하실 수 있느니라" 고 말씀하셨습니다.

예수님의 말씀은 사람의 생각으로는 도저히 불가능하지만 하나님으로는 할 수 있다는 뜻입니다. 부자를 거지로 만들어 버리면 됩니다. "심령이 가난한 자는 복이 있나니 천국이 그들의 것임이요"(5:3)라고 했는데, 심령을 가난하게 만들기 위해서는 부자를 거지로 만들어 버리면 됩

니다. 그러면 그의 심령이 하나님을 간절히 의지하게 되므로 천국에 들어갑니다. 그러므로 우리가 세상에서 자랑할 것은 아무것도 없습니다.

세상에서 가장 행복한 사람은 예수님을 믿고 하나님 아버지를 의지하는 사람입니다. 불확실성이 꽉 들어찬 세상에서 하나님을 의지하고 그분의 인도를 따라서 살다가 주님 오시는 날에 "할렐루야!" 하고 천국에 들어가면 얼마나 감사한 일입니까?

내가 종말론을 주제로 다니엘서를 가지고 설교를 한 적이 있는데 매우 엇갈린 반응을 접했습니다.

첫 번째 반응은 "무슨 말인지 한 마디도 못 알아들었다."는 것입니다. 바벨론이 어떻고 헬라어가 어떻고 하니 무슨 말인지 하나도 모르겠다는 것입니다. 내가 그 말을 듣고 마음에 큰 충격을 받았습니다. 내 딴에는 최선을 다해서 연구를 하고 최대한 쉽게 축소하여서 설교를 하였습니다. 그런데 못 알아들으니 효과가 없었다는 생각에 낙심이 들었습니다.

그런데 또 다른 반응은 이렇습니다. "목사님, 그런 설교를 자주 해 주십시오. 안 믿는 남편과 대학교 다니는 아들을 데리고 교회에 왔는데 완전히 녹아 버렸습니다. 그 설교를 듣더니만 정말 말세가 오는 것은 역사적으로, 정치적으로 이미 증명된 사실이었다는 것을 알았다며 놀라워했습니다. 그리고 이제는 예수님을 믿고 열심히 섬기겠다는 것입니다."

이렇게 엇갈린 반응이 나오는 이유는 무엇입니까? 아무리 하나님 말씀을 증거해도 성령으로 말미암아 우리 마음속에 부딪혀 깨달아지지 않으면 아무 효과가 없다는 것입니다. 성령으로 말미암지 않으면 마음이 열리지 않으므로 은혜를 받기도 힘듭니다.

물론 주의 종들도 최선을 다해서 기도하고 연구하고 말씀을 되씹어서 아주 먹기 좋고 부드럽게 만들어 성도들에게 먹여야 합니다. 예전 시골에서는 엄마가 아이들에게 음식을 씹어서 먹이는 일이 많았습니다. 사실 불결하고 비위생적입니다. 양치질이나 자주 합니까? 하지만 그런 입으로 음식을 씹어서 아이들에게 주면 아이들이 받아먹겠다고 모두 입을 '아' 하고 벌립니다. 그만큼 사랑과 신뢰가 두터웠던 것입니다.

그런데 목회자도 하나님의 말씀을 계속 사랑의 마음으로 되씹어서 전해야 부드러워져서 성도들이 쉽게 알아들을 수 있습니다. 그렇게 하지 않고 자기 마음대로 설교해 버리면 성도들이 거의 알아듣지 못합니다. 교회 학교 아동이 오더라도 쉽게 알아들을 수 있도록 전하는 것이 중요합니다. 성도들이 알아듣지 못하면 그 설교는 실패한 것입니다.

하지만 이 모든 노력이 있다 하더라도 궁극적으로 하나님의 은혜와 구원의 역사는 인간의 힘으로는 할 수 없습니다. 오직 하나님에 의해서만이 가능한 것입니다.

## 5. 주를 좇는 자가 받을 보상(19:27-30)

**27. 이에 베드로가 대답하여 이르되 보소서 우리가 모든 것을 버리**
**고 주를 따랐사온대 그런즉 우리가 무엇을 얻으리이까 28. 예수께**
**서 이르시되 내가 진실로 너희에게 이르노니 세상이 새롭게 되어 인**
**자가 자기 영광의 보좌에 앉을 때에 나를 따르는 너희도 열두 보좌에**

**앉아 이스라엘 열두 지파를 심판하리라 29. 또 내 이름을 위하여 집이나 형제나 자매나 부모나 자식이나 전토를 버린 자마다 여러 배를 받고 또 영생을 상속하리라 30. 그러나 먼저 된 자로서 나중 되고 나중 된 자로서 먼저 될 자가 많으니라**

**27-28절** 이에 베드로가 대답하여 이르되 보소서 우리가 모든 것을 버리고 주를 따랐사온대 그런즉 우리가 무엇을 얻으리이까 예수께서 이르시되 내가 진실로 너희에게 이르노니 세상이 새롭게 되어 인자가 자기 영광의 보좌에 앉을 때에 나를 따르는 너희도 열두 보좌에 앉아 이스라엘 열두 지파를 심판하리라

베드로는 자기가 모든 것을 버리고 주를 따랐다고 자랑스럽게 어깨를 쭉 펴고 말하였습니다. 그렇지만 사실 특별히 버릴 것이 없었습니다. 베드로가 버렸다고 한 것은 고작해야 다 떨어진 배와 흐물흐물한 그물 한 쪽일 뿐입니다. 그러니까 가난한 사람이 구원받기가 훨씬 좋습니다. 애초에 버릴 것도 없으니까 "모든 것 다 버렸나이다." 라고 큰소리할 수 있지 않습니까? 나도 예수님을 믿고 주의 종으로 나올 때 모든 것을 다 버렸습니다. 그러나 버렸다고 해 보았자 사실 아무것도 없습니다. 가난한 사람은 세상에 대하여 미련이 없습니다. 묶일 것도 없습니다. 그러니 버리는 것도 간단합니다. 집을 버리라고 하여도 셋집에 사는데 버릴 집이 어디 있습니까? 옷을 버리라고 하여도 허름한 옷 몇 푼 하지도 않으니 그까짓 것은 쉽게 버릴 수 있습니다. 그러니 구원받기가 훨씬 쉽다는 것입니다.

나는 옛날에 교회 개척할 때 이 성경 구절을 읽으면서 마음에 얼마나 위로가 되었는지 모릅니다. 주님이 "모든 것을 다 버려라." 하시면 나는

"주여, 다 버렸나이다." 합니다. 그러면 내 마음속의 양심이 내게 질문합니다. "버릴 게 뭐가 있어 버렸노?" 하지만 무조건 "주님, 다 버렸나이다. 아무것도 없습니다. 나는 빈손 들고 오직 주님만 바라보고 주님만 의지합니다."라고 말합니다. 그래도 내 마음에 늘 가책이 있습니다. 나에게 버릴 만한 것이 있어서 진짜 버렸다면 공로가 있지만 사실은 아무것도 없어서 빈손 들고 주님 앞에 나온 것입니다. 그러니 주님이 나를 받아 주신 것만으로도 정말 감사한 일입니다.

베드로는 "보소서. 우리가 모든 것을 버리고 주를 따랐사온대 그런즉 우리가 무엇을 얻으리이까?"라고 물었습니다. 버리고 구원을 받았으면 그만이지 무엇을 더 얻겠습니까? 그런데 베드로는 의기양양하게 무엇을 더 얻을지 예수님에게 물었습니다.

그러자 예수님께서 말씀하셨습니다.

"때가 되면 나와 보좌에 앉아 천하를 다스릴 것이다."

세상이 새롭게 되어 새 하늘과 새 땅과 새 예루살렘이 이루어지면 주님이 만왕의 왕, 만주의 주로 영광의 보좌에 앉으실 것입니다. 그리고 열두 제자들은 모든 것을 버리고 예수님을 따랐으므로 열두 보좌에 앉아서 예수님과 함께 천하를 다스릴 것입니다. 그 이상의 상급이 어디 있겠습니까?

우리 예수님을 믿는 사람들도 마찬가지입니다. 지금 우리가 각자의 교회나 집에 앉아 있지만 실제로는 예수님 안에 들어 있습니다. 예수님과 함께 이미 하늘 보좌에 앉아 있는 것입니다. 예수님이 십자가에 못 박히실 때 우리도 함께 못 박혔습니다. 예수님이 부활 승천할 때 우리도 함께 부활 승천했습니다. 그리고 예수님이 보좌 우편에 앉았으므로 우리도 지금 예수님 안에서 함께 보좌에 앉아 있는 것입니다. 지금 여러분은 혼자 있는 것이 아닙니다. 여러분은 사나 죽으나 예수님 안에 있습니다.

그러므로 우리가 얼마나 큰 축복을 받은 것입니까? 영적으로 우리는 이미 그리스도와 함께 천국 보좌에 앉아 있는 것입니다.

**29-30절** 또 내 이름을 위하여 집이나 형제나 자매나 부모나 자식이나 전토를 버린 자마다 여러 배를 받고 또 영생을 상속하리라 그러나 먼저 된 자로서 나중 되고 나중 된 자로서 먼저 될 자가 많으니라

집이나 형제나 자매나 부모나 자식이나 전토를 버린다는 것은 환경에 의해서 버림받는 것을 말합니다. 예를 들면 북한에서 예수 그리스도 때문에 전토도 버리고 부모와 형제와 처자를 버리고 박해에 쫓겨서 남한으로 내려오게 된 경우입니다. 하지만 홀가분하게 나 혼자만 예수님을 믿겠다고 부모를 부양하지 않거나 처자를 버리는 자는 불신자보다 더욱 악한 사람입니다.

내가 서대문에서 목회할 때 한 사람이 자신을 전도사로 써 달라며 나를 찾아왔습니다. 기도도 열심히 하고 전도도 많이 한다고 하였습니다. 그래서 내가 면접을 보면서 그분에게 물었습니다. "가족은 어떻게 됩니까? 결혼했습니까?" 그러니까 그분이 어깨를 펴고 얼굴에 웃음을 띠면서 "분토와 같이 버렸습니다." 라고 말하는 것입니다. 나는 너무나 충격을 받았습니다. 자기는 주의 사업에 온전히 헌신했기 때문에 처자를 분토와 같이 버렸다는 것입니다. 그래서 내가 아무 말도 하지 않고 가만히 보고 있다가 말했습니다. "나도 당신을 분토와 같이 버립니다."

주님을 믿으면 가장 근본적인 책임을 다해야 합니다. 부모를 공경하고 처자를 돌보아야 합니다. 처자를 돌보지 않는 사람은 믿지 않는 사람보다 더 악합니다. 하나님을 믿는 사람이 자기의 처자를 돌보지 않고 분토와 같이 버리면서 "주여, 주여, 내가 믿나이다." 한다면 세상에 그런 이기주의자가 어디 있습니까? 그것은 악마의 짓입니다.

주님께서 하신 말씀은 그런 의미가 아닙니다. 예수님을 믿음으로 인하여 핍박을 받아 감옥에 들어가거나 나라에서 쫓겨나게 된다면 부모나 처자를 돌볼 수 없습니다. 그러면 별 도리 없이 부모 형제나 처자를 버릴 수밖에 없습니다. 이런 희생을 당한 사람에게는 주님께서 이 땅에 사는 동안에 여러 배로 갚아 주시고 반드시 영생을 주시겠다는 것입니다. 예수 그리스도 때문에 박해를 받아서 상처를 입고 많은 어려움을 겪은 사람은 그 시절이 지나고 나면 주님께서 반드시 보상해 주시겠다는 것입니다. 영생을 상속하고 하늘나라에서 뿐만 아니라 이 땅에서도 그가 희생한 만큼 주님께서 보상을 해 주신다는 것입니다.

또한 주님은 "먼저 된 자로서 나중 되고 나중 된 자로서 먼저 될 자가 많다." 고 말씀하셨습니다. 예수님을 오래 믿었다고 해서 잘 믿는 것도 아니고 짧게 믿었다고 해서 못 믿는 것도 아닙니다. 먼저 믿은 사람이 게을러져서 뒤처지는 경우도 있고, 나중에 믿은 사람이 열심을 내어서 하나님 앞에 인정받을 수도 있습니다. 먼저 되고 나중 되는 것은 연수로 되는 것이 아닙니다. 얼마나 하나님의 뜻대로 살고 하나님을 잘 섬기며 사는가가 하늘나라에서 하나님의 인정을 좌우합니다.

오래 믿었다고 자랑하지 마십시오. 오히려 오래 믿다 보니까 교회에서 더 골칫덩어리가 되는 경우도 있습니다. 오래 믿을수록 더 부드럽고 더

친절하고 더 뜨거운 사랑으로 후배들을 밀어 주고 격려해 주어야 하는 것입니다.

하늘나라의 권위는 세상의 권위와 다릅니다. 하늘나라는 사랑의 나라입니다. 하늘나라의 권위는 사랑의 권위입니다. 예수님이 제자들의 발을 씻어 주시지 않았습니까? 사랑과 격려와 위로를 통해서 자연적으로 존경하고 따르게 만들어야지, "내가 누군데 말이야." 하면서 교회의 터줏대감이 되어 권위를 내세우면 후배들이 일할 처소가 없어집니다. 나중에 하늘나라에 가 보십시오. 오히려 이런 사람들은 완전히 뒤처지고 나중이 되어 버립니다. 뒤에 온 새로운 사람이 훨씬 앞서게 되는 것입니다.

# 제 20 장

# 천국에 관한 교훈

| | |
|---|---|
| 포도원 품꾼의 비유 | 20:1-16 |
| 세 번째 수난 예고 | 20:17-19 |
| 섬김의 교훈 | 20:20-28 |
| 맹인 두 사람을 치유하심 | 20:29-34 |

**본 장은** 앞 장(19장)에 이어 갈릴리에서의 사역을 마치시고 예루살렘에 입성하시기 전까지 있었던 유대와 여리고에서의 예수님의 사역을 다루고 있습니다. 그중 본 장은 특히 예수님이 예루살렘에 가까이 오셨을 즈음에 일어난 일련의 주님의 행적과 교훈을 담고 있습니다.

예수님은 '포도원 품꾼의 비유'를 통해 인간의 구원은 자기의 힘과 노력에 의해서 얻을 수 있는 것이 아니라 오직 하나님의 주권에 달려 있다는 것을 강조하신 후, 자신이 예루살렘에서 고난을 받고 죽임을 당하게 될 것이며 사흘 만에 부활할 것을 다시 한 번 예고하셨습니다. 그럼에도 불구하고 영적 무지로 인해 서로 더 높은 지위를 차지하겠다는 욕심에만 눈이 어두워져 있는 제자들에게 예수님은 겸손히 자기를 낮추어 다른 사람들을 섬기는 자가 하나님 나라에 합당한 자라는 '섬김의 도'를 교훈하셨습니다. 그리고 맹인 두 사람을 치유하심으로 예수님의 참된 사랑과 섬김의 모습을 부각시키셨습니다.

## 1. 포도원 품꾼의 비유(20:1-16)

1. 천국은 마치 품꾼을 얻어 포도원에 들여보내려고 이른 아침에 나간 집주인과 같으니 2. 그가 하루 한 데나리온씩 품꾼들과 약속하여 포도원에 들여보내고 3. 또 제삼 시에 나가 보니 장터에 놀고 서 있는 사람들이 또 있는지라 4. 그들에게 이르되 너희도 포도원에 들어가라 내가 너희에게 상당하게 주리라 하니 그들이 가고 5. 제육 시와 제구 시에 또 나가 그와 같이 하고 6. 제십일 시에도 나가 보니 서 있는 사람들이 또 있는지라 이르되 너희는 어찌하여 종일토록 놀고 여기 서 있느냐 7. 이르되 우리를 품꾼으로 쓰는 이가 없음이니이다 이르되 너희도 포도원에 들어가라 하니라 8. 저물매 포도원 주인이 청지기에게 이르되 품꾼들을 불러 나중 온 자로부터 시작하여 먼저 온 자까지 삯을 주라 하니 9. 제십일 시에 온 자들이 와서 한 데나리온씩을 받거늘 10. 먼저 온 자들이 와서 더 받을 줄 알았더니 그들도 한 데나리온씩 받은지라 11. 받은 후 집주인을 원망하여 이르되 12. 나중 온 이 사람들은 한 시간밖에 일하지 아니하였거늘 그들을 종일 수고하며 더위를 견딘 우리와 같게 하였나이다 13. 주인이 그중의 한

**사람에게 대답하여 이르되 친구여 내가 네게 잘못한 것이 없노라 네가 나와 한 데나리온의 약속을 하지 아니하였느냐 14. 네 것이나 가지고 가라 나중 온 이 사람에게 너와 같이 주는 것이 내 뜻이니라 15. 내 것을 가지고 내 뜻대로 할 것이 아니냐 내가 선하므로 네가 악하게 보느냐 16. 이와 같이 나중 된 자로서 먼저 되고 먼저 된 자로서 나중 되리라**

### 1절 천국은 마치 품꾼을 얻어 포도원에 들여보내려고 이른 아침에 나간 집주인과 같으니

주님은 천국을 이 세상의 인생살이에 비유해서 말씀하셨습니다. 포도원은 교회를 말합니다. 그리고 집주인은 예수님입니다. 여러분과 나는 품꾼입니다. 우리는 하나님께 하루하루 고용되는 품꾼에 불과합니다. 품꾼은 주인에게 전적으로 충성하는 사람입니다. 품꾼은 자기 마음대로 "오늘은 쉬겠어요.", "오늘은 오른쪽 밭에 가서 일하겠어요. "나는 왼쪽 밭으로 가서 일하겠어요."라고 말할 권한이 없습니다. 품꾼은 주인이 시키는 대로 일하여야 합니다. 품꾼은 주인이 쉬라면 쉬고, 오라면 오고, 건너편 밭으로 가라면 가고, 텃밭으로 오라면 오는 것입니다.

오늘날 예수님을 믿는 많은 성도들이 품꾼으로 살지 않고 주인으로 삽니다. 자기 마음대로 선악을 선택합니다. 내게 좋은 것은 받아들이고 나쁜 것은 거부합니다. 주인 노릇을 하려고 합니다. 아담과 하와가 지은 가장 근본적인 죄가 바로 주인 노릇을 하려고 했던 것입니다. 하지만 주인이신 하나님만이 선과 악을 결정하십니다. 우리는 종으로서 주인이 결정하신 대로 따라가는 것이지 마음대로 선악을 결정할 권한이 없습니다.

하나님은 태초에 사람을 만들고 그들에게 선악과를 따 먹지 말라고 하셨습니다. 그것은 주인 노릇을 하지 말라는 뜻입니다. 주인 노릇을 하면 책임이 엄청나게 커집니다. 만약 공장 주인이 되면 그 공장의 모든 자원을 다 공급해야 합니다. 은행 거래, 제품 구매와 판매 등 모든 책임을 주인 혼자 짊어져야 합니다. 그 짐은 보통 무겁지 않습니다. 주인이 자칫 경영을 잘못하면 공장이 부도나고 파산됩니다.

하나님께서는 우주의 유일한 주인으로 남기를 원하십니다. 하나님만이 알파와 오메가이시고, 처음과 나중이십니다. 하나님이 모든 것을 지으셨으므로 모든 것을 운행하시고 책임지십니다. 그래서 하나님만이 주인 되실 능력이 있습니다. 인간은 주인이 되려고 해도 그럴 만한 능력이 없습니다. 그러니 실패는 당연합니다.

그런데 아담과 하와는 마귀의 꾐에 빠져서 선악과를 따 먹었습니다. 하나님과 동등한 주인이 되려고 하였습니다. 자기가 주인이 되면 더 이상 하나님이 돌보실 필요가 없습니다. 종이나 품꾼은 주인 밑에 있기 때문에 주인이 돌보지만, 스스로 주인이 된 사람은 하나님이 돌보아 줄 필요가 없는 것입니다. "주인이 됐으면 네 마음대로 살아라. 네가 주인이 되었으니 더 이상 너를 돌봐 줄 필요가 없다. 네 마음대로 선악을 결정하는데 내가 너를 도와줄 수 있겠느냐?" 그래서 하나님이 아담과 하와를 에덴에서 내쫓으셨 습니다.

하지만 아담과 하와가 막상 스스로 주인이 되어 에덴동산에서 나와 보니 절망뿐이었습니다. 스스로 주인이 되었지만 그것을 지킬 만한 능력이 없었습니다. 죄를 이길 힘도, 마귀와 세상을 이길 힘도, 슬픔과 질병을 이길 힘도, 저주와 가난을 이길 힘도, 죽음을 이길 힘도 없었습니다. 자기의 삶을 경영할 힘이 없었습니다. 오히려 마귀의 종이 되어서 마귀가 이끄는 대로 끌려 다니게 되었습니다. 인간은 스스로 주인인 체하지만 실제는 마귀의 종으로서 도둑질당하고 죽임을 당하고 멸망을 당하는 슬픈 상황에 처한 것입니다.

주인은 능력이 있어야 하는데, 그런 능력은 오직 하나님밖에 없습니다. 하나님이 주인이시고 인간은 하나님께 전적으로 순종하는 품꾼일 뿐입니다. 그러므로 여러분은 스스로 인생의 주인이 되지 마십시오. 마음대로 선악을 결정하지 마십시오. 여러분의 과거와 현재와 미래는 다 하나님의 것입니다. 살든지 죽든지, 흥하든지 망하든지, 성하든지 쇠하든지 주님께 다 내놓아야 합니다.

오스트리아에서 온 어떤 사업가 한 사람이 내게 신앙 상담을 하려고 찾아 왔었습니다. 그는 예수님을 믿게 된 지 두 달 정도 되었는데 앞으로 어떻게 사는 것이 가장 훌륭한 신앙생활을 하는 것인지 궁금하다고 했습니다. 그래서 내가 말했습니다.

"당신은 아직 주 안에서 어린아이니 깊은 말을 할 수 없습니다. 다만 한 가지 부탁하고 싶은 것은 전적으로 주님께 순종하라는 것입니다. 당신 개인의 삶이나 사업도 다 주님께 내어 놓으세요. 주님께 기도해서 주님이 문을 열면 들어가고 문을 닫으면 들어가지 말고 주님이 인도하시는 대로 사세요. 그러면 당신의 신앙이 점차 자랄 것이고, 차차 어떻게 살아갈지 더 많이 알게 될 것입니다. 당신이 처음부터 배워야 할 것은 오직 순종입니다. 순종하지 못하는 자는 신자가 아닙니다. 아무리 믿는다고 외쳐도 순종이 없으면 아무 소용 없습니다."

주님은 우리를 포도원의 품꾼으로 부르셨습니다. 우리는 다 품꾼입니다. 큰 포도원으로 보내신 사람도 있고 작은 포도원으로 보내신 사람도 있습니다. 지역장은 지역의 포도원에, 구역장은 구역의 포도원에 간 것입니다. 가정도 포도원입니다. 그곳에 남편도 있고 아내도 있고 자식들도 있습니다. 우리는 그 포도원을 하나님의 나라를 위해서 가꾸어야 합니다.

세상에는 가시덤불과 포도원이 있습니다. 믿지 않는 사람은 가시덤불 사이에서 살고, 믿는 사람은 포도원에 있는 것입니다. 믿는 사람은 그 포도원을 잘 지키고 가꾸어야 합니다. 그것을 위해서 하나님께서 우리를 품꾼으로 고용하신 것입니다. 대통령도 하나님의 품꾼입니다. 장관, 회장, 사장도 다 품꾼입니다. 아무것도 하지 않는 사람도 다 하나님의 품꾼입니다. 우리가 품꾼으로 살아야 하나님이 우리를 책임져 주십니다.

내가 스스로 주인 노릇 하면 내가 인생을 책임져야 합니다. 그러나 하나님이 나의 주인이 되시면 내 인생을 대신 책임져 주십니다. 그러면 아무것도 두려워할 필요가 없습니다.

**2절** 그가 하루 한 데나리온씩 품꾼들과 약속하여 포도원에 들여보내고

주인이 노동 시장에서 품꾼들을 고용했습니다. 그리고 아침부터 저녁까지 하루 종일 일하면 한 데나리온을 주겠다고 약속하였습니다. 주인과 품꾼이 계약을 한 것입니다. 주인이신 주님은 품꾼인 우리와도 약속을 하셨습니다.

"선을 행하되 낙심하지 말지니 포기하지 아니하면 때가 이르매 거두리라"(갈 6:9).

주님은 우리에게 이 땅에서 수고한 대로 천국에서 거두게 하겠다고 약속하셨습니다. 한 달란트 받은 사람이 두 달란트, 네 달란트, 다섯 달란트, 열 달란트를 만들면 아버지의 잔치에 참여하게 하겠다고 약속하셨습니다. 우리가 이 땅에서 하나님의 품꾼으로서 주님이 시키신 일을 열심히 하면, 주님은 약속하신 대로 우리에게 반드시 상급을 주십니다. 천국에 올라가면 아마도 우리의 모습은 천차만별일 것입니다. 해와 달과 별의 영광이 다르고 별과 별의 영광이 다른 것처럼 하늘나라에 올라가면 우리의 상급이 각기 다른 영광으로 나타날 것입니다. 어떤 사람은 해와 같이 빛나고, 어떤 사람은 달, 어떤 사람은 별, 어떤 사람은 개똥벌레만큼 빛날 것입니다.

우리가 장차 하늘에 가서 거할 처소도 이 땅에서 일한 대로 주십니다. 상급을 많이 받은 사람은 주님 계신 보좌에 더 가까이 있고, 상급이 적은 사람은 주님 보좌에서 멀리 있을 것입니다. 주님을 위해서 열심히 일한 사람은 더 영화로운 처소에 거할 것이고, 그렇지 않으면 덜 영화로운 처소에 거할 것입니다.

우리가 이 땅에서 열심히 일하면 그것이 하늘나라로 착착 올라갑니다. 하나님께서는 우리에게 주실 상급을 천국에 이미 예비해 놓으셨습니다.

**3-7절** 또 제삼 시에 나가 보니 장터에 놀고 서 있는 사람들이 또 있는지라 그들에게 이르되 너희도 포도원에 들어가라 내가 너희에게 상당하게 주리라 하니 그들이 가고 제육 시와 제구 시에 또 나가 그와 같이 하고 제십일 시에도 나가 보니 서 있는 사람들이 또

**있는지라 이르되 너희는 어찌하여 종일토록 놀고 여기 서 있느냐 이르되 우리를 품꾼으로 쓰는 이가 없음이니이다 이르되 너희도 포도원에 들어가라 하니라**

품꾼을 고용한 주인이 제삼 시에 시장터에 나가 보았습니다. 그곳에는 놀고 있는 사람들이 또 있었습니다. 주인은 이 사람들이 놀면 안 되겠다 생각하고 그들을 포도원에 들어가서 일하도록 하였습니다. 그러나 주인은 그들에게 한 데나리온씩 주겠다고 약속하지 않았습니다. 다만 "너희가 열심히 일하면 너희에게 상당하게 주리라." 하고 포도원으로 들여보냈습니다.

하나님께서는 우리에게 일을 시키시고 보수를 주시지 않는 법이 절대로 없습니다. 주님을 위해서 일한 사람에게는 하나님이 그 수고한 대로 갚아 주십니다. 천국은 말할 필요도 없고 이 땅에서도 삼십 배, 육십 배, 백 배로 갚아 주십니다. 하나님은 우리 인생들에게 절대로 빚지지 않으십니다.

여러분이 하나님을 위해서 물질을 드렸으면 주님께서 물질로 갚아 주시고, 시간을 드렸으면 시간으로 갚아 주시고, 몸을 드렸으면 건강으로 갚아 주십니다. 사람이 무엇으로 심든지 그대로 거둡니다. 주님은 우리를 속이지 않으십니다. 하나님은 속이는 저울을 가지고 계시지 않습니다. 하나님은 정확하게 우리가 일한 대로 보상해 주십니다.

주인은 정오에도, 오후 세 시에도 노는 사람들을 불러 일하도록 하였습니다. 그런데 주인이 오후 다섯 시에도 나가 보니 아직도 일거리가 없어서 노는 사람들이 있었습니다.

"너희는 왜 이렇게 빈둥빈둥 하루 종일 놀고 있느냐?"

"우리를 써 주는 분이 없습니다."

"그래, 그러면 우리 포도원으로 들어가라."

주인은 이들에게도 얼마를 주겠다고 약속하지 않았습니다. 포도원으로 들어가서 일하라고만 하였습니다. 그래서 노는 사람이 없이 모두 다 포도원에 들어갔습니다. 아침 일찍부터 오후 늦은 시간까지 일하는 사람도 있고, 정오부터 일하는 사람도 있고, 세 시부터, 그리고 제일 마지막에 들어가서 일하는 사람도 있습니다. 이것은 무엇을 의미합니까?

하나님의 뜻은 한 사람도 빈둥대지 말고 모두 다 하나님의 포도원에서 일을 하라는 것입니다. 하나님은 모든 사람을 최후의 순간까지라도 고용하기 원하십니다. 모든 사람이 주님의 일을 하고 교회를 세우기 원하십니다. 그런데 어떤 사람은 주님의 포도원을 세우기보다 작은 여우가 되어서 오히려 포도원을 망치는 경우도 있습니다. 아가서에 이와 같이 기록되어 있습니다.

"우리를 위하여 여우 곧 포도원을 허는 작은 여우를 잡으라"(아 2:15).

예수님을 믿는 사람들이 잘못해서 교회를 헐면 작은 여우가 되는 것입니다. 우리는 있는 힘을 다해서 그리스도의 몸 된 교회와 하나님의 포도원을 가꾸어야 합니다. 김을 매고 거름을 주고 포도원을 왕성하게 해서 많은 포도를 맺도록 해야 합니다.

예수님을 믿는 사람 중에는 일하지 않고 노는 사람이 있어서는 안 됩니다. 지역장, 구역장이 아니더라도 자신이 속한 지역과 구역에 있는 영혼들을 위해서 기도해야 합니다. 내 가족들을 위해서 기도해야 합니다. 주님께서 말씀하십니다.

"왜 너희들은 빈둥대고 있느냐?"

"써 주는 사람이 없습니다."

"지금이라도 포도원에 들어가서 일하라."

하나님의 성령께서는 한 사람도 빈둥대지 않고 모두 하늘나라를 위해서 일하기 원하십니다. 일하지 않으면 나중에 하늘나라에서 상급이 없습니다. 모두 상급 받는데 나만 받지 못하면 얼마나 부끄럽겠습니까?

이제 얼마 있지 않으면 우리는 모두 이 세상을 떠납니다. 주님이 강림하시기 전에 떠날 사람도 있고, 주님이 강림실 때 올라갈 사람도 있을 것입니다. 그때가 되면 우리는 반드시 일생을 회계하게 됩니다. 얼마나 열심히 일을 했는가에 대해서 회계하는 것입니다. 그날에 이르러 지난날의 인생을 후회한들 무슨 소용이 있겠습니까? 그러므로 여러분은 주님의 일을 게을리 하지 마십시오. 혹시 할 일이 없다면 중보 기도를 하십시오. 반드시 계산할 날이 옵니다.

**8절** 저물매 포도원 주인이 청지기에게 이르되 품꾼들을 불러 나중 온 자로부터 시작하여 먼저 온 자까지 삯을 주라 하니

이제 주인이 와서 청지기에게 맨 마지막에 일한 사람부터 시작해서 아침 일찍 온 사람까지 삯을 나누어 주라고 하였습니다. 우리가 인간적으로 생각하면 '이럴 수가 있습니까? 먼저 온 사람에게 먼저 줘야지, 왜 마지막에 온 사람부터 삯을 주라는 것입니까?' 라고 할 수 있습니다.

내가 예전에 하나님의 진리에 대해서 눈이 뜨이지 않았을 때에는 이 내용만 읽으면 마음에 거부감이 생겼습니다. '하나님께서 왜 이렇게 불공평하게 하시는가? 먼저 온 사람을 먼저 대접해 주어야지 왜 나중에 온 사람을 먼저 대접하는가?' 라는 문제 때문이었습니다.

그런데 하루는 기도하면서 이 말씀을 읽는데 깨달음이 왔습니다. 농사를 지어 보면 마지막 추수가 굉장히 중요합니다. 마지막 시간에 추수를 하지 못하면 그 농작물은 다 버립니다. 그래서 처음보다 마지막 추수가 더 중요합니다. 영혼 구원도 주님 오시기 직전에 마지막으로 영혼을 구원하는 것이 굉장히 중요합니다. 그때를 놓치면 다 놓쳐 버립니다. 그때는 반드시 들어가서 일해야 합니다. 처음에는 천천히 일해도 괜찮습니다. 하지만 마지막에는 눈에 불이 번쩍 나도록 일해야 합니다. 처음에 아무리 잘해도 마지막을 잘못하면 소용이 없습니다.

나는 중학교 다닐 때 마라톤 선수였습니다. 마라톤을 해 보면 처음부터 죽어라 하고 달리는 아이들이 있습니다. 그런데 나중에 보면 힘이 다 빠져서 걸어옵니다. 처음에 천천히 뛰어도 마지막에 속도를 내야 이기는 것입니다.

다른 모든 일에 있어서도 마지막이 아주 중요합니다. 그런데 처음에 바짝 일하다가 나중에 집어치우는 사람들이 많습니다. 공부도 처음에는 머리끈을 질끈 묶고 밤을 새워 하다가 얼마 지나고 나면 다 때려치우고 놀러 다니는 학생들이 있습니다. 하지만 한번 붙잡으면 처음에는 천천히 하더라도 끝에 가서 무지무지하게 노력하는 사람이 언제나 열매를 맺습니다. 끝까지 줄기차게 달리는 것이 중요합니다.

그러므로 추수를 할 때에도 추수기 마지막 때 들어간 사람이 가장 중요한 일을 하는 것입니다. 마지막에 추수하지 못하면 다 잃어버립니다. 이렇듯 주님은 일한 시간이나 일의 분량보다 중요성을 보시고 상급을 주십니다. 더 책임이 중하고 더 시간이 중할 때에 일한 사람이 더 상급을 받는 것입니다.

이천 년 동안 이 땅에 복음이 전파되었는데 마지막에 우리가 힘껏 일하지 못하면 지금까지 일해 온 것이 다 헛수고가 될 수 있습니다. 그러므로 주님은 마지막 때에 많은 일꾼들을 세우십니다. 우리는 마지막에 투입된 일꾼들입니다. 그러므로 우리가 지금 열심을 다해 일하면 부활의 날에 주님께서 우리부터 먼저 상을 주실 것입니다. 마지막 가장 중요한 시기에 투입되어서 일했기 때문입니다.

**9-15절** 제십일 시에 온 자들이 와서 한 데나리온씩을 받거늘 먼저 온 자들이 와서 더 받을 줄 알았더니 그들도 한 데나리온씩 받은지라 받은 후 집주인을 원망하여 이르되 나중 온 이 사람들은 한 시간밖에 일하지 아니하였거늘 그들을 종일 수고하며 더위를 견딘 우리와 같게 하였나이다 주인이 그중의 한 사람에게 대답하여 이르되 친구여 내가 네게 잘못한 것이 없노라 네가 나와 한 데나리온의 약속을 하지 아니하였느냐 네 것이나 가지고 가라 나중 온 이 사람에게 너와 같이 주는 것이 내 뜻이니라 내 것을 가지고 내 뜻대로 할 것이 아니냐 내가 선하므로 네가 악하게 보느냐

주인은 마지막에 와서 불과 한 시간 일한 품꾼에게 한 데나리온을 주었습니다. 그것은 하루 종일 일한 사람과 같은 액수입니다. 이것을 보면 마지막 때 일하는 것이 얼마나 중요한지 알 수 있습니다. 하루 종일 슬슬 일한 것보다는 마지막에 집중하여 추수를 마무리 지을 수 있게 하는 것이 더 중요하다는 것입니다.

먼저 온 사람은 잠깐 일한 사람이 한 데나리온을 받는 것을 보고 '우리

는 하루 종일 일했으니까 더 주겠구나.' 라고 기대했습니다. 그런데 똑같이 한 데나리온을 받으니 마음에 원망이 들어왔습니다.

"마지막에 온 사람은 불과 한 시간밖에 일하지 않았는데, 하루 종일 뜨거운 햇빛을 받아 가며 수고한 우리와 똑같이 한 데나리온을 주다니요? 세상에 이런 불공평한 일이 어디 있습니까?"

그런데 주인이 뭐라고 대답합니까?

"친구여 내가 네게 잘못한 것이 없노라 네가 나와 한 데나리온의 약속을 하지 아니하였느냐 네 것이나 가지고 가라 나중 온 이 사람에게 너와 같이 주는 것이 내 뜻이니라"(13-14절).

주인이 잘못한 것은 하나도 없습니다. 처음에 온 사람은 한 데나리온을 받기로 약속되었습니다. 주인은 약속한 대로 이행했을 뿐입니다. 주인이 법적으로 잘못한 것은 전혀 없습니다. 맨 나중에 와서 한 시간 일한 사람에게 한 데나리온을 준 것도 그 일이 마지막 마무리를 짓는 데 굉장히 중요하기 때문에 그 가치를 생각해서 준 것입니다. 법적으로 조금도 잘못하지 않고 주인의 뜻대로 한 것이므로 원망, 불평할 것이 없습니다.

이 비유가 우리에게 가르쳐 주는 더 깊은 의미가 있습니다.

첫째로, 하나님은 절대 주권자이시며 당신이 원하시는 대로 행하신다는 것입니다. 좋다, 나쁘다는 주인이 결정하시는 일이지 아랫사람이 결정할 일이 아닙니다. 아랫사람은 주인이 좋다면 좋은 줄 알고, 나쁘다면 나쁜 줄 알면 됩니다. 얻어먹는 처지에 "더운 밥 내라. 찬밥 내라." 할 수 있겠습니까? 얻어먹으면 더운밥이든 찬밥이든 고마운 것입니다. 하나님은 하늘과 땅과 세계와 그 가운데 있는 모든 것을 지으셨습니다. 모두 다 하나님의 소유입니다. 그러므로 우리는 하나님께서 하시고자 하는 일을 따라갈 따름입니다.

나는 목회를 하는 동안 많은 주의 종들과 교회 성장에 관한 세미나를 해 보았습니다. 그런데 사람이 교회를 세우기 위해서 노력하고 힘쓰고 애쓰는 것은 한계가 있습니다. 아무리 금식하고 철야하고 힘써도 결국 교회 성장은 하나님이 작정하셔야 이루어지는 것입니다.

내 자신을 볼 때 나는 여의도순복음교회 같은 큰 교회를 목회할 자질이 못 됩니다. 교육도 부족하고, 능력도 모자라고, 행정적인 실력도 없고, 무엇 하나를 보더라도 모자라는 것밖에 없습니다.

그런데 왜 우리 교회가 세계 최대의 교회가 되었을까요? 나도 모르겠습니다. 그것은 하나님께 물어봐야 합니다. 하나님이 "너는 세계 최대의 교회를 목회해라." 하고 작정하신 것 말고는 아는 것이 없습니다.

하나님께서는 나보다 잘난 사람에게도 한 데나리온을 주시고 나같이 못난 사람에게도 한 데나리온을 주신 것입니다. 그래서 자랑할 것이 아무것도 없습니다. 오직 하나님의 절대 주권으로 한국의 여의도에 교회를 하나 세워야겠다고 작정하시고 "너는 머슴이니까 저기 가서 일해라." 하고 나를 부르신 것입니다.

미국에서 어떤 사람이 나에 대해 연구를 해서 박사 학위를 받았습니다. 그래서 내가 그 책을 자세히 읽어 보고서야 '아, 이래서 우리 교회가 자랐구나!' 하고 깨달았습니다. 그 전에는 아무것도 몰랐습니다. 그런데 그 논문을 쓴 사람은 지금 목회를 잘하고 있을까요? 그 사람은 교회 성장에 관한 주제를 가지고 박사 학위를 받았지만 목회는 아주 조그맣게 하고 있었습니다. 나는 왜 우리 교회가 이렇게 성장했는지 모릅니다. 그저 주님이 이렇게 큰 교회로 만들어 주신 것입니다. 우리 말에도 "작은 부자는 노력해서 되고 큰 부자는 하늘에서 낸다."는 말이 있습니다. 작은 목회는 노력하고 애쓰면 가능합니다. 그러나 만 명이 넘는 교회는 하늘이 내리는 것입니다.

포도원 품꾼의 비유를 통해서 하나님은 절대 주권자로서 아무리 늦게 와서 한 시간만 일한 사람이라도 하루 종일 일한 사람과 똑같은 임금을 주길 원하신다는 것을 말씀하고 계십니다. 종은 오직 주인이 하는 일에 박수만 치고 순종할 따름입니다.

둘째로, 하나님은 절대 선이시라는 것입니다. 하나님이 하시는 일에는 악이 없습니다. 우리 하나님께서 하시는 일은 다 선하고 올바른 일입니다. 모든 선한 것과 착한 것은 하나님께로부터 오는 것입니다. 하나님이 하시는 일은 최고의 선이므로 우리가 그것을 비난할 이유가 없습니다. 그러므로 예수님을 믿고 신앙생활하는 사람은 항상 기뻐하고 쉬지 말고 기도하며 범사에 감사해야 합니다(살전 5:16-18).

미국에 있는 순복음교회의 한 장로님 아들의 이야기입니다. 그가 얼마 전에 환상을 보니, 큰 천사가 손을 내밀고 있는데 그 손 위에는 작은 천사들이 뛰고 구르고 춤을 추고 좋아하더라는 것입니다. 그래서 "하나님, 큰 천사의 손 위에 작은 천사들이 잔뜩 붙어서 저렇게 춤을 추고 좋아하는데 왜 그렇지요?"라고 물었답니다. 그러니까 하나님이 "내가 있기 때문에 저렇게 좋아한단다."고 말씀하셨다는 것입니다.

그렇습니다. 예수님을 믿는 사람이 기뻐하는 것은 오직 하나님 때문입니다. 돈을 벌어서, 명예를 얻어서, 지위를 얻어서가 아니라 하나님이 계시고 내가 하나님의 자녀가 되었기 때문에 좋은 것입니다. 무엇을 얻어서 기뻐한다면 그것은 이미 조건이 되는 것입니다. 좋을 때는 좋아서 기뻐하고, 좋지 않을 때는 하나님이 좋게 만들어 주실 것이니 기뻐해야 합니다. 그러므로 우리는 늘 긍정적인 마음을 가지고 살아야 합니다. 좋은 것만 가지고는 누가 감사하지 못하겠습니까? 그것은 불신자도 할 수 있습니다. 좋지 않을 때에도 하나님이 계시기 때문에 감사하는 것이 참 신앙입니다.

"나의 의인은 믿음으로 말미암아 살리라 또한 뒤로 물러가면 내 마음이 그를 기뻐하지 아니하리라"(히 10:38).

그러므로 믿음으로 하나님께 맡기고 모든 일을 합력하여 선을 이루어 주시는 하나님께 감사하십시오. 하나님은 절대 주권자이십니다. 여러분과 내가 하나님의 선택을 받아 자녀가 된 이상, 하나님이 우리의 일생을 책임져 주십니다. 천지와 만물을 지으시고 전지전능 무소부재하신 하나님이 우리를 품꾼으로 삼으사 책임져 주신다는데 우리가 두려워할 것이 무엇이겠습니까?

"너희는 강하고 담대하라 두려워하지 말라 그들 앞에서 떨지 말라 이는 네 하나님 야훼 그가 너와 함께 가시며 결코 너를 떠나지 아니하시며 버리지 아니하실 것임이라"(신 31:6).

**16절** 이와 같이 나중 된 자로서 먼저 되고 먼저 된 자로서 나중 되리라

아마도 천국에 올라가면 이런 일이 많을 것입니다.

"나는 저 사람보다 더 오래 믿었는데요. 나는 어머니 배 속에서부터 믿고 나와서 육십 평생 예수님을 믿었어요. 그런데 저 사람은 예수님을 믿은지 불과 1년밖에 안됐는데 왜 저 사람의 영광이 내 영광보다 더 큽니까?"

"성경에 기록한 것을 읽지 못하였느냐? 먼저 된 자로서 나중 되고 나중 된 자로서 먼저 된다고 하지 않았느냐?"

비록 1년밖에 믿지 않았어도 더 중요한 일을 했으면 더 큰 상을 얻는 것입니다. 하지만 일평생을 믿고 살아도 중요한 일을 하지 않았으면 별 상이 없습니다. 인생을 살아가면서 가장 중요한 시기에 중요한 일을 하면 그것이 짧더라도 하늘나라에 큰 보탬이 됩니다. 그러면 하나님께서 더 많은 상을 주시는 것입니다. 한평생 그저 왔다 갔다 하면서 믿는 것 반, 노는 것 반으로 살다가 하늘나라 올라가는 사람이 있다면 그에게 무슨 상급이 주어지겠습니까?

내가 대전에 있는 어느 교회의 집회를 갔을 때 들은 이야기입니다. 그 교회 장로님이 잠깐 죽었다가 기적적으로 살아났는데 그동안 하늘나라에 갔다 왔습니다. 그 장로님은 천사의 인도를 받으며 천국에서 살 집에 가다가 잘 아는 할머니를 만났습니다. 그 할머니는 장로님과 같은 교회에 다녔던 분으로, 늘 새벽에 교회에 나와서 마루를 청소하던 분이었습니다. 새벽마다 마루에 있는 화로의 재를 다 떨어내고 장작을 때서 교회의 내부를 일찌감치 따뜻하게 해 놓는 일을 하시던 분이었습니다. 허리는 꼬부라지고 별 볼일 없는 모습의 할머니라서 교회의 목사님을 비롯하여 모두 별로 중요하게 여기지 않았는데, 천국에서 그분의 집을 보니까 너무나 으리으리하고 좋았습니다. 그래서 그 장로님은 '저 할머니가 저런 집에 있으면, 내 집은 어마어마하게 크겠구나!' 하고 기대하며 천사를 따라갔습니다.

그런데 인도하는 천사가 장로님을 점점 낮고 초라한 동네로 데려가는 것이었습니다. 그래서 천사의 등을 치면서 "여보시오, 길을 잘못 든 게 아닙니까?" 하였더니, 천사가 "잔소리 마라." 하는 것이었습니다. 그래서 "나는 교회 장로였는데 왜 동네가 이 모양입니까?" 하고 물었더니, 천사가 하는 말이 이랬습니다. "장로면 단 줄 알아? 네가 한 일이 뭐야? 그 교회를 짓는 데 얼마나 헌신했느냐? 네가 올린 재료가 뭐냐? 잔소리 말고 따라오라." 그래서 따라가니 저 구석에 별 볼일 없는 집이 있는데 그 집에 자기 이름이 딱 붙어 있었습니다. 그래서 천사를 붙잡고 애걸했습니다. "천사님, 내가 이래서는 억울해서 못살겠어요." 그러니까 천사가 설명을 하더랍니다.

"그 할머니는 네가 무시하고 멸시했지만 가장 중요한 일을 했다. 새벽마다 기도하는 사람들의 몸을 훈훈하게 해 주었고, 아주 추울 때에도 따뜻하게 몸을 녹이고 예배드릴 수 있도록 충성을 다하였다. 그것은 아무도 하지 않는 힘들고 더럽고 위험한 일이다. 그런데 너는 뒷짐 지고 편한 의자에 척 앉아서 형식적이고 안일한 십일조를 내면서 사람들에게 대접받은 것 말고는 도대체 교회에 한 일이 무엇이냐? 그 할머니는 너보다 늦게 믿었지만 하늘나라의 상급이 많고, 넌 장로까지 되었지만 상급이 없다."

"한 번만 세상에 돌아가게 해 주시면 교회를 훌륭히 지어 놓고 올라오겠습니다. 제게 기회를 주십시오."

"정말 그렇게 하겠느냐?"

그래서 죽은 지 사흘 만에 다시 살아났다고 합니다. 그리고 깨어나자마자 자손을 다 불러 놓고 빌딩과 땅을 팔아 교회를 짓게 하였습니다. 내가 갔을 때는 교회 건축의 마지막 마무리를 할 때였는데, 그 장로님이 내게 이 간증을 하였습니다.

하늘나라의 일은 많이 했다고 해서 반드시 상급을 많이 받는 것이 아닙니다. 적은 일이라도 얼마나 충성했느냐가 더 중요합니다. 주님께서는 상급을 주실 때 "착하고 충성된 종아 네가 적은 일에 충성하였으매 내가 많은 것을 네게 맡기리니 네 주인의 즐거움에 참여할지어다"(25:21)라고 말씀하셨습니다. 주님께서는 우리가 맡은 일에 얼마나 착하고 충성되게 일했는지를 보고 상급을 주십니다.

어떤 집사님이 나에게 "천국에 가면 목사님은 어마어마하고 번쩍번쩍한 집에 있을 것이고 우리는 코딱지만 한 집에 있어서 목사님이 심방도 못할 겁니다." 하시는데, 그런 말씀은 절대로 하지 마십시오. 오히려 여러분의 집이 어마어마하고 내 집은 코딱지만 할 수 있습니다.

왜냐구요? 일을 크게 했다고 해서 상급이 많은 것이 아니기 때문입니다. 일을 크게 한 것은 자기가 한 것이 아닙니다. 하나님이 큰일을 주셨으니까 크게 된 것이지 내가 잘나서 크게 되었습니까? 조용기 목사가 여의도순복음교회에서 얼마나 착하고 충성을 다했는가 하는 것이 하늘나라의 상급이 되는 것입니다.

큰 교회를 맡아서 목회했다고 내가 상급을 많이 받을 이유는 없습니다. 평범한 지역장, 구역장이라도 자기가 맡은 일에 나보다 더 착하고 충성되게 일하는 분이 굉장히 많습니다. 그분들이 천국에 올라가면 나보다 훨씬 더 칭찬받고 훨씬 더 좋은 집에 있을 것입니다. 내가 겸손해서 하는 말이 아닙니다. 사실 지금 이 말을 하면서도 간이 떨립니다. 나는 이렇게 큰 교회를 맡아서 일해 놓고 하늘나라에 가서 하나님께 게으르고 충성하지 않았다는 말씀을 들을까 봐 겁납니다.

하나님은 절대로 하늘나라의 일을 분량으로 판단하시지 않습니다. 얼마나 충성되게 일을 했는지가 중요합니다. 그러므로 여러분이 적은 일을 맡았다고 해서 "아이고, 내가 적은 일을 맡았으니 누가 나 같은 사람을 알아줄까?" 하지 마십시오. 일이 많고 적은 것은 아무 상관이 없습니다. 여러분이 나중에 천국에 가면 알게 됩니다. 먼저 된 자가 나중 되고 나중 된 자가 먼저 되어 뒤죽박죽이 될 것입니다. 그때 가서 "어떻게 이럴 수가 있습니까?" 하며 후회한들 때는 이미 늦은 것입니다.

## 2. 세 번째 수난 예고(20:17-19)

**17. 예수께서 예루살렘으로 올라가려 하실 때에 열두 제자를 따로 데리시고 길에서 이르시되 18. 보라 우리가 예루살렘으로 올라가노니 인자가 대제사장들과 서기관들에게 넘겨지매 그들이 죽이기로 결의하고 19. 이방인들에게 넘겨주어 그를 조롱하며 채찍질하며 십자가에 못 박게 할 것이나 제삼 일에 살아나리라**

**17절** 예수께서 예루살렘으로 올라가려 하실 때에 열두 제자를 따로 데리시고 길에서 이르시되

예수님이 공생애 기간 동안 가장 심혈을 기울이신 것은 제자를 기르는 일이었습니다. 주님께서 직접 나가서 부흥회를 하셨더라면 사람들이 수

백만 명도 넘게 모였을 것입니다. 주님의 권세와 능력으로 엄청난 기사와 이적이 나타났을 것이니 얼마나 군중이 많이 모였겠습니까? 하지만 주님은 될 수 있으면 군중을 피해 가면서 제자를 기르기에 힘쓰셨습니다. 만약 주님께서 제자를 기르시지 않고 일만 하셨다면 나중에 승천하시고 나서 주님의 사역을 연속적으로 이어 나갈 사람이 없었을 것입니다.

내가 여의도순복음교회를 자랑스러워하는 것은 그동안 많은 제자를 양성했기 때문입니다. 우리 교회에서 자라서 집사가 되고 신학생이 되고 전도사, 목사로 일하다가 나간 수많은 제자들이 있습니다. 그래서 그들이 지금 국내는 물론 전 세계에 나가 주님의 일을 하고 있습니다. 그들은 우리 교회의 자랑입니다. 혹시 우리 교회가 없어지더라도 그들이 우리 교회의 사역을 계속 이어 나갈 것입니다.

제자를 양성하면 세월이 흘러가도 복음이 그들을 통해서 계속 이어지고 전파됩니다. 그러므로 예수님이 가장 중요하게 생각하신 것은 열두 제자들을 따로 세워서 훈련하고 교육시키는 것이었습니다. 그렇게 제자들이 또 제자를 기르고 끊임없이 이어져서 오늘날까지 그리스도의 복음이 전파되고 있는 것입니다. 그만큼 제자를 기르는 일은 중요합니다.

**18-19절** 보라 우리가 예루살렘으로 올라가노니 인자가 대제사장들과 서기관들에게 넘겨지매 그들이 죽이기로 결의하고 이방인들에게 넘겨주어 그를 조롱하며 채찍질하며 십자가에 못 박게 할 것이나 제삼 일에 살아나리라

예수님이 십자가에 못 박혀 죽으신 것은 하나님께서 계획하시고 작정하신 일입니다. 하나님은 아담과 하와가 타락할 것을 아셨기 때문에 인

류 구원을 위해서 그리스도가 제물이 되도록 미리 정하셨습니다. 그러므로 예수님께서 십자가에 죽으신 것은 실패가 아니라 예정된 승리의 성취였습니다. 예수님은 바로 이러한 사실을 제자들에게 미리 알려 주셨으나 제자들은 깨닫지 못했습니다.

사람이 말을 듣는다고 다 깨닫는 것이 아니고 성령이 오셔야 깨달아집니다. 예수님은 제자들에게 미리 분명하게 말씀하셨습니다.

"내가 예루살렘에 올라가서 대제사장과 서기관, 즉 유대인의 종교지도자들에게 팔리고, 또 이방인 빌라도와 그 군대의 손에 넘겨져서 십자가에 못 박혀 죽을 것이다. 그러나 사흘 만에 다시 부활할 것이다."

하지만 제자들은 예수님의 말씀을 오른쪽 귀로 듣고 왼쪽 귀로 흘려버렸습니다. 오늘날 복음을 전할 때에도 진리의 성령께서 역사하셔야 사람들이 깨닫지 그렇지 않으면 흘려듣고 그냥 지나갑니다. 그러므로 지금 여러분의 마음에 그리스도의 복음이 깨달아진다는 것은 축복입니다. 그것은 여러분이 지혜롭거나 똑똑해서가 아닙니다. 성령께서 깨닫게 해 주셨기 때문입니다. 그러니 하나님의 은혜가 얼마나 큽니까!

나는 예수님을 믿으면 믿을수록 더 깜짝 놀라게 됩니다. 어젯밤에도 자다가 일어나서 '내가 어쩌다가 예수님을 믿었는가? 어쩌다가 하나님 아버지를 모시고 있나?' 하는 생각에 너무나 감격스러웠습니다. 왜냐하면 참으로 큰 은혜를 받았기 때문입니다. 어제 아들 방에서 혼자 잠이 들었는데 밖에서 누가 부르는 것이었습니다. 그래서 깨어났는데 음성이 들렸습니다.

"나는 6 · 25 사변 이후로 늘 너와 함께 동행하는 천사다. 그때 이후로 너는 누구냐?"

"나는 예수 그리스도를 믿고 거듭나서 하나님의 자녀가 된 사람입니다."

내가 천사에게 이렇게 대답하자, 천사는 "정말 올바른 대답이구나." 하는 것이었습니다.

그리고는 갑자기 내 마음에 얼마나 감사와 기쁨이 넘쳐 났는지 모릅니다. 만약 내가 "나는 조용기입니다."라고 대답하였다면 어떻게 되었을까요? 내가 당당하게 하나님의 자녀임을 대답할 수 있도록 깨닫게 해 주신 성령님이 너무나 감사했습니다.

여러분에게도 성령님이 그리스도의 진리를 깨닫게 해 주셨으므로 늘 따라다니며 지켜 주는 천사가 있습니다. 이 얼마나 감사한 일입니까!

예수님은 십자가에 못 박혀 몸 찢기고 피 흘려 우리 일생의 죄를 다 용서하여 영원히 우리를 의롭게 하셨습니다. 또한 우리를 도둑질하고 죽이고 멸망시키는 마귀의 고리를 다 끊어 버리셨습니다. 이제 우리는 율법과 죄로부터 완전히 해방되었습니다. 이런 예수 그리스도의 은혜를 생각하면 너무나 감사할 뿐입니다. 그러나 아직도 복음을 모르고 있는 사람은 세상에서 그림자같이 살다가 헛되게 사라지는 인생입니다. 그러므로 우리는 그들에게 그리스도의 복음을 전해서 한 사람이라도 더 구원받도록 열심을 다해야 할 것입니다.

## 3. 섬김의 교훈(20:20-28)

**20. 그때에 세베대의 아들의 어머니가 그 아들들을 데리고 예수께 와서 절하며 무엇을 구하니 21. 예수께서 이르시되 무엇을 원하느냐 이르되 나의 이 두 아들을 주의 나라에서 하나는 주의 우편에, 하나는 주의 좌편에 앉게 명하소서 22. 예수께서 대답하여 이르시되 너희는 너희가 구하는 것을 알지 못하는도다 내가 마시려는 잔을 너희가 마실 수 있느냐 그들이 말하되 할 수 있나이다 23. 이르시되 너희가 과연 내 잔을 마시려니와 내 좌우편에 앉는 것은 내가 주는 것이 아니라 내 아버지께서 누구를 위하여 예비하셨든지 그들이 얻을 것이니라 24. 열 제자가 듣고 그 두 형제에 대하여 분히 여기거늘 25. 예수께서 제자들을 불러다가 이르시되 이방인의 집권자들이 그들을 임의로 주관하고 그 고관들이 그들에게 권세를 부리는 줄을 너희가 알거니와 26. 너희 중에는 그렇지 않아야 하나니 너희 중에 누구든지 크고자 하는 자는 너희를 섬기는 자가 되고 27. 너희 중에 누구든지 으뜸이 되고자 하는 자는 너희의 종이 되어야 하리라 28. 인자가 온 것은 섬김을 받으려 함이 아니라 도리어 섬기려 하고 자기 목숨을 많은 사람의 대속물로 주려 함이니라**

**20절** 그때에 세베대의 아들의 어머니가 그 아들들을 데리고 예수께 와서 절하며 무엇을 구하니

예수님이 예루살렘으로 가시는데 소문이 쫙 퍼졌습니다. "세상이 새로워진다.", "예수님이 유대인의 메시아로 등극하시면 로마 세력은 물러

가고 메시아의 시대가 온다."는 소문이었습니다. 그래서 제자들의 가슴은 한껏 부풀었습니다. 실제로 예수님이 예루살렘으로 가시는 것은 죽기 위함인데 그토록 수차 말씀하셨음에도 불구하고 제자들은 그것을 귀담아듣지 않고 다른 것을 기대한 것입니다. 그래서 야고보와 요한은 그들의 어머니까지 앞세워서 예수님에게 사정하게 했습니다.

"어머니, 이제 새 시대가 올 것인데, 우리 열두 제자들 중에서 누가 좌정승, 우정승이 될지 모릅니다. 어머니가 예수님에게 가서 사정을 해 주십시오."

나도 세상을 살다 보니 많은 부탁을 받습니다. 그런데 내가 도저히 부탁을 들어주지 않을 수 없는 사람이 중간에 있으면 무척 거부하기 힘듭니다. 어쩔 수 없이 최선을 다하는 수밖에 없습니다. 나는 우리 어머니를 통해서 안수 기도 부탁을 여러 번 받았는데, 어머니 체면을 봐서는 부탁을 들어드려야 하지만 내가 시간을 내기 어려우면 참으로 난처합니다.

인생을 사는 이상 부탁이나 청탁을 받지 않고 살 도리가 없습니다. 가족, 일가친척, 동기 동창, 고향 사람 등 수많은 관계가 있으니 얼마나 청탁을 많이 받겠습니까? 그것이 정의롭고 진실되고 하나님 나라에 어긋나지 않는 것이면 최선을 다해 노력하겠지만, 만약 죄와 관련되어 도와달라고 하면 입장이 곤란합니다.

나는 그런 일을 많이 당합니다. 예수님을 믿는 사람이 분명히 사회에서 범죄를 하여 체포되었는데도 나에게 석방 운동을 해 달라고 합니다. "대통령에게 말 좀 해 주십시오. 장관에게 말 좀 해 주십시오. 그렇지 않으면 경찰청에라도 이야기 좀 해 주십시오." 이런 부탁이 옵니다. 무조건 예수 믿기 때문에 해 달라는 것입니다.

하지만 예수님을 믿는다고 해서 죄지은 것을 눈감아 줄 수는 없지 않겠습니까? 우리는 예수님을 믿기 때문에 더더욱 죄짓지 말고 빛과 소금의 역할을 하며 살아야 합니다. 그런데 자신의 죄를 돌아보지 않고 무조건 석방 운동을 해 달라고 압력을 가해 옵니다. 심지어는 저명한 목사님들이 뭉쳐서 부탁을 해 옵니다. 그러면 정말 괴롭습니다. 예수님을 믿는다고 해서 사회나 국가에 대해서 죄지은 사람을 눈감아 주어야 한다는 법이 세상에 어디 있습니까?

하지만 진실되고 공의로운 일을 청탁하면 서로 도와주어야 합니다. 이 세상을 살면서 서로 앞에서 끌어 주고 뒤에서 밀어 주지 않고 어떻게 살아 나갑니까? 오늘날 내가 이 자리에 서서 목회를 할 수 있는 것도 나의 동기 동창인 최자실 목사님이 먼저 끌어 주셨기 때문입니다. 그리고 미국의 존 허스튼 목사님이 돈 30만 달러를 모아서 서대문에 땅을 사고 거기에 교회를 지어 나를 청해 주었기 때문입니다. 진실되고 정의로운 일에 있어서 앞에서 끌어 주고 뒤에서 밀어 주는 것은 참으로 좋은 일입니다. 그러나 불의하고 거짓된 일에 도와달라고 할 때는 단호한 태도를 취해야 합니다. 아무리 학연과 지연의 관계가 피할 수 없는 것이라 할지라도 분명하게 거부할 수 있어야 합니다.

야고보와 요한은 예수님에게 청탁하도록 어머니에게 사정하였습니다.

"어머니의 말 한마디에 좌정승, 우정승이 왔다 갔다 합니다. 어머니가 말씀 잘못 하면 우리는 그냥 저 뒷자리에 앉게 돼요. 가서 부탁을 좀 해 주세요."

자식의 부탁이니 어머니가 뭘 못하겠습니까? 좌우간 부모는 자식에게 눈이 어두운 것입니다. 자식이 부탁하면 얼굴에 철판을 깔고라도 합니다. 그래서 야고보와 요한의 어머니가 그 아들들을 데리고 예수님께 와서 절하면서 간구를 한 것입니다.

**21-22절** 예수께서 이르시되 무엇을 원하느냐 이르되 나의 이 두 아들을 주의 나라에서 하나는 주의 우편에, 하나는 주의 좌편에 앉게 명하소서 예수께서 대답하여 이르시되 너희는 너희가 구하는 것을 알지 못하는도다 내가 마시려는 잔을 너희가 마실 수 있느냐 그들이 말하되 할 수 있나이다

야고보와 요한의 어머니는 대단한 청탁을 했습니다. 자기의 두 아들을 하나는 우정승, 하나는 좌정승으로 만들어 달라는 것입니다. 어머니 없는 사람 어디 슬퍼서 살겠습니까? 열두 제자 중에 어머니를 데리고 온 사람은 요한과 야고보밖에 없습니다. 예수님은 이미 그들의 어머니가 왜 왔는지 알고 계셨습니다. 그럼에도 주님은 그들을 혼내지 않고 말씀하셨습니다.

"모르는 것이 약이라고, 너희가 지금 구하는 것이 무엇인지 모른다. 하늘나라의 우정승, 좌정승이 되려면 어마어마한 고난을 통과해야 한다. 십자가를 걸머져야 한다. 내가 마시는 잔을 같이 마셔야 하는데, 내가 마시는 잔을 너희가 마실 수 있느냐?"

그런데 이 철부지 같은 사람들이 아무것도 모르고 "마실 수 있나이다."라고 대답했습니다. 예수님이 마시는 잔은 십자가의 잔입니다. 모든 인류의 죄와 불의와 추악을 대신해서 십자가를 걸머지는 것입니다.

물론 예수님의 제자들은 고백한 대로 순교로써 그 잔을 다 마셨습니다. 하지만 본문의 의미는 하늘나라의 높은 자리에 올라가려면 그만한

고통을 걸머져야 한다는 것입니다. 편안하게는 높은 자리에 올라가지 못합니다. 고난의 십자가를 걸머지고 자기를 희생한 공로가 있어야 높은 자리에 올라갑니다. 구원은 우리가 예수님을 믿음으로 값없이 받지만 하늘나라의 상급은 내가 십자가를 걸머진만큼 받는 것입니다. 복음과 하늘나라를 위해서 나를 희생하고 십자가를 걸머진 공로가 없이 하늘나라의 높은 자리에 올라가지 못합니다.

세상일도 마찬가지입니다. 우리가 무슨 일이든지 남보다 나아지려면 남보다 많이 투자해야 합니다. 시간을 투자하고, 노력을 투자해야 합니다. 청춘도 바쳐야 합니다. 높은 자리에 오르면 책임이 따르기 때문에, 늦잠 자고 빈둥빈둥 놀면서 높아지면 오히려 망합니다. 실력도 없이 높이 올랐으니 책임을 다하지 못할 것이므로 자기도 망하고 남도 다 망하는 것입니다. 하물며 주님의 일이라고 예외겠습니까?

우리는 크고 작은 면에 있어서 모두가 십자가를 걸머져야 합니다. 내가 먹을 것, 입을 것, 마실 것, 쓸 것, 놀 것을 다 챙기고 주님을 섬기겠다는 것은 거짓말입니다. 내 모든 것을 다 바치는 십자가의 희생이 있어야 합니다. 십자가는 죽음의 형틀이 아닙니까? 그러므로 십자가를 진다는 것은 크고 작은 죽음을 겪어야 한다는 것입니다. 예수님께서 우리를 위해서 십자가를 걸머지신 것처럼 그리스도의 나라를 위해서 자신을 희생하는 십자가를 걸머지지 않고는 하늘나라의 상급을 기대할 수 없습니다.

**23절** 이르시되 너희가 과연 내 잔을 마시려니와 내 좌우편에 앉는 것은 내가 주는 것이 아니라 내 아버지께서 누구를 위하여 예비하셨든지 그들이 얻을 것이니라 예수님은 제자들에게 "너희가 철없이 아무것도 모르고 내 잔을 마실 수 있다고 말했는데, 과연 너희들은 내 잔을 마실 것이다."라고 말씀하셨습니다. 이것은 예수님이 "너희가 나와 함께 순교를 당할 것이다."라고 예언하신 것입니다. 그런 다음 예수님은 "그러나 내 좌우편에 앉는 것은 하나님이 예비하신 사람에게 주실 것이다."라고 말씀하셨습니다.

여러분, 하나님은 절대 주권자이십니다. 하나님은 영원한 과거도 아시고 영원한 미래도 다 아십니다. 알파와 오메가이시고 처음과 나중이신 주님은 우리 일생의 일을 손바닥 안에 다 얹어 놓고 보십니다. 내가 세상에 태어나서 하루가 되기 전에 이미 나의 일생은 주님의 책에 다 기록되었습니다. 하나님은 이 세상 만사를 그냥 두리뭉실, 뒤죽박죽으로 굴러가게 하시지 않습니다. 하나님은 질서의 하나님이십니다. 보십시오. 저 하늘에서 무수한 별들이 질서 정연하게 운행되지 않습니까? 자연계를 보십시오. 모든 것에 질서가 있습니다. 이처럼 우리 인생도 주님께서 질서 정연하게 운행하십니다.

하나님은 모든 것을 이미 예정해 놓으시고 예비해 놓으셨습니다. 여러분의 인생은 이미 하나님의 뜻 안에 들어 있습니다. 우리가 하나님이 정해 놓은 그 길로 순종하며 따라가면 하나님의 은총을 받고 살 것이지만, 벗어나면 험한 가시밭길로 돌아서 가게 됩니다. 자녀를 교육할 때도 마찬가지입니다. 부모가 자식을 위해서 좋은 길을 마음에 정해 놓았는데 자녀가 그 길을 벗어나서 멋대로 나가면 부모와 자녀 사이에 갈등이 생깁니다. 그러면 부모 자식 간에 싸움이 생기고 자녀는 매를 맞게 되어 많은 고난을 겪게 됩니다. 우리도 하나님이 정한 길을 걸어가지 않으면 그때부터 갈등이 생깁니다. 그러다가 하나님께 매를 맞고서야 정신을 차립니다.

많은 사람들이 하나님이 예정하신 길을 벗어나서 하나님과 갈등 관계에 있습니다. 그러니 어떻게 그 인생에 의와 평강과 희락이 있겠습니까? 믿음, 소망, 사랑이 있겠습니까? 전능하신 하나님의 명령에 불순종하고 대결 상태에 있으면 생활에 고통이 그치지 않습니다.

바울 선생을 보십시오. 하나님께서는 그가 마게도냐를 통해서 구라파에 복음을 전하도록 예정해 놓으셨습니다. 그런데 바울은 아시아로 가고 싶었습니다. 그래서 하나님께서 예정하신 마게도냐로 가지 않고 아시아로 갔습니다. 하지만 실패하고 그다음에는 비두니아로 가려고 했습니다. 그렇게 계속 하나님과 갈등 관계에 있었습니다. 그러다가 바울은 나중에 상처투성이가 되어서 드로아로 내려왔습니다. 그곳에서 엎드려 기도하고 있는데 하나님께서 환상 가운데 나타나셔서 마게도냐로 가라고 명령하시자 비로소 그는 순종하고 마게도냐로 가서 전 유럽을 복음화 하게 되었습니다. 이렇게 복음 전파의 일에도 하나님과 갈등 관계에 있을 수 있습니다.

또, 하나님께서는 바울을 이방으로 보내려고 하셨는데 바울은 늘 예루살렘으로 돌아오고 싶었습니다. '내가 예루살렘으로 돌아가서 복음을 전해야지. 내가 거기 있을 때 많은 교회를 박해하고 많은 성도들을 잡아 가두는 악질로 유명했는데, 이제 회개하고 예수님의 사도가 되었으니 거기서 복음을 전하면 많은 사람들이 믿을 것이다. 나는 예루살렘으로 가야겠다.' 이것은 늘 바울의 마음에 지울 수 없는 미련이었습니다. 하지만 하나님의 예정은 달랐습니다.

어느 날 바울이 소원대로 예루살렘으로 들어오기로 결심을 했는데 길

목마다 하나님께서 주의 사자를 통해서 예언하셨습니다. "넌 예루살렘에 가면 이방인에게 넘겨져서 결박되어 감옥에 들어가게 된다. 네가 예루살렘에 가는 것은 나의 뜻이 아니다." 더구나 사마리아에 왔었을 때에는 아가보라는 사람이 바울의 허리띠로 자기 손발을 묶고는 "이 허리띠의 주인이 예루살렘에 들어가면 이렇게 잡혀서 감옥에 들어갈 것입니다."라고 했습니다. 모든 사람이 바울을 붙잡고 예루살렘에 가는 것을 만류하며 울었습니다. 그래도 바울은 얼마나 예루살렘에 올라가고 싶었던지 "나는 그리스도와 복음을 위해서라면 죽어도 좋다. 왜 나를 위해서 우느냐? 왜 내 마음에 상처를 입히느냐?"라며 오히려 화를 냈습니다.

이렇게 하나님의 예정을 거스르고 예루살렘으로 갔다가 바울은 결국 붙잡히게 되었습니다. 그때부터 긴 감옥 생활이 시작되었습니다. 그리고 나중에는 죄수의 신분으로 로마까지 끌려갔다가 종국에는 순교를 당했습니다. 나는 바울 선생이 만일 예루살렘으로 가지 아니하고 성령님이 지시하시는대로 이방에 있었으면 더 오래 살고 더 많은 복음을 전하고 더 큰 영향력을 미치게 되었을 것이라고 생각합니다. 그러나 그는 하나님의 예정을 벗어났습니다.

나도 늘 마음에 원하는 것이 있었습니다. 빌리 그래함 같은 부흥사가 되는 것이었습니다. 그래서 나는 목회 초년에 목회보다 부흥회에 더 관심을 두고 매주 월요일이면 짐을 꾸려 지방에 부흥사로 다니다가 토요일에 돌아오곤 했습니다.

그런데 하나님께서 늘 내게 말씀하시기를 "너는 교회 중심의 목회를 하고 부흥회를 하려면 이방 세계로 가라." 고 하시는 것이었습니다.

나는 늘 한국에서 부흥사가 되고 싶었습니다. 한국에서 유명해지고 싫었습니다. 그래서 한동안 하나님의 예정에 저항했습니다. 그런데 한국에서는 부흥회에 갈 때마다 첫날부터 아프기 시작했습니다. 사람들 앞에 서면 고열이 나고 심장이 뛰는 괴로운 나날의 연속이었습니다. 하루 이틀도 아니고 연일 그러니 사람들에게 아프다는 말도 못하고 고통을 당하다가 결국 하나님께 항복하고 말았습니다.

그래서 유럽, 아프리카, 미국, 남미, 아시아 각지로 다니기 시작했는데, 아무리 환경이 춥고 덥고 어려워도 몸이 까딱없었습니다. 오히려 더 건강하고 활기차고 성령의 기름 부으심이 충만하게 나타나서 집회에 찾아오는 사람이 연일 인산인해를 이루었습니다. 그런데 한국에만 오면 다시 또 골골했습니다.

하나님과 다투어서 좋을 것이 하나도 없습니다. 우리가 하나님의 예정을 떠나면 하나님께도 고통을 드리고 하나님과 다투는 삶이 되므로 우리 자신도 심히 괴롭습니다. 사도행전 26장 14절을 보면 주님이 바울에게 이렇게 말씀하셨습니다.

"사울아 네가 어찌하여 나를 박해하느냐 가시채를 뒷발질하기가 네게 고생이니라".

하나님을 거역하는 것은 가시채를 뒷발질하는 것과 같습니다. 가시를 뒷발에 놓고 탁탁 차 보십시오. 피투성이가 됩니다. 그러니 하나님도 괴롭고 가시채를 뒷발로 차는 바울도 괴롭지 않습니까? 하나님은 믿지 않는 사람과 세상에 대해서도 예정하시거니와 예수님을 믿는 사람들에 대해서는 특별히 예정하십니다. 그러므로 우리는 열심히 기도해서 하나님께서 예정하신 뜻을 따라서 살아야 합니다. 하나님은 우리를 위해서 예정하시고 우리를 위해서 예비하십니다.

예수님이 제자들에게 하시는 말씀은 "우정승, 좌정승이 되는 것은 하나님의 절대 주권이다."라는 것입니다. 오직 하나님만이 결정하실 권한을 가지고 계시고, 우리는 하나님의 종일 뿐입니다.

그러므로 우리는 하나님이 정하시고 예정하시는 일에 질문해서는 안 됩니다. 예수님이 십자가에 못 박히셨을 때 하나님께 질문했습니다. "하나님이여, 어찌하여 나를 버리셨나이까?" 하지만 하나님은 아무 대답이 없었습니다. 예수님을 십자가에 못 박아 인류를 구원하는 제물로 삼은 것은 하나님께서 이미 예정하신 것입니다. 절대 주권자는 당신이 원하는 대로 결정하고 집행하지 일일이 설명할 필요가 없습니다.

오늘날 민주주의 사회에서는 지도자가 되면 결정 사항을 전부 다 설명하고 설득해야 하는데 하나님은 그렇지 않습니다. 하나님은 절대 진리이시고 오류가 없으신데 우리에게 무슨 설명이 필요하겠습니까? "내가 최선의 길, 가장 올바르고 진실된 길로 가도록 결정했기 때문에 그 점에 대해서 설명할 필요가 없다."는 것입니다. 그러므로 우리가 하나님께 "하나님, 왜 나에게 이런 일이 일어납니까?"라고 질문하는 것은 아무 소용이 없습니다. 우리는 그저 살든지 죽든지, 흥하든지 망하든지, 성하든지 쇠하든지 순종할 뿐입니다. 하나님에 대해서 무조건 믿고 무조건 순종하는 여러분이 되시기를 축원합니다.

예수님은 제자들에게 "내 아버지께서 누구를 위하여 예비하셨든지 그들이 얻을 것이니라"고 말씀하셨습니다.

사람들이 내게 이런 질문을 합니다.

"조 목사님도 이제 나이가 늙어 가니까 후계자를 세워야 하지 않겠습니까?"

하지만 나는 후계자를 결정하지 않습니다. 교회가 내 것이면 내가 후계자를 결정합니다. 하지만 교회는 그리스도의 피로 산 하나님의 것입니다. 후계자는 하나님이 결정하실 일입니다. 내게는 그것을 결정할 권한이 없습니다. 주권은 하나님께 있으므로 하나님이 정하시면 그 뜻대로 되는 것입니다.

교육을 많이 받고 유능하기 때문에 훌륭한 목사가 될 것이라는 생각은 망상입니다. 하나님께서 성령의 기름을 부어 주셔야 목회를 할 수 있습니다. 목회란 인간의 학문이나 지혜나 지식으로는 결코 성공할 수 없습니다.

오늘날 우리 교회에 수십만 성도가 모인 것은 조용기 목사의 지혜나 지식이나 총명이나 리더십으로 이루어진 것이 절대 아닙니다. 하나님이 내게 은혜를 주시고 그 거룩한 의를 좇아서 이곳의 목회자로 삼아 주시고 성령의 기름을 부어 주셨기 때문에 오늘날 내가 목회를 할 수 있는 것이지, 내 스스로는 절대 불가능합니다.

그러므로 다음 세대에 이 강단에 설 사람도 하나님이 택하여 기름을 부어 주시는 사람이 서게 될 것입니다. 아무리 유능한 사람을 세워도 하나님이 기름을 부어 주시지 않으면 다 헛것입니다. 다른 사업은 몰라도 주님의 사업만은 힘으로도 되지 않고, 능으로도 되지 않고, 오직 하나님의 성령으로 말미암아 되는 것입니다. 지역장, 구역장도 내 힘으로 되는 것이 아닙니다. 하나님이 세우시고 성령의 기름을 부어 주셔야 감당할 수 있습니다. 지역, 구역도 성령님이 역사하셔야만 후끈후끈한 열기가 나고 은혜도 쏟아지고 회개 운동도 일어나고 변화도 생겨서 부흥되는 것입니다. 여러분 가운데 자신이 맡은 곳이 부흥되지 않는 지역장, 구역장이 있으면 가슴에 손을 얹고 회개하며 하나님께 성령의 기름 부음을 달라고 기도하십시오. 하나님께서 기름을 부어 주시면 놀라운 역사가 나타날 것입니다.

**24-27절** 열 제자가 듣고 그 두 형제에 대하여 분히 여기거늘 예수께서 제자들을 불러다가 이르시되 이방인의 집권자들이 그들을 임의로 주관하고 그 고관들이 그들에게 권세를 부리는 줄을 너희가 알거니와 너희 중에는 그렇지 않아야 하나니 너희 중에 누구든지 크고자 하는 자는 너희를 섬기는 자가 되고 너희 중에 누구든지 으뜸이 되고자 하는 자는 너희의 종이 되어야 하리라

야고보와 요한이 어머니를 데리고 와서 주님께 청탁을 하니 나머지 열 제자들이 화가 났습니다. "우리는 핫바지야? 우리는 어머니 없어서 못 데려온 줄 알아? 사나이 대장부가 함께 생활하면서 비겁하게 어머니 데려와서 청탁을 해? 이런 비리가 어디 있어?" 하고 웅성웅성하며 불평을 하였습니다.

그러자 예수님이 제자들을 불러 모아 놓고 말씀하셨습니다.

"나를 세상 임금이나 권력자와 같이 생각하지 마라. 그들은 자기 원하는 대로 지연이나 혈연관계가 있는 사람을 높은 자리에 앉히지만, 하늘나라는 그런 것이 아니다. 하늘나라에 속한 너희는 이와 다르니, 크고자 하는 자가 섬기게 될 것이다."

세상에서는 낮은 자가 높은 자를 섬깁니다. 내가 군대에서 생활할 때의 일입니다. 나는 스물여섯 살에 군대에 갔는데, 내 상사들이 모두 스물

갓 넘은 사람들이었습니다. 그런데 저녁이 되면 나보고 “영감 조 이병, 이리 와서 이부자리 깔아.” 합니다. 군대는 계급 사회이니 할 수 없이 이부자리를 다 깝니다. 그러면 새까맣게 어린 친구가 딱 드러누워서 “이리 와서 다리 주물러.”라고 말합니다. 어쩔 수 없이 그것도 해야 합니다. 그렇게 구두도 닦고 아침 일찍 일어나 세숫물도 떠다 주고 고린내 나는 발도 다 씻어 주어야 합니다. 나는 나이를 많이 먹고 군대에 갔기 때문에 늘 영감이라고 구박받았습니다. 그래서 군대를 들어가려면 장교로 들어가야지 절대 졸병으로는 안 되겠다며 눈물을 흘린 적도 있습니다.

하지만 하늘나라는 세상과 반대입니다. 하늘나라에서는 크고자 하는 자는 오히려 다른 사람들을 섬겨야 합니다. 큰 책임을 걸머진 사람이 그렇게 영광스러운 것이 아닙니다. 으스대며 날 좀 보라고 우쭐할 처지가 아닙니다. 하늘나라는 클수록 낮아져서 사람들을 다 돌보고 섬기는 일을 해야 합니다.

우리 교회는 장로님도 많고 권사님, 집사님도 많은데 간혹 장로님들 중에 어깨에 힘주는 분들이 있습니다. 그런데 그것은 뭘 모르는 것입니다. 하늘나라 법칙은 오히려 장로님이 성도님들을 도와주고 섬겨야 합니다. 장로님이 앉아 계시다가 성도님이 자리가 없으면 얼른 일어나서 자리를 양보하는 것이 정상입니다. 그러지 않고 “아, 장로님 오신다. 모두 일어나, 일어나. 여긴 장로님이 앉아야지.” 하는 것은 세상 방식입니다. 하늘나라 식으로 하면 장로님은 성도님들을 섬기는 직분입니다.

하늘나라에서는 높아질수록 낮아집니다. 지위가 높아질수록 섬김을 받는 것이 아니라 섬기는 것이 하늘나라 법칙입니다.

높은 지위에 있으면서 스스로 낮아져서 사람들을 돌보고 섬기면 사람들로부터 얼마나 존경과 사랑을 받겠습니까? 하지만 사람들 위에서 군림하고 호령하면 사람들이 눈앞에서는 순종을 하지만 뒤에서는 손가락질하고 반발합니다. 그리고 나중에 어려운 일을 당하면 다 떠나갑니다.

사랑으로 낮아지고 섬기고 봉사하면 나중에 어려운 일을 당하더라도 모두 한 덩어리가 되어 도와줍니다. 그러므로 이 세상에서 가장 위대한 지도자는 자기가 이끌어 나가는 사람들을 잘 섬기고 받들고 모시는 지도자입니다.

**28절** 인자가 온 것은 섬김을 받으려 함이 아니라 도리어 섬기려 하고 자기 목숨을 많은 사람의 대속물로 주려 함이니라

예수님은 이 세상에 섬김을 받으러 오신 것이 아니라 섬기러 오셨습니다. 실로 예수님의 생애는 사람들을 섬기는 것이었습니다. 죄인의 죄를 용서하시고, 병든 자는 찾아가서 고쳐 주시고, 귀신 들린 자를 해방시키시고, 배고픈 자를 먹여 주시고, 죽은 자를 살려 주셨습니다. 그리고 마지막에는 인류를 구원하시기 위해 친히 십자가를 지고 갈보리 산에 올라가셔서 몸 찢기고 피를 흘려 땀 한 방울, 피 한 방울까지도 희생하셨습니다. 예수님이야말로 우주를 지으신 가장 크고 으뜸이신 분인데 이렇게 철저히 낮아지셨습니다. 주님은 온 힘을 다해서 우리를 섬기시고 마지막에는 목숨까지 버려 주셨습니다.

나폴레옹이 세인트헬레나 섬에서 죽어 갈 때 한 말이 있습니다.

"나사렛 예수여, 당신은 위대한 분입니다. 나는 무력으로 온 유럽을 다 정복하고 호령했지만 결국 버림을 받고 섬에서 외롭게 죽어 가는데, 당신은 팔레스타인 그 좁은 땅에서 불과 3년여 동안 활동하셨는데도 오

늘날 당신을 위해서 목숨을 바친 사람은 수도 없이 많군요."

왜 수많은 사람들이 예수님을 위해서 목숨을 바치겠습니까? 나폴레옹은 무력으로 사람들 위에 군림을 하고 다스렸지만 예수 그리스도는 사람을 사랑으로 섬기셨기 때문입니다. 그래서 나폴레옹은 버림을 당했지만 예수님은 영원히 섬김을 받고 추앙을 받고 그를 위해서 수없는 사람이 목숨을 바치는 것입니다. 그러므로 우리는 이 땅에 살면서 언제나 섬기는 태도로 살아야 합니다.

가정에서도 마찬가지입니다. 남편이 아내에게 끊임없이 섬김을 받으려고 하다가는 나중에 늙어서 고생합니다. 나는 젊었을 때 아내를 부려 먹던 남편이 늙어서는 오히려 죽도록 구박당하는 경우를 많이 보았습니다. 남편은 어떻게든지 아내를 섬기려고 애쓰고, 아내도 남편을 섬기려고 애써야 합니다. 언제나 상대방의 마음을 살펴보고 그 마음에 부합하며 살아야 합니다. 내 주장대로 살지 않고 늘 상대방을 기쁘게 하기 위해서 애쓰는 것이 섬기는 것입니다. 그러면 부부간의 모든 문제는 다 해결됩니다. 그러나 서로 군림하려고 하면 마음에 반발심이 일어나고 상처가 생깁니다. 그것은 부모 자식 간에도 마찬가지입니다. 부모가 호령하고 다스리려고만 하면 나중에 자식이 반발합니다. 서로가 서로를 섬기는 자세가 되어야 평안하고 행복한 것입니다.

## 4. 맹인 두 사람을 치유하심(20:29-34)

29. 그들이 여리고에서 떠나갈 때에 큰 무리가 예수를 따르더라 30.
맹인 두 사람이 길가에 앉았다가 예수께서 지나가신다 함을 듣고 소
리 질러 이르되 주여 우리를 불쌍히 여기소서 다윗의 자손이여 하니
31. 무리가 꾸짖어 잠잠하라 하되 더욱 소리 질러 이르되 주여 우리
를 불쌍히 여기소서 다윗의 자손이여 하는지라 32. 예수께서 머물
러 서서 그들을 불러 이르시되 너희에게 무엇을 하여 주기를 원하느
냐 33. 이르되 주여 우리의 눈 뜨기를 원하나이다 34. 예수께서 불
쌍히 여기사 그들의 눈을 만지시니 곧 보게 되어 그들이 예수를 따르
니라

**29절** 그들이 여리고에서 떠나갈 때에 큰 무리가 예수를 따르더라

예수님이 가시는 곳마다 큰 무리가 좇은 것은, 예수님이 언제나 사람들의 필요를 채워 주셨기 때문입니다. 죄인에게는 용서를, 병든 자에게는 치료를, 귀신 들린 자에게는 해방을, 배고픈 자에게는 음식을, 외로운 자에게는 친구가 되어 주셨습니다.

예수님의 복음은 이렇게 우리의 생활 속에 있는 빈 공간을 채워 주는 것입니다. 복음은 강단에서 사람들에게 매를 들고 때리는 것이 아닙니다. 모래를 한 바구니 가지고 바다에 가서 뿌려 보십시오. 피라미 한 마리도 오지 않습니다. 하지만 밥풀이나 빵 조각을 뿌려 보십시오. 어디서 오는지 고기들이 확 모입니다. 추운 겨울날 아무리 깊은 심산유곡에 가서

낟알을 뿌려 보십시오. 순식간에 새들이 날아와서 모여듭니다.

오늘날 교회에 성도들이 왜 모이지 않습니까? 장소가 나빠서가 아닙니다. 교회가 사람들에게 필요를 채워 주지 못하기 때문입니다. 교회에서 살아 계신 그리스도를 증거하며 사람들에게 영혼이 잘됨같이 범사에 잘되며 강건하고 생명을 얻되 넘치게 얻는 역사를 일으켜 준다면, 그들은 천리도 마다하지 않고 찾아올 것입니다. 그러나 교회에 가서 잔소리만 듣고 졸기만 하다가 온다면 다음부터는 교회에 아무리 가라고 해도 가지 않으려고 할 것입니다.

예수님은 우리의 필요를 채워 주시는 분입니다. 우리 마음의 갈급함을 채워 주십니다. 예수님은 어제나 오늘이나 영원토록 동일하게 우리 가운데 역사하십니다. 우리가 예수님에게 부르짖으면 언제든지 주님은 고통이 있는 자에게는 위로를, 불안한 자에게는 평안을, 좌절하고 절망한 자에게는 용기를, 희망이 없는 자에게는 꿈을 허락하여 주시고, 병든 자를 치료하여 주십니다. 예수님은 우리를 섬겨 주시는 분입니다.

예수님께서 여리고에서 떠나실 때 큰 무리가 예수님을 따라갔습니다. 예수님을 따라가서 그분의 말씀 한 마디만 들어도 얼마나 행복하겠습니까? 사람은 좋고 행복한 곳을 따라가게 마련입니다. 여러분도 다른 사람에게 늘 행복을 만들어 주십시오. 아내는 남편에게 행복을 만들어 주려고 노력하십시오. 그러면 남편에게 아무리 늦게 들어오라고 해도 남편이 일찍 들어옵니다. 집에 오면 좋고 행복한데 왜 다른 곳에 가겠습니까? 남편도 아내를 좋고 행복하게 만들어 주십시오. 그러면 아내가 죽도록 봉사하고 섬겨 줍니다.

우리가 살아가면서 궁극적으로 추구하는 것은 행복과 기쁨인데, 예수님을 따라가면 그것이 충만하게 채워집니다. 아무리 고통스럽고 괴로운 길을 걸어간다고 해도 예수님 안에 있으면 우리에게는 한없는 기쁨과 행복이 있습니다. 그래서 수많은 사람들이 육체를 죽이는 자리에 들어갈지라도 그리스도를 따라가는 것입니다. 예수님이 좋은 걸 어떡합니까? 아무리 믿지 말라고 해도 예수님이 좋은데 믿지 않을 도리가 있습니까? 우리가 믿는 예수님은 이렇게 좋은 분인 것을 알게 되시기를 주님의 이름으로 축원합니다.

**30-31절** 맹인 두 사람이 길가에 앉았다가 예수께서 지나가신다 함을 듣고 소리 질러 이르되 주여 우리를 불쌍히 여기소서 다윗의 자손이여 하니 무리가 꾸짖어 잠잠하라 하되 더욱 소리 질러 이르되 주여 우리를 불쌍히 여기소서 다윗의 자손이여 하는지라

마가복음 10장 46절 이하를 보면 맹인 바디매오만 나오는데 본문에는 맹인 두 사람이 나옵니다. 내 생각에는 맹인 두 사람이 있었는데 한 사람은 잠잠하고 바디매오는 아주 요란스럽게 소리 지른 것으로 보입니다. "다윗의 자손 예수여, 나를 불쌍히 여기소서."라고 고함을 친 것은 맹인 바디매오였습니다. 그런데 옆에 있는 친구까지 덩달아서 복을 받았습니다.

우리도 신앙의 친구 중에 대단히 열심이 있고 요란스럽게 부르짖는 사람이 있으면 같이 은혜를 받습니다. 친구를 사귀어도 충성스럽고 아주 적극적인 사람을 사귀면 그 친구 때문에 덕을 봅니다. 다 조용하고 잠잠하고 가만히 있으면 얻어먹지도 못합니다. 배고픈데 친구가 이리저리

가서 사람들에게 떡을 구해 오면 조용하게 있는 사람은 부스러기라도 얻어먹는데 둘이 다 조용하게 있으면 굶습니다.

여리고 성에 앉아서 늘 구걸하고 있던 두 맹인 중 바디매오는 굉장히 적극적이고 활달한 사람이었습니다. 그래서 예수님이 지나가신다는 말을 듣자 그는 구걸하는 것을 다 던져 놓고 고함쳤습니다.

"다윗의 자손 예수여, 나를 불쌍히 여기소서."

사람들마다 와서 "앉아라, 이 거지야. 시끄럽다. 너 같은 녀석이 그렇게 소리지른다고 주님이 들어주시겠느냐?"라고 꾸짖었습니다. 그러나 주님은 저만치 지나가셨다가 그 부르짖음을 듣고 돌아보시며 "그를 내게 오게 하라."고 말씀하셨습니다.

우리가 부르짖지 아니하면 주님은 그냥 지나가십니다. 맹인 바디매오가 동냥하고 있을 때 예수님은 그 앞을 그냥 지나가셨습니다. 그런데 바디매오가 늦게나마 예수님이 지나가심을 알고 부르짖자 예수님이 가시던 발걸음을 멈추셨습니다. "너는 내게 부르짖으라 내가 네게 응답하겠고 네가 알지 못하는 크고 은밀한 일을 네게 보이리라"(렘 33:3)고 주님은 말씀하셨습니다. 여러분이 교회에 와서 하나님께 몸부림 치며 부르짖으면 주님이 들어주십니다. 그러나 조용하고 가만히 있으면 들어주시지 않습니다. 어린아이도 젖 달라고 울어야 젖을 얻어먹지 그냥 얌전하게 있으면 잘 얻어먹지 못합니다.

내가 어릴 때 보니, 처마에 제비들이 집을 지어서 새끼를 키우는데 엄마 제비가 모이를 가지고 오면 새끼들이 다 노란 입을 벌리고 달라고 고함칩니다. 그런데 그중에 고함을 제일 많이 치는 놈이 제일 뚱뚱합니다. 고함을 작게 치는 놈은 빌빌거리다가 나중에는 죽기도 합니다. 하늘나라도 마찬가지입니다. 침노하는 자가 빼앗습니다.

많은 병자들이 주님께 전심으로 부르짖으면 나을 텐데 적당히 기도하다가 집어치우기 때문에 병 고침을 받지 못합니다. 많은 사람이 가난에서 벗어날 수 있는데도 하나님께 맹렬히 부르짖어 기도하지 않고 조용하게만 믿다가 평생 가난하게 삽니다. 많은 성도들이 교회에 와서 주님께 부르짖으면 성령 충만 받고 방언도 하고 은사도 나타날 것인데 조용하게 앉아서 구경만 하고 있으니 평생 예수님을 믿으면서도 성령 침례를 받지 못하는 것입니다. 이처럼 은혜가 넘치는 행복한 신앙생활을 할 수 있는데도 적극적으로 부르짖지 않아서 그 은혜를 누리며 살지 못하는 사람들이 많습니다.

그러므로 여러분은 이 말씀을 꼭 기억하십시오.

"구하라 그리하면 너희에게 주실 것이요 찾으라 그리하면 찾아낼 것이요 문을 두드리라 그리하면 너희에게 열릴 것이니 구하는 이마다 받을 것이요 찾는 이는 찾아낼 것이요 두드리는 이에게는 열릴 것이니라"(7:7-8).

바디매오의 고함에 많은 사람이 훼방을 놓았습니다. 하지만 사람들이 훼방하면 훼방할수록 바디매오는 더 크게 고함을 쳤습니다. 여러분, 우리가 주님을 찾으려고 하면 마귀가 와서 잠잠하라고 합니다. 여의도순복음교회는 시끄러운 교회로 유명한데, 그동안 얼마나 많은 사람들이 우리 교회를 비난했습니까? 믿는 사람이든 믿지 않는 사람이든 전부 우리 교회를 향해 "시끄럽다. 잠잠하라." 고 하였습니다. 하지만 잠잠하면 자기만 손해입니다. 바디매오에게도 사람들이 꾸짖었습니다. 그냥 말만 한 것이 아니고 막 고함을 치며 꾸짖었습니다. 하지만 바디매오는 그럴수록 더 크게 고함을 쳤습니다. 하나님의 은혜를 구할 때는 마귀가 훼방하면 훼방할수록 더 부르짖어야 합니다. 더욱 크게 외쳐야 하는 것입니다. 그럴 때 하나님의 응답이 나타납니다.

**32-33절** 예수께서 머물러 서서 그들을 불러 이르시되 너희에게 무엇을 하여 주기를 원하느냐 이르되 주여 우리의 눈 뜨기를 원하나이다

예수님이 가시다가 발걸음을 멈추시고 맹인을 부르셨습니다. 다른 성경에 보면 거지 바디매오는 자기 옷을 벗어서 던져 버리고 뛰어갔습니다(막 10:50). 거지 깡통도 내어 던져 버리고 거지 옷도 다 벗어 던져 버렸습니다. 믿음이 대단한 사람입니다. 예수님만 만나면 자신의 인생이 달라진다는 확신이 있었기 때문에 그럴 수 있었던 것입니다. 정말 예수님을 만나면 우리의 인생이 새로워집니다. 죄인이었던 몸이 의인이 됩니다. 내 속에서 세상과 마귀가 쫓겨 나가고 천국과 성령이 내 속에 임합니다. 슬픔이 떠나가고 기쁨이 옵니다. 병이 떠나가고 치료가 옵니다. 저주가 떠나가고 복이 옵니다. 가난이 떠나가고 예수님의 은혜가 옵니다. 지옥과 죽음이 떠나가고 천국과 영생이 옵니다. 그러니 인생이 완전히 달라지는 것입니다.

"누구든지 그리스도 안에 있으면 새로운 피조물이라 이전 것은 지나갔으니 보라 새것이 되었도다"(고후 5:17).

"너희는 택하신 족속이요 왕 같은 제사장들이요 거룩한 나라요 그의 소유가 된 백성이니"(벧전 2:9).

이것은 우리에게 천지가 개벽하는 놀라운 변화가 일어나는 것을 의미합니다. 기독교는 무슨 종교적인 형식이나 의식을 받아들이는 것이 아닙

니다. 근본적으로 거듭나서 새사람이 되는 것입니다. 여러분은 지금 세상에 살지 않고 천국에서 사는 대단한 사람들입니다. 예수님이 오심으로 세상과 마귀는 쫓겨 나가고 천국과 성령이 임하였습니다. 우리는 천국에서 성령님과 더불어 사는 것입니다. 우리는 매일 세상을 따라 사는 것이 아니고 천국과 성령을 따라 살고 있습니다. 세상 사람은 하나님 없이 살고 있지만 우리는 늘 하나님과 더불어 살고 있습니다. 우리는 늘 천국의 열매를 맛보고 살아야만 합니다.

예수님은 여러분이 분명한 목표를 가지고 부르짖기를 원하십니다. 맹인들이 눈뜨기를 원하는 것은 누구나 상식적으로 알 수 있는 일임에도 불구하고 예수님은 "너희에게 무엇을 하여 주기를 원하느냐"고 물으셨습니다. 이에 바디매오는 "주여, 우리가 눈 뜨기를 원합니다." 하고 분명하게 고백했습니다. 예수님이 여러분에게 지금 "내가 네게 무엇을 해 주기를 원하느냐?" 라고 물으신다면 분명하게 대답할 목표가 있습니까? 목표가 희미하면 아무것도 이룰 수 없습니다. 분명하고 간절한 목표를 세워 응답받는 여러분들이 되시기를 주님의 이름으로 축원합니다.

### 34절 예수께서 불쌍히 여기사 그들의 눈을 만지시니 곧 보게 되어 그들이 예수를 따르니라

주님께서 맹인을 불쌍히 여기사 눈을 만져 주시니 그들이 눈을 떴습니다. 예수님은 못하시는 일이 없습니다. 여러분의 육신의 눈뿐만 아니라 영의 눈도 열어 주십니다. 영의 눈이 뜨여서 주님을 바라보게 되는 것은 정말 무한한 가치가 있습니다.

여리고는 원래 저주받은 땅입니다. 여호수아가 예루살렘으로 들어오기 전에 그 관문이었던 여리고를 정복하고 나서 여리고 성을 저주했습니다(수 6:26). 그러므로 여리고는 저주받은 이 세상을 대변합니다. 이 세상은 아담과 하와가 하나님께 범죄함으로 말미암아 하나님으로부터 저주받은 땅입니다. 가시와 엉겅퀴를 내고 이마에 땀을 흘려야 먹고살 수 있습니다.

그런데 예수님을 만나 눈을 고침받은 두 소경은 예수님을 따라 여리고를 떠났습니다. 오늘날도 여러분이 예수님을 만나면 저주받은 세상을 떠나게 됩니다. 예수님을 만나면 예수님과 함께 살게 되므로 젖과 꿀이 흐르는 땅, 영혼이 잘되고 범사가 잘되며 강건하고 생명을 얻되 넘치게 얻는 축복의 땅에 들어가서 살 수 있는데 왜 저주받은 여리고에서 머물러 있겠습니까? 혹시 여러분 중에서 예수님을 믿고도 아직 여리고에 그대로 앉아 있는 분이 있습니까? 우리는 다 영적으로 맹인이고 거지였는데 예수님을 만나고 영의 눈이 열려서 주님을 구주로 믿게 되었습니다. 그러므로 하늘나라의 백성이 되어 영적으로 복을 받았으면 이제 여리고를 떠나야 합니다. 여리고에 둥지를 틀고 앉아서 "주여, 주여." 하지 말고 당장 그곳을 떠나십시오. 이제는 여러분이 더 이상 저주 아래 살 필요가 없습니다.

성경은 이렇게 말씀하고 있습니다.

"그리스도께서 우리를 자유롭게 하려고 자유를 주셨으니 그러므로 굳건하게 서서 다시는 종의 멍에를 메지 말라"(갈 5:1).

죄를 떠나야 합니다. 마귀와 세상을 떠나야 합니다. 저주와 가난과 죽음을 떠나야 합니다. 여리고를 떠나야 합니다. 그리하여 주님이 주시는 젖과 꿀이 흐르는 땅으로 들어가야 합니다.

# 제21장

# 포도원의 일꾼들

| | |
|---|---|
| 예루살렘 입성 | 21:1-11 |
| 성전 정화 | 21:12-17 |
| 무화과나무를 통한 비유 | 21:18-22 |
| 예수의 권세에 대한 질문과 두 아들의 비유 | 21:23-32 |
| 포도원 소작인의 비유 | 21:33-46 |

A COMMENTARY
ON THE GOSPEL OF
MATTHEW Ⅲ

**본 장부터** 27장까지는 예수님께서 예루살렘에 입성하셔서 인류 대속을 위해 십자가 고난을 받으시기까지 한 주간의 사건을 다루고 있습니다.

본 장은 예수님의 예루살렘 입성으로 시작됩니다. 이 승리의 입성은 예수님께서 인류를 구원할 메시아이시자 겸손과 평화의 왕이심을 선포하는 사건입니다. 한편 예루살렘 성전에 들어오신 예수님께서는 성전을 정화시키시고 무화과나무를 저주하셨습니다. 이는 당시 상업

주의로 물든 유대 종교의 타락상과 형식적이고 위선적인 신앙을 예수님께서 고발하신 사건입니다. 또한 예수님의 권위에 대한 유대 종교 지도자들의 질문에, 예수님께서는 두 아들의 비유와 포도원 소작인의 비유를 들어 답변을 하셨습니다. 즉, 겉으로는 하나님을 경외하는 척하나 실제로는 그들의 전통과 기득권 유지를 위해 하나님의 뜻을 외면하고, 하나님의 아들이신 예수님을 십자가에 못 박아 죽이려는 유대 종교 지도자들의 기만과 죄악을 지적하신 것이었습니다.

## 1. 예루살렘 입성(21:1-11)

1. 그들이 예루살렘에 가까이 가서 감람산 벳바게에 이르렀을 때에 예
수께서 두 제자를 보내시며 2. 이르시되 너희 맞은편 마을로 가라 그
리하면 곧 매인 나귀와 나귀 새끼가 함께 있는 것을 보리니 풀어 내게
로 끌고 오라 3. 만일 누가 무슨 말을 하거든 주가 쓰시겠다 하라 그
리하면 즉시 보내리라 하시니 4. 이는 선지자를 통하여 하신 말씀을
이루려 하심이라 일렀으되 5. 시온 딸에게 이르기를 네 왕이 네게 임
하나니 그는 겸손하여 나귀, 곧 멍에 메는 짐승의 새끼를 탔도다 하라
하였느니라 6. 제자들이 가서 예수께서 명하신 대로 하여 7. 나귀와
나귀 새끼를 끌고 와서 자기들의 겉옷을 그 위에 얹으매 예수께서 그
위에 타시니 8. 무리의 대다수는 그들의 겉옷을 길에 펴고 다른 이들
은 나뭇가지를 베어 길에 펴고 9. 앞에서 가고 뒤에서 따르는 무리가
소리 높여 이르되 호산나 다윗의 자손이여 찬송하리로다 주의 이름으
로 오시는 이여 가장 높은 곳에서 호산나 하더라 10. 예수께서 예루
살렘에 들어가시니 온 성이 소동하여 이르되 이는 누구냐 하거늘 11.
무리가 이르되 갈릴리 나사렛에서 나온 선지자 예수라 하니라

**1-5절** 그들이 예루살렘에 가까이 가서 감람산 벳바게에 이르렀을 때에 예수께서 두 제자를 보내시며 이르시되 너희 맞은편 마을로 가라 그리하면 곧 매인 나귀와 나귀 새끼가 함께 있는 것을 보리니 풀어 내게로 끌고 오라 만일 누가 무슨 말을 하거든 주가 쓰시겠다 하라 그리하면 즉시 보내리라 하시니 이는 선지자를 통하여 하신 말씀을 이루려 하심이라 일렀으되 시온 딸에게 이르기를 네 왕이 네게 임하나니 그는 겸손하여 나귀, 곧 멍에 메는 짐승의 새끼를 탔도다 하라 하였느니라

예루살렘에 가 보신 분들은 잘 아시겠지만 감람산을 중심으로 해서 맞은편은 베다니 동리이고, 그 베다니에서 감람산 중허리를 타고 넘어오면 바로 벳바게입니다. 예수님은 예루살렘 성이 환히 내려다보이는 벳바게에 이르렀을 때 두 제자를 선택해 보내시며 이르시되 "너희 맞은편 마을로 가라 그리하면 곧 매인 나귀와 나귀 새끼가 함께 있는 것을 보리니 풀어 내게로 끌고 오라" 고 하셨습니다. 이 말씀은 하나님이 이미 6백여 년 전에 스가랴 선지자를 통해 예언하신 말씀입니다.

"시온의 딸아 크게 기뻐할지어다 예루살렘의 딸아 즐거이 부를지어다 보라 네 왕이 네게 임하시나니 그는 공의로우시며 구원을 베푸시며 겸손하여서 나귀를 타시나니 나귀의 작은 것 곧 나귀 새끼니라"(슥 9:9).

예수 그리스도는 예언된 말씀대로 나귀를 타고 예루살렘 성에 마지막 입성을 하셨습니다. 이는 예수님이 하나님의 아들이시요, 이스라엘의 왕이 되시기 때문에 스가랴서에 예언된 말씀을 성취하신 것입니다. 주님은 이미 자신이 나귀를 타고 예루살렘 성에 입성하게 될 것을 알고 계

셨습니다. 예수님은 만왕의 왕, 만주의 주이실 뿐만 아니라 창세전에 이미 하나님과 함께 계신 분이십니다. 주님이 바로 하나님이시기 때문에 주님이 선지자들을 통해 예언하신 말씀을 주님 스스로 이루시는 것입니다. 예수님은 당신이 예언하신 말씀을 실제로 성취하셨습니다. 세상 사람들이 하는 말은 이루어지지 않지만 하나님이 예언하신 말씀은 일점일획도 변함없이 다 이루어집니다.

주님은 제자들에게 나귀를 풀어 올 때 할 말을 미리 일러 주셨습니다.

"만일 누가 무슨 말을 하거든 주가 쓰시겠다 하라 그리하면 즉시 보내리라".

이 말씀은 예수님께서 스스로를 '주' 라고 시인하시는 확실한 대목입니다. 예수님은 이제 당신 자신이 주님이라고 공공연하게 인정하신 것입니다. 예수 그리스도께서는 시온의 딸, 즉 이스라엘 백성에게 권세 있고 위풍당당한 왕으로 오신 것이 아니라 겸손하셔서 나귀 새끼를 타시는 왕으로 오셨습니다. 한번 예수님이 나귀 새끼를 타고 입성하시는 모습을 상상해 보십시오. 얼마나 초라해 보입니까? "허! 메시아이며 만주의 주라는 분이 어떻게 나귀를 타고 오실 수 있는가?" 사람들은 의아해하지 않을 수 없었습니다. 창조주 하나님이시요, 만왕의 왕, 만주의 주이신 예수께님께서 나귀 새끼를 타고 오셨습니다. 만약 예수께서 큰 준마를 타고 위풍당당하게 오셨으면 백성들이 겁이 나서 그 근처에도 가지 못했을 것입니다. 그러나 모인 무리들이 예수 그리스도 앞에 두려움 없이 나아올 수 있도록 나귀 새끼를 타고 입성하셨습니다. 그러므로 아이들이 그 뒤를 따르고 무리들이 나귀 주위에 모여든 것입니다.

주님은 우리를 찾아오실 때 위협하며 찾아오시지 않습니다. 만약 하나님이신 예수님이 우리에게 오실 때 장엄한 위엄을 가지고 오시면 우리는 그리스도 앞에 엎드려 겁을 내며 절절맬 뿐 감당하지 못할 것입니다. 예수님은 우리에게 오실 때 아주 겸비하게 성령으로 마음속에 찾아오십니다. "내가 왔노라!" 고 큰소리하지도 아니하시고 마치 한밤중에 소리 없이 내리는 이슬같이 우리가 알지 못하는 사이에 오시는 것입니다. 아침에 깨어나 보면 밤이슬에 온 땅이 젖어 있듯이, 예수님도 우리가 알지 못하는 사이에 우리 안에 성령으로 임하십니다. 그래서 그리스도 안에 있는 우리는 자신도 모르는 사이에 하나님의 은혜로 말미암아 온몸을 적시고 온 심령을 적셔 영 · 혼 · 육이 변화받는 것입니다.

**6-8절 제자들이 가서 예수께서 명하신 대로 하여 나귀와 나귀 새끼를 끌고 와서 자기들의 겉옷을 그 위에 얹으매 예수께서 그 위에 타시니 무리의 대다수는 그들의 겉옷을 길에 펴고 다른 이들은 나뭇가지를 베어 길에 펴고**

제자들이 주님의 말씀대로 나귀를 끌고 오려 하자 나귀의 주인이 물었습니다.

"여보시오. 무슨 연유로 내 나귀를 끌고 가려 합니까?"

"주님이 쓰시려 합니다."

"그럼, 가져가시오."

제자들이 주님이 쓰신다고 대답하자, 나귀의 주인이 즉시 자기의 소유를 내놓았습니다. 우리가 예수님의 제자라고 하면 그의 명하시는 대로 하는 것이 가장 바람직합니다. 우리가 우리 마음대로 '이렇게 하겠다', '저렇게 하겠다' 하면 그것은 제자의 본분이 아니라 선생이 되려는 것입니다. 예수님만이 우리의 선생이요, 주인이십니다. 주인이 되려면 주인으로서의 능력이 있어야 합니다. 사업가가 되려면 사업할 수 있는 능력이 있어야 하고, 선생이 되려면 가르칠 수 있는 실력이 있어야 합니다. 우리가 다 기업가가 될 수는 없습니다. 모두 다 기업가가 되려 한다면 아마 노동자는 한 사람도 없을 것입니다. 직원들과 노동자들을 먹여 살릴 능력도 없는 사람이 사업을 시작해서 부도를 내면 그 사람을 따라가던 사람들은 다 낭패를 당합니다.

우리 조상 아담과 하와를 보십시오. 그들은 주인이 될 능력도 없으면서 선악과를 따 먹었습니다. 그 후 그들이 행하는 모든 일은 실패뿐이었습니다. 그들은 정의를 실천할 능력이 없으므로 죄만 지었으며, 하늘나라를 가져올 능력이 없었으므로 마귀와 죄악된 세상만 가지고 왔습니다. 그들은 기쁨을 가져올 능력이 없었으므로 온 세상을 염려, 근심, 불안, 초조, 절망으로 채워 놓았을 뿐입니다. 번창하고 축복받게 할 능력이 없으니 저주의 가시와 엉겅퀴가 나서 헐벗고 굶주리게 할 뿐이요, 영생하게 할 능력이 없으니 병들어 죽을 따름이요, 죽어서 지옥에 갈 뿐입니다. 아담과 하와는 주인 노릇을 하지 못하고 순전히 종노릇만 했습니다. 그러므로 능력 없는 사람은 절대로 주인이 되면 안 됩니다.

예수 그리스도가 우리의 주인이 되시는 것은 주님이 하늘과 땅의 모든 권세를 다 가지고 계시기 때문입니다. 예수님은 능력이 있습니다. 죄를 용서하는 능력, 귀신을 쫓아내는 능력, 굶주린 자를 먹이는 능력, 병든 자를 고치는 능력, 죽은 자를 살리는 능력을 가지고 계십니다.

그러므로 우리는 예수 그리스도를 우리의 생애 속에 주인으로 모셔 들이고 그분이 명하시는 대로 행하여야 합니다. 머뭇거리거나 토를 달면 안 됩니다. 우리 주님 앞에는 오직 "예! 아멘! 할렐루야!" 만 있을 뿐입니다. 우리의 생애를 온전히 주님께 내어 맡기고 살면 주님이 인도하시는 대로 자연히 따라가게 됩니다. 그러면 주님이 우리를 책임져 주시는 것입니다.

우리의 가정도 마찬가지입니다. 남편은 가정을 이끌어 나갈 힘과 능력을 가지고 주인 노릇을 해야 합니다. 능력 있는 가장이 "내가 하는 대로 따라오라." 하면 가족 모두 따라갑니다. 하지만 능력도 없는 가장이 "내가 하는 대로 따라오라." 하면 "우리가 왜 따라가느냐?" 며 반발합니다. 그러다 보니 요사이 가장들이 노숙자가 되어 서울역 등지에서 신문지를 깔고 자는 사람들이 있습니다. 그들 중에 실제로 집이 없어서 나온 사람들은 별로 없습니다. 그들이 왜 집에 들어가지 않고 신문지를 깔고 한뎃잠을 잡니까? 그들에게 주인 될 능력이 없기 때문입니다.

제자들은 왕으로 오신 예수님을 공경하므로 자신들의 옷을 벗어 나귀의 등에 얹고 그 위로 예수님이 타실 수 있게 하였습니다. 이것이 주인을 모시는 종의 태도입니다. 옛날에 왕이 행차하면 백성들은 옷을 벗어 가시는 길에 깔거나 종려나무가지를 베어 길에 깔았습니다. 그러므로 지금 이 무리들은 예수님을 왕으로 대접하는 것입니다. 자칫 예수님을 태운 나귀가 사람들이 흔들어 주는 종려 가지와 그 앞길에 깔아 주는 옷을 보고 "와, 내가 잘나서 모두가 나를 위해 옷도 깔아 주고 나뭇가지도 흔드는구나." 하며 오해할 수도 있습니다. 그러나 실상은 예수님을 등에 모셨기 때문임을 알아야 합니다. 예수님을 등에 모시지 않으면 나귀는 그저 발길에 차이거나 짐이나 나를 뿐이지 대접받는 신분이 되지 못합니다.

성도들이 "우리 목사님, 우리 목사님!" 하고 대접하는 것은 그가 잘났기 때문이 아닙니다. 그의 등 위에 앉으신 예수님을 사랑하기 때문입니다. 그러므로 절대로 오해하면 안 됩니다. 주의 종, 장로, 지역장, 구역장, 평신도 할 것 없이 우리가 대접받는 것은 예수님 때문입니다. 모든 영광은 예수님께 돌려야 합니다. 사람을 높였다가는 큰일 납니다. 우리는 주 안에서 그저 한 마리의 나귀에 불과합니다. 나귀는 예수님을 태우고 갈 때 가치가 있는 것이지, 그렇지 않으면 그저 나귀일 뿐 그 이상의 무엇도 아닙니다. 또한 내가 예수님을 모시지 않으면 다른 사람이 예수님을 모실 수 있다는 것을 알아야 합니다. 내가 예수님을 모실 때는 절대로 내 자신을 자랑하지 말고 내 마음과 뜻과 정성과 목숨을 다하여 전심으로 그리스도를 모셔야 하는 것입니다.

**9-11절** 앞에서 가고 뒤에서 따르는 무리가 소리 높여 이르되 호산나 다윗의 자손이여 찬송하리로다 주의 이름으로 오시는 이여 가장 높은 곳에서 호산나 하더라 예수께서 예루살렘에 들어가시니 온 성이 소동하여 이르되 이는 누구냐 하거늘 무리가 이르되 갈릴리 나사렛에서 나온 선지자 예수라 하니라

예루살렘 성에 모인 무리들은 "호산나, 다윗의 자손이여! 찬송하리로다, 주의 이름으로 오시는 이여! 가장 높은 곳에서 호산나!"라고 외치며 주님을 뒤따라갔습니다. '호산나!'는 오늘날로 말하면 '만세!'라는 뜻이요, '다윗의 자손'은 '메시아', 즉 '구세주'라는 말입니다.

무리들은 하나님께서 다윗의 자손을 통해 구세주 메시아를 보내겠다고 하신 약속을 상기하며 예수님을 메시아로 모시고 예루살렘으로 들어갔습니다. 로마 정부나 유대인 종교 지도자들에게는 기절초풍할 노릇입

니다. 로마 정부는 시저 외에는 왕이 있을 수 없고 유대 종교 지도자들은 이미 예수님을 이단으로 낙인찍었는데 참으로 난감한 일이 일어난 것입니다.

예수님이 예루살렘에 입성하신 주간은 이스라엘의 유월절 준비 기간이었습니다. 유월절은 각지에 흩어져 사는 약 300만 명의 유대인들이 예루살렘으로 모이는 명절입니다. 이때가 되면 로마 총독은 군대를 동원하여 유대인들이 민란을 일으키지 못하도록 각별히 신경을 썼습니다. 과거의 역사를 통하여 볼 때 유대인들이 독립 운동을 가장 많이 일으킨 때가 유월절이었기 때문입니다.

뿐만 아니라 유월절은 이스라엘 백성이 애굽에서 종살이하다가 해방되어 나온 날을 기념한 것이기 때문에 민족성과 독립성이 대단히 강조되는 시기입니다. 이 기간 중에 혹시라도 민란이 일어나면 제일 먼저 곤경에 처하는 사람들이 유대 종교 지도자들이기 때문에 그들도 굉장히 긴장을 했습니다. 그런데 이런 상황에 예수님이 나귀를 타고 입성하시고 무리들이 앞서거니 뒤서거니 하며 "만세! 메시아가 오신다. 지극히 높은 곳에서도 만세! 우리 왕이 오신다!" 라고 외치니 감당할 수가 없었습니다.

그러나 이때까지만 해도 무리들은 예수님이 하나님의 아들이심을 몰랐습니다. 이전에 무리들은 예수님을 아예 선지자로도 인정하지 않고 하나의 이단 사설 전파자로 취급하였습니다. 그러나 이제는 그들 스스로 예수님을 선지자로 인정한 것입니다.

우리가 여기서 눈여겨보아야 할 것은 주님이 십자가에 못 박히시기 전에 하나님께로부터 영광을 받으셨다는 것입니다. 하나님은 예수님께 큰 환희를 주셨습니다. 언제나 고난 전에는 큰 환희가 다가옵니다. 우리가 큰 즐거움을 느껴 봐야 고난을 이길 수 있는 것입니다. 이제껏 예수님은 온갖 무시와 멸시를 받으셨지만 십자가 고난을 앞두고 예루살렘에 왕으로 입성하셔서 모든 군중들로부터 일제히 '왕' 이라 칭함을 받으셨습니다. 예수님은 드디어 만왕의 왕, 만주의 주로서 그 마음속에 깊은 환희를 느끼시게 된 것입니다. 그리고 그 환희의 파도 위에서 예수님은 십자가 고난을 감당하실 수 있었던 것입니다.

## 2. 성전 정화(21:12-17)

**12. 예수께서 성전에 들어가사 성전 안에서 매매하는 모든 사람들을 내쫓으시며 돈 바꾸는 사람들의 상과 비둘기 파는 사람들의 의자를 둘러엎으시고 13. 그들에게 이르시되 기록된바 내 집은 기도하는 집이라 일컬음을 받으리라 하였거늘 너희는 강도의 소굴을 만드는도다 하시니라 14. 맹인과 저는 자들이 성전에서 예수께 나아오매 고쳐주시니 15. 대제사장들과 서기관들이 예수께서 하시는 이상한 일과 또 성전에서 소리 질러 호산나 다윗의 자손이여 하는 어린이들을 보고 노하여 16. 예수께 말하되 그들이 하는 말을 듣느냐 예수께서 이르시되 그렇다 어린 아기와 젖먹이들의 입에서 나오는 찬미를 온전하게 하셨나이다 함을 너희가 읽어 본 일이 없느냐 하시고 17. 그들을 떠나 성 밖으로 베다니에 가서 거기서 유하시니라**

**12-13절** 예수께서 성전에 들어가사 성전 안에서 매매하는 모든 사람

들을 내쫓으시며 돈 바꾸는 사람들의 상과 비둘기 파는 사람들의 의자를 둘러엎으시고 그들에게 이르시되 기록된바 내 집은 기도하는 집이라 일컬음을 받으리라 하였거늘 너희는 강도의 소굴을 만드는도다 하시니라

예수님께서는 십자가를 지러 예루살렘에 들어오신 마지막 주간에 성전을 정화시키셨습니다.

성전은 하나님을 섬기는 곳입니다. 그럼에도 불구하고 예수님이 오셨을 당시는 성전이 '헤롯 성전'으로 불렸습니다. 헤롯은 자신의 정치권력을 강화하기 위해 불에 탄 성전을 40여 년에 걸쳐 다시 건축해 주었습니다. 그는 유대 민족의 민심을 얻고 싶었던 것입니다.

헤롯뿐만 아니라 그 당시 제사장들과 제사 드리는 직분을 수행하는 사람들도 타락한 사람들이었습니다. 먼 지역에서 오는 사람들은 제사에 드릴 소나 양 등 제물을 구입해야 했는데, 제사장들은 특정 지역에서만 제물을 매매할 수 있게 했습니다. 다른 곳에서 산 제물은 제물로 인정하지 않았습니다. 원래 성전 안뜰에는 짐승을 가지고 들어올 수 없었음에도 불구하고 제물용 짐승 매매가 버젓이 행해지고 있었습니다. 제사장들이 상인들로부터 뇌물을 받고 성전 안뜰까지 들어오도록 허락했기 때문입니다.

또한 20세 이상 된 유대 남자들은 성전세로 유대 화폐 반 세겔을 바쳐야 했기 때문에 로마 화폐를 가진 사람은 유대 화폐로 바꾸어서 성전세를 내야 했습니다. 그래서 돈 바꾸는 자들까지 성전 안에 들어오게 되었습니다. 성전 안은 돈 바꾸는 사람들과 짐승을 사고파는 사람들로 왁자

지껄해서 성전이 아니라 시장을 방불케 하였습니다. 성전에서는 더 이상 기도할 수조차 없게 된 것입니다. 이에 예수님은 채찍으로 짐승들을 내쫓으시고 비둘기 파는 자들의 의자와 환전하는 자들의 상을 뒤엎으셨습니다.

성전이 세상적인 것으로 들어차게 되면 더 이상 하나님께 기도하는 장소가 되지 못합니다. 고린도전서 3장 16절부터 17절을 보면, "너희가 하나님의 성전인 것과 하나님의 성령이 너희 안에 계시는 것을 알지 못하느냐 누구든지 하나님의 성전을 더럽히면 하나님이 그 사람을 멸하시리라"고 말씀하고 있습니다.

오늘날도 예수님이 오시면 우리 몸을 성전과 같이 정화하십니다. 왜냐하면 우리 몸에는 술 마귀, 담배 마귀, 도박 마귀, 음란 마귀와 같은 세상적인 것이 꽉 들어차 있기 때문입니다. 그러니 우리가 어떻게 주님께 기도할 수 있겠습니까? 오직 깨끗이 정화되고 성령이 오셔야만 할 수 있습니다.

우리가 처음 교회에 나오면 예수님께서 채찍을 가지고 우리의 몸인 성전을 청소하여 주십니다. 예수 그리스도를 구주로 영접하였을 때 많이 울고 통곡하며 회개하는 것은 우리 안의 술 마귀, 담배 마귀, 음란 마귀, 세속 마귀 등이 쫓겨나가는 증거입니다. 본문 13절 말씀을 보면 "기록된 바 내 집은 기도하는 집이라 일컬음을 받으리라 하였거늘 너희는 강도의 소굴을 만드는도다"라고 하였습니다. "내 집은 기도하는 집이라"는 구절은 이사야서 56장 7절 말씀을 인용한 것입니다. 성전은 하나님이 오셔서 하나님의 백성들과 함께 찬송과 기도로 대화하시고 말씀을 나누시는 거룩한 처소입니다. 그러므로 세속적인 것이 성전 안에 들어오지 못하도록 해야 하는 것입니다.

**14-17절** 맹인과 저는 자들이 성전에서 예수께 나아오매 고쳐 주시니 대제사장들과 서기관들이 예수께서 하시는 이상한 일과 또 성전에서 소리 질러 호산나 다윗의 자손이여 하는 어린이들을 보고 노하여 예수께 말하되 그들이 하는 말을 듣느냐 예수께서 이르시되 그렇다 어린 아기와 젖먹이들의 입에서 나오는 찬미를 온전하게 하셨나이다 함을 너희가 읽어 본 일이 없느냐 하시고 그들을 떠나 성 밖으로 베다니에 가서 거기서 유하시니라

예수님은 성전을 정화하신 후 맹인과 다리 저는 자들을 고쳐 주셨습니다. 치료를 받으려면 성전을 청소하는 일이 선행되어야 합니다. 이것은 의미심장한 교훈을 줍니다. 먼저 회개해야 하나님이 치료해 주신다는 것입니다. 회개하지 않아서 성전이 더러우면 주님의 치료가 임하지 않습니다.

"너희 중에 병든 자가 있느냐 그는 교회의 장로들을 청할 것이요 그들은 주의 이름으로 기름을 바르며 그를 위하여 기도할지니라 믿음의 기도는 병든 자를 구원하리니 주께서 그를 일으키시리라 혹시 죄를 범하였을지라도 사하심을 받으리라 그러므로 너희 죄를 서로 고백하며 병이 낫기를 위하여 서로 기도하라 의인의 간구는 역사하는 힘이 큼이니라"(약 5:14-16).

그렇기 때문에 병 고침받기 전에 반드시 회개가 있어야 합니다. 성전 청소가 없이는 주님께서 성전에서 기적을 행하시지 않습니다.

이처럼 성전과 치료의 역사는 긴밀한 관계가 있습니다. 주님은 성전

에 계시고 그 성전에서 치료하시는 것입니다. 오늘날도 교회가 성전이 되어 주님을 섬기면 교회에 나오는 환자들을 주님이 고쳐 주십니다. 교회는 병 고치는 처소입니다. 세상 의술로 고치지 못하는 병이라도 주님은 능히 고치십니다. 주님께 능히 하지 못할 일이 어디 있겠습니까? 성전에서 우리가 통회, 자복하고 주님을 찾으면 주님은 오늘도 우리의 병을 깨끗이 고쳐 주십니다.

본문 15절을 보면 대제사장들과 서기관들이 '예수께서 하시는 이상한 일'을 보고 노했다라고 기록되어 있습니다. 대제사장과 서기관은 유대의 종교 지도자들입니다. 그런데 대제사장들과 서기관들이 예수님의 성전 정화와 병 고침의 이적을 이상한 일로 본 것입니다. 이 얼마나 기가 막힌 일입니까? 성전을 청소하는 것과 성전에서 하나님의 능력으로 병든 자를 고쳐 주는 것은 마땅히 해야 할 일입니다. 그런데도 그들이 얼마나 타락했던지 이것을 이상한 일로 본 것입니다. 타락하면 올바른 일이 오히려 이상하게 보이는 법입니다. 거꾸로 서서 세상을 한번 보십시오. 그러면 세상이 다 거꾸로 보입니다. 왜냐하면 자기가 거꾸로 서 있기 때문입니다. 그들이 예수님의 행하심을 보고 이상한 일이라 한 것은 그들이 너무나 타락했기 때문입니다.

요즘은 성령받고 방언하는 것을 정상적인 일로 보지만, 내가 처음 목회를 시작한 1958년도만 해도 목회자들은 내가 교회를 개척하여 성령받고 방언 말하고 병 고치는 것을 보고 사람 취급도 하지 않았습니다. 그들은 나를 어느 별나라에서 온 사람처럼 이상하게 여겼습니다. 나는 참으로 긴 세월 동안 어려움을 당했습니다. 교회가 하나님의 은혜에서 너무나 멀리 떨어져 있었기 때문에 그들은 예수 믿어 성령받고 방언을 말하며 성령의 은사가 나타나는 현상을 이상한 일로 여긴 것입니다. 그래서 "그 교회에 가지 마라. 방언하는 것은 귀신이 하는 일이다."라며 거짓 비방을 했습니다.

사도행전을 보면 분명히 오순절날 성령이 임하실 때 120문도가 성령을 받고 방언을 하고 온 천하에 나가서 복음을 증언하였다고 하였습니다. 또 고린도전서 12장을 보면 성령의 아홉 가지 은사가 기록되어 있습니다. 그런데도 불구하고 그 사람들이 너무나 은혜에 뒤떨어져 있었기 때문에 그 역사를 이상한 일로 여긴 것입니다.

오늘날 사회에 부정부패가 너무나 심하다 보니 세상 사람들은 정직하고 성실하고 근면하고 충성스럽게 사는 사람들을 못난이로 취급하며 불쌍한 사람으로 여깁니다. 반면에 부정부패를 일삼고 비정상적으로 사는 사람들을 올바르게 봅니다. 이 얼마나 삐뚤어진 사회입니까?

예수님 당시에도 제사장과 서기관들은 너무나 부패하여 정상적으로 성전을 정화하고 병자를 고치는 것을 이상한 일로 보았습니다. 또 "호산나, 다윗의 자손이여!" 하는 아이들과 무리들을 보고 '어디 감히 이단으로 낙인찍힌 자를 메시아라 하느냐?' 고 분노하였습니다. 그래서 그들은 예수님에게 "어린아이들이 '만세! 다윗의 자손 메시아여!' 라고 하면 잠잠하라고 해야지, 어째서 그냥 두느냐?" 고 따졌습니다. 그러자 예수님은 이렇게 따지는 그들에게 "어린 아기와 젖먹이들의 입에서 나오는 찬미를 온전하게 하셨나이다 함을 너희가 읽어 본 일이 없느냐"라고 물으셨습니다. 이 말씀은 시편 8편 2절에 예언되어 있는 말씀을 인용한 것으로, '성경에 하나님께서 어른들이 탐욕과 사리사욕에 취해 참된 것을 보지 못할 때 어린 아기들과 젖먹이들은 순수하기에 성령의 감동으로 그

입을 통해 하나님의 영광을 시인했다는 사실을 성경에서 읽지 못했느냐?' 라는 의미입니다.

어느 누구보다도 성경을 잘 알아야 하는 그들이 성경에 기록된 말씀으로 책망을 받으니 당혹하지 않을 수 없었습니다. 뿐만 아니라 예수님은 "너희들은 나를 보고 어찌 '다윗의 자손이여, 만세!' 하지 않느냐?"라며 그들을 책망하신 것입니다. 이와 같이 예수님의 행하심과 말씀은 철저히 성경에 입각하고 있기 때문에 성경을 믿는 그들로서는 꼼짝달싹할 수 없었습니다.

저녁이 되자, 예수님은 성을 떠나 베다니에 가서 유숙하셨습니다. 베다니는 가난한 동네였습니다. 뿐만 아니라 베다니는 일터를 구하러 예루살렘에 갔다가 구하지 못하고 낙향한 사람들이 함께 모여 사는 빈민촌이었습니다. 그런데 예수님께서는 언제나 일은 예루살렘에서 하시고 잠은 베다니에 오셔서 주무셨습니다. 이 같은 사실만 봐도 예수님은 하나님으로서 부모의 심정을 가지셨다는 것을 알 수 있습니다. 부모의 마음은 경제적으로 넉넉한 자식보다도 여유롭지 못한 자식 곁에 늘 가 있습니다. 물론 잘사는 자식이 부모에겐 자랑스럽고 좋습니다. 그러나 부모의 마음속에 짠하게 담겨 있는 자식은 못난 자식입니다. 별도리가 없습니다. 부모는 늘 못난 자식과 짐을 같이 짊어집니다. 그래서 대개 부모님들은 못난 자식 집에 가서 삽니다. 그리고 잘사는 자식이 이것저것 필요한 것을 가져오면 부모는 그것을 못사는 자식에게 줍니다.

내가 목회를 시작한 지 얼마 되지 않았던 총각 시절에는 이런 마음을 도저히 이해할 수 없었습니다. 그래서 '아니 왜 부모님들이 저렇게 사실까? 왜 굳이 여유롭지 못한 자식 집에 가서 살며 잘사는 자녀들의 것을 조금씩 가져가실까?' 하며 이상하게 생각했습니다. 그런데 이제 내가 자녀들을 거느리고 보니 그 심정이 충분히 이해가 됩니다. 나 역시 형편이 편치 않거나 병든 자식이 있으면 기도할 때도 늘 염려가 되고 근심이 되어 마음속에서 떠나지 않습니다.

예루살렘 성에는 왕이 있고 제사장이 있고 서기관이 있고 학자들이 있고 모두 다 부유했습니다. 그러나 베다니는 그렇지 못했습니다. 주님은 예루살렘에서 일을 하시되 주무실 때는 가난한 자들이 사는 베다니에 오셔서 거하신 것입니다.

예수님은 예수 그리스도를 믿는 자면 누구나 사랑하십니다. 그중에서도 헐벗고 굶주리고 못나고 병든 사람을 더욱 불쌍히 여기십니다. 헐벗고 굶주리고 못나고 병든 사람은 주님이 늘 마음이 아파서 '어찌하든지 치료하고 붙들어 주고 잘살게 만들어 주어야겠다.' 하시며 그들 가운데 같이 거하십니다.

그러므로 주 예수 그리스도를 사랑하는 우리는 주님의 도우심으로 부귀영화와 공명을 얻고 잘살게 될 때도 감사하고, 반면에 형편이 안 좋게 되어 병들고 고통당하더라도 '나는 소외되고 버림받았다.' 라고 생각하지 말아야 합니다. 주님이 바로 이와 같은 자들에게 오셔서 함께하여 주시기 때문입니다.

우리 주님은 지극히 높으신 하나님이심에도 불구하고 지극히 낮고 천한 자리로 내려오셨습니다. 그렇기 때문에 가장 높은 자리에 있는 사람도 그리스도와 함께 거할 수 있고, 가장 낮은 자리에 있는 사람도 망설임 없이 예수님과 함께 거할 수 있습니다. 우리는 다 예수님 안에 들어가 우리의 거할 곳을 발견할 수 있습니다.

## 3. 무화과나무를 통한 비유(21:18-22)

**18. 이른 아침에 성으로 들어오실 때에 시장하신지라 19. 길가에서
한 무화과나무를 보시고 그리로 가사 잎사귀밖에 아무것도 찾지 못
하시고 나무에게 이르시되 이제부터 영원토록 네가 열매를 맺지 못
하리라 하시니 무화과나무가 곧 마른지라 20. 제자들이 보고 이상히
여겨 이르되 무화과나무가 어찌하여 곧 말랐나이까 21. 예수께서 대
답하여 이르시되 내가 진실로 너희에게 이르노니 만일 너희가 믿음
이 있고 의심하지 아니하면 이 무화과나무에게 된 이런 일만 할 뿐 아
니라 이 산더러 들려 바다에 던져지라 하여도 될 것이요 22. 너희가
기도할 때에 무엇이든지 믿고 구하는 것은 다 받으리라 하시니라**

**18절** 이른 아침에 성으로 들어오실 때에 시장하신지라

예수님은 완전한 하나님이시며 완전한 사람이십니다. 예수님은 사람으로서의 희로애락을 가지고 계시므로 나사로가 죽었을 때도 우셨고 예루살렘 성을 바라보시면서도 눈물을 흘리셨습니다. 때로는 지치기도 하시고 배가 고프기도 하셨습니다. 또한 예수님은 하나님이시므로 나병 환자도 깨끗하게 하시고 앉은뱅이도 일으키시고 죽은 자도 살리셨습니다. 뿐만 아니라 물 위로도 걸으시고 오병이어로 5천 명을 먹이고도 열두 바구니를 남기는 기사와 이적을 행하셨습니다. 이와 같이 예수님은 완전한 하나님이시며 완전한 사람으로서 사셨습니다.

그러나 성경에 예수님이 우셨다는 말은 두 번이나 나오는데 비해 예수님이 웃으셨다는 말은 한 번도 없습니다. 이 땅에 오신 예수님은 인생의 짐을 지고 가는 우리를 늘 안타까워하셨습니다. 이것만 보아도 예수님이 얼마나 우리를 긍휼히 여기셨는지 알 수 있습니다. 물론 오늘날 예수님께서는 십자가에 못 박혀 죽었다가 부활하신 당신의 공로로 많은 사람들이 구원을 받고 아버지를 찬미할 때 큰 소리로 웃으실 것입니다. 그러나 이 땅에 계실 때 예수님은 웃지 않으셨습니다.

예수님이 베다니에 머무실 때 그 동네가 너무나 가난하다 보니 예수님께서 주무시고 나가시는데도 아침 식사를 준비해 드리지 못했습니다. 나도 그 심정을 잘 압니다. 내가 불광동에서 개척할 때 참 많이 굶었습니다. 그때는 아예 쌀은 구경할 수가 없었습니다. 미국인들이 주는 밀가루와 우유 가루가 전부였습니다. 그래서 최자실 목사님이 밀가루를 우유 가루와 섞어 떡을 쪄서 그것으로 배급을 주는데 그나마 하루에 몇 개 되지 않습니다. 그러므로 아침은 언제나 금식이고 낮에는 배급받은 밀가루빵 두서너 개를 먹었습니다. 그냥 찬물과 함께 먹는데도 그 밀가루빵이 꿀맛이었습니다. 그런데 요즘은 밀가루빵을 아무리 먹어 보아도 맛있지 않습니다. '시장이 반찬' 이라고 하지 않았습니까? 밥맛이 없으면 벌써 그만큼 배부른 흥정을 하는 것이라고 생각해야 합니다. 배고프면 무엇이든지 다 맛있습니다. 그 당시 우리 교인들은 올데갈데없는 홈리스(homeless) 처지였습니다. 그래서 천막에서 다 함께 생활하면서 밀가루빵도 같이 나누어 먹으며 지내야 했습니다. 그러므로 누구는 많이 먹고 누구는 적게 먹을 수가 없었습니다.

예수님도 열두 제자와 함께 다니셨으므로 그 많은 사람에게 아침을 챙겨 주실 형편이 안 되었던 것입니다. 예수님은 시장하셨습니다. 그런데 감람산 언덕을 오르시다가 잎사귀가 무성한 무화과나무를 발견하셨습니다. 예수님은 열매가 있을까 하여 무화과를 찾으셨습니다.

**19절** 길가에서 한 무화과나무를 보시고 그리로 가사 잎사귀밖에 아무것도 찾지 못하시고 나무에게 이르시되 이제부터 영원토록 네가 열매를 맺지 못하리라 하시니 무화과나무가 곧 마른지라

무화과나무는 열매를 맺어 사람들에게 따 먹을 수 있도록 해 주어야 합니다. 그런데 이 무화과나무는 잎사귀만 무성할 뿐 열매가 없으므로 주님이 저주해 버리신 것입니다.

이 말씀은 대단히 깊은 의미가 있습니다. 무화과나무는 누구를 상징합니까? 바로 이스라엘을 상징합니다. 이스라엘이 열매를 맺지 못한 것입니다. 이스라엘이 회개하여 하나님을 믿지 않으므로 주님이 그들을 저주하여 말라 버리게 하신 것입니다. 이스라엘은 예수 그리스도를 십자가에 못 박은 이후로 하나님의 저주를 받아 로마에 의해 멸망당하여 나라 없는 민족이 되어 2천 년 동안 전 세계를 방황하였습니다. 마태복음 24장 32절부터 33절에 주께서 무화과나무의 비유를 들어 "그 가지가 연하여지고 잎사귀를 내면 여름이 가까운 줄을 아나니 이와 같이 너희도 이 모든 일을 보거든 인자가 가까이 곧 문 앞에 이른 줄 알라" 고 말씀하셨습니다. 그런데 멸망당한 무화과나무인 이스라엘이 1948년 5월14일에 독립국가가 되었습니다. 2천 년 동안 나라조차 없던 저주받은 무화과나무가 독립한 것입니다. 이 저주받은 무화과나무가 독립해서 한 국가로 설 때 그때로부터 시작해서 마지막 때가 온다고 주님께서 말씀하셨습니다

(24:32-34). 이스라엘이 독립한 지 벌써 50년이 넘었습니다. 이스라엘에서는 50년을 한 세대로 칩니다. 그러므로 주님 오실 날이 눈앞에 다가온 것을 우리는 알 수 있습니다. 이스라엘은 우리에게 '역사의 시계' 입니다. 역사의 시계는 바로 예수님의 강림하실 날이 우리 눈앞에 다가온 것을 알려 주고 있습니다.

또한 하나님의 백성인 우리도 무화과나무입니다. 열매 없는 무화과나무를 저주하셨다는 말씀은 "나는 예수 잘 믿는다.", "나는 목사다." "나는 장로다.", "나는 권사다." "나는 집사다."라며 감투만 쓰고 다닐 뿐 실제로는 영혼을 구원한다든지 교회에 물질로 봉사한다든지 헌신봉사한다든지 하는 열매가 없고 잎사귀만 무성한 자를 주님께서 제거하신다는 것입니다.

그러므로 우리는 잎사귀가 많지 않더라도 열매를 맺어야 됩니다. 주님은 요한복음 15장 8절에 "너희가 열매를 많이 맺으면 내 아버지께서 영광을 받으실 것이요 너희는 내 제자가 되리라" 고 말씀하셨습니다. 우리는 주님을 위해 우리의 삶 속에 열매를 맺어야 합니다. 주님은 우리에게 오셔서 끊임없이 열매를 찾으십니다. 헌신과 봉사의 열매도 맺어야 하고 또 우리의 인격적인 열매도 맺어야 합니다. 뿐만 아니라 주님이 가장 기뻐하시는 영혼 구원의 열매도 맺어야 합니다.

주님이 우리에게 오셔서 "너는 무슨 열매를 맺었느냐? 어디 한번 보자." 하실 때, "주여, 기뻐하소서! 여기 있나이다. 영혼 구원의 열매도 있고 헌신 봉사의 열매도 있습니다."라고 당당히 얘기할 수 있어야 합니다.

**20-22절** 제자들이 보고 이상히 여겨 이르되 무화과나무가 어찌하

여 곧 말랐나이까 예수께서 대답하여 이르시되 내가 진실로 너희에게 이르노니 만일 너희가 믿음이 있고 의심하지 아니하면 이 무화과나무에게 된 이런 일만 할 뿐 아니라 이 산더러 들려 바다에 던져지라 하여도 될 것이요 너희가 기도할 때에 무엇이든지 믿고 구하는 것은 다 받으리라 하시니라

주님의 제자들은 주님의 저주 한마디로 무화과나무가 마름을 보고 이상히 여겼습니다. 예수님은 창조주이시므로 그 말씀 한마디면 살기도 하고 죽기도 합니다. 그리스도의 말씀은 바로 천지와 만물을 지으신 능력의 말씀입니다.

제자들이 "무화과나무가 어찌하여 곧 말랐나이까"라고 질문하자, 주님은 믿음에 대하여 말씀하셨습니다. 믿음이 무엇입니까? 믿음은 하나님의 말씀을 믿는 것입니다. 눈으로 보고 귀로 듣고 만지는 환경을 믿는 것이 아닙니다. 환경은 그저 거짓되고 헛된 허상일 뿐입니다. 실상이 아닙니다. 그러나 하나님의 말씀은 눈에는 아무 증거 안 보이고 귀에는 아무 소리 안 들리고 손에는 잡히는 것 없어도 실제적인 것입니다. 그러기에 '나는 믿음으로 행하고 보는 것으로 행하지 아니한다.' 라고 늘 마음속에 다짐하십시오. 실상을 잡고 있으면 허상은 사라집니다. 그리고 하나님의 말씀을 믿고 그 말씀 위에 굳게 서면 그다음에 환경이 자연적으로 변화되는 것입니다.

우리가 믿음의 세계를 굳게 잡기 위해서는 기도해야 합니다. 주님은 "너희가 기도할 때에 무엇이든지 믿고 구하는 것은 다 받으리라"(22절)고 말씀하셨습니다. 그러므로 기도는 믿음으로 해야지 기도할 때마다 무언

가를 자꾸 느끼려고 하면 안 됩니다. 왜냐하면 체험이나 감각은 뒤에 따라오는 것이지 그 자체가 목적이 아니기 때문입니다. "믿음은 바라는 것들의 실상이요 보이지 않는 것들의 증거"(히 11:1)라고 하셨으므로, 믿음 그 자체가 실상이고 증거이어야 합니다. 다른 증거를 찾아 헤매면 안 됩니다. 다른 증거는 우리의 신앙생활에 필요하지 않습니다. 우리가 몸이 아픈 성도를 위해 기도할 때 "어디 이제 좀 나았을까? 아이고, 하나님! 아직도 안 나았네."라고 하는 것은 믿음의 기도가 아니라 눈으로 보고 하는 기도입니다. 우리가 믿음의 기도를 하였으면 믿음 그 자체가 증거입니다. 벌써 나은 증거인 것입니다.

한번은 한 구역장 부부가 내게 찾아와 안수 기도를 요청했습니다. 딸의 질병 때문이었습니다. 그 딸은 대학생인데 몸에 생긴 염증으로 고생하고 있었습니다. 치료에 좋다는 약도 다 사용해 보고 유명 대학 병원에 가서 치료도 받았습니다. 그런데도 그 딸의 피부병이 낫지를 않는다는 것입니다. 그래서 그 딸을 대신해 그 부부에게 제가 간절히 기도해 주었습니다. 그런데 그 어머니가 집에 돌아가서 딸에게 "얘야, 오늘 목사님이 네 피부병 치료를 위해 기도해 주셨단다."라고 말했더니, 그 딸이 "엄마, 오늘부터 가렵지 않아요." 하더라는 것입니다. 완전히 치료가 된 것입니다. 그래서 이 부부가 내게 찾아와 이제는 딸이 그동안 한 번도 가 보지 못한 목욕탕도 간다면서 몇 번이고 감사의 인사를 했습니다.

믿음이라는 것은 믿음 그 자체가 증거입니다. 증거가 나타났기 때문에 믿는 것이 아니라, 믿음 자체가 실상이고 믿음 자체가 증거이기 때문에 믿는 것입니다. 믿음의 실상, 믿음의 증거만 가지고 있으면 그다음은 그대로 이루어집니다. 만약 여러분이 믿었는데도 아직까지 병이 그대로 있으면 병을 향해 말하십시오.

"너는 허상이다. 거짓되고 헛된 것이다. 믿음이 실상이고 너는 허상이니 허상은 사라지고 실상이 이루어진다. 믿음이 증거이고 환경은 증거가 아니다. 그러므로 나는 이미 나았다."

그렇게 하면 벌써 믿음 그 자체가 실상이요, 증거가 되기 때문에 실상과 증거가 곧 이루어집니다. 세월이 흘러가면 실상인 증거가 나타납니다.

그러므로 믿음을 저버리고 자꾸 환경에서 증거를 찾으려 하지 마십시오. 믿음의 실상과 증거를 저버리면 하나님의 은혜가 떠나가고 맙니다. 요나 선지자도 "거짓되고 헛된 것을 숭상하는 모든 자는 자기에게 베푸신 은혜를 버렸사오나"(욘 2:8)라고 했습니다. 거짓되고 헛된 것이 무엇입니까? 바로 허상입니다. 보이는 환경이나 느낌을 따라가면 하나님의 은혜를 저버리게 됩니다. 그래서 히브리서 10장 38절은 다음과 같이 말씀하고 있습니다.

"나의 의인은 믿음으로 말미암아 살리라 또한 뒤로 물러가면 내 마음이 그를 기뻐하지 아니하리라".

우리는 믿음의 사람들입니다. 우리에게는 믿을 수 있는 힘이 있습니다. 하나님께서는 각 사람에게 그 분량대로 믿음을 주셨습니다. 느낌이나 환경을 보고 두려워하지 마십시오. 무엇이든지 구하는 대로 하나님께서 다 이루어 주십니다. 그러므로 우리 모두 실상과 증거인 믿음 속에서 살게 되시기를 주의 이름으로 축원합니다.

## 4. 예수의 권세에 대한 질문과 두 아들의 비유(21:23-32)

23. 예수께서 성전에 들어가 가르치실새 대제사장들과 백성의 장로
들이 나아와 이르되 네가 무슨 권위로 이런 일을 하느냐 또 누가 이
권위를 주었느냐 24. 예수께서 대답하시되 나도 한 말을 너희에게
물으리니 너희가 대답하면 나도 무슨 권위로 이런 일을 하는지 이르
리라 25. 요한의 침례가 어디로부터 왔느냐 하늘로부터냐 사람으로
부터냐 그들이 서로 의논하여 이르되 만일 하늘로부터라 하면 어찌
하여 그를 믿지 아니하였느냐 할 것이요 26. 만일 사람으로부터라
하면 모든 사람이 요한을 선지자로 여기니 백성이 무섭다 하여 27.
예수께 대답하여 이르되 우리가 알지 못하노라 하니 예수께서 이르
시되 나도 무슨 권위로 이런 일을 하는지 너희에게 이르지 아니하리
라 28. 그러나 너희 생각에는 어떠하냐 어떤 사람에게 두 아들이 있
는데 맏아들에게 가서 이르되 얘 오늘 포도원에 가서 일하라 하니
29. 대답하여 이르되 아버지 가겠나이다 하더니 가지 아니하고 30.
둘째 아들에게 가서 또 그와 같이 말하니 대답하여 이르되 싫소이다
하였다가 그 후에 뉘우치고 갔으니 31. 그 둘 중의 누가 아버지의 뜻
대로 하였느냐 이르되 둘째 아들이니이다 예수께서 그들에게 이르
시되 내가 진실로 너희에게 이르노니 세리들과 창녀들이 너희보다
먼저 하나님의 나라에 들어가리라 32. 요한이 의의 도로 너희에게
왔거늘 너희는 그를 믿지 아니하였으되 세리와 창녀는 믿었으며 너
희는 이것을 보고도 끝내 뉘우쳐 믿지 아니하였도다

**23절** 예수께서 성전에 들어가 가르치실새 대제사장들과 백성의 장로들이 나아와 이르되 네가 무슨 권위로 이런 일을 하느냐 또 누가 이 권위를 주었느냐

예수님은 가시는 곳마다 전도하고 가르치셨을 뿐만 아니라 병든 자도 고쳐 주셨습니다. 진리를 모르는 사람에게 생소한 복음을 가르치기란 쉽지 않습니다. 그래서 전도할 때는 그리스도의 복음을 아주 쉽게 이해할 수 있도록 전해야 합니다. 우리가 흔히 말하는 부흥회는 믿지 않는 사람을 대상으로 하기 때문에 어린아이에게 말하듯이 단순한 말로 말씀을 증언해야 합니다. 그러나 사경회는 성경을 가르치는 모임이므로 부흥회와 성격이 사뭇 다릅니다. 오늘날 우리가 교회에서 하는 집회는 부흥회라기보다는 사경회입니다.

주님은 일반 대중에게는 복음을 전하시고, 제자들에게는 말씀을 가르치셨으며, 병든 자들에게는 병 고침을 허락하셨습니다. 오늘날도 이 세 가지 의무는 교회에서 계속되고 있습니다. 믿지 않는 사람에게는 복음을 전파하여 예수 그리스도를 믿게 하고, 믿는 자에게는 끊임없이 성경을 가르쳐 신앙이 말씀 안에 깊이 뿌리내리도록 도와주며, 병든 자에게는 병에서 해방되도록 해 주는 것입니다.

예루살렘 성전에 모인 유대인들은 구약 성경을 잘 알고 있었으므로 주님은 구약 성경을 기반으로 말씀을 가르치셨습니다. 대제사장들과 백성의 장로들도 그 말씀을 들었습니다. 하지만 그들은 유대 종교로써 마음의 문을 꽉 닫아 놓았기 때문에 주님의 말씀이 깨달아지지 않았습니다. 하나님이 육신을 입고 오셔서 직접 가르치시는데도 하나님을 섬긴다는 대제

사장과 백성의 장로들이 깨닫지 못한 것입니다. 그들의 생각에는 단지 다른 길로 간다고 생각하겠지만 종국에는 사망의 길로 가는 것입니다. 물론 그들은 하나님을 올바르게 섬긴다고 생각하고 있었겠지만 실상은 하나님을 거역하면서 하나님을 섬긴다고 하니 중대한 잘못을 저지른 것입니다.

그러므로 우리가 늘 마음으로 하나님을 섬긴다면 먼저 진정으로 하나님이 원하시는 방법으로 하나님을 섬기는지 되새겨 보아야 합니다. 우리가 하나님을 섬기는 방법은 하나님의 아들 예수 그리스도를 믿고 사랑하고 그를 통해 하나님을 섬기는 것입니다. 그래야만 하나님이 그 섬김을 받아들이십니다. 예수님께서는 "내가 곧 길이요 진리요 생명이니 나로 말미암지 않고는 아버지께로 올 자가 없느니라"(요 14:6)고 말씀하셨습니다. 그러므로 우리가 하나님을 섬기는 것은 오직 예수 그리스도를 통해서만 가능합니다. 그리스도를 떠나서는 하나님을 섬길 수 없습니다. 예수 그리스도를 통해서 야훼 하나님을 불러야 아버지께서 대답하시지, 예수님을 제쳐 두고 야훼 하나님을 부르면 아무 소용이 없습니다.

유대인들이 구약을 통해 아무리 야훼 하나님께 부르짖고 외쳐도 이미 그 시대가 지나가 버린 것입니다. 하나님은 옛날 계약을 철폐하시고 예수 그리스도를 통해 새로운 계약을 맺으셨습니다. 옛날에 모세를 통해서 맺은 율법 계약은 그들이 지키지 않으므로 철폐하셨습니다. 그러니 이미 철폐된 계약을 가지고 고함쳐 보았자 무슨 소용이 있습니까?

오늘날 우리가 하나님을 믿는 것은 옛날 계약을 따라 믿는 것이 아니라 새로운 계약을 따라서 믿는 것입니다. 하나님은 그의 아들 예수 그리스도를 통해 그 십자가의 보배로운 피로 새 계약을 맺으셨습니다. 하지만 유대인들은 새 계약을 받아들이지 않았습니다. 하나님과 맺은 계약이 없는데 어떻게 관계가 맺어지겠습니까? 그러나 우리는 예수 그리스도를 믿음으로 하나님과 새로운 언약, 새로운 계약 안에 들어갔습니다. 하나님과 관계가 맺어지고 하나님의 자녀가 되었으므로 우리가 하나님께 부르짖을 때 하나님이 응답하여 주시는 것입니다. 그러므로 똑같이 한 분 하나님을 바라보면서도 하나님과 아무런 연결이 되지 않는 유대인들이 얼마나 불쌍합니까! 그들은 결코 우리보다 열심이 덜하지 않습니다. 그들은 하나님을 열심히 섬깁니다. 그러나 지나간 계약을 붙잡고 있기 때문에 효과가 없는 것입니다.

대제사장들과 백성의 장로들은 자기들이 예루살렘 성전의 주인인데 이름도 없는 한 사람이 나타나 성전을 청소하고 돈 바꾸는 사람들의 상을 뒤엎고 제물로 드릴 짐승을 내쫓으며 성전에 병든 자를 불러다 고치니 기가 막혔습니다. 그래서 그들은 "당신이 무슨 권위로 이런 일을 하고 또 누가 이런 권위를 주었느냐?" 고 예수님께 물었습니다. 우리가 보기에는 참으로 한심합니다. 대제사장이 되고 장로가 될 수 있는 권위를 누가 주셨습니까? 구약에 보면 하나님이 그 권한을 주셨습니다. 그런데 그 하나님이 바로 곁에 와 계시는데 그들은 그 하나님을 향해 "네가 무슨 권위로 이런 일을 하느냐? 누가 너에게 이런 권위를 주었느냐?" 고 하니, 정말 몰라도 너무 모릅니다. 예를 들면 예수님이 오늘 강단에 나타나셔서 "오늘 내가 설교하겠다." 하시는데, 어느 목사님이 와서 "당신이 무슨 권위로 이 강단에 섭니까? 누가 당신에게 여기서 설교할 권위를 주었습니까?" 라고 하는 상황입니다. 정말로 기가 막힌 노릇입니다.

교회의 주인은 예수님이십니다. 그 권위는 절대 주권자의 것입니다.

그러므로 아무도 그 주권에 대항할 수 없습니다. 하늘과 하늘들의 하늘, 땅과 바다와 그 가운데 모든 것을 하나님이 직접 지으시고 하나님이 운영하시기 때문에 하나님의 그 주권에 대해서 왈가왈부할 사람은 아무도 없습니다.

**24-27절** 예수께서 대답하시되 나도 한 말을 너희에게 물으리니 너희가 대답하면 나도 무슨 권위로 이런 일을 하는지 이르리라 요한의 침례가 어디로부터 왔느냐 하늘로부터냐 사람으로부터냐 그들이 서로 의논하여 이르되 만일 하늘로부터라 하면 어찌하여 그를 믿지 아니하였느냐 할 것이요 만일 사람으로부터라 하면 모든 사람이 요한을 선지자로 여기니 백성이 무섭다 하여 예수께 대답하여 이르되 우리가 알지 못하노라 하니 예수께서 이르시되 나도 무슨 권위로 이런 일을 하는지 너희에게 이르지 아니하리라

예수님께서는 대제사장과 장로들이 도저히 대답할 수 없는 까다로운 질문을 하셨습니다.

"나도 한 말을 너희에게 물으리니 너희가 대답하면 나도 무슨 권위로 이런 일을 하는지 이르리라 요한의 침례가 어디로부터 왔느냐 하늘로부터냐 사람으로부터냐".

그러자 대제사장들과 장로들이 고민에 빠졌습니다.

말라기 선지자 이후 하늘 문이 닫혔습니다. 약 4백 년 동안 하나님의 음성이 전혀 없었습니다. 그러다 하나님은 마지막 구약의 선지자로 침례 요한을 보내셨습니다. 침례 요한은 낙타털 옷을 입고 허리에 가죽 띠

를 띠고 음식은 메뚜기와 석청을 먹으며 머리에 삭도를 대지 아니하고 광야에 머물면서 "회개하라!" 고 외쳤습니다. 유대인들은 침례 요한을 하나님께로부터 보내심을 받은 선지자로 인정하고 그 앞에 나아가 회개하고 침례를 받았습니다.

그런데 바로 그 요한이 예수님을 하나님의 아들로 선언한 것입니다. 침례 요한은 예수님이 자기에게 나아오시는 것을 보고 "보라 세상 죄를 지고 가는 하나님의 어린양이로다" (요 1:29)라고 선포하였습니다. 또한 요단 강에서 요한이 예수님에게 물로 침례를 베풀 때 하늘에서 성령이 비둘기같이 임하시고 하늘에서 "이는 내 사랑하는 아들이요 내 기뻐하는 자라"(3:17)는 소리가 났습니다. 그렇기 때문에 대제사장과 장로들이 예수님의 질문에 대하여 아무 말도 하지 못한 것입니다. 만약 예수님의 질문에 요한의 침례가 하나님으로부터 왔다고 하면 하나님으로부터 온 침례 요한이 나를 증명하였는데 너희들은 왜 믿지 않느냐고 책망을 받을 것이요, 반대로 요한의 침례가 사람으로부터 왔다고 하면 온 백성이 하나님으로부터 왔다고 인정하는 선지자 침례 요한을 인정하지 않는 것이 되므로 그들의 입지가 완전히 진퇴유곡이었습니다. 그러니 누가 감히 예수 그리스도의 지혜와 총명을 넘보겠습니까? 예수님과 논쟁해서 이기려고 하는 것 자체가 어리석은 행동입니다. 결국 대제사장과 장로들은 "우리가 알지 못하노라" 고 대답하였습니다.

그러자 예수님께서도 "나도 무슨 권위로 이런 일을 하는지 너희에게 이르지 아니하리라" 고 하셨습니다. 예수님은 누가 권위를 부여해서 권위를 받으신 것이 아닙니다. 스스로 존재하시는 분이 스스로 권위를 갖고 계신 것입니다. '야훼' 라는 말은 '스스로 있는 자' 라는 뜻입니다. 그러므로 예수님은 그 자체가 권위이십니다.

**28-30절** 그러나 너희 생각에는 어떠하냐 어떤 사람에게 두 아들이 있는데 맏아들에게 가서 이르되 얘 오늘 포도원에 가서 일하라 하니 대답하여 이르되 아버지여 가겠나이다 하더니 가지 아니하고 둘째 아들에게 가서 또 그와 같이 말하니 대답하여 이르되 싫소이다 하였다가 그 후에 뉘우치고 갔으니

예수님은 모인 무리들 앞에서 곧장 비유를 들어 말씀하셨습니다.

어느 포도원 주인에게 두 아들이 있었습니다. 아버지는 맏아들에게 가서 "얘야, 오늘 포도원에 가서 일하거라."고 했습니다. 맏아들은 아버지께 가겠다고 대답만 하고 가지 않았습니다. 그러나 둘째 아들은 아버지가 묻자 가지 않겠다고 대답하고는 그 후 뉘우치고 곧장 일하러 갔습니다.

이 비유에는 여러 가지 의미심장한 내용이 담겨 있습니다. 여기서 '맏아들'은 유대인을 상징합니다. 하나님은 유대인을 제사장 민족으로 선택하셨습니다. 하나님은 그들을 온 인류의 맏아들로 택하셔서 복음을 온 천하에 전하려 하신 것입니다. 그리고 '포도원'이라는 것은 하나님의 사업을 말합니다. 주님은 유대인들을 택하셔서 맏아들로 삼으시고 "너희는 하늘나라를 위해 일하라. 하나님의 택함을 받은 맏아들로서 제사장의 사명을 다하라."고 명하셨습니다. 그래서 유대인들은 시내 산에 모여 "주님이 명하신 대로 하겠나이다."라고 한 것입니다.

그런데 유대인들이 가나안 땅에 들어가서 어떻게 했습니까? 그들은 완전히 하나님을 저버리고 바알신과 아세라신을 섬기는 큰 죄를 저질렀

습니다. 그로 인해 하나님께서는 그들과의 계약을 철폐해 버리시고 그들을 앗수르와 바벨론의 포로로 잡혀 가게 하셨습니다.

둘째 아들은 이방인을 상징합니다. 맏아들인 유대인이 하나님의 뜻을 거역하자, 하나님은 이제 둘째 아들인 이방인에게 "너희들이 와서 나를 섬기고 나를 위해 일하라." 고 하셨습니다. 이들은 하나님의 뜻을 거역하여, "우리는 우리대로 우상과 사신을 섬기고 살겠습니다." 라고 대답하였습니다. 그러나 그 후에 회개하고 자복하여 포도원에 들어와 일을 하였습니다.

결국, 오늘날 하늘나라는 어디에 있습니까? 유대인들의 이스라엘이 아닌 이방 나라에 있습니다. 유럽과 미국과 남미와 아프리카 그리고 우리 한국에까지 거대한 하늘나라가 이루어졌습니다. 처음에는 하나님을 거역하고 반역한 이방인들이었지만 이제는 회개하고 포도원에 들어와 열심히 일하는 것입니다.

예수님은 이 비유를 들어 하나님이 처음 택한 이스라엘 백성을 버리시고 이제는 예수 그리스도를 통해 구원받은 열매 맺는 이방인들을 택하여 세우신다는 말씀을 하신 것입니다. 그러므로 대제사장이나 장로들은 입을 딱 다물고 아무 말도 하지 못했습니다. 예수님과의 대화가 끝난 것입니다.

**31-32절** 그 둘 중의 누가 아버지의 뜻대로 하였느냐 이르되 둘째 아들이니이다 예수께서 그들에게 이르시되 내가 진실로 너희에게 이르노니 세리들과 창녀들이 너희보다 먼저 하나님의 나라에 들어가리라 요한이 의의 도로 너희에게 왔거늘 너희는 그를

믿지 아니하였으되 세리와 창녀는 믿었으며 너희는 이것을 보고도 끝내 뉘우쳐 믿지 아니하였도다

예수님은 주위에 모인 무리를 향하여 "둘 중에 누가 아버지의 뜻대로 하였느냐" 라고 물으셨습니다. 그러자 무리들은 일제히 "둘째 아들이니이다" 라고 대답하였습니다. 주님은 그들의 대답을 들으시고 이렇게 말씀하셨습니다.

"내가 진실로 너희에게 이르노니 세리들과 창녀들이 너희보다 먼저 하나님의 나라에 들어가리라".

주님이 비유하신 대로 대제사장과 장로들은 맏아들입니다. 그들은 하나님을 잘 섬기고 주의 뜻대로 살겠다고 하고는 정작 예수 믿고 구원받으라는 하나님의 뜻을 거역했습니다. 그러나 세리와 창녀 같은 죄인들은 처음에는 주님의 뜻을 거역하였지만 회개하고 돌아와 하나님 사업을 하고 있습니다. 그러므로 먼저 하나님 사업을 한다고 한 제사장과 바리새인, 사두개인, 장로들은 하나님께 버림받고 오히려 세리와 창녀가 하나님 나라의 백성으로 택함받는다는 것입니다. 이것을 주님이 비유로 말씀하신 것입니다.

종교 지도자라고 해서 반드시 천국에 들어가는 것이 아닙니다. 종교적인 체계와 제도가 아무리 완벽할지라도 가장 중요한 것은 하나님의 뜻을 따르는 것입니다. 오늘날 세상에 종교 단체나 종교 제도의 구습에 묶여 하나님의 뜻을 저버리고 인간의 뜻대로 사는 사람들이 얼마나 많습니까? 이들은 자신들이 속한 단체의 명예나 종교적인 지위를 위해 하나님을 저버리는 것입니다.

그러므로 마태복음 7장 21절에 "나더러 주여 하는 자마다 다 천국에 들어갈 것이 아니요 다만 하늘에 계신 내 아버지의 뜻대로 행하는 자라야 들어가리라"고 주님이 말씀하셨습니다. 이 말씀처럼 하나님의 뜻을 알고 행하여야지 무조건 "주여, 주여!" 한다고 해서 하나님이 다 받아주시는 것이 아닙니다. 하나님의 뜻대로 예수 믿고 구원받아 성령님의 인도를 받으며 사는 사람이라야 죄인이든 창녀든 세리든 상관없이 천국에 들어가는 것입니다.

예전에 우리 사회에 큰 물의를 일으켰던 '막가파'가 구원받은 것을 보십시오. 그들은 사람을 죽여 불로 태워 인육을 먹었던 정말 어처구니없는 자들입니다. 그들의 행위는 기존 종교로써는 도저히 감당할 수 없는 악행이었습니다. 그래서 모두 그들을 악마라고 비난했습니다.

그러나 한 장로님의 전도로 그들은 통회, 자복하고 예수 그리스도를 구주로 모셔 들였습니다. 그 후 그들이 교도소 안에서 전도하여 무려 250여 명이나 되는 죄수들을 예수님께로 인도하였습니다. 그들은 비록 몸은 죄를 지어 형장의 이슬로 사라졌지만 그 영혼은 예수 믿고 용서와 의를 얻어 천국에 갔습니다.

하늘나라에 들어가기 위해서는 먼저 회개하고 하나님의 뜻대로 살아야 합니다. 회개는 내 뜻을 버리는 것입니다. 내 뜻과 내 고집을 버리고 내가 깨어져서 하나님의 뜻을 따라 예수님을 믿고 사는 것입니다. 아무리 감투를 많이 쓰고 다녀도 감투가 우리를 천국에 데려다 주지 못합니다.

침례 요한이 "회개하라! 그리고 내 뒤에 오시는 이를 믿으라!"고 하였을 때 세리와 창기들은 그 말씀을 쉽게 받아들였습니다. 그들은 이미 체면이 다 짓밟힌 처지였으므로 아무 거리낌 없이 복음을 듣고 그 자리에서 쉽게 회개할 수 있었습니다. 그러나 대제사장과 바리새인, 사두개인, 장로들은 '내 지위가 상당한데 어찌 체면 불구하고 믿을 수 있겠느냐?'고 생각하고 믿지 않았습니다. 그럼에도 그 와중에 체면 불구하고 나온 사람이 니고데모입니다. 니고데모는 산헤드린 회원이었습니다. 물론 그도 체면이 있기 때문에 대낮에는 나오지 못하고 사람의 눈을 피할 수 있는 어두운 밤을 택해 예수님이 계신 곳으로 찾아왔습니다. 그리고는 "선생이여, 선생은 하나님께로부터 오신 분이 틀림없습니다. 그렇지 않고는 이런 위대한 일을 할 수가 없습니다."라고 고백하며 주님과 대화를 나누었습니다.

우리나라에 복음이 급속히 전파된 이유는 유교 전통의 체면이 깨뜨려졌기 때문입니다. 6 · 25 사변이 나서 민족의 대이동이 있었습니다. 동서남북 할 것 없이 모두가 고향을 떠나 새로운 곳에 정착하여 살게 된 것입니다. 고향에 살 때는 서로 안면이 있기 때문에 체통을 차리느라 바쁘지만 일단 고향을 떠나고 나면 체면이고 뭐고 아무것도 없습니다.

나는 어릴 때부터 늘 "체면을 차려라!" 하는 소리를 들으며 자랐습니다. 내가 어릴 적에 동네에 초상이 나서 갔는데, 어린아이들에게는 상을 차려 주지 않았습니다. 그래서 나는 아버님이 그 당시 동네 유지였기 때문에 상주에게 가서 정중히 절을 하고 "아버님이 저를 대신 보내어 문상을 하게 하셨습니다."라고 했습니다. 그런데 상주가 "아버님이 조의금은 안 보내시더냐?"라고 물으시는 것입니다. 나는 그때 가진 것이 아무것도 없었으므로 한참 머뭇거리다가 그냥 빈 봉투를 냈습니다. 그리고는 한 상 거하게 잘 받아먹고 집에 왔습니다.

그런데 집에 돌아와 보니 벌써 상주로부터 연락이 왔습니다. 그 상주가 아버님께 "문상을 보내셨는데 깜빡 잊으시고 조의금을 안 넣으신 것 같습니다."라고 한 것입니다. 당장 아버님이 날 부르셨습니다.

"용기야, 이리 오너라. 네가 아랫동네 초상집에 갔다 왔느냐?"

"네, 갔다 왔습니다."

내 말이 떨어지기도 전에 순식간에 불이 눈앞에서 번쩍하였습니다. 아버지가 뺨을 한 대 때리신 것입니다. 아버지의 체면이 아들의 어리석은 욕심 때문에 크게 구겨진 대가였습니다.

체면을 차리라는 말은 우리가 어릴 때 늘 듣던 소리입니다. 그런데 6·25 사변을 겪으면서 민족의 대이동을 경험하게 되고 또 타향살이를 하다 보니 체면도 사라지게 되었습니다. 객지에 나와 살다 보니 체면도 없어지게 되고 그렇게 해서 교회가 큰 부흥을 이룬 것입니다.

또 해외로 이민을 가면 거의 다 교회를 나갑니다. 미국, 브라질, 유럽 할 것 없이 모두 '한국을 떠나온 이 마당에 체면 차릴 것이 무어냐!' 며 교회에 나가 예수님을 믿는 것입니다.

요즘은 사회가 안정되어 뿌리내리기 시작하였습니다. 집도 있고 권세도 있고 명예도 있고 돈도 많다 보니 사람들이 체면 때문에 교회에 나오지 않는 것입니다. 그러나 우리는 옛날의 대제사장과 바리새인, 사두개인, 장로들처럼 되면 안 됩니다. 물론 그들 중에서도 예수 그리스도의 하신 말씀이 참으로 옳다고 느낀 사람들이 있었습니다. 그렇지만 끝까지 그 체면을 깨지 못하여 주님 앞에 나아오지 못했습니다. 아무리 주의 말씀을 듣고 따른다 하더라도 전심으로 주님 앞에 나아오지 못하면 천국에 들어갈 수 없습니다. 그러므로 예수님을 전심으로 믿고 구원받아 천국 백성이 된 우리는 얼마나 큰 은혜와 축복을 받았는지 늘 기억하고 주님께 감사드려야겠습니다.

## 5. 포도원 소작인의 비유(21:33-46)

33. 다른 한 비유를 들으라 한 집주인이 포도원을 만들어 산울타리
로 두르고 거기에 즙 짜는 틀을 만들고 망대를 짓고 농부들에게 세로
주고 타국에 갔더니 34. 열매 거둘 때가 가까우매 그 열매를 받으려
고 자기 종들을 농부들에게 보내니 35. 농부들이 종들을 잡아 하나
는 심히 때리고 하나는 죽이고 하나는 돌로 쳤거늘 36. 다시 다른 종
들을 처음보다 많이 보내니 그들에게도 그렇게 하였는지라 37. 후
에 자기 아들을 보내며 이르되 그들이 내 아들은 존대하리라 하였더
니 38. 농부들이 그 아들을 보고 서로 말하되 이는 상속자니 자 죽이
고 그의 유산을 차지하자 하고 39. 이에 잡아 포도원 밖에 내쫓아 죽
였느니라 40. 그러면 포도원 주인이 올 때에 그 농부들을 어떻게 하
겠느냐 41. 그들이 말하되 그 악한 자들을 진멸하고 포도원은 제때
에 열매를 바칠 만한 다른 농부들에게 세로 줄지니이다. 42. 예수께
서 이르시되 너희가 성경에 건축자들이 버린 돌이 모퉁이의 머릿돌
이 되었나니 이것은 주로 말미암아 된 것이요 우리 눈에 기이하도다
함을 읽어 본 일이 없느냐 43. 그러므로 내가 너희에게 이르노니 하
나님의 나라를 너희는 빼앗기고 그 나라의 열매 맺는 백성이 받으리
라 44. 이 돌 위에 떨어지는 자는 깨지겠고 이 돌이 사람 위에 떨어
지면 그를 가루로 만들어 흩으리라 하시니 45. 대제사장들과 바리
새인들이 예수의 비유를 듣고 자기들을 가리켜 말씀하심인 줄 알고

46. 잡고자 하나 무리를 무서워하니 이는 그들이 예수를 선지자로 앎이었더라

33-39절 다른 한 비유를 들으라 한 집주인이 포도원을 만들어 산울타리로 두르고 거기에 즙 짜는 틀을 만들고 망대를 짓고 농부들에게 세로 주고 타국에 갔더니 열매 거둘 때가 가까우매 그 열매를 받으려고 자기 종들을 농부들에게 보내니 농부들이 종들을 잡아 하나는 심히 때리고 하나는 죽이고 하나는 돌로 쳤거늘 다시 다른 종들을 처음보다 많이 보내니 그들에게도 그렇게 하였는지라 후에 자기 아들을 보내며 이르되 그들이 내 아들은 존대하리라 하였더니 농부들이 그 아들을 보고 서로 말하되 이는 상속자니 자 죽이고 그의 유산을 차지하자 하고 이에 잡아 포도원 밖에 내쫓아 죽였느니라

우리나라는 포도 재배를 하는 농가가 적지만, 중동이나 유럽은 포도 재배를 많이 합니다. 그곳의 물은 석회질이 많아서 그냥 마셨다가는 몸속에 석회가 쌓여 위장병에 걸립니다. 그래서 마음 놓고 마시기 위해 포도를 재배하는 것입니다. 이 포도즙만이 그들이 마실 수 있는 가장 깨끗한 음료입니다. 포도즙을 짜서 그대로 두면 당분이 있기 때문에 발효되어 포도주가 됩니다. 그것을 물 대용으로 마시지 않고는 다른 물을 마실 수 없습니다. 1960년대에 내가 유럽에 가서 그곳 사람들이 수돗물을 마실 수가 없어 생수를 사 먹는 것을 보며 '세상에 별난 나라도 다 있다. 물을 사 먹는 나라가 어디에 있노?' 하며 희한해했습니다. 당시 우리나라

는 공기도 맑고 물도 깨끗해서 개울물도 그냥 마실 때였습니다. 그런데 이제는 우리나라도 강과 토양이 오염되어 마음 놓고 물을 마실 수 없는 나라가 되었습니다. 수돗물도 마시려면 정수기를 달아야 되고 그렇지 않으면 물을 사서 먹어야 되니 참으로 안타까운 현실입니다.

다시 예수님은 한 가지 비유를 더 들어 말씀하십니다.

"한 집주인이 포도원을 만들어 산울타리로 두르고 거기에 즙 짜는 틀을 만들고 망대를 짓고 농부들에게 세로 주고 타국에 갔더니"(33절).

포도원을 만들면 울타리와 포도를 발로 밟아 즙을 짜내는 틀을 함께 만들어야 합니다. 그런 후에는 그것을 지키는 망대를 세워야 합니다. 과수원에는 반드시 훔치러 오는 사람들이 있기 때문에 울타리를 만들고 원두막과 같은 망대를 만들어서 지켜야 하는 것입니다.

우리 집이 과수원을 했기 때문에 너무나도 그 생활을 잘 압니다. 나는 아직까지도 농촌 생활과 과수원이라고 하면 몸서리가 쳐질 정도입니다. 방학 때 친구들은 친척 집에도 가고 또 멀리 놀러 다니는데 나는 늘 과수원을 지켜야 했기 때문입니다. 과수원에는 반드시 망대와 같은 원두막을 지어 놓습니다. 그리고는 그 원두막에 앉아 아침부터 저녁 늦게까지 하루 종일 지키고 있는 것입니다. 그러니 얼마나 괴롭겠습니까? 그래서 나는 시골 과수원을 떠나올 때 '다시는 시골집으로 안 돌아가리라.' 고 다짐을 했었습니다. 솔직히 좀 송구스러운 말이지만, 나는 북한을 떠나온 실향민들이 고향을 향하여 눈물짓는 것을 보면 별로 실감이 나지 않습니다. 아무리 고향에 대한 노래를 들어도 고향에 돌아가고 싶은 생각이 나지 않습니다. 고향에서 하도 농사일과 과수원 일로 진절머리가 났기 때문입니다.

열매 거둘 때가 가까워지자 포도원 주인은 수확한 열매를 받기 위하여 세를 준 농부들에게 자신의 종을 보냈습니다. 그랬더니 농부들이 열매를 바치는 것이 아니라 도리어 그가 보낸 종들을 잡아 하나는 심히 때리고 하나는 죽이고 하나는 돌로 쳤습니다. 어떻게 이런 일이 있을 수 있습니까? 세 든 농부가 거둔 열매를 주인과 나누는 것이 마땅한 일인데 그 열매를 받으러 온 종들을 박해하고 때리고 또 죽이기까지 한 것입니다. 이 비유에 함축된 의미가 무엇입니까? 여기서 포도원은 바로 이스라엘 나라를 말합니다. 하나님이 아브라함과 이삭과 야곱의 후손들을 통해 세운 이스라엘이 바로 포도원입니다. 하나님이 포도원을 세우셔서 그 포도원이 하나님을 잘 섬기도록 하시고는 이제 하나님이 친히 영광을 받기 위해 그 종들을 보내신 것입니다. 여기서 하나님의 종들은 바로 선지자입니다. 하나님께서 선지자들을 이스라엘 백성에게 보내셨더니 이스라엘 사람들이 그 선지자들을 쫓아내고 박해하고 또 죽이기까지 한 것입니다. 그럼에도 하나님은 다시 다른 종들을 처음보다 더 많이 보내셨습니다. 그러나 이스라엘 백성들은 여전히 그들의 말을 듣지 않고 그들을 쫓아내고 때리고 죽였습니다.

포도원 주인은 최후의 방법으로 자기의 아들을 보내며 생각했습니다.

'저희가 내 아들은 존대하리라!'

그래서 보내신 아들이 바로 예수 그리스도이십니다. 그런데 농부들은 그 아들을 보고 서로 모의했습니다.

"이는 상속자니 그를 죽이고 그의 유산을 우리가 차지하자."

이 말은 하나님의 아들을 죽이고 마음대로 인본주의로 살자는 것입니다.

예수님은 이 이야기의 끝을 다음과 같이 말씀하셨습니다.

"이에 잡아 포도원 밖에 내쫓아 죽였느니라"(39절).

결국 유대인들이 예수님을 붙잡아 예루살렘 밖 갈보리 산 위에서 십자가에 못 박아 죽일 것을 주님께서 예언하신 것입니다.

**40-43절** 그러면 포도원 주인이 올 때에 그 농부들을 어떻게 하겠느냐 그들이 말하되 그 악한 자들을 진멸하고 포도원은 제때에 열매를 바칠 만한 다른 농부들에게 세로 줄지니이다 예수께서 이르시되 너희가 성경에 건축자들이 버린 돌이 모퉁이의 머릿돌이 되었나니 이것은 주로 말미암아 된 것이요 우리 눈에 기이하도다 함을 읽어 본 일이 없느냐 그러므로 내가 너희에게 이르노니 하나님의 나라를 너희는 빼앗기고 그 나라의 열매 맺는 백성이 받으리라

포도원 주인은 포도원을 만들어 세를 주고 나중에 그 수확한 것을 받아 오도록 종들을 보냈습니다. 그런데 농부들이 수확한 것을 주지 않으려고 주인이 보낸 종들을 쫓아내고 돌로 쳐 죽이자, 주인은 최후의 방법으로 자신의 아들까지 보냈습니다. 그런데 그 아들을 죽인 것입니다. 이제 포도원 주인이 아들까지 잃었는데 직접 안 오겠습니까? 반드시 포도원에 오는 날이 있습니다. 그날은 하나님께서 이 세상을 심판하러 오시는 날입니다. 그 날짜와 그 시는 아무도 알지 못하지만 하나님은 반드시 심판하러 오십니다.

주님은 이 비유를 마치시고 나서 백성들에게 "그러면 주인이 올 때 그 농부들을 어떻게 하겠느냐" 고 물으셨습니다. 그러자 백성들은 "그 악한

자들을 진멸하고 포도원은 제때에 열매를 바칠 만한 다른 농부들에게 세로 줄지니이다" 라고 대답했습니다. 그들은 모르고 한 말이지만, 이 말은 유대인들은 심판을 당하고 멸망을 받게 되지만 하나님을 잘 섬기는 백성들은 새 하늘과 새 땅과 새 예루살렘을 차지하게 될 것을 예언한 것입니다. 다시 말해서 하나님이 세우시는 새로운 포도원, 즉 새 하늘과 새 땅과 새 예루살렘은 하나님을 믿고 섬기고 잘 따르는 자들의 것이며 또 그것이 마땅하다는 것입니다.

계속해서 예수님은 물으셨습니다.

"너희가 성경에 건축자들이 버린 돌이 모퉁이의 머릿돌이 되었나니 이것은 주로 말미암아 된 것이요 우리 눈에 기이하도다 함을 읽어 본 일이 없느냐."

이 말씀은 시편 118편 22절 이하에 예언된 말씀입니다. 대개 집을 지을 때 건축자들이 제일 중요하게 여기는 것이 주춧돌을 놓는 것입니다. 왜냐하면 주춧돌을 기초로 집을 짓기 때문입니다. 그런데 하나님께서 이스라엘을 통해 하늘나라를 세우시려는데 건축자들, 즉 이스라엘의 대제사장과 바리새인, 사두개인, 장로들이 그 주춧돌을 버린 것입니다. 주춧돌은 바로 예수 그리스도이십니다. 그런데 하나님 나라를 세운다는 건축자들이 예수님을 쫓아내 버리고 예수님 없는 하늘나라를 세우고 있는 것입니다. 이것은 우리가 보기에도 너무나 기이한 일입니다. 하나님을 믿는다고 하는 유대인들이 예수 그리스도를 이단시하여 그분을 잡아 십자가에 못 박아 죽였는데 하나님은 그 예수님을 주춧돌로 해서 교회를 세우신 것입니다. 하나님이 세우신 하늘나라의 머릿돌은 예수님이십니다. 이 말씀대로 나중에 유대인들은 예수 그리스도를 십자가에 못 박아 죽였지만 하나님은 그 죽인 예수 그리스도를 통해서 새 하나님의 나라인 교회를 세우셨습니다.

이제 예수님은 유대인과 이방인의 뒤바꾸어질 운명을 말씀하십니다.

"그러므로 내가 너희에게 이르노니 하나님의 나라를 너희는 빼앗기고 그 나라의 열매 맺는 백성이 받으리라"(43절).

종국적으로 이스라엘 백성은 앞서 설명한 맏아들과 같이 일하러 가겠다고 하고는 가지 않은 족속일 뿐만 아니라, 포도원에서 일하던 농부와 같이 종들과 그 주인의 아들까지 죽인 자들로 더 이상 쓰임 받을 수 없다는 것입니다. 그래서 이제는 그들을 버린다는 말씀입니다. 참 무서운 일입니다. 하나님의 나라는 원래 이스라엘 백성에게 준 것인데, 이제는 하나님이 그들에게서 빼앗아 열매 맺는 다른 백성에게 주신다는 것입니다. 여기서 열매 맺는 백성이 누구입니까? 한번 이스라엘에 가 보십시오. 이스라엘은 예수 믿는 교회를 공식적으로 허락하지 않습니다. 그래서 이스라엘 사람이 예수님을 믿으면 온갖 박해와 어려움을 당합니다. 그 결과, 유대 사회에 예수 믿는 사람은 가뭄에 콩 날 정도입니다. 반면에 이방인 유럽, 미국, 남미, 아프리카, 한국과 같은 곳에는 하늘나라가 왕성해 있습니다. 왜냐하면 예수님을 믿고 하나님을 섬기고 복음 전도하는 열매 맺는 사람들에게 하늘나라가 주어지기 때문입니다. 지금 한국에는 5만 교회와 10만 주의 종, 그리고 1,200만 성도의 하늘나라가 임하여 있습니다. 이처럼 대한민국 안에 하늘나라가 임하여 있는 것도 우리가 예수 믿고 열매를 맺기 때문입니다. 그러므로 우리를 하나님 나라의 열매 맺는 백성으로 삼아 주신 하나님께 우리는 늘 감사해야겠습니다.

"하나님의 나라는 볼 수 있게 임하는 것이 아니요 또 여기 있다 저기 있다고도 못하리니 하나님의 나라는 너희 안에 있느니라"(눅 17:20-21).

**44-46절** 이 돌 위에 떨어지는 자는 깨지겠고 이 돌이 사람 위에 떨어지면 그를 가루로 만들어 흩으리라 하시니 대제사장들과 바리새인들이 예수의 비유를 듣고 자기들을 가리켜 말씀하심인 줄 알고 잡고자 하나 무리를 무서워하니 이는 그들이 예수를 선지자로 앎이었더라

'이 돌'은 바로 예수님을 지칭합니다. 예수님께서는 이제 심판을 말씀하십니다.

"이 돌 위에 떨어지는 자는 깨지겠고 이 돌이 사람 위에 떨어지면 그를 가루로 만들어 흩으리라"(44절).

이 말씀은 예수님에게 대항하다 부딪치면 깨어진다는 것입니다. 이스라엘의 역사를 한번 보십시오. 이스라엘 나라가 예수님을 십자가에 못 박은 지 불과 40년 후인 주후 70년에 로마의 디도 대장이 쳐들어와 이스라엘을 멸망시켰습니다. 그리고 "이 돌이 사람 위에 떨어지면 그를 가루로 만들어 흩으리라"는 말씀대로 그들은 뿔뿔이 흩어져 2천 년 동안 나라 없는 민족으로서 온 세상의 구박과 박대를 당하며 지냈습니다. 왜 그렇게 되었습니까? 그들이 예수님이라는 돌에 부딪쳤기 때문입니다. 예수님이 심판을 하시면 가루가 되어 버립니다. 그러므로 예수 그리스도를 우리가 어떻게 모시는가에 따라서 개인이나 나라나 세계 역사의 운명이 좌우되는 것입니다.

예수님은 심판의 돌이십니다. 예수님에게 대항하고 부딪치면 깨집니다. 이 세상에 예수님보다 강한 자는 없습니다. 70여 년 동안 '하나님이

없다. 예수님이 구주가 아니다.' 라고 가르친 소련 공산주의자들을 보십시오. 예수님이 그 위에 심판을 내리시니 가루가 되어 버렸습니다.

또 제2차 세계 대전 당시 그리스도의 몸 된 교회를 파괴했던 히틀러는 어떻게 되었습니까? 완전히 깨어졌습니다.

일본도 보십시오. 일본 제국주의가 예수 그리스도의 몸 된 교회 안에 신사(神社)를 세우고 교회에 부딪치니 일본 제국주의가 원자탄을 맞고 박살이 나 버렸습니다.

지금 북한 정권도 애쓰고 있지만 하나님 보시기에 너무나 가련하고 불쌍합니다. 그들은 무신론을 주장하고 하나님을 대적하며 예수 그리스도를 믿는 수많은 사람들을 유배시키고 사형에 처하는 등 그리스도의 복음이 증거되지 못하게 하고 있습니다. 그리스도의 교회를 훼파하는 자는 그리스도에 부딪치는 자인데 안 깨어질 도리가 없습니다.

예수 그리스도의 복음에 저항하면 그 사람은 가루가 되어 흩어집니다. 우리 개인의 운명은 예수 그리스도로 말미암아 결정되는 것입니다. '예수님 편에 서느냐, 서지 않느냐.' 이 둘 중 하나이지, 중립은 없습니다. 예수님을 믿는 사람은 구원을 받고, 믿지 않는 사람은 버림을 당합니다. 예수님 편에 선 사람은 새 하늘과 새 땅과 새 예루살렘으로 들어가고 찬란한 미래의 영광을 향해서 갈 것이지만, 예수님 반대편에 선 사람은 가장 어둡고 캄캄한 지옥의 심판으로 들어가게 될 것입니다.

대제사장들과 바리새인들은 예수님의 비유가 자신들을 가리켜 하신 말씀인 줄 알고 예수님을 즉시 잡고자 하였습니다. 그러나 모인 무리들은 예수님의 말씀을 달게 받고 예수님을 하나님이 보내신 진정한 선지자로 인정하였습니다. 그렇기 때문에 그들은 예수님을 잡을 수 없었습니다. 섣불리 예수님께 손댔다가는 자신들이 오히려 군중에게 얻어맞아 죽을 위험이 있었기 때문입니다. 예수님을 잡으려면 하나님의 때가 와야 합니다. 하나님 때가 오지 않았는데 예수님을 어떻게 잡을 수 있습니까?

우리 모든 사람에게도 자기의 때가 있습니다. 태어날 때가 있으면 죽을 때가 있습니다. 죽을 때가 아니면 약으로도 효과를 보고 안수 기도만 하여도 낫습니다. 그러나 죽을 때가 오면 아무리 수술하고 안수 기도를 하여도 소용이 없습니다. 왜냐하면 하나님이 정하신 때가 왔기 때문입니다. 이와 같이 우리의 모든 삶도 하나님이 정하신 때를 따라 되는데,하물며 예수님에게 아직 죽을 때가 오지 않았는데 예수님을 잡으려고 하니 잡을 수 있었겠습니까? 그러나 불과 며칠 후면 하나님이 정하신 예수님의 때가 되어 주님이 잡혀 십자가에 못 박혀 돌아가시게 됩니다.

이제 우리는 회개하고 예수 그리스도를 믿은 둘째 아들이 된 것을 감사해야 합니다. 비록 처음에는 주님의 뜻을 거역했으나 회개하고 돌아와 주님을 섬기고 살게 되어 하나님의 사랑을 받게 된 것을 기쁘게 생각해야 합니다. 예수 믿는 사람에게 하나님이 주신 것은 돈도 지위도 명예도 권세도 아닙니다. 구약 시대에는 하나님이 유대인들을 시내 산에서 선민으로 삼으시고 율법을 주셨습니다. 그러나 오늘날 신약 시대에는 하나님께서 우리에게 예수님을 믿어 구원받게 하심과 동시에 성령과 더불어 살도록 성령을 보내 주셨습니다. 구약 시대에는 율법을 어기면 하나님께 버림받았습니다. 그러나 신약 시대에는 성령을 거역하면 주님께 버림받습니다.

그러므로 우리는 무엇보다도 성령으로 충만함을 받고 성령의 인도하심을 따라 살아야 합니다. 항상 성령님을 인정하고 환영하고 모셔 들이고 의지하시기 바랍니다. 하나님의 성령께서는 우리와 함께하시며 우리를 가르치시고 깨우치십니다. 또한 우리의 삶을 거룩하게 하시고, 위로하시고, 바른길로 인도하십니다. 성령 없는 교회나 성도는 물 없는 우물이요, 불 없는 화로와 같습니다. 물 없는 우물과 불 없는 화로가 무슨 소용이 있습니까? 그러므로 성령 없이 교회에 다니는 사람은 신앙생활에 형식만 있을 뿐이지 내용은 없는 것입니다. 여러분 모두 늘 성령님을 모셔 들여 성공적인 신앙생활을 이루시길 축원합니다.